CIÊNCIA E RELIGIÃO

PETER HARRISON (Org.)

CIÊNCIA E RELIGIÃO

EDITORA
IDEIAS&
LETRAS

Direção Editorial:
Marcelo C. Araújo

Comissão Editorial:
Avelino Grassi
Edvaldo Araújo
Márcio Fabri do Anjos

Tradução:
Eduardo Rodrigues da Cruz

Copidesque:
Thiago Figueiredo Tacconi

Revisão:
Ana Aline Guedes da Fonseca de Brito Batista

Diagramação:
Érico Leon Amorina

Capa:
Vinício Frezza / Informart

Coleção Companions & Companions

Título original: *The Cambridge Companion to Science and Religion*
© Cambridge University Press, 2010
40 West 20th Street, New York, NY 10011-4211, USA
ISBN: 978-0-521-71251-4 (Paperback) / 978-0-521-88538-6 (Hardback)

Todos os direitos em língua portuguesa, para o Brasil,
reservados à Editora Ideias & Letras, 2021.
5ª reimpressão

EDITORA
IDEIAS &
LETRAS

Rua Barão de Itapetininga, 274
República - São Paulo/SP
Cep: 01042-000 – (11) 3862-4831
Televendas: 0800 777 6004
vendas@ideiaseletras.com.br
www.ideiaseletras.com.br

Dados Internacionais de Catalogação na Publicação (CIP)
(Câmara Brasileira do Livro, SP, Brasil)

Ciência e religião / Peter Harrison (Org.);
(Tradução: Eduardo Rodrigues da Cruz).
São Paulo : Ideias & Letras, 2014.
(Companions & Companions)

Título original: The Cambridge Companion to Science and Religion
Vários autores. Bibliografia.
ISBN 978-85-65893-53-4

1. Ciência e religião I. Harrison, Peter. II. Série.

14-01555   CDD-215

Índices para catálogo sistemático:
1. Ciência e religião 215
2. Religião e ciência 215

Sumário

Sobre os autores – 7

Introdução – 13
    Peter Harrison

Parte I – *Interações históricas*

1. O destino da ciência na cristandade patrística e medieval – 37
    David C. Lindberg

2. A religião e a Revolução Científica – 59
    John Henry

3. A teologia natural e as ciências – 83
    Jonathan R. Topham

4. Reações religiosas a Darwin – 109
    Jon H. Roberts

5. Ciência e secularização – 137
    John Hedley Brook

Parte II – *A religião e a ciência contemporânea*

6. Criacionismo científico e *Design* Inteligente – 165
    Ronald L. Numbers

7. Evolução e a inevitabilidade da vida inteligente – 191
   SIMON CONWAY MORRIS

8. Deus, a física e o *Big-bang* – 221
   WILLIAM R. STOEGER, SJ

9. Psicologia e teologia – 241
   FRASER WATTS

10. Ciência, bioética e religião – 261
    JOHN H. EVANS

Parte III – *Perspectivas filosóficas*

11. Ateísmo, naturalismo e ciência: três em um? – 287
    MICHAEL RUSE

12. Ação divina, emergência e explicação científica – 307
    NANCEY MURPHY

13. Ciência, Deus e propósito cósmico – 327
    JOHN HAUGHT

14. Meios de relacionar a ciência e a religião – 349
    MIKAEL STENMARK

Guia para outras leituras – 373

Índice Remissivo – 385

Sobre os autores

JOHN HEDLEY BROOK foi o primeiro professor em Ciência e Religião da cátedra Andreas Idreos, na Universidade de Oxford, onde ocupou-a entre 1999 até sua aposentadoria em 2006. Entre os diversos livros de sua autoria estão *Science and Religion: Some Historical Perspectives* (1991), *Thinking about Matter: Studies in the History of Chemical Philosophy* (1995), (com Geoffrey Cantor) *Reconstructing Nature: The Engagement of Science and Religion* (1998) e *Science in Theistic Contexts: Cognitive Dimensions* (ed. com Margaret Osler e Jitse van der Meer, 2001).

SIMON CONWAY MORRIS detém uma cátedra *ad hominem* em Paleobiologia Evolucionária na Universidade de Cambridge, onde também é professor titular na Faculdade St. John. Foi eleito para a Royal Society em 1990 e ganhou diversos prêmios. Seu livro mais recente é *Life's Solution: Inevitable Humans in a Lonely Universe* (2003); escreveu *Darwin's Compass*. Ele dedica-se ativamente à compreensão pública dos debates sobre a ciência e sobre a relação entre a ciência e a religião. Em casa, normalmente mantém as duas mãos ocupadas: uma com um livro de G. K. Chesterton e a outra com um copo de vinho.

JOHN H. EVAN é professor associado de Sociologia na Universidade da Califórnia em São Diego. Suas pesquisas se concentram nos debates da esfera pública – especificamente sobre o envolvimento religioso na política, na saúde e na bioética. Autor de *Playing God? Human Genetic Engineering and the Rationalization of Public Bioethical Debate* (2002) e *Contested Reproduction: Genetic Technologies, Religion and Public Debate* (2010).

PETER HARRISSON é professor de Ciência e Religião na cátedra Andreas Idreos, Universidade de Oxford, onde ele também é diretor do Centro Ian Ramsey e professor titular na Faculdade Harris Manchester. Tem diversas publicações na área de história intelectual moderna, com ênfase nas relações entre a ciência, a religião e a filosofia. Seus livros incluem *"Religion" and the Religions in the English Enlightenment* (1990), *The Bible, Protestantism and the Rise of Natural Science* (1998), e *The Fall of Man and the Foundations of Science* (2007).

JOHN HAUGHT é professor titular em Ciência e Religião no Centro Teológico de Woodstock, na Universidade de Georgetown. Sua área de especialidade é teologia sistemática, com interesse particular em assuntos relativos à ciência, cosmologia, evolução, ecologia e religião. Autor de muitos livros sobre ciência e religião, incluindo *God and the New Atheism* (2007), *Christianity and Science* (2007), *Is Nature Enough?* (2007), *Deeper than Darwin* (2004), e *God after Darwin* (2007). Também é autor de numerosos artigos e resenhas. Palestrante internacional em muitos assuntos relacionados à ciência e à religião.

JOHN HENRY é leitor na Unidade de Estudos sobre a Ciência da Universidade de Edimburgo. Publicou extensamente sobre história da ciência desde a Idade Média até o século XIX, mas tem um interesse especial pelo Renascimento e pelos primórdios da Idade Moderna. Ele publicou recentemente (com John M. Forrester) *Jean Fernel's on the Hidden Causes of Things: Forms, Souls, and Occult Diseases in Renaissance Medicine* (2005), e a terceira edição de seu livro *Scientific Revolution and the Origins of Modern Science* acaba de ser lançada (2008).

DAVID C. LINDBERG é professor emérito Hilldale de História da Ciência, na Universidade do Wisconsin, ex-presidente da Sociedade de História da Ciência e foi honrado com sua Medalha Sarton pelo conjunto de sua obra acadêmica. Ele é membro da Academia Americana Medieval e da Academia Professor Visitante do Instituto de Estudos Avançados em Princeton.

Ele escreveu ou editou treze livros, inclusive *The Beginnings of Western Science* (1992, 2008), que ganhou o Prêmio Watson Davis da Sociedade de História da Ciência em 1994 e 1995, o Prêmio da John Templeton Foundation na categoria de Melhor Livro de Teologia e Ciência Natural.

NANCEY MURPHY é professora de Filosofia no Seminário Fuller de Teologia em Pasadena, Califórnia. Seus livros mais recentes incluem (com Warren S. Brown) *Did My Neurons Make Me Do It? Philosophical and Neurobiological Perspectives on Moral Responsibility and Free Will* (2007) e (com William R. Stoeger, SJ) *Evolution and Emergence: Systems, Organism, Persons* (2006).

RONALD L. NUMBERS é professor Hilldale de História da Ciência e Medicina e de Ciências da Religião e membro do Departamento de História da Medicina e da Bioética na Universidade de Wisconsin-Madison, onde lecionou por mais de três décadas. Ele escreveu ou editou mais de duas dúzias de livros, incluindo, mais recentemente, *Galileo Goes to Jail and Other Myths about Science and Religion* (2009), *Science and Christianity in Pulpit and Pew* (2007), *The Creationists: From Scientific Creationism to Intelligent Design*, edição expandida (2006) e *When Science and Christianity Meet* (University of Chicago Press, 2003), coeditado com David C. Lindberg. Ele foi presidente da Sociedade de História da Ciência e da Sociedade Americana de História da Igreja e, atualmente, preside a União Internacional de História e Filosofia da Ciência. Em 2008, a Sociedade de História da Ciência premiou-lhe com a Medalha Sarton pelo conjunto de sua obra acadêmica.

JOHN H. ROBERTS é professor da Tomorrow Foundation de História Intelectual Americana na Universidade de Boston. Ele escreveu diversos artigos sobre a história da relação entre a ciência e a religião, bem como o livro *Darwinism and the Divine in America: Protestant Intellectuals and Organic Evolution, 1859-1900* (2001), que recebeu o Prêmio Frank S. e Elizabeth D. Brewer da Sociedade Americana de História da Igreja. Ele também é coautor, com James Turner, do livro *The Sacred and the Secular University* (2001). Atualmente, está trabalhando em um livro sobre a maneira como os pensadores protestantes norte-americanos dos séculos XIX e XX trataram a mente.

MICHAEL RUSE é professor de Filosofia da Lucyle T. Werkmeister e diretor do Programa de História e Filosofia da Ciência na Universidade Estadual da Flórida. Seu novo livro, *Science and Spirituality: Making Room for Faith in an Age of Science* (2010), argumenta que, por conta de sua natureza profundamente metafórica, há certas questões que a ciência moderna nem sequer tenta responder. Pode-se ser cético em relação a esses assuntos, mas as questões não respondidas deixam o caminho aberto para que as pessoas religiosamente inclinadas ofereçam soluções.

MIKAEL STENMARK é professor de Filosofia da Religião e Reitor da Faculdade de Teologia na Universidade de Uppsala. Seus livros incluem *How to Relate Science and Religion: a Multidimensional Model* (2004), *Environmental Ethics and Environmental Policy Making* (2002), *Scientism: Science, Ethics and Religion* (2001) e *Rationality in Science, Religion and Everyday Life* (1995). Ele também publicou artigos em periódicos como *Religious Studies*, *Faith and Philosophy*, *Zygon: Journal of Religion and Science*, *Theology and Science*, *The Heythrop Journal* and *Environmental Ethics*.

WILLIAM R. STOEGER, SJ, é um padre jesuíta e cosmólogo que está nos quadros do Observatório do Vaticano desde 1979. Atualmente ele está ligado ao Grupo de Pesquisa do Observatório do Vaticano, Observatório Steward, na Universidade do Arizona. Sua pesquisa acadêmica atual enfoca a cosmologia. Suas pesquisas, escritos e edições interdisciplinares enfocam a interface entre a cosmologia e a filosofia/teologia.

JONATHAN R. TOPHAM é palestrante sênior em História da Ciência na Universidade de Leeds. Entre suas copublicações estão *Science in the Nineteenth-Century Periodical: Reading the Magazine of Nature* (2004), *Culture and Sciencein the Nineteenth-Century Media* (2004) e *Science in the Nineteenth-Century Periodical: an Electronic Index* (HRI Online, 2005).

Sua pesquisa atual combina um projeto em andamento a respeito dos *Tratados de Bridgewater* e teologia natural na Grã-Bretanha do século XIX com um estudo panorâmico da ciência e da cultura impressa do mesmo período.

FRASER WATTS é leitor em Teologia e Ciência na Universidade de Cambridge, Professor Titular do Queen's College e Diretor do Grupo de Pesquisa de Psicologia e Religião. Seus livros recentes incluem *Psychology and Theology* (2002), *Forgiveness in Context* (2004), *The Dialogue between Science and Religion: an International Perspective* (2006), *Creation, Law and Probability* (2008) e *Jesus and Psychology* (2007). Ele foi presidente da Sociedade Britânica de Psicologia.

Introdução

Peter Harrison

Em 1939 o eminente filósofo da Cambridge C. D. Broad observou que as discussões sobre as relações entre a religião e a ciência entre seus contemporâneos tinha adquirido um tom tão repulsivo quanto um "ensopado de cordeiro gelado".[1] Felizmente para os leitores deste volume, muita coisa mudou desde a época em que Broad propôs essa curiosa avaliação e podemos dizer que o campo da ciência e da religião agora oferece uma perspectiva muito mais apetitosa. Há várias razões para o vigor renovado das discussões sobre ciência e religião. Os desenvolvimentos nas ciências em si desempenharam um papel essencial. Na cosmologia, a proeminência da teoria do *Big-bang* levou a especulações sobre como as origens temporais do universo podem estar ligadas à ideia da criação. Relacionado a isso, o surpreendente fato de que nosso universo parece estar incrivelmente ajustado para a emergência de vida inteligente trouxe, pelo menos para alguns comentadores, nova vida aos outrora considerados moribundos argumentos favoráveis ao *design*. Os argumentos de ajuste fino também penetraram os campos da química e da biologia, levantando questões intrigantes sobre o propósito, a teleologia e seus lugares nas ciências. O profundamente misterioso mundo quântico continua a desafiar as compreensões de senso comum da matéria e da causalidade, a inspirar especulações religiosas e filosóficas sobre a ação divina e o livre-arbítrio e, de forma mais geral, sobre a natureza da realidade em si. Nas neurociências, nossa crescente capacidade para estudar a estrutura e a função do cérebro oferece a promessa de desnudar algumas das correlações físicas da experiência

---

[1] BROAD, C. D. "The Present Relations of Science and Religion". *Philosophy* 14, n. 53, 193, pp. 131-154.

religiosa e, dessa forma, iluminar um pouco da natureza da própria religião. O conhecimento da base física da hereditariedade, adquirido com a descoberta da estrutura do DNA em 1953, seguido do mapeamento completo do genoma humano em 2000 também tiveram implicações para as visões religiosas da pessoa e do que é ser um ser humano. Desenvolvimentos como esses apontam para a possibilidade de explicações puramente materialistas dos pensamentos, das crenças e dos desejos humanos — explicações normalmente consideradas estranhas às compreensões religiosas do ser.

Deixando de lado os desenvolvimentos da ciência, outra razão para o crescente interesse na ciência e na religião está na permanência e, de fato, no crescimento, de influentes movimentos antievolucionistas. O criacionismo da terra jovem, que rejeita as evidências providas tanto pela macroevolução quanto pela geologia para se atestar a antiguidade da terra, já foi associada exclusivamente a grupos cristãos conservadores nos Estados Unidos, mas hoje vem obtendo sucesso internacional em uma variedade de contextos religiosos. Outro movimento que vem ganhando influência é o do *Design Inteligente*, que, embora difira do criacionismo da terra jovem em pontos importantes, também afirma que os relatos sobre a adaptação biológica dos seres vivos devem ser considerados incompletos se não deixarem espaço para a explicação teísta. Esses movimentos tem um destaque público significativo, parcialmente por conta dos casos judiciais envolvendo sua inclusão no currículo de ciências das escolas secundárias, amplamente explorados pela mídia. As atividades desses movimentos antievolucionistas, e as reações que eles provocaram da comunidade científica, levaram à perpetuação da visão de senso comum de que a ciência e a religião sempre estiveram e continuarão a estar em eterno conflito. Na perspectiva filosófica, eles também levantam algumas questões interessantes sobre o que conta como ciência legítima e sobre o traçado das fronteiras entre a ciência e a religião. Igualmente significativo é o fato de que esses debates inspiraram discussões mais gerais sobre os papéis da ciência e da religião em democracias liberais modernas.

Confirmando a terceira lei de Newton, a nova proeminência dos grupos antievolucionistas tem sido acompanhada por um crescimento recente do ateísmo agressivo, cientificamente motivado. Muitas das afirmações básicas do novo ateísmo (representado por figuras como Richard Dawkins, Sam Harris e Daniel Dennett) têm implicações diretas nas questões sobre ciência e religião; também é comum ouvir seus principais defensores dizendo que a ciência e a religião representam visões de mundo mutualmente incompatíveis, já que a primeira é a personificação da razão e a segunda de uma fé dúbia e crédula.[2] Essas visões se sustentam em uma tese histórica segundo a qual a ciência e a religião vêm enfrentando através dos tempos. A religião, com sua visão rigidamente dualista do mundo, é a causa primária dos males da sociedade moderna. A ciência, ao contrário, é vista como o motor propulsor do progresso e, portanto, a esperança futura do mundo. Certamente, os argumentos gerados por esse ateísmo "musculoso", como aqueles de muitos de seus oponentes religiosos, nem sempre estiveram nas primeiras fileiras – de fato, muito da retórica cheira aos velhos debates que levaram Broad a fazer seu comentário sobre o "jantar requentado" –, mas sua emergência levou à renovação das discussões públicas da natureza da ciência, da religião e suas relações mútuas.

O fato de que grandes conquistas tecnológicas nas ciências biomédicas colocam enormes desafios às posições morais tradicionais, muitas das quais foram construídas sobre bases religiosas, contribui de forma menos direta para um interesse renovado na ciência e na religião. Novas tecnologias reprodutivas, pesquisas com células-tronco, o prospecto da clonagem humana, bem como a crescente capacidade de melhoria e prolongamento da vida humana, colocam enigmas éticos sem precedentes a pensadores religiosos e na linha da moral. Esses enigmas incluem não apenas questões práticas relacionadas a procedimentos biomédicos, mas também questões filosóficas mais gerais ligadas a princípios religiosos há muito estabelecidos, tais como a santidade da vida, que podem ser aplicados nesse incrível mundo novo gerado por essas tecnologias médicas. Algumas vezes, novas condutas médicas e técnicas terapêuticas encontram resistência por parte de certos grupos religiosos. Por isso mesmo, essa situação também levou a maneiras novas e criativas de pensar sobre o significado dos valores

---

2 Sobre os novos ateus, ver BEATTIE, Tina. *The New Atheists.* London: Darton, Longman e Todd, 2007.

religiosos tradicionais e como eles podem ser aplicados nesse novo e desconhecido contexto.

Como podemos ver, as questões que se aglomeram ao redor do amplo tópico da ciência e da religião variam e há maneiras diferentes de abordá-las. Os historiadores estão interessados nas interações mútuas entre a ciência e a religião no passado, e em como suas relações passadas informam o presente. Os filósofos se preocupam em ver como os desenvolvimentos nas ciências podem influenciar nos argumentos tradicionais para a existência de Deus, nos relatos de sua atividade e nas eternas questões filosóficas sobre a natureza da mente humana e do livre-arbítrio. Também são relevantes para a filosofia as questões sobre as fronteiras entre a ciência e a religião e sobre as bases de seus conhecimentos. Os teólogos se preocupam em identificar características das ciências que tenham implicações teológicas e em determinar se a teologia pode ou se até mesmo deve discuti-las. Os sociólogos identificam padrões de crenças religiosas e científicas nas sociedades e analisam as relações de poder entre as instituições científicas e religiosas. Por último, os cientistas constantemente se envolvem em especulações sobre as implicações que seus esforços científicos podem ter para as crenças religiosas.

Todas essas perspectivas estão representadas nesta coleção. Por conveniência, entretanto, as contribuições foram agrupadas em três partes. A primeira oferece uma visão cronológica panorâmica das relações entre a ciência e a religião no Ocidente, observando períodos cruciais e oferecendo comentários sobre episódios de destaque; a segunda oferece um relato das questões contemporâneas a respeito da ciência e da religião; a terceira explora algumas questões filosóficas subjacentes que se relacionam à natureza da religião, à explicação científica, à ação divina e aos meios de modelar as relações entre a ciência e a religião.

A dimensão histórica

Os primeiros cinco capítulos abordam as relações entre a ciência e a religião. Boa parte da produção historiográfica dos historiadores da ciência tem abordado, de várias formas, o pressuposto popular de que através da história, a ciência e a religião estiveram envolvidas em uma batalha constante. Os historiadores hoje aceitam, de maneira geral, que essa visão errônea, conhecida como "o mito do conflito", baseia-se amplamente na invenção de dois profissionais da controvérsia do século XIX: John Draper e Andrew Dickson White.[3] A posição básica fica clara nos títulos de seus trabalhos mais conhecidos, respectivamente, *História do conflito entre a religião e a ciência* (1874) e *Uma história da guerra entre a ciência e a teologia na cristandade* (1896). Inventado ou não, o modelo do conflito não teria durado tanto se não fosse, pelo menos, superficialmente plausível e se não tivesse exercido um papel importante na autocompreensão daqueles que o perpetuaram. De fato, esse modelo se apoia em muitas fontes: nossa experiência presente dos sentimentos antievolucionistas religiosamente motivados e o ateísmo cientificamente motivado; casos históricos bem documentados como o de Galileu que parecem exemplificar o conflito; o pressuposto de que a ciência e a religião são formas de conhecimento baseadas em fundações mutuamente excludentes – razão e experiência, no caso da ciência, e fé e autoridade, no caso da religião.

Entretanto, quando visto de perto, o registro da história simplesmente não sustenta esse modelo de estado bélico eterno. Para começar, o estudo das relações históricas entre a ciência e a religião não revela nenhum padrão simples.[4] Porquanto exista uma tendência geral, ela diz respeito, na verdade, ao fato de que a religião facilitou o esforço científico de várias maneiras. Destarte, as ideias religiosas informam e sustentam a investigação científica, quem se dedicou à ciência, na maioria das vezes o fez motivado por impulsos religiosos. As instituições religiosas frequentemente foram as principais fontes de apoio para os empreendimentos científicos e, em sua infância, a ciência se estabeleceu apelando a valores religiosos. Isso não quer dizer que não houve conflitos, mas sim que esses momentos de conflito devem ser

---

3 NUMBERS, Ronald L. (ed.). *Galileo Goes to Jail and Other Myths about Science and Religion.* Cambridge, MA: Harvard University Press, 2009, pp. 1-3.
4 Ver especialmente BROOKE, John Hedley. *Science and Religion: Some Historical Perspectives.* Cambridge University Press, 1991, pp. 1-15. (NT) Há tradução em português.

entendidos a partir de um contexto maior. Vistos a partir dessa perspectiva, casos célebres como o de Galileu são atípicos e dependem em grande parte de considerações mais locais do que globais. O julgamento de Galileu é uma boa história, mas não é representativo de uma imagem histórica maior.[5]

Os registros históricos também deixam claro que casos putativos do conflito entre a ciência e a religião são, frequentemente, conflitos de natureza completamente distinta. Esquece-se, comumente, por exemplo, que as novas teorias científicas quase sempre encontraram resistência dentro da própria comunidade científica. Algumas vezes a oposição científica a essas novas teorias se aliou à oposição religiosa. No caso de Galileu, a Igreja Católica não se opôs à ciência *per se*. Ao contrário, ela usou de sua autoridade considerável para endossar o que era o consenso da comunidade científica da época. Essa posição pode ter sido imprudente e ofende as sensibilidades modernas, mas não implica em uma antipatia intrínseca para com a ciência por parte da Igreja Romana. Além disso, as fronteiras entre a ciência e a religião foram estabelecidas de maneira bastante diferente no passado e isso complica a maneira como interpretamos episódios históricos particulares. Isaac Newton, por exemplo, aceitava que a discussão sobre a existência de Deus era uma parte legítima do estudo formal da natureza – um ponto de vista com o qual poucos cientistas do século XXI concordariam, se é que algum deles o faria.[6] A piedade de cientistas como Newton (e, efetivamente, como a maioria dos cientistas que, antes do século XX, estavam comprometidos com o teísmo) também denuncia a falsidade da noção de que haja algum tipo de predisposição mental científica que seja intrinsecamente incompatível com a crença religiosa.

---

5 Para relatos sobre o caso Galileu, ver McMULLAN, Ernan (ed.). *The Church and Galileo*. Notre Dame University Press, 2005; LINDBERG, David C. Galileo, the Church and the Cosmos. In: NUMBERS, Ronald L., LINDBERG, David C. (eds.). *When Science and Christianity Meet*. University of Chicago Press, 2003, pp. 33-60.
6 NEWTON, Isaac. *The Mathematical Principles of Natural Philosophy*. MOTTE, Andrew (trad.), 1792. Reimpresso com introdução de I. Bernard Cohen. London: Dawsons, 1968. 2 volumes. Vol. 2, pp. 391-392. (NT) Há tradução em português. Ver também HARRISON, Peter. " 'Science' and 'Religion': Constructing the Boundaries". *The Journal of Religion* 86, 2006, pp. 81-106. Tradução brasileira em *Rever*, março 2007, pp. 1-31.

Outra consideração importante nessa discussão é o fato de que os historiadores se tornaram cada vez mais atentos aos perigos de projetar suas experiências de eventos presentes nas páginas da história. De fato, fica claro que os progenitores do mito do conflito, Draper e White, eram culpados exatamente desse tipo de anacronismo, da leitura da História através das lentes de suas experiências presentes com controvérsias paroquiais entre a ciência e a religião. Os capítulos históricos desse volume contam uma história diferente – uma que resiste à narrativa sedutora, ainda que simplista, de uma narrativa eterna e procuram considerar devidamente a visão pessoal dos agentes históricos.

No primeiro capítulo, David Lindberg se refere diretamente ao mito do conflito e suas aplicações às primeiras interações entre a Igreja Cristã e a ciência. Assume-se constantemente que os períodos patrístico e medieval, com os quais Lindberg lida, tenham sido a Idade das Trevas, quando o cristianismo usou seu poder para sufocar a ciência que havia sido inaugurada pelos gregos e alimentada pelos romanos. Lindberg apresenta uma imagem bastante distinta, reconhecendo episódios de conflito, mas salientando que o padrão mais comum foi o de coexistência pacífica. No período patrístico, a ciência foi, no mínimo, parcialmente valiosa para a Igreja porque podia ser subordinada e levada a servir propósitos religiosos. Na Idade Média tardia, a Igreja foi patrona das Universidades e, dessa forma, indiretamente, patrocinadora da ciência, que passou a ser cada vez mais valorizada como uma atividade independente por si só.

John Henry dá continuidade à narrativa no capítulo seguinte, que lida com a Revolução Científica – um período que compreende os séculos XVI e XVII. Ele começa com o caso de Galileu, que ocupa um lugar especial na compreensão das relações entre a ciência e a religião. Por um lado, ele não nega que os recursos da Igreja Católica tenham sido mobilizados, algumas vezes, contra os promotores de certas visões científicas; mas, por outro, aponta para o fato de que as circunstâncias da condenação de Galileu foram únicas e de que é pouco proveitoso tirar conclusões desse episódio infeliz e isolado. Henry também chama atenção para o fato de que, como o próprio Galileu, virtualmente todos os grandes inovadores científicos desse período eram crentes religiosos e que muitos deles eram teólogos seculares que pensavam cuidadosamente sobre o significado teológico de seus trabalhos. Várias teorias das origens religiosas da ciência moderna também são descritas e avaliadas neste capítulo. Mais do que pensar sobre o nascimento da ciência moderna como fruto da separação entre as preocupações religiosas e científicas, Henry sugere que podemos ver esse período como uma testemunha do esforço da cristandade em estabelecer os parâmetros para a emergência da sociedade moderna.

A teologia natural é o assunto do capítulo seguinte, no qual Jonathan Topham primeiro explora diferentes compreensões da teologia natural antes de apresentar um relato de seu papel nas ciências desde a Idade Média até o fim do século XIX. Topham descreve as maneiras através das quais várias teologias naturais foram mobilizadas durante os séculos XVII e XVIII não apenas para prover legitimidade social para as novas ciências, mas também para explorar suas implicações teológicas e, de forma mais geral, para alimentar crenças religiosas, tanto em crentes quanto em céticos. Em seguida, há um relato de destinos diversos da teologia natural no século XVIII. Durante esse período, ela foi examinada por críticos filosóficos como Hume e Kant, enquanto pensadores religiosos influentes também expressaram suas reservas sobre sua relevância. Logo, a análise de Topham aponta para o fato de que ainda que o advento do darwinismo no século XIX seja normalmente identificado como causa única da morte da teologia natural e, especialmente, do argumento do *design*, fatores propriamente religiosos também desempenharam seu papel.

Darwin e o darwinismo aparecem como figuras centrais do capítulo 4, em que Jon Roberts descreve a variedade das reações religiosas à teoria da evolução através da seleção natural. Focando no período entre a publicação de *A origem das espécies* em 1859 e o "julgamento do macaco" de Scopes em 1925 e concentrando-se principalmente na Inglaterra e nos Estados Unidos, ele oferece um relato detalhado da variedade de respostas religiosas ao darwinismo durante esse período. As propostas de Darwin provocaram fortes reações negativas entre muitos crentes e por uma variedade de razões: evolução e o mecanismo de seleção natural apareceram para desafiar a verdade literal da Bíblia, ideia de um plano divino para a criação e o *status* único dos seres humanos. Mesmo assim, como Roberts mostra claramente, a história não foi uma rejeição religiosa uniforme. Darwin também teve uma série de defensores religiosos e, inclusive, alguns críticos científicos bastante bem posicionados. Naquela época, como hoje em dia, as comunidades religiosas estavam divididas em relação ao darwinismo e sua importância teológica.

O quinto capítulo, escrito por John Hedley Brooke, explora a conexão entre a ciência e a secularização. Nele Brooke desafia a superficialmente plausível tese de que "a ciência causa a secularização", demonstrando que é difícil sustentá-la sem qualificação significativa. Nesse sentido, os sociólogos nos informam que relatórios sobre a morte da religião são prematuros. Postular a ciência dar conta de um desenvolvimento histórico que ainda não aconteceu não é uma tese convincente. Brooke também aponta para o fato de que as raízes da ideia de uma utopia científica futura na qual a religião não tem espaço é um vestígio do historicismo datado e desacreditado dos positivistas do século XIX. Isso posto, em sua conclusão, Brooke nos alerta para o que ele chama de "um padrão irônico recorrente" na relação entre a ciência e a religião no Ocidente, em que a religião provê a fundação inicial para a empreitada científica que eventualmente buscará desalojá-la.

Relações contemporâneas

Um elemento importante do presente interesse na ciência e na religião é a controvérsia sobre a evolução e, em particular, o ensino da evolução nas escolas secundárias. Como notamos, fontes potenciais de conflito já apareciam nos debates do século XIX. A evolução através da seleção natural parece colocar em xeque a verdade literal da Bíblia, a especificidade humana, a providência divina e a fundação de valores morais. Mas além dessas dificuldades específicas, com as quais as principais dominações cristãs já lidaram em larga escala, está o fato de que para muitos de seus detratores, a evolução é mais do que uma teoria científica – é um meio poderoso para propagação do materialismo e do ateísmo. Além disso, para os críticos religiosos conservadores, a evolução está associada a uma série de males sociais: racismo, relativismo moral, aborto, pornografia e a destruição da unidade familiar. Enquanto essas associações específicas podem ser exageradas, a percepção mais geral de que a aceitação da evolução necessariamente leva ao comprometimento com o ateísmo materialista tornou-se mais crível com o surgimento do novo ateísmo. Boa parte dos novos ateístas, destarte, lista a evolução como uma arma em sua cruzada contra a religião, confirmando a opinião de seus oponentes de que a evolução não é apenas ciência, mas uma ideologia antirreligiosa. Tudo isso sugere que os debates sobre a criação e a evolução não são instâncias de um conflito maior entre a ciência e a religião, mas um sintoma da colisão entre ideologias que competem entre si.

No primeiro dos capítulos que lida com as relações contemporâneas entre a ciência e a religião, Ronald Numbers levanta várias dessas questões, oferecendo uma descrição detalhada do surgimento do criacionismo científico e seu desdobramento recente, o *Design* Inteligente. Enquanto o primeiro tem como ponto de partida o relato bíblico da criação e está, portanto, ligado à ideia da terra jovem e da centralidade do Dilúvio no Gênesis, o último procura estabelecer a existência de um *design* na natureza a partir da identificação de instâncias de complexidade irredutíveis ou especificadas. Em comum, ambos os grupos têm a convicção de que seu trabalho representa uma atividade cientificamente legítima e que isso explica porque eles não se consideram anticiência. O capítulo de Numbers mostra claramente que esses movimentos não são o resíduo inexpugnável de um antigo compromisso cristão com a criação divina e a literalidade bíblica, mas sim um movimento moderno cujas origens datam do século XX. Além disso, enquanto Numbers aponta para a importância dos fatores constitucionais e educacionais norte-americanos para o crescimento do criacionismo científico e do *Design* Inteligente, ele também oferece evidências de um perfil cada vez mais global nos movimentos antirrevolucionários e de sua emergência em tradições religiosas bem distantes do conservadorismo evangélico dos Estados Unidos. Enquanto fenômeno global, o antievolucionismo de inspiração religiosa é emblemático de dimensões ideológicas mais profundas das discussões modernas sobre a teoria evolutiva.

Deixando de lado esses assuntos histórico e socialmente gerais e partindo em direção a assuntos específicos, podemos identificar como uma das dificuldades centrais geradas pela teoria da seleção natural para os crentes religiosos, aparenta aleatoriedade da seleção natural. Na visão evolucionista mais recorrente, os seres humanos são produtos casuais de um processo sem propósito, que não os tinha em mente. Tal ponto de vista está em desacordo tanto com as concepções religiosas tradicionais do *status* especial dos seres humanos, quanto com a ideia do controle providencial de Deus sobre a natureza. No capítulo 7, Simon Conway Morris aborda essa questão, propondo a sugestão de que, apesar das contingências da seleção natural, a evolução de algo bastante parecido com os seres humanos seria, de fato, virtualmente inevitável. Ele argumenta que a seleção é uma ferramenta de busca que tende a chegar repetitivamente a soluções similares. Para sustentar esse ponto de vista, ele aponta para as várias ocasiões em que houve convergência evolucionista. Elas sugerem que mesmo que eventos aleatórios tenham claramente desempenhado um papel de destaque no processo evolucionista, ainda é possível apontar uma orientação nesse contexto. Uma perspectiva como essa (que não deve ser confundida com o *Design* Inteligente) reduz consideravelmente a tensão entre a aleatoriedade do processo de evolução e as assertivas religiosas de propósito e direção.

Questões sobre o propósito cósmico são abordadas também no capítulo seguinte, que lida com a maior escala da cosmologia. A teoria cosmológica hoje dominante do *Big-bang* foi inicialmente proposta na década de 1920 pelo matemático belga e padre católico Georges Lemaître, mas não teve aceitação ampla até o descobrimento da radiação cósmica de fundo em micro-ondas na década de 1960. Na realidade, "*Big-bang*" foi o nome depreciativo proposto para a teoria pelo astrônomo Fred Hoyle, que, na época, defendia a hipótese alternativa do estacionário. Uma razão para a resistência inicial à teoria do *Big-bang* foi que, ao contrário da hipótese do estado estacionário, ele propõe que o universo tenha tido um início – uma proposição que, para alguns, tinha implicações religiosas indesejáveis. Agora que a teoria está bem estabelecida, as discussões sobre suas implicações religiosas continuam e constituem uma das áreas mais ativas do intercâmbio contemporâneo entre a ciência e a religião. Mais uma dimensão foi adicionada a essas discussões com a descoberta do notável ajuste fino dos parâmetros fundamentais de nosso universo.

No capítulo 8, William Stoeger oferece um relato do que está em jogo nessas discussões. Ele expõe o atual ponto de vista da história do universo, desde o *Big-bang* até o presente, antes de seguir com uma discussão sobre as possíveis implicações religiosas dessa história. Como aponta Stoeger, sabemos já há algum tempo que nosso universo é muito especial e que se uma das quatro forças fundamentais tivesse valores ligeiramente diferentes, nosso universo teria sido simples, estéril e improdutivo. Uma corrente defende que uma inteligência sobrenatural predeterminou os parâmetros básicos do universo de forma que ele eventualmente resultasse na vida baseada no carbono. Outra corrente defende que nosso universo é apenas mais um em um vasto conjunto de universos e, nesse caso, seu supremo ajuste fino é bem menos notável. As duas correntes oferecem interpretações legítimas, argumenta Stoeger, e enquanto a primeira presta-se à formação do argumento do *design* para a existência de Deus, ambas são consistentes com uma compreensão teísta do universo criado por Deus. De fato, sugere Stoeger, qualquer teoria cosmológica é consistente com uma compreensão teísta da criação, já que a ideia da criação se refere à fonte última do ser e da ordem do universo e a cosmologia procura oferecer um relato dessa ordem.

Na maioria das interações contemporâneas entre a ciência e a religião, inclusive aquelas discutidas até aqui, a religião tende a ser a parceira silenciosa. Normalmente pressupõe-se que a ciência seja a voz de autoridade a que a religião deve se conformar, se puder. Nos casos da teoria da evolução e da cosmologia do *Big-bang*, é possível afirmar que a religião adiciona uma dimensão que escapa a uma perspectiva puramente científica, mas isso não implica em uma contribuição significativa da religião para a ciência em si. No capítulo 9, Fraser Watts sugere que no caso da psicologia e da teologia, outro modelo é viável. Ele argumenta que a teologia pode oferecer esclarecimentos à natureza da pessoa humana e pode, dessa maneira, tanto criticar quanto enriquecer a psicologia. Ela assim o faz primeiro por contestar explicações abertamente reducionistas da pessoa humana e segundo por conta de contribuições advindas de sua familiaridade própria com certas características da experiência humana como culpa e perdão. Watts também demonstra as formas através das quais a psicologia contribui positivamente para a teologia.

Aqui a discussão se estende à antropologia teológica, hermenêutica bíblica, experiência religiosa e glossolalia. O modelo geral que ele oferece, então, propõe que a teologia e a psicologia possam se enriquecer mutuamente. Este capítulo também serve como um lembrete importante das diferenças entre a religião e a teologia. A vida religiosa não é simplesmente uma questão de se fazer afirmações particularmente guiadas que estejam mais ou menos alinhadas às hipóteses científicas. A religião tipicamente envolve práticas, comportamentos e atitudes que não têm uma contraparte direta no empreendimento científico. Essas características não proposicionais da religião são frequentemente ignoradas nas discussões entre a ciência e a religião e, como consequência, as religiões são, normalmente, reduzidas aos seus conteúdos proposicionais.

Distinguir entre a religião e a ecologia lembra-nos do fato de que há um componente moral para a crença religiosa que não está presente nas ciências. Normalmente, considera-se que o conhecimento científico seja desprovido de valores. Isso não significa que os cientistas sejam amorais ou que as descobertas científicas não tenham implicações morais, mas sim que não é papel, da ciência em si, determinar quais poderiam ser essas implicações morais. Um bom exemplo disso é a disciplina da bioética, que procura lidar com a pletora das questões morais levantadas pelos avanços nas ciências biológicas e médicas. No capítulo 10, John Evans mostra como, em um intervalo de tempo relativamente curto, os avanços nas ciências biomédicas alteraram, indiretamente, de forma dramática o contexto em que a discussão pública sobre questões morais se desenvolve. Essas mudanças têm pouco a ver com posições explicitamente filosóficas ou teológicas, posto que resultam da aplicação necessária de procedimentos burocráticos à ética médica. Como mostra Evans, isso implicou em um aumento inexorável na preponderância de estilos particulares de discursos morais – aos quais ele refere-se como argumentos tênues – que incorporam o princípio da comensuração e que são utilitários de modo incipiente. Os argumentos tênues dizem respeito a padrões comuns de medida e a como chegar a resultados predeterminados. Esses argumentos vêm sendo cada vez mais aceitos; não tanto por serem moralmente mais robustos do que as alternativas, mas porque as respostas que eles oferecem se encaixam nos contextos institucionais nos quais as questões são formuladas. Por esse motivo, tais abordagens substituíram abordagens religiosas mais densas, que tradicionalmente se preocupam com assuntos menos tratáveis de valor intrínseco e da desejabilidade de certos resultados. De certa forma, então, enquanto as ciências biomédicas representam-se a si mesmas como desprovidas de valores, por conta dos contextos institucionais e burocráticos nas quais elas estão embutidas, são originalmente portadoras de um conjunto de valores implícitos que anunciam o emprego de prescrições morais densas. A lição geral a ser tirada desse estudo de caso, para que possamos entender as relações entre os valores da ciência e da religião, concerne a atenção que devemos prestar não apenas à lógica dos argumentos sobre as questões morais no campo das biociências, mas também aos contextos profissionais, políticos e burocráticos nos quais a ciência e as tecnologias que a acompanham são praticadas e aplicadas.

Perspectivas filosóficas

Uma série de assuntos gerais no campo da ciência e da religião está no âmbito da filosofia. A filosofia da religião lida com a existência de Deus, explorando questões como a possibilidade do estudo científico prover evidências da existência de Deus e se a investigação científica se baseia em pressupostos implicitamente teístas sobre a uniformidade da natureza ou a confiabilidade de nossas cognições. Também relevante nesse contexto é a questão de como Deus interage de forma causal com o mundo (que absorve ideias sobre a ação divina, providência e milagres), o problema do mal (que por alguns exacerba-se com a teoria da evolução através da seleção natural) e questões sobre livre-arbítrio e determinismo (para as quais os desenvolvimentos nas neurociências algumas vezes parecem ser relevantes). Uma sub-disciplina da filosofia – a filosofia da mente – inclui dentro de seus limites discussões sobre a natureza da consciência e da liberdade humana, que tem um impacto nas crenças religiosas sobre a alma e a imortalidade. A terceira área da filosofia, que é diretamente relevante para o campo da ciência e da religião, é a filosofia da ciência. Os filósofos da ciência se preocupam com os princípios do conhecimento usados nas ciências, com a maneira através da qual se justificam afirmações e com o escopo explanatório das ciências.

Um assunto chave nas discussões filosóficas da ciência e da religião é quanto a explicação científica necessariamente exclui as referências ao sobrenatural. Uma premissa consagrada da investigação racional da natureza é o esforço para se evitar explicações sobrenaturais onde possível. Isso parece ser característico da filosofia natural grega antiga e aparece também ao longo da Idade Média. Alberto, o Grande (*fl.* 1250), o professor de Tomás de Aquino, usou a frase *de naturalibus naturaliter* para transmitir a ideia de que é legítimo estudar a natureza como se Deus não interviesse. Tomás de Aquino e outros pensadores medievais adotaram uma posição semelhante.[7] Nos séculos XVII e XVIII, esse princípio não foi seguido ao pé da letra – Isaac Newton invocou a ação divina para explicar porque o Sistema Solar não parava de funcionar – mas os newtonianos procuraram evitar explicações que recorressem a milagres sempre que possível. O compromisso com o estudo do mundo, como se Deus não tivesse nenhum papel nas causas secundárias da natureza, hoje em dia é conhecido como naturalismo metodológico. Essa expressão tornou-se um termo, de fato, depois de ser empregada em 1983, pelo filósofo cristão Paul de Vries. Vries procurou distinguir, por um lado, uma abordagem cientificamente legítima que excluía as explicações sobrenaturais e, por outro, o que ele chamou de naturalismo metafísico que ia além, negando a existência de quaisquer entidades sobrenaturais.[8]

A questão do naturalismo, destarte, é central para as perguntas sobre a divisão entre a religião e a ciência legítima e sobre o que conta como explicação completa. Michael Ruse aborda esses assuntos em seu capítulo sobre ateísmo, naturalismo e ciência. Aqui ele explora a relação entre o naturalismo metodológico e o naturalismo em si; o último sendo compreendido como

---

7 GRANT, Edward. *God and Reason in the Middle Ages*. Cambridge University Press, 2001, pp. 193-194.
8 NUMBERS, Ronald L. "Science without God: Natural Laws and Christian Beliefs". In: NUMBERS, Ronald L., LINDBERG, David C. *When Science and Christianity Meet*, p. 267. Ver também BRIGHTMAN, Edgar. "An Empirical Approach to God". *The Philosophical Review* 46. 1937, pp. 147-169.

equivalente ao ateísmo. Algumas das discussões recentes sobre esse assunto, como aponta Ruse, foram instigadas pelas afirmações dos proponentes da teoria do *Design* Inteligente, que admitem a possibilidade de violações nos princípios do naturalismo metodológico, mas que, mesmo assim, afirmam estar engajados em uma forma legítima de ciência. Ruse também discute a intrigante questão, colocada pelo filósofo Alvin Plantinga, sobre a possibilidade do naturalismo evolucionista ser, em última instância, uma teoria que se derrota a si mesma. De acordo com esse argumento, se o naturalismo evolucionista pode agir como um ácido universal, então, certamente ele não é menos corrosivo para as próprias afirmações evolucionistas, já que essas crenças são, em última instância, o resultado de processos naturais direcionados primordialmente para nossa sobrevivência biológica (mais do que em direção à produção de mentes capazes de compreender verdades metafísicas). O próprio Darwin expressou o problema dessa forma: "Então, em mim, surge sempre a terrível dúvida se as convicções da mente do homem, que se desenvolveu da mente de animais inferiores, têm em si algum valor ou se são sequer dignas de confiança".[9] Ruse pondera que as explicações naturalistas das crenças não necessariamente impossibilitam a veracidade dessas crenças, apontando que isso se aplica igualmente para as próprias crenças religiosas para as quais, caso alguma explicação naturalista plausível pudesse ser oferecida, não seriam, dessa maneira, entendidas como falsas. Ruse conclui que enquanto o naturalismo metodológico provou-se uma estratégia explanatória poderosa, há questões importantes que estão além de seu escopo. Estas se encaixam nos territórios da filosofia da religião.

A natureza da explicação científica também é uma preocupação central do capítulo seguinte, de Nancey Murphy. Se o naturalismo metodológico foi um elemento chave para a ciência moderna, outro foi a explicação reducionista. O reducionismo é o princípio segundo o qual a melhor maneira de compreender um fenômeno completo é considerar as operações das partes que o constituem. Relacionadas a essa percepção estão outras duas ideias

---

9 Carta 13230, Darwin para William Graham, 3 de julho de 1881. *Darwin Correspondence Project*, <www.darwinproject.ac.uk/darwinletters/calendar/entry-13230.html>, acesso em 24 de junho de 2009.

– os princípios científicos de uma classe superior de ciências, tais como a biologia são, em última instância, redutíveis aos princípios de uma ordem inferior de ciências, tais como a química e a física, e as causas que realmente agem na natureza também podem ser encontradas nesses níveis inferiores. Mesmo que o reducionismo tenha possibilitado o surgimento de uma série de sucessos, ele também gerou dificuldades específicas para nossa compreensão da consciência humana, livre-arbítrio e ação divina. Murphy oferece um modelo explicativo complementar, invocando os princípios da emergência e causalidade de cima para baixo. Esses princípios dão espaço para explicações não reducionistas que são consistentes com nossa intuição de que, na maior parte do tempo, nós estamos no controle de nossas ações. O caso da consciência é um exemplo chave. Parece óbvio, por exemplo, que os átomos e as moléculas não sejam conscientes. Da mesma forma, assim assumimos, também não o são os neurônios individuais. Mas em número suficiente, em uma organização suficientemente complexa e em conjunto com certos dados externos, parece que os sistemas de neurônios possibilitam a propriedade da consciência, e isso não pode ser explicado simplesmente em termos de propriedades individuais dos constituintes básicos do sistema (átomos, moléculas e neurônios). Referimo-nos à propriedades desse tipo, que não são suscetíveis a explicações reducionistas como propriedades emergentes, já que elas surgem por emergência a partir de constituintes mais básicos. Como mostra Murphy, quando nós adicionamos a esse conjunto a ideia de causalidade de cima para baixo, também podemos oferecer um relato de como a mente consegue exercer poder causal sobre o corpo. Além disso, ela sugere que o modelo de causalidade de cima para baixo no mundo pode acontecer de maneira que não viole nossa compreensão da causalidade natural.

No capítulo 13, retomamos as questões de propósito e significado, dessa vez considerando como o pensamento evolucionista e a filosofia de processo de A. N. Whitehead podem, em conjunto, contribuir para novas compreensões teológicas. Escrevendo como um teólogo cristão, John Haught afirma que a teologia demorou a se adaptar a um mundo em que a evolução biológica e cósmica é uma realidade inescapável. Ele argumenta que parte de sua inabilidade para lidar com isso se deve a seu comprometimento com uma divindade clássica, que está fora do tempo e que é imutável e, portanto, impassível (incapaz de sofrimento). Esses comprometimentos, por sua vez, se devem mais à metafísica dos gregos antigos do que às fontes cristãs. A sugestão de Haught é de que a filosofia de Whitehead, na qual considera que o cosmo está em processo e que imagina o próprio Deus como sendo capaz de mudança, é mais consistente tanto com a teoria evolucionista quanto com os pressupostos chave das tradições religiosas ocidentais sobre a natureza pessoal e responsiva de Deus. Essas considerações permitem a Haught propor uma metafísica religiosa alternativa orientada para o futuro e na qual todas as coisas evoluem em direção a uma beleza sempre crescente, em um futuro genuinamente aberto. De forma mais geral, o capítulo de Haught serve como um exemplo de como modelos diferentes de Deus podem ser vistos como mais ou menos compatíveis com correntes da ciência contemporânea.

O capítulo final, de Mikael Stenmark, aborda a importante questão metodológica de como melhor caracterizar as muitas maneiras de se relacionar ciência e religião. O padrão consagrado no campo há tempos é a tipologia quádrupla de Ian Barbour – conflito, independência, diálogo, integração. Mesmo na presente coleção essa tipologia foi bem utilizada por Michael Ruse. Ainda que essa tipologia tenha virtudes consideráveis, das quais a menor delas não é a simplicidade, é possível questionar se ela é suficientemente sensível para capturar o amplo escopo de posições adotadas por vários indivíduos e grupos. É correto, por exemplo, classificar o criacionismo científico como um exemplo do modelo de conflito, quando seus proponentes explicitamente afirmam ser pró-ciência? E quanto aos advogados da independência para quem a paz entre a ciência e a religião é adquirida traduzindo-se todas as afirmações proposicionais da religião em afirmações morais? Isso é independência genuína ou um tipo de expansionismo científico? Este capítulo oferece um quadro alternativo para mapear as relações entre a ciência e a religião que procura ser mais sensível às posições expressadas pelos vários atores, mantendo ao mesmo tempo as virtudes da simplicidade e versatilidade. Stenmark é particularmente sensível ao fato de que a maneira através da qual conceitualizamos essas duas entidades – a religião e a ciência – configura-se como uma diferença significativa entre as maneiras como mapeamos suas relações.

Porquanto seja amplamente presumido que há uma religião genérica, por exemplo, cabe lembrar que as religiões históricas, na verdade, não tem um grupo de crenças comum, nem tampouco todas as religiões destacam a prioridade da crença. Quando falamos de ciência e religião, então, é importante ter em mente de que religião estamos falando. Considerações semelhantes se aplicam às várias disciplinas científicas, cada qual com implicações diferentes para as diferentes religiões.

Stenmark também introduz considerações derivadas da filosofia da ciência, apontando para o fato de que, ainda que afirmações substantivas das ciências sejam obviamente relevantes nas discussões entre a ciência e a religião, também a postura que assumimos em relação às afirmações de verdade das ciências e das religiões devem ser levadas em conta. As teorias científicas são sempre provisórias? Elas representam mapas cada vez mais exatos da realidade ou é melhor considerá-las simplesmente como modelos para fazer previsões? Enquanto muitos cientistas são realistas, no sentido de que eles acreditam que suas teorias e modelos representam a realidade de maneiras cada vez mais precisas, há argumentos poderosos em favor do instrumentalismo, os quais defendem que nossos modelos científicos são melhores vistos como instrumentos fictícios cuja finalidade é fazer previsões a respeito do comportamento de realidades não visíveis. O critério relevante para os instrumentalistas não é a verdade, mas a utilidade. Há também variantes do realismo científico e uma ampla gama de posições entre o realismo e o instrumentalismo. Claramente, entretanto, pontos de vista sobre as implicações para a religião de várias teorias científicas são diferentes para realistas e instrumentalistas e Stenmark parece incorporar isso em seu modelo.

Qualquer obra como essa sofre de omissões inevitáveis e há muitos outros assuntos que poderiam ter sido incluídos. Idealmente, um tratamento compreensivo da ciência e da religião levaria em consideração as ciências sociais e a religião. Também há trabalhos novos muito interessantes no campo da ciência cognitiva da religião que não foram abordados aqui. Os papéis da ciência e da religião na crise ambiental também formam um assunto de grande importância. Certamente, além disso, a maior parte dos tópicos abordados nesse volume poderiam ter sido tratados em maior profundidade.

Entretanto, o objetivo dessa coleção tem sido o de prover algumas perspectivas históricas, algumas imagens e discussões panorâmicas de alguns dos tópicos centrais para o discurso contemporâneo da ciência e da religião, com o propósito de introduzir os leitores a algumas das questões e abordagens centrais nesse campo. De alguma forma, procura-se compensar essas omissões com a sessão de mais leituras, que proporciona fontes adicionais tanto para os tópicos abordados nesta coleção quanto para os tópicos ausentes supramencionados.

Os leitores também notarão que enquanto o título proclama essa coleção como sendo uma obra sobre ciência e religião, a maior parte dos capítulos lida quase que exclusivamente com as religiões monoteístas ocidentais e, primordialmente, com o cristianismo. Há boas razões para isso, não apenas considerações práticas sobre espaço. É difícil um volume desse tamanho fazer jus à enorme complexidade das relações entre a ciência e a religião no Ocidente, mesmo sem adicionar as complicações decorrentes de se considerar religiões não ocidentais. Relacionado a isso, há também o fato de que questões substantivas que tem a ver com as relações e entre as religiões monoteístas ocidentais e a ciência se aglutinam ao redor de um grupo comum de questões, tipicamente aquelas ligadas ao poder de Deus, sua atividade ou sua relação com o mundo. Tradições religiosas não teístas ou politeístas levantam um conjunto completamente diferente de questões. Além disso, a ciência moderna se desenvolveu dentro da matriz da cristandade ocidental; portanto, as questões ligadas às relações históricas entre a ciência e a religião são melhor discutidas dentro dessa matriz. Uma vez mais, a sessão de Mais Leituras oferece títulos para aqueles interessados em perseguir as relações entre a ciência e tradições religiosas não ocidentais.

Por último, essa coleção, como um todo, não foi planejada para apresentar uma visão única da ciência e da religião e os autores tiveram liberdade para argumentar em favor de posições particulares que eles acreditam ser válidas. Da mesma maneira, como dito acima, não se pretende representar aqui todo o espectro das visões a respeito das relações entre a ciência e a religião. Como já está provavelmente claro a essa altura, a ideia de que a religião e a ciência sempre estiveram e necessariamente sempre estarão lutando uma contra a outra não encontra muito apoio neste volume. Isso não deve ser visto como um sinal de parcialidade, mas sim como um sinal do fato de que, de maneira geral, aqueles que têm mais do que uma familiaridade casual tanto com a ciência quanto com a religião têm pouco tempo para dedicar à tese do conflito (pelo menos em suas formas mais simplórias). Além disso, provavelmente também é bom mencionar que porquanto eu não tenha interrogado os autores sobre seus compromissos religiosos, trata-se de um fato de domínio público que entre eles estão ateus e agnósticos de um lado da balança e teólogos profissionais do outro.

PARTE I
Interações históricas

1 O destino da ciência na cristandade patrística e medieval

DAVID C. LINDBERG

O grupo pagão entendia que o conhecimento poderia ser obtido apenas através do laborioso exercício da observação e da razão humana. O grupo cristão entendia que todo o conhecimento poderia ser encontrado nas Escrituras e na tradição da Igreja; que, na revelação escrita, Deus não apenas forneceu-nos os critérios para a verdade como também proveu tudo aquilo que ele pretendia que soubéssemos. As Escrituras, portanto, contêm a soma, o fim de todo o conhecimento. O clero, tendo o respaldo do Imperador, não sofreria nenhuma competição intelectual.[10]

Encontra-se uma combinação de fatores por trás do "fechamento da mente ocidental": o ataque à filosofia grega por Paulo (o apóstolo), a adoção do platonismo pelos teólogos cristãos e o reforço da ortodoxia pelos imperadores desesperados para manter a ordem. A imposição da ortodoxia andou de mãos dadas com a repressão de quaisquer formas de raciocínio independente. No século V, não apenas o pensamento racional havia sido suprimido, como também fora substituído por "mistério, mágica e autoridade".[11]

U m mito muito difundido que se recusa a morrer, ilustrado por essas duas citações, afirma que a oposição consistente da Igreja Cristã ao

---

10 DRAPER, John William. *History of the Conflict between Religion and Science.* 7ª ed. London: Henry S. King, 1876, pp. 51-52.
11 FREEMAN, Charles. *The Closing of the Western Mind: the Rise of Faith and the Fall of Reason.* New York: Knopf, 2003.

pensamento racional em geral e às ciências naturais em particular, durante os períodos patrístico e medieval, retardou o desenvolvimento de uma tradição científica viável e, destarte, atrasou a Revolução Científica e as origens da ciência moderna em mais de um milênio.[12] A historiografia dos últimos 50 anos vem demonstrando que a verdade, porém, é outra.

O Período Patrístico: Cristianismo e a Tradição Clássica

Os principais intelectuais da Igreja Cristã emergente no período patrístico (100-500 d.C.) tiveram acesso às ciências naturais da Grécia Antiga, na forma de textos gregos e alguns latinos lidando com tópicos de literatura, história, filosofia, retórica e lógica, teologia, matemática e ainda, as ciências naturais e matemáticas. Os textos mais influentes, em longo prazo, foram os de Platão (427-347/8 a.C.), de Aristóteles (384-322 a.C.) e de sua prole intelectual (os neoplatônicos e peripatéticos). Outros textos representavam membros das escolas epicuristas e estoicas. Foi com essa herança literária que os pais da Igreja, que assumiram a tarefa de definir a ortodoxia teológica cristã, tiveram que lidar.[13]

Os pais da Igreja provieram da *intelligentsia* cristã, da elite educada, de onde se deduz que eles foram educados em escolas filosóficas e, portanto, em

---

12 Este capítulo foi solicitado aproximadamente ao mesmo tempo em que também o foram muitos outros artigos sobre mais ou menos o mesmo assunto, mas com focos ligeiramente distintos; eu também escrevi sobre o tema várias vezes nas últimas décadas. Portanto, exceto nos pontos sobre os quais mudei de ideia, vi-me forçado a buscar novas maneiras de dizer a mesma coisa. Espero ser perdoado por ter utilizado várias frases em mais de um artigo ou capítulo. Esses outros artigos serão citados abaixo, quando forem relevantes para o assunto em questão.

13 GRANT, Edward. *Science and Religion, 400 a.C.-1550 d.C.: From Aristotle to Copernicus*. Baltimore: Johns Hopkins University Press, 2004; LINDBERG, David C. "Early Christian Attitudes toward Nature". In: FERNGREN, Gary B. (ed.). *Science and Religion: a Historical Introduction*. Baltimore: Johns Hopkins University Press, 2002, pp. 47-56; LINDBERG, David C. "Science and the Early Church". In: LINDBERG, David C., NUMBERS, Ronald L. (eds.). *God and Nature: Historical Essays on the Encounter between Christianity and Science*. Berkeley e Los Angeles: University of California Press, 1986. pp. 19-48; ARMSTRONG, A. H., MARKUS, R. A., *Christian Faith and Greek Philosophy*. London: Darton, Longman e Todd, 1960.

graus variados, nas ciências clássicas. Esses foram os homens que, de acordo com o mito, empreenderam verdadeira guerra contra as ciências naturais. Não é difícil juntar evidências em favor do mito. A hostilidade em relação à educação apareceu antes do início do período patrístico, nos escritos do apóstolo Paulo, que disse, em sua *Epístola aos Colossenses*: "Tomai cuidado para que não haja quem vos queira escravizar com sua filosofia e com vãos sofismas, inspirados numa tradição puramente humana, segundo os elementos do mundo". Também em sua *Primeira Epístola aos Coríntios* ele avisou: "Ninguém se iluda! Se algum de vós se julga sábio... torne-se louco para ser sábio; pois a sabedoria desse mundo é loucura diante de Deus".[14]

Tertuliano (*fl*. 195-215), um norte-africano soberbamente educado, perseguiu o tema de Paulo apaixonadamente em seu tratado *Ad Nationes*, em que ele argumenta:

> Por obséquio, diga-me, que sabedoria há nessa ânsia por especulações e conjeturas? Que prova nos é fornecida... pela afetação inútil de uma curiosidade escrupulosa, enganada por uma demonstração artística da linguagem? Logo, ela serviu bastante bem a Tales de Mileto quando ele caminhava observando as estrelas... e sofreu o infortúnio de cair em um poço... Sua queda, portanto, é uma imagem figurada dos Filósofos; quero dizer, daqueles que persistem em aplicar seus estudos a um propósito vão, já que se entregam a uma curiosidade natural sobre objetos naturais...[15]

Em outro tratado, Tertuliano atacou os harmonizadores por suas tentativas de reconciliar várias afirmações da tradição clássica com as afirmações

---

14 Colossenses 2:8 e I Coríntios 3:18-19, ambos na versão da Bíblia de Aparecida.
15 TERTULIANO. *On Prescription against Heretics*. HOLMES, P. (trad.). In: ROBERTS, Alexander e DONALDSON, James (eds.). *The Ante-Nicene Fathers*. Edição revisada. COXE, A. Cleveland. Vol. 3. Reimpressão. Grand Rapids, MI: Eerdmans, 1986, p. 246b. A segunda parte dessa citação é tradução do autor do texto latino de *Tertulliani Opera*, RIGALTIUS, Nic (od.). Paris, 1664, p. 205. Outros pensadores cristãos que podem ser classificados como harmonizadores, em diferentes graus, são Clemente (150-220) e Orígenes (185-253), ambos originários de Alexandria, no Egito; Gregório de Nissa (330-395) da (atual) Turquia central e Santo Agostinho de Hipona (354-430), também do Norte da África, a quem retornaremos em breve.

da doutrina cristã. Um harmonizador, por exemplo, poderia, sem muito esforço, identificar o Demiurgo de Platão, uma divindade monoteísta, transcendente, segundo o relato de Platão, como uma versão inicial e primitiva do Deus cristão. O demiurgo de Platão, além disso, seria um Deus providencial, que se importava com o mundo que Ele criou. Se a criação do cosmos pelo demiurgo a partir de materiais preexistentes provou-se incompatível com o relato cristão da criação *ex nihilo*, esse detalhe pode ser deixado de lado como um erro infeliz. Esse esforço de harmonização e outros similares provocou o seguinte ataque de Tertuliano:

> O que, de fato, Atenas (usada para representar a sabedoria pagã) tem a ver com Jerusalém (usada para representar a religião cristã)? Que concordância há entre a Academia (de Platão) e a Igreja? E entre os hereges e os cristãos? Para longe com todas as tentativas de produzir uma Cristandade sarapintada de composições estoicas, platônicas e dialéticas! Não há necessidade de se questionar para além de Jesus Cristo, de investigar-se para além do Evangelho. Quando cremos (no Evangelho), não precisamos dar crédito a nada mais![16]

Tertuliano tem sido considerado como representativo da resposta cristã à tradição clássica, graças à popularidade dos livros de John William Draper, Andrew Dikson White e Etienne Gilson, entre outros.[17] É verdade que Tertuliano não estava sozinho enquanto crítico das ciências clássicas. Basílio da Cesareia (330-379) compartilhava, em partes, de suas desconfianças, repreendendo filósofos e astrônomos que haviam "intencional e voluntariamente permanecido cegos ao conhecimento da verdade" – que haviam, consequentemente, descoberto "tudo, menos uma coisa: eles não

---

16 TERTULIANO, *Writings*. In: *Ante-Nicene Father*. Vol. 3, p. 246b.
17 Ver DRAPER, John Willians. *History of the Conflict between Religion and Science*; WHITE, Andrew Dickson. *A History of the Warfare of Science with Theology in Christendom*. New York: Appleton, 1896. Vol. 2, pp. 31-32; GILSON, Etienne. *Reason and Revelation in the Middle Ages*. New York: C. Scribner's Sons, 1938, pp. 5-15. Também HOLLAND, Frederic May. *The Rise of Intellectual Liberty: From Thales to Copernicus*. New York: Henry Holt, 1885.

haviam descoberto que Deus é o criador do universo".[18] Mas essas citações são apenas algumas frases extraídas de textos muito longos e numerosos, e encontrar passagens que corroborem essa tese nos escritos patrísticos não é uma tarefa fácil. A maior parte da oposição ao ensino da tradição clássica não era direcionada ao seu conteúdo científico, mas sim à sua metafísica e à sua teologia – assuntos que concerniam muito mais aos intelectuais cristãos. White, Draper, Gilson e outros construíram amplamente suas teses sobre Tertuliano, porque não encontraram outro autor patrístico igualmente hostil para dar suporte às suas interpretações. Eles não perceberam que Tertuliano não era representativo do pensamento patrístico, mas uma exceção a ele. Foi a opinião mais favorável de Santo Agostinho que prevaleceu não só durante a Idade Média, como também depois dela.

Agostinho de Hipona (354-430) foi a figura dominante dos dois primeiros milênios da história cristã (omitindo-se figuras bíblicas, como o apóstolo Paulo) e quem mais influenciou nas atitudes cristãs em relação à natureza e às ciências naturais.[19] Sabemos muita coisa sobre Agostinho por conta da monumentalidade do corpo de sua obra, muitas das quais são bastante introspectivas. Depois de procurar significado e satisfação em uma variedade de buscas enquanto adolescente e jovem adulto (incluindo períodos de estudos e de ensino em Cartago), Agostinho converteu-se oficialmente ao cristianismo (ou seja, foi batizado) em 387. Soberbamente educado na tradição clássica, que ele havia tanto estudado quanto ensinado, Agostinho foi ordenado e, em 395, tornou-se bispo de Hipona (uma cidade na costa do Mediterrâneo no Norte da África). Em seus últimos anos, escreveu uma miríade de textos sobre tópicos religiosos, desde teologia e doutrina à eclesiologia, hermenêutica e heresia

---

18 MENDIETA, Emmanuel Amand de. "The Official Attitude of Basil of Caesarea as a Christian Bishop towards Greek Philosophy and Science". In: BAKER, Derek (ed.). *The Orthodox Churches and the West*. Oxford: Blackwell, 1976, pp. 38, 31.

19 Para a biografia de Agostinho, ver especialmente BROWN, Peter. *Augustine of Hippo: a Biography*. Berkeley e Los Angeles: University of California Press, 1967. (NT) Há tradução em português; RIST, John M. *Augustine*. Cambridge University Press, 1994. Para uma alternativa mais concisa, ver BOURKE, Vernon J. *The Essential Augustine*. New York: New American Library, 1964.

– o equivalente (segundo estimativas) a quinze volumes de uma enciclopédia moderna comum.[20]

Inevitavelmente Agostinho foi levado à batalha contra as tendências heréticas da tradição clássica. Há preocupações para com a filosofia pagã e as ciências naturais espalhadas por sua obra, bem como admoestações para que os cristãos não as supervalorizem. Mas sua opinião era, no geral, mais suave e o tom mais de acomodação. Ele assegurava aos leitores, em seu *Enchiridion*, que não havia nenhum motivo para se assustar se os cristãos ignorassem as propriedades e o número de elementos básicos da natureza ou sobre o movimento, a ordem e os desvios das estrelas; o mapa dos céus, os tipos e as naturezas dos animais, plantas, pedras, fontes, rios e montanhas: "Porquanto para o cristão é necessário acreditar que a causa de todas as coisas criadas é a bondade do Criador".[21]

Em seu livro *Confissões*, escrito mais ou menos nessa época, Agostinho argumentou que "por causa dessa doença da curiosidade os homens começaram a investigar os fenômenos da natureza, ainda que esse conhecimento não lhes valesse para nada: porque eles queriam saber simplesmente por saber".[22]

Note-se que aqui Agostinho condena a tradição clássica não por seu conteúdo herético, mas simplesmente por sua falta de utilidade dentro da comunidade cristã. Essa posição é cada vez mais comum nos escritos mais tardios de Agostinho, nos quais o estudo dos fenômenos naturais adquire valor e legitimidade enquanto serve a propósitos mais elevados, tais como a exegese bíblica. Por exemplo, somente se estivermos familiarizados com as serpentes compreenderemos a admoestação bíblica para sermos "prudentes como as serpentes e simples como as pombas".[23] Agostinho também entende que alguns aspectos do conhecimento pagão têm valores práticos; entre eles a história, a dialética, a matemática, as artes mecânicas e "ensinamentos que dizem respeito aos sentidos corpóreos".[24]

---

20 BOURKE, Vernon J. *The Essential Augustine*, lista noventa e sete trabalhos. Ver p. 13 para a comparação a uma enciclopédia comum.
21 AGOSTINHO. *Confessions and Enchiridion*. OUTLER, Albert C. (trad. e ed.). Philadelphia: Westminster Press, 1955, pp. 341-342. (NT) Há tradução em português.
22 AGOSTINHO. *Confessions*. SHEED, F. J. (trad.). New York: Sheed and Ward, 1942. 10. 35, p. 201.
23 *Evangelho segundo Mateus*, 10:16.
24 AGOSTINHO. *On Christian Doctrine*. ROBERTSON Jr., W. (trad.). Indianapolis: Bobbs-Merrill,

Nos escritos de sua maturidade (primeiras décadas do século V), especialmente em seus estudos exegéticos da criação conforme narrado no Livro do Gênesis, a apreciação de Agostinho pela utilidade das ciências físicas, como representadas na tradição clássica, aumenta dramaticamente. No *Comentário literal sobre o Gênesis*, ele revelou uma compreensão impressionante da cosmologia e da filosofia natural gregas, expressando desalento pela ignorância de alguns cristãos:

> Mesmo um não cristão sabe alguma coisa sobre a terra, os céus e outros elementos desse mundo, sobre o movimento e a órbita das estrelas e mesmo sobre seu tamanho e suas posições relativas, sobre os eclipses previsíveis do sol e da lua, sobre os ciclos dos anos e das estações, sobre os tipos de animais, arbustos, pedras etc. E entende que esse conhecimento deriva da razão e da experiência. Portanto, é uma desgraça e um perigo que um infiel ouça um cristão falando bobagens sobre esses assuntos; e deveríamos nos precaver de todas as formas contra a vergonhosa situação na qual um cristão demonstra vasta ignorância e torna-se motivo para risos e escárnio.[25]

De fato, "se aqueles que se chamam de filósofos, especialmente os platônicos, disseram coisas que são verdadeiras e elas podem ser acomodadas à nossa fé, eles não devem ser temidos; ao contrário, aquilo que eles disseram deve ser tomado deles como de possuidores injustos e convertido ao nosso uso".[26] Toda a verdade é a verdade de Deus, mesmo se for encontrada em fontes pagãs; e deveríamos tomá-las sem hesitação e colocá-las em uso.

Agostinho praticava o que ele pregava? Sim, de fato! Em seu *Comentário literal sobre o Gênesis,* ele discutiu ideias advindas da tradição clássica sobre relâmpagos, trovões, nuvens, ventos, chuva, orvalho, neve, gelo, tempestades,

---

1958. 2 .39, p. 74. (NT) Há tradução em português.
25 AGOSTINHO. *Literal Commentary on Genesis* (2 volumes). TAYLOR, John Hammond (trad.). New York: Newman Press, 1982. 1 .19, pp. 42-43.
26 AGOSTINHO, *On Christian Doctrine.* 2 .40, p. 75.

marés, plantas e animais, os quatro elementos, a doutrina do lugar natural, estações, tempo, o calendário, os planetas, movimentos planetários, fases da lua, sensação, som, luz e sombra e a teoria dos números.[27] Apesar de toda sua preocupação em não supervalorizar as ciências da tradição clássica, Agostinho aplicou-as amplamente em sua interpretação bíblica.

Vimos que Agostinho não era grande defensor das ciências naturais da tradição clássica. Entretanto, ele utilizava-se delas (de fato, ele as julgava indispensáveis) quando aplicadas à interpretação bíblica e a esforços apologéticos. As ciências naturais pagãs serviam como servas da religião e da Igreja: submetidas a disciplina rigorosa, mas usadas quando necessário. Foi esse modelo de relação entre as ciências naturais, por um lado, e a teologia e a religião por outro, herdado pela Idade Média e para além dela, que mais influência exerceu. De fato, como criadas, elas provaram sua confiabilidade ao longo dos séculos; tanto que a supervisão dessas por parte da Igreja diminuiu constantemente até o momento em que lhes foi autorizado um alto grau de autonomia. Foi a fórmula de servidão (ciência/filosofia como serva da teologia) de Agostinho, e não o discurso retórico de Tertuliano que moldou a relação entre a cristandade e as ciências naturais durante a Idade Média e para além dela.

Mais fácil de lidar do que o caso de Tertuliano *vs.* Agostinho é o caso de Hipátia (355-415) *vs.* Cirilo, bispo de Alexandria (...444). Essa história, que facilmente supera a de Tertuliano no quesito drama, acusa Cirilo de ter orquestrado o assassinato de Hipátia, a brilhante matemática e filósofa. A história tem muitas versões diferentes, mas a essência é a mesma: uma multidão de cristãos, agindo sob as instruções de Cirilo (o futuro São Cirilo), teria assassinado brutalmente Hipátia, cujo único crime fora sua busca pelo aprendizado clássico. Conta Edward Gibbon: "Em um dia fatal, durante a sagrada temporada da Quaresma, Hipátia foi arrancada de sua carruagem, desnudada, arrastada à Igreja e desumanamente abatida pelas mãos de uma tropa de fanáticos selvagens e sem piedade", destarte demonstrando vividamente a profunda animosidade da comunidade cristã para com a erudição clássica.

---

27 AGOSTINHO. *Literal Commentary on Genesis, passim.*

Infelizmente para a narrativa e para seus defensores, a única pesquisa acadêmica séria sobre Hipátia na contemporaneidade conclui que sua morte foi "um assassinato político, provocado por conflitos antigos em Alexandria" e não teve nenhuma relação com a filosofia pagã ou com a crença cristã.[28]

A tradição clássica dos monastérios ao renascimento carolíngio

O lento ruir da *pax romana* e o colapso do Império Romano Ocidental nos séculos III e IV tiveram um profundo efeito na vida intelectual romana. Com a perda da vitalidade urbana, muitas das escolas romanas desapareceram e a tradução de tratados gregos filosóficos e científicos (nunca abundante) cessou, diminuindo consideravelmente o acesso à literatura da tradição clássica. As migrações germânicas ao território do Império Romano puseram fim, em termos práticos, ao Império Romano. A tarefa vitalmente importante de se preservar o restante do conhecimento grego e romano foi realizada em uma coleção de tratados, enciclopédicos em abrangência, escritos por autores sobre quem (em alguns casos) sabemos pouco mais do que os nomes. Entre eles estão o *Comentário sobre o sonho de Scipião*, escrito por Macróbio (na primeira metade do século V), uma influente exposição da filosofia natural neoplatônica que incluía material sobre aritmética, astronomia e cosmologia e *O matrimônio da filologia com Mercúrio*, de Marciano Capella (410-439), uma alegoria de ampla circulação que abordava as sete artes liberais (o *trivium*, composto pela gramática, pela retórica e pela lógica e o *quadrivium*, composto pela aritmética, pela geometria, pela astronomia e pela música). No início do século VI, Boécio (480-524), bem educado membro da aristocracia romana tardia e um cristão ariano, traduziu vários manuais de artes liberais do grego para o latim, na tentativa de salvar o conhecimento grego clássico que desaparecia rapidamente. Havia também a *História natural* de Plínio, o Velho (23/24-79), escrito muito antes, no auge do Império

---

28 DZIELSKA, Maria. *Hypatia of Alexandria*. LYRA, F. (trad.). Cambridge, MA: Harvard University Press, 1995, pp. 83-106. A bibliografia de Dzielska sobre publicações anteriores que lidam de alguma forma com a história de Hipátia estende-se por aproximadamente seis páginas.

Romano, mas com circulação limitada até o século VIII, uma abordagem ampla, enciclopédica, do universo e dos objetos (animados e inanimados) que o povoavam, típico de um período em que os estudiosos ainda tinham acesso relativamente fácil às obras da tradição clássica.[29]

Enquanto isso, a religião cristã experimentava expansão constante, numérica e geograficamente. As letras e o aprendizado, inclusive o acesso ao conhecimento científico, estavam em declínio – não por conta da oposição cristã, mas por causa da perda de apoio institucional devido ao desaparecimento das escolas romanas e um declínio paralelo na alfabetização das classes mais abastadas e na disponibilidade de livros. Na verdade, foi uma instituição cristã – o monastério – que mais contribuiu para a preservação e, por fim, para a propagação das ciências clássicas.[30] As comunidades monásticas exigiam alfabetização, necessária para a leitura da Bíblia e da literatura devocional. Elas também tinham necessidades bastantes práticas que podiam ser, pelo menos parcialmente, sanadas por contribuições da tradição clássica, por exemplo, tratados médicos, herbários e textos (astronômicos e matemáticos) que contribuíam para as artes astronômicas relacionadas ao tempo e ao calendário (necessários para a regulação da vida dentro da comunidade monástica).[31] Um evento particularmente digno de nota foi o estabelecimento, por parte de Cassiodoro (c. 490-585), um aristocrata educado, de um monastério com uma biblioteca a ele associada, em sua propriedade, próximo a Squillace, na bota da Itália. Lá, sob sua direção, manuscritos foram

---

29 Para as obras mencionadas nesse parágrafo, ver o excelente relato contido no capítulo 4 do livro de COLISH, Marcia L. *Medieval Foundations of the Western Intellectual Tradition,* 400-1400. New Haven: Yale University Press, 1997. Também CHADWICK, Henry. *Boethius: the Consolations of Music, Logic, Theology, and Philosophy.* Oxford: Oxford University Press, 1981.
30 Para o monasticismo medieval, ver LECLERCQ, Jean. *The Love of Learning and the Desire for God: a Study of Monastic Culture.* MISRAHI, Catherine (trad.). New York: Fordham University Press, 1961; BROOKE, Christopher. *The Age of the Cloister: the Story of Monastic Life in the Middle Ages.* Mahwah, NJ: Hidden Spring, 2003; LINDBERG, David C. *The Beginnings of Western Science: the European Scientific Tradition in Philosophical, Religious, and Institutional Context, Prehistory to 1450.* 2ª ed. University of Chicago Press, 2007, pp. 152-157.
31 Sobre o Venerável Beda (c. 672-753), o principal praticante monástico dessas atividades relacionadas à astronomia e, talvez, o mais distinto acadêmico monástico do início da Idade Média, ver BLARI, Peter Hunter. *The World of Bede.* Cambridge University Press, 1970; McCLUSKEY, Stephen C.

coletados e copiados e uma impressionante coleção de livros foi construída, amplamente representativa tanto da cultura cristã quanto da cultura clássica – dessa forma, dando, ao menos, um leve empurrão para a alfabetização e a educação durante um período muito perigoso na história intelectual da Europa ocidental.³²

O saldo desses esforços de preservação veio com a reforma na educação que se iniciou na corte de Carlos Magno (742-814), rei dos Francos. Carlos Magno era letrado e dedicado à expansão da alfabetização e do estudo em sua corte e por todo o reino carolíngio (grosso modo, porções da moderna Alemanha e a maior parte da França, da Bélgica e dos Países Baixos). Sua campanha era tanto religiosa quanto secular – melhorar a alfabetização tanto entre os clérigos quanto entre os leigos, revitalizar escolas monásticas e catedráticas, expandir e alargar a oportunidade educacional e encorajar a cópia de textos antigos. Seu método consistia em apontar abades e bispos que compartilhavam de seus objetivos educacionais e que apoiavam seu plano educacional. O currículo dessas escolas rapidamente estendeu-se da educação religiosa para o estudo de todas as artes liberais – um dos resultados mais significativos foi a cópia de livros. A importância do interesse científico carolíngio não está tanto em novidades teóricas, mas sim na recuperação e na preservação de porções da tradição científica clássica e no evidente conforto que essa tradição encontrou no seio de um movimento cultural mais amplo que tinha suas raízes na religião cristã.³³

---

32 Sobre os esforços educacionais de Cassiodoro, ver COLISH, Marcia L. *Medieval Foundations*, pp. 48-50; O'DONNELL, James J. *Cassiodorus*. Berkeley e Los Angeles: University of California Press, 1979. Sobre literatura e aprendizado, ver RICHÉ, Pierre. *Education and Culture in the Barbarian West: 6th through 8th Centuries*. CONTRENI, John J. (trad.). Columbia, SC: University of South Carolina Press, 1976.

33 Para as reformas carolíngias, ver COLISH, Marcia L. *Medieval Foundations* Capítulo 6; McKITTERICK, Rosamund. *The Carolingians and the Written Word*. Cambridge University Press, 2005. Para a presença científica nessas reformas, ver LINDBERG, David C. *The Beginnings of Western Science*, pp. 194-203; e, para mais detalhes, EASTWOOD, Bruce S. *Ordering the Heavens: Roman Astronomy and Cosmology in the Carolingian Renaissance*. Leiden: Brill, 2007.

O renascimento do século XII e a reforma da educação

Um renascimento na educação no Ocidente latino, melhor sustentado e geograficamente mais amplo, se iniciou ao fim do século XI e continuou ao longo do século XII, antes de esmorecer no século XIII. Ele diferiu do Renascimento Carolíngio em alguns pontos muito importantes. Ele ocorreu em circunstâncias sociais e econômicas vastamente diferentes, incitado por uma explosão populacional que (quando acabou) havia não apenas dobrado, mas que pode também ter triplicado ou quadruplicado a população da Europa ocidental. Por esse motivo, levou à reurbanização, ao desenvolvimento econômico e à oportunidade educacional. Ele também se beneficiou do primeiro contato intelectual da Europa ocidental com a civilização islâmica que havia ultrapassado de forma significativa o desenvolvimento social, econômico e intelectual ocidental. Isso levou, em última instância, a um esforço dramático e universal que se espalhou ao longo dos séculos XII e XIII, buscando recuperar o máximo possível da tradição clássica, que tivera parte de seu corpo preservado nas culturas orientais do islã e de bizâncio.

As traduções mais sérias começaram ao redor do final do século XI com Constantino, o Africano (*fl.* 1065-1085), um monge beneditino que versou para o latim grande parte das considerações médicas de Galeno (após 210), o maior médico da Antiguidade, e também obras médicas de vários outros autores islâmicos importantes. As traduções se aceleram ao longo do século XII, conforme estudiosos bilíngues, fluentes tanto no árabe quanto no latim ou grego (ou, em raros casos, estudiosos que se comunicavam a partir de uma terceira língua comum) realizaram traduções sobre diversos tópicos científicos e matemáticos, inclusive fontes fundamentais, remetendo a Euclides, Arquimedes, Ptolomeu, Platão e Aristóteles. Essa foi uma transmissão literária e cultural sem precedentes em termos de quantidade, qualidade e escopo – resultado do labor, primordialmente, de estudiosos cristãos do Ocidente latino (os outros muçulmanos, judeus e gregos).[34]

---

34 Para as traduções, ver BURNETT, Charles. "Translation and Transmission of Greek and Islamic Science to Latin Christendom". In: LINDBERG, David C., SHANK, Michael H. (eds.). *Cambridge History of Science*. Vol. 2. Cambridge University Press, no prelo. Capítulo 14; BURNETT, Charles.

O resultado foi uma revolução na alfabetização, no aprendizado e na educação, conhecido pelos historiadores como o "Renascimento do século XII". O efeito nas escolas foi dramático. A literatura recém-disponível migrou rapidamente para as universidades e para as escolas catedráticas, que adaptaram seus objetivos e seus currículos para honrar a promessa dessas novas fontes. As escolas se multiplicaram em tamanho e número, foram fundadas universidades ou elas emergiram de escolas preexistentes – a Universidade de Bolonha alcançou o *status* de Universidade ao redor de 1150, a Universidade de Paris c. 1200, a de Oxford, c. 1220; outras nove antes do fim do século XIII e mais uma dúzia no século XIV.[35] Essas universidades proveram um novo palco onde as complexas interações entre a teologia cristã e as ciências naturais podiam ser encenadas.

Ciência e religião nas universidades

As traduções dos séculos XII e XIII tiveram um efeito dramático sobre as universidades nascentes. O recém-herdado corpo de conhecimento filosófico

---

"Translations and Translators: Western European". In: STAYER, Joseph R. (ed.). *Dictionary of the Middle Age*. 13 volume. New York: Charles Scribner's Sons, 1989. Vol. 12, pp. 136-142; LINDBERG, David C. "The Transmission of Greek and Arabic Learning to the West". In: LINDBERG, David C. (ed.). *Science In the Middle Ages*. University of Chicago Press, 1978. Capítulo 2.

35 Uma boa visão panorâmica sobre as universidades, sua vida e estruturas está em BALDWIN, John W. *The Scholastic Culture of the Middle Ages,* 1000-1300. Lexington, MA: D. C. Heath, 1971. Particularmente para a Universidade de Paris, ver FERRUOLO, Stephen C. *The Origins of the University: the Schools of Paris and their Critics,* 1100-1215. Stanford University Press, 1985. E para a história completa das origens e da estrutura da Universidade de Paris, ver RASHDALL, Hastings. *The Universities of Europe in the Middle Ages*. Nova edição. F. M. Powicke and A. B. Emden. 3 volumes. Oxford University Press, 1936. Vol. 1, pp. 269-584. Ver também BURNETT, Charles. "The Twelfth-Century Renaissance". In: LINDBERG, David C., SHANK, Michael H. (eds.), *Cambridge History of Science*. Vol. 2, no prelo; LINDBERG, David C. *The Beginnings of Western Science,* pp. 203-215; COLISH, Marcia L. *Medieval Foundations*, pp. 175-182. Para os aspectos sociais e institucionais das universidades, ver SHANK, Michael H. Social and Institutional Context. In: LINDBERG, David C., SHANK, Michael H. (eds.). *Cambridge History of Science*. Vol. 2, no prelo. O número de universidades Medievais depende da definição de "universidade". Minha conta é intencionalmente conservadora; ver mapa da Europa e suas universidades (mapa 9.2). In: LINDBERG, David C. *The Beginnings of Western Science*, p. 220.

e científico foi impressionante em magnitude e escopo e o processo de assimilação não foi uma questão simples. O objetivo foi lidar com o conteúdo dos textos recém-traduzidos – para digerir o novo conhecimento, acessar seu significado e compreender sua relação com o conhecimento existente. Muito desse novo conhecimento (sobre matemática e as ciências matemáticas, por exemplo) foi teologicamente benigno e facilmente assimilado. Mas um corpo de ensinamentos traduzido – cuja peça central era o *corpus* da obra científica e filosófica de Aristóteles – colocou muitas coisas em risco. Os trabalhos de Aristóteles cobriam vastas áreas do conhecimento humano – metafísica, cosmologia, psicologia, epistemologia e praticamente todas as ciências naturais – e parte desse material causou desconfiança teológica.

Os primeiros tremores foram sentidos na Universidade de Paris (a mais antiga e mais distinta das universidades ao norte dos Alpes), no início do século XIII.[36] Em 1210, um concílio de bispos reunidos em Paris proibiu a introdução à filosofia natural de Aristóteles, por conta de supostas tendências panteístas. Esse decreto, aplicável apenas à Paris e apenas à Faculdade de Artes, foi renovado em 1215, por Roberto de Courçon, legado papal e antigo professor de Teologia em Paris. Em 1231, o papa Gregório IX se juntou ao grupo, renovando os banimentos de 1210 e 1215, especificando que as obras de Aristóteles sobre filosofia natural não deveriam ser estudadas na Faculdade de Artes até que delas tivessem sido "expurgados todos os erros de que são suspeitas". Ele admoestou o comitê apontado para supervisionar o expurgo para que ele "eliminasse tudo que fosse errôneo ou que pudesse causar escândalo, de forma que quando o assunto dúbio fosse removido, o resto pudesse ser estudado sem demora ou ofensa".[37] O que é digno de nota aqui é a nuance evidente na carta do Papa – reconhecimento do valor do *corpus* aristotélico, uma vez que os erros perigosos fossem removidos. O que pode, à primeira vista, parecer ter sido um golpe fatal para a filosofia e a ciência

---

36 VAN STEENBERGHEN, Fernand. *Aristotle in the West*. Leonard Johnston (trad.). Louvain: Nauwelaerts, 1955, pp. 66-77; LINDBERG, David C. *The Beginnings of Western Science*, pp. 226-228. Referências ao panteísmo indicam que as fontes de influência foram os comentadores islâmicos de Aristóteles mais do que as obras aristotélicas em si.

37 Na verdade, o comitê parece nunca ter se encontrado e nenhuma versão expurgada de nenhuma obra aristotélica foi descoberta.

aristotélicas pode ser visto, em retrospecto, como um alvará que forneceu ao *corpus* aristotélico uma posição permanente dentro da Faculdade de Artes. Independentemente da força original da proibição, ela gradualmente perdeu sua efetividade nos vinte e cinco anos seguintes e, em 1255, a Faculdade de Artes aprovou novos estatutos curriculares que requeriam o ensino de todos os livros aristotélicos disponíveis.

Um segundo caso de conflito parisiense, muito maior e mais famoso do que o anterior, é a Condenação de 1277, sobre a qual muito se discutiu e se escreveu. A carta papal de 1231 abriu a porta para a entrada de Aristóteles no currículo da Faculdade de Artes. Porém, nem todos entusiasmaram-se. Na verdade, a filosofia aristotélica passou a ser aceita como um objeto de estudos, um sistema filosófico aberto à crítica e possível rejeição futura. O risco de se ir muito longe nesse caminho é óbvio. Ao redor da década de 1270, tendências liberais dentro da Faculdade de Artes já tinham se espalhado para a Faculdade de Teologia, finalmente (em 1277) levando Etienne Tempier, bispo de Paris, a entrar nas trincheiras, atacando uma facção de radical do corpo docente. Tempier emitiu um decreto de condenação contendo uma mistura de 219 proposições heréticas, muitas das quais aristotélicas, supostamente ensinadas na Faculdade de Artes. Impulsionando a condenação estava uma resposta conservadora contra a entrada do aristotelismo liberal e radical na Universidade. Dentre os artigos condenados estavam os elementos obviamente perigosos da filosofia aristotélica, como a eternidade do mundo, a negação da imortalidade pessoal, o naturalismo, o determinismo, a negação da providência divina e do livre-arbítrio. Partes culpadas tiveram de comparecer frente a Tempier em um prazo de sete dias para receber a penitência, sob ameaça de excomunhão.[38]

O que devemos tirar desses eventos parisienses? Eles são importantes pelo tipo de evidência que representam – não as reclamações exageradas de Tertuliano, o apoio contrário de Agostinho ou a narrativa inflamada

---

38 Sobre a ampla literatura a respeito da Condenação de 1277 e suas consequências, ver (para relatos curtos) LINDBERG, David C. *The Beginnings of Western Science*, pp. 243-253; GRANT, Edward. *Science and Religion*, pp. 181-202; para um relato completo, ver VAN STEENBERGHEN, Fernand. *Aristotle in the West*, capítulo 9. Para a lista completa das proposições condenadas, ver GRANT, Edward A. *Source Book in Medieval Science*. Cambridge, MA: Harvard University Press, 1974, pp. 45-50. Nós não sabemos qual foi a pena imposta ou quais artes foram listadas.

do assassinato de Hipátia, mas a pequenez da vida mundana em uma universidade medieval. Quando a Faculdade de Artes exerceu seu direito legal de determinar o conteúdo do currículo de artes, a filosofia e a ciência aristotélicas chegaram para ficar. O resultado foi a substituição do currículo tradicional organizado ao redor das sete artes liberais por um currículo centrado na filosofia e na ciência aristotélica – aberto à disputa, claro, mas no caminho para se tornar a filosofia oficial da Igreja Católica Romana (*status* que ganhou no século XVI).[39] Para as ciências naturais da tradição clássica, essa foi uma recuperação espetacular que levou à parceria – perene, mas não menos significativa – entre as instituições da cristandade medieval e os estudiosos membros das guildas das Universidades, dedicados a recuperar e empregar a tradição científica clássica.

Como é o caso de Tertuliano no período patrístico, a Condenação de 1277 e outras altercações em Paris foram exceções e não regras. As relações entre a teologia cristã e as ciências naturais tiveram seus momentos difíceis; mas, no geral, sua relação foi de coexistência pacífica e, em alguns casos, de apoio mútuo. A imagem de Agostinho, da ciência como serva da religião ainda era muito influente e modelo adotado, notadamente por Roger Bacon (c. 1220-1292) um de seus defensores mais vorazes.[40] No plano institucional, a Igreja Medieval permaneceu como principal patrona das universidades medievais, fornecendo a centenas de milhares de estudantes um conhecimento básico das ciências naturais.

Conquistas científicas medievais

Quais foram os frutos da tradição científica ocidental cujos destinos estivemos examinando? Uma das funções mais importantes exercidas por qualquer tradição científica é sua transmissão para a próxima geração. Essa função

---

39 Alcançado no Concílio de Trento (1543-1563), sob a bandeira de "tomismo" – o sistema filosófico de Tomás de Aquino, identificado pelo Concílio Vaticano II (1962-1965) como uma "filosofia perene".
40 LINDBERG, David C. "Science as Handmaiden: Roger Bacon and the Patristic Tradition". *Isis* 78, 1987, pp. 518–536.

da tradição clássica foi exercida através de livros que abrangiam uma ampla gama de disciplinas científicas – livros que foram utilizados, a partir da fundação das universidades, para oferecer uma educação científica aos graduandos que se tornariam mais tarde membros da *intelligentsia* europeia, armados de um conhecimento básico em relação aos assuntos científicos.

Mas havia instâncias do que podemos chamar de "pesquisa científica de ponta" – do tipo que tenha feito parte da fundação das conquistas científicas dos séculos XVI e XVII ou que tenha sido incorporado a elas? Sem dúvida, sim. Algo dessa pesquisa recebeu oposição do aparato religioso? Não que saibamos. As universidades medievais tardias se tornaram incubadoras das ciências matemáticas, inclusive das ciências dos céus (astronomia matemática, talvez a mais robusta das ciências matemáticas medievais tardias) e das ciências do movimento (tanto a cinemática quanto a dinâmica). Estas tiveram resultados mais tarde, por exemplo, quando Galileu se apoderou delas, 250 anos depois, como base para as duas primeiras proposições de sua cinemática madura.[41]

Nicole Oresme (c. 1320-1382), julgado por muitos historiadores da ciência medieval como o maior dos cientistas medievais – matemático, cosmólogo e um ator maior nos assuntos de Igreja e Estado – antecipou as coordenadas cartesianas, discutiu a possibilidade da rotação da Terra ao redor de seu eixo, lidou com a dinâmica do movimento e denunciou a alquimia como fraude. As conquistas científicas de Oresme, até onde podemos afirmar, não foram nem comprometidas nem limitadas por suas lealdades teológicas e suas responsabilidades eclesiásticas.[42]

Pedro de Maricourt (fl. 1269) realizou experiências para determinar as propriedades da magnetita, propriedades mais tarde redescobertas por William Gilbert (1540-1603) na virada do século XVII. No início do século

---

41 Sobre a ciência do movimento, ver CLAGETT, Marshall. *The Science of Mechanics in the Middle Ages*. Madison: University of Wisconsin Press, 1959. Capítulos 5-6. Sobre Galileu, ver sua obra *Two New Sciences*. DRAKE, Stillman (trad.). Madison: University of Wisconsin Press, 1974, pp. 165-167.

42 A melhor fonte sobre Oresme é CLAGETT, Marshall. "Oresme, Nicole". In: GILLESPIE, Charles C. (ed.). *Dictionary of Scientific Biography*. 16 volumes. New York: Charles Scribner's Sons, 1970-1980. Vol. 10, pp. 223–230.

XIV, um frade dominicano, Teodorico de Freiberg (†c. 1310) encarregou-se de uma investigação experimental da causa do arco-íris. Usando globos de vidro cheios de água, cujo obtivo era simular as gotículas de umidade em uma nuvem, Teodorico demonstrou que o arco-íris era causado por duas refrações e um reflexo em cada uma das inúmeras gotículas que formavam a atmosfera produtora de arco-íris (ainda é a teoria moderna). Alberto Magno (c. 1200-1280), o maior biólogo de campo desde Aristóteles, escreveu um livro magnífico sobre zoologia descritiva e teórica e um trabalho botânico menor.[43]

E por último, mas de forma nenhuma menos significativa, a Anatomia, a Fisiologia e a Medicina floresceram como tradições intelectuais, inspiradas pelas traduções para o latim de volumosos trabalhos do grande filósofo grego Galeno. Desenvolvimentos práticos da medicina são representados pela profissionalização da medicina e pelo aumento do número de hospitais, com médicos como funcionários e vistos não como um lugar para morrer, mas como um lugar de cura.[44]

Posfácio

Se o mito da oposição eclesiástica ao aprendizado científico medieval provou-se falso, o que devemos colocar em seu lugar? Se ele não era o inimigo, teria o estabelecimento eclesiástico dos períodos patrístico e medieval sido um aliado consistente das ciências naturais? Vários intelectuais responderam a essa opinião com um "sim" enfático! Indo além, eles argumentam que o cristianismo foi a fonte de pressupostos fundamentais que, pela primeira vez, tornaram possível a ciência efetiva. O mais enfático desses intelectuais é Stanley Jaki (1924-2009), um padre beneditino e professor de Física. Jaki argumentou, de forma beligerante, em uma dúzia de livros, que a ciência

---

43 Sobre Pedro de Maricourt, ver GRANT, Edward. Source Book, pp. 368-376; para Teodorico de Freiberg, ver ibid., pp. 435-441; para Alberto Magno, Albertus Magnus on Animals: a Medieval Summa Zoologica. 2 volumes. KITCHELL, Kenneth F., RESNICK, Zirven Michael (trads.). Baltimore: Johns Hopkins University Press, 1999

44 SIRAISE, Nancy G. *Medieval and Early Renaissance Medicine*. University of Chicago Press, 1990; LINDBERG, David C. *The Beginnings of Western Science*. Capítulo 13.

genuína, natimorta em várias civilizações antigas, sobreviveu ao parto apenas na cristandade medieval. O que possibilitou isso, diz ele, foi o compromisso de intelectuais cristãos com a fundamental "racionalidade do universo e a negação da dicotomia celestial-terrestre – opiniões não seriamente abertas àqueles que não tinham sido nutridos pela teologia judaico-cristã".[45] Um caso similar foi defendido mais recentemente pelo sociólogo Rodney Stark em seu livro (como o de Jaki, com objetivo apologético) *For the Glory of God: How Monotheism Led to Reformations, Science, Witch-Hunts and the End of Slavery*. Stark resume seu capítulo sobre ciência com as seguintes palavras: "De fato, pressupostos teológicos únicos ao cristianismo explicam porque a ciência nasceu apenas na Europa cristã (medieval). Ao contrário da sabedoria herdada, a religião e a ciência não eram apenas compatíveis, elas eram inseparáveis".[46] E como os estudiosos cristãos da Idade Média chegaram a esse ponto? Stark argumenta, seguindo Alfred North Whitehead, que eles "desenvolveram a ciência porque acreditavam que podia ser feito".[47] O argumento de Jaki não tem raízes históricas. O argumento de Stark tem uma base histórica, mas não convence especialistas no assunto; e eu não lidarei em profundidade com seus argumentos neste capítulo.

E como, então, podemos entender as relações entre o cristianismo e a ciência no primeiro milênio e meio da era cristã? Seria simplista supor que uma realidade tão complexa quanto essa poderia ser capturada por um termo único ("oposição" ou "apoio", por exemplo). Precisamos reconhecer os muitos trabalhos atuais e, neles, a presença simultânea de vários graus de oposição, por um lado, e de aceitação ou o apoio, por outro. Se tivermos que realizar uma ampla afirmação breve que sustente nossa

---

45   JAKI, Stanley. *The Savior of Science*. Washington, DC: Gateway, 1988. As palavras citadas foram emprestadas da minha resenha desse livro publicada no periódico Isis 81, 1990, p. 538. Ver também JAKI, Stanley. *The Origin of Science and the Science of its Origin*. South Bend, In: Regnery/Gateway, 1979, e sua obra *The Road of Science and the Ways to God*. University of Chicago Press, 1978.
46   STARK, Rodney. *For the Glory of God: How Monotheism Led to Reformations, Science, Witch-Hunts, and the End of Slavery*. Princeton University Press, 2003, p. 3.
47   WHITEHEAD, Alfred North. *Science and the Modern World*. New York: Macmillan, 1926, p. 13. (NT) Há tradução em português. Entretanto, Whitehead está pensando em um "eles" diferente – a saber, cientistas renascentistas.

compreensão da realidade (julgo o esforço válido), poderíamos propor o seguinte. O primeiro milênio e meio da era cristã assistiu a episódios tanto de oposição quanto de aceitação entre duas tradições poderosas, o cristianismo e as ciências naturais, cada qual com sua história, suas instituições, suas tradições intelectuais e espirituais, suas clientelas e sua tendência a se defender. Algumas vezes elas bateram cabeça, tentando ocupar o mesmo espaço intelectual. Cada qual tinha seus argumentos e sua aposta no resultado. Mas, no fim, os combatentes (na maior parte dos casos) preferiram a paz à guerra e encontraram meios de acomodar, de encontrar um ponto comum ou arranjos satisfatórios e, em última instância, coexistência pacífica: Alberto Magno e Tomás de Aquino (c. 1225-1274), por exemplo, argumentaram que havia dois caminhos para a verdade, cada um deles confiável em relação ao seu próprio território; e Roger Bacon invocou a fórmula da serva, argumentando que a serva (as ciências naturais) demonstrou sua confiabilidade e era possível confiar nela, com pouca ou nenhuma supervisão.[48]

A partir do século XIII, a Igreja Cristã tornou-se patrona direta das universidades e, dessa forma, indiretamente, do aprendizado científico. Em relação aos níveis de liberdade e conforto de mestres de artes ensinando nessas universidades (por pouco não se desviando em direção ao território teológico), não houve restrições além daquelas aplicadas à guildas de mestres em artes como um todo. Houve altercações, como a Condenação de 1277, quando o Bispo de Paris provocou um confronto com os mestres em arte. Mas o estudioso do medievo tardio, inclusive aqueles com interesses científicos, raramente experimentou a desaprovação das autoridades eclesiásticas e julgava-se, certamente, livre para ir a qualquer lugar que a razão e a observação lhe levasse. Acredito que seu nível de liberdade era pelo menos igual àquele experimentado por Isaac Newton, séculos mais tarde, na Universidade de Cambridge.

Destarte, a história narrada neste capítulo não é uma história de guerra entre a ciência e a Igreja. Tampouco é uma história de apoio e aprovação inquestionáveis. Na verdade, o que vimos, como deveríamos ter suspeitado,

---

48 LINDBERG, David C. "Science as Handmaiden".

é uma relação que exibe toda a variedade e a complexidade com as quais estamos familiarizados em outras aventuras humanas – conflito, compromisso, acomodação, diálogo, alienação, busca por uma causa comum e divergência de caminhos. E foi dessa interação complexa que emergiram a ciência e a religião do Renascimento e dos primórdios da Idade Moderna.

2 A religião e a Revolução Científica

JOHN HENRY

A Revolução Científica sempre teve um papel proeminente na historiografia da ciência e da religião. Os historiadores normalmente usam a expressão "Revolução Científica" para se referirem ao período que vai do início do século XVI ao final do século XVII, quando algo que podemos reconhecer como ciência moderna formou-se a partir de tradições antes distintas, tais como a filosofia natural, as ciências matemáticas e a mágica renascentista.[1] A importância desse período nas discussões da ciência e da religião deve-se amplamente às *causes célèbres* fornecidas, de forma geral, pela teoria copernicana (que desafiou o pronunciamento bíblico de que a Terra não deveria se mover)[2] e à defesa de Galileu para essa teoria em particular. Atrás apenas do darwinismo, a Revolução Copernicana e o caso de Galileu são normalmente vistos como demonstrativos claros e irrefutáveis de que a ciência e a religião não se misturam e que, de fato, são essencialmente incompatíveis uma com a outra. Mas essa visão só passou a ser aceita a partir do fim do século XIX quando a ciência tornou-se, não uma arma a ser usada contra a religião, mas o campo de batalha entre religiosos e secularistas.[3]

---

1 HENRY, J. *The Scientific Revolution and the Origins of Modern Science*. Basingstoke and New York: Palgrave Macmillan, 2008, pp. 1-11. (NT) Há tradução em português. Sobre a ciência e a religião no período, ver, por exemplo, ibid.; capítulo 6, pp. 85-98; HOOYKAAS, R. *Religion and the Rise of Modern Science*. Edimburgo: Scottish Academic Press, 1972. (NT) Há tradução em português; FUNKENSTEIN, A *Theology and the Scientific Imagination from the Middle Ages to the 17th Century*. Princeton University Press, 1986.
2 A referência bíblica é ao Salmos 96:10.
3 Ver o capítulo 5 desse volume, escrito por BROOKE, John Hedley e TURNER, F. M. "The Victorian Conflict between Science and Religion: a Professional Dimension". In: *Contesting Cultural Authority*. Cambridge University Press, 1993, pp. 171-200.

Para a grande maioria das pessoas hoje, a crença religiosa é uma questão de escolha pessoal. Mas antes do secularismo tornar-se a norma no Ocidente, Deus e a religião estavam tão presentes na vida social, política e intelectual, que parece justo dizer que, à exceção de poucos, todos pensavam intuitivamente de forma religiosa. Tão inevitável quanto algo pode ser na história, portanto, foi o fato de que aqueles que se ocupavam em estudar e compreender o mundo natural no início do período moderno fossem tão religiosos quanto o resto da população. Com certeza, pode-se dizer que virtualmente todos os personagens proeminentes na historiografia da Revolução Científica eram religiosos devotos e, no caso de alguns, extremamente devotos.[4]

Instituições religiosas e ciência

Pesquisas recentes sobre o chamado caso Galileu mostraram que nele estava envolvido um conjunto único de circunstâncias, que não podem ser usadas para estabelecer uma incompatibilidade geral entre a ciência e a religião. Afinal, Galileu havia recebido a permissão do Papa Urbano VIII (1568-1644) para escrever sua obra, *Diálogo sobre os dois principais Sistemas de Mundo* (1632). Considerando-se que isso aconteceu depois que o Papa anterior emitira uma decisão, em 1616, contrária à teoria copernicana, podemos dizer que o papado podia ser flexível sobre esse assunto. Mais ainda, o principal assunto no julgamento não foi o fato de que Galileu defendera a teoria de Copérnico, mas que ele o havia feito depois de ter sido ordenado, de acordo com a decisão anterior do Papa Paulo V (1550-1621), de não concordar com ela, não defendê-la ou ensiná-la "de nenhuma forma possível". Ao deixar de mencionar essa ordem quando pedira sua permissão para

---

4 O físico e matemático inglês Thomas Harriot (1560-1621) foi acusado de ateísmo, mas a veracidade dessa acusação não é, de forma alguma, certa; além disso, ele não conta como uma figura proeminente na historiografia da ciência. FOX, R. (ed.). *Thomas Harriot*. Aldershot: Ashgate, 2000. Mais proeminente foi Thomas Hobbes (1588-1679), também amplamente visto como ateu por seus contemporâneos, ainda que para nós ele se pareça mais com um crente heterodoxo. Compare MINTZ, S. I. *The Hunting of Leviathan*. Cambridge University Press, 1962; e MARTINICH, A. P. *The Two Gods of Leviathan*. Cambridge University Press, 1992.

escrever o *Diálogo*, ele havia enganado a Urbano VIII (embora Galileu tivesse motivos legítimos para negar a validade da ordem de restrição que lhe fora imposta em 1616).[5]

Não há como negar que as Igrejas, enquanto instituições formais, mobilizaram-se regularmente contra os pensadores cujos trabalhos foram considerados potencialmente ameaçadores para a Igreja e sua autoridade. Mas, de maneira geral, filósofos naturais, astrônomos e outros estudiosos preocupados com a natureza do mundo físico atraíram muito menos atenção do que os teólogos. O cardeal Roberto Bellarmino (1542-1621), um proeminente membro do Santo Ofício durante o papado de Paulo V, quando a Igreja emitiu sua decisão sobre a teoria de Copérnico, havia desagradado tanto a um Papa anterior, Sisto V (1521-1590), que um de seus livros quase terminou na lista do Livros Proibidos. E claro, uma quantidade considerável de edições impressas da Bíblia constava na lista.[6] Ninguém jamais argumentou que isso prova que a religião *per se* seja insustentável contra si própria; isso apenas torna óbvio o fato de que instituições complexas, amplamente interconectadas com outras instituições sociais e políticas, devem responder a muitas pressões, e tentam antecipar um escopo atordoante de possíveis desenvolvimentos que podem resultar de inovações. Pouco surpreende, então, que as igrejas algumas vezes ajam contra as inovações nas ciências e na filosofia; mas não se deve concluir daqui que a crença religiosa e a empresa científica sejam inerentemente inimigas uma da outra.

O maior exemplo, após o de Galileu, com trabalhos de um inovador sendo proibidos, nos é provido por René Descartes (1596-1650). O sistema cartesiano foi proscrito pela coroa francesa e, em seguida, pelo Santo Ofício. Isso não apenas por conta de seu ceticismo perceptível, mas também porque ele desestabilizava a já tradicional explicação aristotélica de como a transubstanciação (a doutrina

---

5 Para uma narrativa detalhada, ver FANTOLI, A. "The Disputed Injunction and its Role in Galileo's Trial". In: McMULLIN, E. (ed.). *The Church and Galileo*. University of Notre Dame Press, 2005, pp. 117-149. Para uma visão panorâmica, ver SHEA, W. R. "Galileo and the Church". In: LINDBERG, D. C., NUMBERS, R. L. (eds.). *God and Nature*. Berkeley: University of California Press, 1986, pp. 114-135.
6 BELLARMINO, R. *Disputationes de Controversiis*. Ingolstadt, 1586; BLACKWELL, R. J. *Galileo, Bellarmine, and the Bible*. University of Notre Dame Press, 1991.

oficial em relação à transformação das substâncias do pão e do vinho no corpo e no sangue de Cristo durante a Eucaristia) podia ocorrer sem que ninguém pudesse sentir o gosto de outra coisa que não do pão e do vinho.[7] Mas muito antes disso, os primeiros pretendentes à reforma da filosofia natural, que procuravam substituir ao aristotelismo com seus próprios sistemas, supostamente superiores, foram, em algum ponto de suas carreiras, aprisionados pela Inquisição. Entre eles podemos citar Girolamo Cardano (1501-1576), Francesco Patrizi (1529-1597), Giordano Bruno (1548-1600) e Tommaso Campanella (1568-1638).

Esse tipo de policiamento da filosofia natural inovadora foi mais comum vindo da Igreja Católica Romana, que contava com o aparato administrativo necessário para lidar com tais assuntos, mas há evidências de que Igrejas Reformadas poderiam ter seguido o exemplo se elas tivessem uma administração similar. Miguel Servet (1509/1511-1553) foi queimado na fogueira em Genebra, sob os auspícios de João Calvino (1509-1564). Primordialmente um escritor médico, normalmente atribui-se a Servet o crédito de ter sido o primeiro a perceber que o sangue passa do ventrículo direito do coração para o esquerdo, sem passar pela carne do coração entre os dois ventrículos (como se acreditava anteriormente), mas através dos pulmões. Hoje sabemos que isso ocorre para que o sangue seja oxigenado, mas para Servet, isso acontecia para que o sangue pudesse ser permeado pelo Espírito Santo, que ele acreditava estar ao nosso redor, no ar que respiramos. Essa era uma noção do Espírito Santo demasiadamente materialista para Calvino e Servet, foi executado pela Igreja Reformada por, entre outras coisas, negar a Santíssima Trindade.[8] O cartesianismo não pode ser proscrito em todos os estados dos Países Baixos, como acontecera na França absolutista, mas certamente encontrou oposição oficial em Utrecht e Leiden, onde poderosos professores de teologia convenceram os conselhos das cidades a decidirem-se contra ele.[9]

---

7 JOLLEY, N. "The Reception of Descartes' Philosophy". In: COTTINGHAM, John (ed.). *The Cambridge Companion to Descartes*. Cambridge University Press, 1992, pp. 393-423.
8 SERVETUS, M. *Christianismi Restitutio*. Geneva, 1553; FRIEDMAN, J. *Michael Servetus*. Geneva: Droz, 1978.
9 JOLLEY, N. "The Reception of Descartes' Philosophy", pp. 394-397.

Filósofos naturais como teólogos

Independentemente das tensões entre as instituições religiosas e a ciência, trata-se de um fato histórico a afirmação de que muitos dos filósofos naturais proeminentes da revolução científica, senão todos eles, eram crentes devotos. Mais ainda, eles não apenas mantinham uma rotina de fé, como também perseguiam seus interesses ao estudar o mundo natural; muitos dos pensadores mais proeminentes da Revolução Científica claramente reconheceram a necessidade de tornarem-se o que eles poderiam ter chamado de teólogos amadores e de desenvolverem suas próprias posições teológicas que caminhavam lado a lado com suas filosofias naturais. Como apontou Amos Funkenstein, o resultado disso foi o fato de que por um curto espaço de tempo (ao longo do período da Revolução Científica), "a ciência, a filosofia e a teologia (podiam) ser vistas como uma ocupação única e idêntica".[10] É importante notar que isso implicou, como diz Funkenstein, "em uma abordagem nova e única aos assuntos divinos, em um tipo de teologia secular", porque, além de todo o resto, a teologia era uma profissão protegida desde o século XIII – a saber, protegida das incursões de leigos. Além disso, ainda que os filósofos naturais anteriores a esse momento ocasionalmente tivessem se aventurado em assuntos teológicos, na maioria das vezes eles evitaram essas áreas e eles sempre se deferiram aos teólogos.

Certamente, os filósofos naturais estavam exclusivamente preocupados em explicar fenômenos naturais em termos naturais. Teria sido uma traição aos preceitos da filosofia natural, por exemplo, simplesmente invocar Deus como a explicação para um efeito ou um processo físico. Sempre reconheceu-se Deus como a causa primeira (ou primária), sem a qual nada pode ser como é; mas o filósofo natural estava preocupado em entender os fenômenos em termos de causas secundárias através das quais, presumia-se, Deus sempre escolhia operar. Os teólogos reconheciam essa suposição e consideravam-na provedora da *raison d'être* da filosofia natural. As únicas exceções possíveis para essa suposição eram os milagres, mas eles requeriam cuidado especial tanto

---

10 FUNKENSTEIN, A. *Theology and the Scientific Imagination from the Middle Ages to the 17th Century*, p. 3.

por parte dos teólogos quanto dos filósofos naturais, porque a afirmação de que Deus interferira diretamente para realizar o milagre parecia implicar na falta de clarividência da parte de Deus, enquanto que a afirmação de que o milagre fora realizado a partir de causas secundárias parecia sugerir, por mais incomum que fosse a causa secundária (como a passagem de um cometa, por exemplo), que talvez não se tratasse efetivamente de um milagre.[11]

É enganoso, portanto, supor, como um comentarista contemporâneo o fez, que a filosofia natural era fundamentalmente um "empreendimento acerca de Deus", em oposição à ciência moderna, para a qual, em relação a Deus, a questão de sua "existência e atributos é considerada *irrelevante*".[12] De forma geral, a existência de Deus e seus atributos (ainda que óbvios) eram pressupostos irrelevantes para os objetivos e para as conquistas naturais da filosofia natural medieval.[13] Da mesma maneira, como diz Funkenstein, a teologia secular desenvolvida pelos chamados Novos Filósofos do início da Idade Moderna não apenas era "nova e única", mas também "de importância social e cultural fundamental".[14] Sua profunda importância foi demonstrada pelos estudiosos recentes que mostraram que os desenvolvimentos da Revolução Científica só podem ser efetivamente compreendidos quando considerados em relação ao contexto da teologia que lhes inspirou e fundamentou.

Uma das contribuições mais importantes e mais recentes desses estudiosos, por exemplo, é a visão do novo amálgama da teologia e da filosofia natural do início da Idade Moderna como sendo fundamental para o estabelecimento da cultura científica no Ocidente contemporâneo. A filosofia natural foi modificada de forma que "o que vemos em um *momentum* crescente conforme o século XVII, são tentativas repetidas e cada vez melhor

---

11 Sobre milagres, ver, por exemplo, HARRISON, P. "Newtonian Science, Miracles, and the Laws of Nature". *Journal of the History of Ideas* 56, 1995, pp. 531-553.
12 CUNNINGHAM, A. "Getting the Game Right: Some Plain Words on the Identity and Invention of Science". *Studies in History and Philosophy of Science* 19, 1988, pp. 365-389.
13 Escrito em resposta a Cunningham por GRANT, E. "God, Science, and Natural Philosophy in the Late Middle Ages". In: NAUTA, Lodi; VANDERJAGT, Arjo (eds.). *Between Demonstration and Imagination*. Leiden: Brill, 1999, pp. 243-267; GRANT, E. "God and Natural Philosophy: the Late Middle Ages and Sir Isaac Newton". *Early Science and Medicine* 5, 2000, pp. 279-298.
14 FUNKENSTEIN, A. *Theology and the Scientific Imagination from the Middle Ages to the 17th Century*, pp. 1-4.

sucedidas de aliar a filosofia natural à revelação, procurando dividir um papel cultural completamente novo para a filosofia natural". Stephen Gaukroger, o autor dessa ideia, assim como Funkenstein, crê que "o cristianismo estabeleceu a ordem do dia para a filosofia natural" e desempenhou o papel principal no subsequente sucesso cultural da ciência.[15]

Antes de considerar os principais tipos de Teologia que podem ser identificados durante o surgimento da ciência moderna, vale a pena perguntar porque a teologia decidiu-se por essa repentina incursão no território da filosofia natural depois de séculos de separação. Essencialmente, a resposta está na tradição medieval de vassalagem discutida no capítulo anterior. A difusão dessa tradição garantiu que os filósofos naturais do início da Idade Moderna se preocupassem em mostrar como suas novas filosofias, apesar de sua pouca familiaridade, continuavam a servir à teologia. Isso era especialmente importante, claro, quando havia mais de uma versão do cristianismo buscando apoio. Filósofos naturais de diferentes contextos confessionais ou de denominações diferentes passaram a insistir no fato de que sua filosofia natural estaria melhor de acordo com seu ramo específico da religião. Francesco Patrizi sugeriu que seu sistema filosófico neoplatônico substituísse o sistema aristotélico nas escolas, porque ele estaria mais de acordo com a doutrina católica e traria protestantes erráticos de volta ao seio da Santa Madre Igreja; as teorias médicas de Paracelso foram usadas por sectários radicais para legitimar suas visões religiosas e os fundadores da Royal Society, uma das primeiras instituições científicas, defendiam que seus trabalhos fossem baseados em um método que pudesse estabelecer a verdade que fora desenvolvido primeiro pela Igreja da Inglaterra.[16]

A urgência em mostrar como uma nova filosofia natural podia ser usada para apoiar a fé também surgiu da difundida percepção de que o ateísmo começara a florescer e, pior, de que para muitos que estavam fora das fileiras

---

15 GAUKROGER, S. *The Emergence of a Scientific Culture*. Oxford: Clarendon Press, 2006, pp. 506-530.
16 PATRIZI, F. *Nova de Universis Philosophia*. Ferrara, 1591; FORSHAW, P. J. "Vitriolic Reactions: Orthodox Responses to the Alchemical Exegesis of Genesis". In: KILLEEN, K., FORSHAW, P. J. (eds.). *The Word and the World*. Basingstoke: Palgrave, 2007, pp. 111-136. SPRAT, Thomas. *History of the Royal Society*. London, 1667, pp. 371-372.

da filosofia natural, as novas filosofias eram vistas como instrumentos que ajudariam a espalhar o ateísmo. A prevalência efetiva do ateísmo durante esse período é impossível de ser verificada (tratava-se, por questões de necessidade, de uma posição bastante clandestina), mas não se pode negar que ele era amplamente percebido como uma constante ameaça à religião e à sociedade. Sua emergência evidente na cristandade durante o século XVI é demonstrada pelo fato de que a palavra ateísmo foi cunhada durante esse período (anteriormente havia apenas heresia). Qualquer tentativa de acessar a verdadeira história do ateísmo é ofuscada pelo fato de que acusações de ateísmo, como as de bruxaria, eram atribuídas àqueles que apenas professavam um credo diferente, mas o medo do ateísmo no início da modernidade é inegável.[17]

Havia boas razões para a ortodoxia implicar as novas filosofias na promoção do ateísmo. Por exemplo, a teoria da matéria dominante entre as novas filosofias, desenvolvida por Descartes, Pierre Gassendi (1592-1655), Thomas Hobbes (1588-1679), Robert Boyle (1627-1691) e outros, era essencialmente atomista, a mesma teoria da matéria favorecida pelos (supostos) recém-descobertos ateístas antigos, Epicuro (c. 341-270 a.C.) e Lucrécio (c. 99-55 a.C.).[18] Gassendi dedicava-se assiduamente a esforços apologéticos em nome de Epicuro. Boyle era um apologista de Descartes, Gassendi e do atomismo no geral. Outros, entretanto, demonstraram as credenciais religiosas de suas próprias filosofias ao denunciar os perigos inerentes das filosofia da natureza rivais, destarte promovendo, enquanto tentando dissipar, a ideia de que as novas filosofias tendiam a minar a religião sólida. Henry More (1614-1687), que introduziu o cartesianismo na Universidade de Cambridge, mais tarde viu o sistema como sendo perniciosamente irreligioso, enquanto

---

17 HUNTER, M. "Science and Heterodoxy: an Early Modern Problem Reconsidered". In: LINDBERG, D. C., WESTMAN, R. S. (eds.). *Reappraisals of the Scientific Revolution*. Cambridge University Press, 1990, pp. 437-460; HUNTER, M., WOOTON, D. (eds.). *Atheism from the Reformation to the Enlightenment*. Oxford: Clarendon Press, 1992; POPKIN, R. H. *The History of Scepticism from Savonarola to Bayle*. Oxford University Press, 2003.
18 HADZSITS, G. D. *Lucretius and his Influence*. London, 1935; FLEISCHMANN, W. B. Fleischmann. "Lucretius Carus". *Catalogus Translationum et Commentariorum* 2, 1971, pp. 349-365; WILSON, C. *Epicureanism at the Origins of Modernity*. Oxford: Clarendon Press, 2008.

que para Isaac Newton (1642-1727) a filosofia de Descartes parecia ser "feita de propósito para ser a base da infidelidade".[19]

Uma teoria geral da religião e o surgimento da ciência: O protestantismo e a ciência

Uma das primeiras sugestões de que poderia de fato haver uma conexão positiva entre a religião e a conquista científica surgiu das observações, em 1873, do naturalista suíço Afonso de Candolle (1806-1893), Ele viu que os protestantes aparentemente superavam significativamente em termos numéricos os católicos nas fileiras dos cientistas europeus, embora a população católica fosse numericamente bastante superior à população protestante. Quando a historiadora Dorothy Stimson sugeriu tentativamente, em 1935, que o puritanismo havia sido um fator importante para "tornar as condições favoráveis na Inglaterra à nova filosofia", ela não ofereceu nenhuma análise de sua afirmação. Porém, isso poderia estar ligado à afirmação de que a maioria dos contribuidores do movimento científico inglês no século XVII também eram membros do movimento puritano.[20] Foi nesse momento que o sociólogo Robert K. Merton propôs aquela que passou a ser chamada de tese do puritanismo e da ciência (1938). Merton, deve-se dizer, apoiou-se extensamente no mesmo tipo de estatística para arguir que deveria haver algum tipo de ligação entre o puritanismo e a ciência. O problema com esse tipo de evidência, porém, é que ele está sempre aberto a discussões. Nunca se chega a um consenso sobre como determinar quem pode ou não ser considerado puritano.[21]

---

19 GABBEY, A. "*Philosophia Cartesiana Triumphata*: Henry More (1646-1671)". In: DAVIS, N., LENNON, T. (eds.). *Problems of Cartesianism*. Toronto: McGill-Queens University Press, 1982, pp. 171-250. O comentário de Newton foi registrado por John Craig, Cambridge University Library, Keynes MS 130. 7, f. 1r.
20 STIMSON, Dorothy. "Puritanism and the New Philosophy in 17th Century England". *Bulletin of the Institute of the History of Medicine* 3, 1935, pp. 321-334.
21 COHEN, I. B. (ed.). *Puritanism and the Rise of Modern Science: the Merton Thesis*. New Brunswick: Rutgers University Press, 1990, pp. 145-158; MERTON, Robert K. *Technology and Society in 17th Century England*. New York: Fertig, 1970.

Não obstante, Merton tentou fortalecer seu argumento oferecendo uma explicação teórica para a hipótese de que o puritanismo teria sido particularmente conducente à inovação na ciência. Sua explicação baseou-se nas afirmações do historiador e sociólogo alemão Max Weber (1864-1920), tais como expostas em seu livro *A ética protestante e o espírito do capitalismo*, particularmente na caracterização de Weber do *ethos* protestante em relação ao ascetismo "intramundano" e à noção de que é possível que se tenha vocação não apenas para a vida espiritual, mas também para uma ocupação ou carreira seculares.[22] Infelizmente, muito da argumentação de Merton é vaga e, em última instância, pouco persuasiva: o método experimental, ele nos diz, "é a expressão científica da tendência prática, ativa e metodológica dos puritanos".[23] Mesmo assim, ainda que sempre controversa entre os historiadores, a tese de Merton nunca foi completamente esquecida, e é difícil, portanto, resistir à conclusão de que deve haver algo de correto nela.[24]

Indiscutivelmente o caso histórico mais forte a favor da ligação entre o puritanismo e a ciência foi construído por Charles Webster. Ele chamou atenção para o milenarismo do período e mostrou que esse aspecto da teologia puritana teve um papel crucial na promoção da inovação científica e tecnológica. O milênio deveria ser o período de mil anos de prosperidade e felicidade na Terra, um retorno, talvez, à maneira como as coisas eram no Jardim do Éden. Quer isso fosse acontecer depois da Segunda Vinda de Cristo ou, como alguns acreditavam, antes disso, o fato de que esse período deveria ser vivido na Terra significava que eram necessárias melhorias nas condições da vida terrena. Para os pensadores reformistas analisados por Webster, era dever do crente tentar apressar as melhorias necessárias tão logo quanto possível e contribuir para a consumação dessas melhorias durante o milênio. Ao fazer isso, esses reformadores estavam seguindo Francis Bacon (1561-1626), que estivera convencido de que chegara o momento em

---

22 WEBER, Max. *The Protestant Ethic and the Spirit of Capitalism*. London: George Allen and Unwin, 1930. (NT) Há tradução em português. Ver também SHAPIN, S. "Understanding the Merton Thesis". *Isis* 79, 1988, pp. 594-605.
23 MERTON, Robert K. *Science, Technology and Society*, p. 93.
24 COHEN, I. B. (ed.). *Puritanism and the Rise of Modern Science: the Merton Thesis*. SHAPIN, S. "Understanding the Merton Thesis".

que o domínio do homem sobre a criação, perdido com a Queda, poderia ser restaurado através do labor cuidadosamente organizado e bem dirigido.²⁵ Pensadores puritanos tentaram, segundo Webster, estabelecer a Grande Instauração Baconiana, ou a restauração da verdadeira filosofia da natureza, quando eles buscaram se preparar para o milênio.

Isso é persuasivo, mas levando-se em conta nossas tentativas de avaliar as relações entre a ciência e religião, permanece ainda um problema. Os protagonistas históricos de Webster estavam preocupados com uma variedade de questões pragmáticas, inclusive a agricultura e a pecuária, o que nem sempre coincide com a nossa noção de ciência. Se nosso objetivo é descobrir o papel da religião nas origens da ciência moderna, olhar para os tipos de empreendimentos preferidos pelo grupo de reformadores de Webster pode ser uma distração.²⁶

Talvez o problema seja que tenhamos ido do protestantismo para o puritanismo e, mais ainda, para o puritanismo na Inglaterra. Houve diversas tentativas de refinar a tese de Merton, a maioria delas focadas em outros grupos religiosos na Inglaterra, inclusive anglicanos ortodoxos que se voltaram à ciência como um passatempo piedoso durante a época da Guerra Civil, quando sua religião foi proscrita. O mesmo vale para os chamados Anglicanos Latitudinários, cujo minimalismo doutrinal conciliatório, combinado ao ceticismo liberal é compreendido como compatível à ênfase baconiana da necessidade de se juntar fatos sem interpretações e de dedicar-se ao empirismo cuidadoso sem teorias.²⁷ Há muitas coisas que podem ser ditas dessas tentativas, mas suas preocupações, como as de Stimson, Merton e Webster, são apenas em relação à situação na Inglaterra. Há, certamente, muito mais

---

25 WEBSTER, C. *The Great Instauration*. Londres: Duckworth, 1975; BACON, Francis *Novum Organum*. Londres, 1620, livro 2, Aforismo 52. Para a posição religiosa de Francis Bacon, ver MATTHEWS, S. *Theology and Science in the Thought of Francis Bacon*. Aldershot: Ashgate, 2008.

26 De fato, Webster reconhece esse ponto (*The Great Instauration*, pp. 517-520).

27 MULLINGAN, L. "Civil War Politics, Religion and the Royal Society", e SHAPIRO, B. J. "Latitudinarianism and Science in 17th Century England". In: WEBSTER, C. (ed.). *The Intellectual Revolution of the 17th Century*. Londres: Routledge and Kegan Paul, 1974, pp. 317-339 e pp. 286-316; HENRY, J. "England". In: PORTER, R., TEICH, M. (eds.). *The Scientific Revolution in National Context*. Cambridge University Press, 1992, pp. 178-210.

coisas a serem ditas sobre o assunto mais amplo do protestantismo, enquanto um fenômeno europeu, e a ciência.

A proporção inesperadamente alta de cientistas protestantes na Europa predominantemente católica pode ser parcialmente explicada por vários fatores distintos, porém complementares. A amplamente conhecida condenação de Galileu em 1633 talvez tenha dificultado a aceitação da teoria de Copérnico entre os pensadores católicos. Doutrinas da Eucaristia devem ter dificultado entre os católicos devotos a aceitação das novas teorias quase atomistas dominantes entre as novas filosofias (isso também desencorajou os luteranos a abraçarem a nova ciência, mas não afetou os calvinistas).[28] Talvez essas coisas, por sua vez, tenham significado que os filósofos naturais católicos tenham tendido mais a ater-se a um tipo de deísmo quando seus filósofos pareciam ir contra as doutrinas de sua Igreja. Certamente, dos três casos famosos dos primeiros filósofos naturais modernos que abandonaram seus interesses seculares em favor de uma piedade entrincheirada, dois eram católicos romanos – Niels Stensen (1638-1686), convertido do luteranismo e, claro, Blaise Pascal (1623-1662) – e o terceiro, Jan Swammerdam (1637-1680), sucumbiu ao feitiço da mística católica flamenga Antoinette Bourignon (1616-1680).

Há, contudo, uma teoria muito mais geral, proposta por Peter Harrison, que oferece um relato altamente plausível do motivo pelo qual os protestantes foram mais pioneiros nas ciências do que os católicos. A noção de que Deus é o autor de dois livros – a Bíblia e o Livro da Natureza – tem uma longa história, mas a leitura das Escrituras passou por uma mudança dramática desde o início da Reforma. Rejeitando a mediação de um clero corrupto, os protestantes instigaram os fiéis a lerem eles mesmos a Bíblia. Ainda proibida para os católicos leigos, a Bíblia começou a ser lida pelo clero e pelos fiéis protestantes – e as traduções em língua vernácula tornaram-se rapidamente disponíveis, graças à imprensa. A teoria de Harrison, simplificada, defende que, mudanças dramáticas resultantes da leitura das Escrituras, desdobraram-se

---

28 REDONDI, P. *Galileo, Heretic*. Londres: Allen Lane, 1988; ARTIGAS, M., MARTINEZ, R., SHEA, W. R. "New Light on the Galileo Affair?". In: McMULLIN, E. (ed.). *The Church and Galileo*, pp. 213-233.

na leitura do outro livro de Deus. A leitura mais literal da Bíblia favorecida pelos protestantes levou os leitores do Livro da Natureza a desenvolver uma leitura mais naturalista. Ao invés de embelezar o que eles viam na natureza e investir nessa visão com significados extras, alegóricos ou de outros tipos, eles percebiam apenas o que podia ser visto e assumiram uma atitude centrada e cautelosa para interpretar seu significado. "A abordagem moderna aos textos, marcada pelos objetivos dos reformadores e disseminada através das práticas religiosas protestantes", sugere Harrison, "criou as condições que tornaram possível a emergência da ciência moderna".[29] Essa importante percepção também foi defendida por Stephen Gaukroger em sua grande síntese do papel da religião na formação de nossa cultura predominantemente científica. "A combinação da filosofia da revelação com a filosofia natural – os dois livros superpostos em um volume único, como era então – produziu um tipo único de empreendimento", propõe Gaukroger, "e um (empreendimento) que foi amplamente responsável pela subsequente particularidade do desenvolvimento da filosofia natural no Ocidente".[30]

Teologias voluntarista e intelectualista e empirismo *versus* racionalismo

Outras teorias da relação entre a religião e a ciência focaram-se mais em posições teológicas particulares do que em alianças confessionais – ainda que historicamente as posições teológicas tenham algumas vezes se associado a grupos particulares. A primeira e mais extensivamente discutida dessas posições discernidas pelos historiadores da ciência é a que passou a ser chamada de teologia voluntarista.[31] Derivada dos esforços medievais para definir e

---

29 HARRISON, P. *The Bible, Protestantism, and the Rise of Natural Science*. Cambridge University Press, 1998, p. 266.
30 GAUKROGER, S. *The Emergence of a Scientific Culture*, p. 507.
31 O argumento foi sugerido primeiramente em FOSTER, M. "The Christian Doctrine of Creation and the Rise of Modern Natural Science". *Mind*, n.s. 43, 1934, pp. 446-468; FOSTER, M. "Christian Theology and Modern Science of Nature (I)". *Mind*, n.s. 44, 1935, pp. 439-466; FOSTER, M. "Christian Theology and Modern Science of Nature (II)". *Mind*, n.s. 45, 1936, pp.

defender a infinita onipotência de Deus, os teólogos voluntaristas insistiram, entre outras coisas, no fato de que Deus pudera criar o mundo de maneira livre e irrestrita – sem ter de se conformar a noções preexistentes de bondade, por exemplo, ou aspectos predeterminados sobre, digamos, de que matéria as coisas deveriam ser feitas. O criador, ou *demiurgo* cósmico, descrito por Platão (429-347 a.C.) em *Timaeus*, forma o mundo do caos, mas há um limite para o que ele pode fazer, porque a matéria é recalcitrante e imprópria para fazer tudo que o criador possa desejar. Entretanto, na teologia cristã, Deus é onipotente e cria a matéria que ele requer para a criação. Como Platão, Aristóteles (384-322 a.C.), a autoridade suprema da filosofia medieval, também detectou uma tendência a declarar o que seria fisicamente possível e o que não o seria. Como visto no capítulo anterior, isso colocou a filosofia natural aristotélica em conflito com a teologia. A resposta de Etienne Tempier (m. 1279), bispo de Paris, em 1277, às proposições aristotélicas proscritas, foi, de fato, uma afirmação voluntarista. Não obstante o que Aristóteles declara ser fisicamente possível, Deus poderia, por exemplo, criar um vácuo no espaço se ele assim o desejasse.

A teologia voluntarista tornou-se forte novamente quando os novos filósofos procuraram mostrar que suas filosofias, longe de serem ateias, andavam de mãos dadas com a noção de um Deus onipotente. Junto à onipresente ameaça do ateísmo, o contexto para essa afirmação incluía um renascimento de atitudes mais próximas de Platão do que de Aristóteles, nas quais Deus tinha de se conformar, na criação, a várias verdades, morais ou físicas, que eram consideradas não criadas e coeternas a ele. A literatura normalmente refere-se a essa posição como teologia intelectualista e, amplamente falando, seu renascimento não pretendia defender o pensamento pagão, mas sim rejeitar várias correntes do pensamento protestante vistas como antônimas à moralidade e privadas de persuasão racional da filosofia natural. Em relação à moralidade, os voluntaristas acreditavam que o que Deus decretasse ser bom de fato o era (por definição), mas os intelectualistas insistiam que Deus, por conta de sua

---

1-27. Ver também HOOYKAAS, R. *Religion and the Rise of Modern Science*; KLAAREN, E. M. *Religious Origins of Modern Science*. Grand Rapids: Eerdmans, 1977; OAKLEY, F. *Omnipotence, Covenant and Order: an Excursion in the History of Ideas from Abelard to Leibniz*. Ithaca: Cornell University Press, 1984.

bondade, poderia apenas decretar o que era bom (em termos absolutos). Essa posição implicava na restrição do poder criativo de Deus por certas limitações, mas para os intelectualistas isso era preferível ao antinomianismo derivado da suposição de que tudo, não importa quão terrível, pudesse ser considerado bom, se Deus assim o declarasse. Além disso, o antinomianismo voluntarista estava interligado ao renascimento da noção agostiniana de que a Salvação poderia ser atingida apenas através do dom divino da Graça – ela não poderia ser ganha pela realização de obras supostamente boas.

A teologia intelectualista manifestou-se na filosofia natural nas tentativas de supostamente oferecer provas racionais indiscutíveis para a existência de Deus. O platonista de Cambridge, Henry More, por exemplo, baseou seu argumento em uma distinção supostamente categórica entre o material e o imaterial. Tomando conceitos emprestados do cartesianismo, ele insistiu que a matéria era completamente passível e inerte e que, portanto, a atividade no mundo (inclusive o movimento dos corpos) era iniciada por um princípio ativo, que deveria ser espírito imaterial. Tendo estabelecido que o espírito imaterial tinha de existir (caso contrário não haveria atividade), tornou-se fácil insistir que Deus tem de existir e, consequentemente, refutar a todos os aspirantes ateus.[32]

O problema com essa teoria, para os pensadores voluntaristas, estava no fato de que a força do argumento racionalista criava uma impressão menor do que sua clara implicação de que Deus não seria, então, tão onipotente quanto se costumava supor. O pastor presbiteriano Richard Baxter (1615-1691) queria saber como More podia ter certeza de que Deus não podia tornar a matéria ativa. A resposta cínica a essa questão é que More não poderia permitir isso porque minaria completamente seus esforços para refutar o materialismo ateu. Entretanto, é claro, More argumentou seu ponto combinando o tradicional dualismo cristão e o dualismo cartesiano e insistindo que a matéria era, por conta de sua própria natureza, inerte e que nem mesmo Deus poderia fazê-la tornar-se ativa por si própria.[33]

---

32 HENRY, J. "Henry More versus Robert Boyle: the Spirit of Nature and the Nature of Providence". In: HUTTON, S. (ed.). *Henry More (1614-1687). Tercentenary Studies.* Dordrecht: Kluwer, 1990, pp. 55-75.
33 HENRY, J. "Medicine and Pneumatology: Henry More, Richard Baxter, and Francis

Nem todo intelectualista defendia o mesmo conjunto de pressupostos iniciais, mas todos eles terminavam por apoiar-se em um suposto princípio racionalmente determinado que eles discerniam no mundo (análogo ao princípio de More de que a matéria deveria ser completamente inerte) e que apontava para a existência de Deus. Para G. W. Leibniz (1646-1716), outro intelectualista proeminente, a existência de Deus era garantida pela complexa interconexão de tudo que existe na criação. Tornou-se famosa, portanto, sua oposição à sugestão de Isaac Newton de que talvez os movimentos dos planetas estariam gradualmente tornando-se mais lentos e, em algum momento no futuro, para impedir a dissolução do nosso sistema, Deus teria de talvez enviar um cometa para adicionar um impulso gravitacional ao sistema e acelerar os planetas novamente.[34] Isso tudo era muito desleixado para Leibniz, que objetava ao fato de que o Deus de Newton teria sido um artesão tão pouco competente que ele teria de "consertar seu relógio de tempos em tempos".[35] Para Leibniz, o ponto era que o Deus de Newton era tão inadequado que a disseminação das ideias de Newton minaria a religião. Para Newton, porém, era importante evitar o cenário Cartesiano (e de Leibniz), no qual uma vez que Deus colocara o universo em movimento sua presença deixaria de ser necessária – tudo seria operado a partir de corpos que respeitariam as leis da natureza. Um mundo que se operasse a si mesmo, com um Deus ausente era, para Newton e outros, para todos os propósitos, uma imagem de um mundo ateu.

Outro aspecto importante dessa rivalidade é o de que ela foi vista como tendo moldado a metodologia e a epistemologia dos primórdios da ciência moderna. Os intelectualistas estavam comprometidos com a ideia de que, assim como há princípios morais absolutos coeternos a Deus, também há princípios racionais que ditam o tipo de mundo que Deus pode criar. Como Voltaire satirizou a posição de Leibniz e seus seguidores, Deus, de acordo

---

Glisson's Treatise on the Energetic Nature of Substance". *Medical History* 31, 1987, pp. 15-40.
34 KURBIN, D. "Newton and the Cyclical Cosmos". *Journal of the History of Ideas* 29, 1967, pp. 325-346.
35 LEIBNIZ, G. W. "First Paper" (November, 1715). In: ALEXANDER, H. G. *The Leibniz-Clarke Correspondence*. Manchester University Press, 1956, p. 11.

com sua própria bondade, deve criar o melhor de todos os mundos possíveis. Já que o melhor mundo pode ser descoberto pela razão, deve ser possível para o filósofo reconstruir o pensamento divino durante a criação e chegar à compreensão do mundo usando simplesmente a razão. Os voluntaristas, por outro lado, negam uma cadeia de pensamento tão inelutável como essa que teria guiado ou forçado a mão de Deus na criação. Para eles, a única maneira de descobrir como Deus criou o mundo é examiná-lo de perto. Apenas o conhecimento *a posteriori* do mundo é possível. Assim, a teologia voluntarista tem sido vista andando de mãos dadas com as abordagens empiristas para uma compreensão do mundo.[36] Parece provável, portanto, que a teologia voluntarista tenha sido revivida para dar sustentação às preocupações empíricas de pensadores como Boyle, Newton e outros. Também o foi para permitir que esses mesmos empiristas pudessem reprovar a abordagem racionalista de seus críticos não apenas porque ela poderia ser mal concebida, mas também porque ela necessariamente implicaria na afirmação de que Deus não é onipotente, já que deve operar de determinada maneira.[37]

A teologia da antropologia pós-Queda de Adão e a ciência empírica

Mais recentemente, outra justificativa teológica para o empirismo tem sido reconhecida, a saber a crença no estado corrupto e deficiente da humanidade, tanto em corpo quanto em mente, depois da Queda. De acordo com esse ponto de vista, fortemente sugerido por Peter Harrison, aqueles que favoreciam o renascimento das ideias de Agostinho em detrimento do tomismo da intelectualidade medieval, defendiam os pressupostos sobre o estado pós-lapsário da humanidade. Este implicava na inadequação dos poderes humanos de racionalização e, destarte, na não confiabilidade do racionalismo das filosofias naturais. Adão um dia soubera de tudo, fora abençoado com sentidos

---

36 OSLER, M. J. *Divine Will and the Mechanical Philosophy: Gassendi and Descartes on Contingency and Necessity in the Created World*. Cambridge University Press, 1994.
37 HENRY, J. "Voluntarist Theology at the Origins of Modern Science: a Response to Peter Harrison". *History of Science* 47, 2009, pp. 79-113.

capazes de discernir muito mais do que podemos e com uma mente capaz de interpretar sem equívocos o que seus sentidos lhe diziam e que lhe permitia, portanto, atingir o conhecimento imediato da essência das coisas. Entretanto, depois da Queda, Adão e sua prole não apenas esqueceram-se do que um dia souberam, mas também sofreram a diminuição da acuidade de seus sentidos, bem como do poder de suas mentes. Os escolásticos da Idade Média haviam assumido a linha tomista de que Adão possuíra originalmente tanto dons naturais quanto sobrenaturais. A razão, de acordo com o ponto de vista tomista, seria um dom natural e não teria sido afetada pela Queda (o que permitia aos escolásticos defender que, embora Aristóteles tivesse sido pagão, ele pudera demonstrar uma formidável capacidade de racionalizar).[38] Contudo, isso era contrário à visão agostiniana, muito mais pessimista acerca de nossas habilidades depois que nos tornamos todos herdeiros do Pecado Original. A visão agostiniana foi vigorosamente revivida pelos reformadores mais proeminentes, Martinho Lutero e João Calvino, e abraçada por católicos da Contra Reforma, os jansenistas, assim introduzindo outro elemento teológico importante à mistura da ciência e da religião no início do Período Moderno. A resposta a esse agostinianismo revivido, claro, foi rejeitar a abordagem tomista que, essencialmente, favorecia o uso da razão e desenvolver uma abordagem empírica que, considerava-se, tenderia menos a conclusões dogmáticas por conta do ceticismo em relação à nossa habilidade de interpretar corretamente nossas observações e outros resultados empíricos.[39] A ênfase, de acordo, estava no trabalho árduo de lentamente juntar conhecimento, fosse por observações ou pela realização cuidadosa de vários experimentos, acompanhados não por afirmações que certamente poderiam ter sido atingidas dessa maneira, mas sim pela dúvida acerca da acessibilidade daquele conhecimento em particular.

A tese de Harrison é indubitavelmente poderosa, não apenas porque ela sustenta-se em uma impressionante gama de evidências de escritores do período,

---

38 HARRISON, P. *The Fall of Man and the Foundations of Modern Science*. Cambridge University Press, 2007, p. 43.
39 HARRISON, P. *The Fall of Man and the Foundations of Modern Science*. O tema central do livro de Harrison é a sanção ao empirismo enquanto resultado de um renascimento agostiniano.

que demonstram todos uma clara preocupação para com o estado do homem depois da Queda e suas implicações acerca do que podemos saber, mas também porque ela casa perfeitamente com muitos outros aspectos da historiografia atual. Ela encontra-se em sintonia com o trabalho de Richard H. Popkin e outros, por exemplo, sobre o crescimento do ceticismo ao longo do Renascimento e do início da Idade Moderna. Popkin percebeu isso em termos de uma crise do pensamento traduzida pelo destronamento de Aristóteles e outras autoridades antigas e pela percepção de que o ceticismo era uma posição popular entre os próprios antigos, mas é possível que um novo exame com mais nuances revele uma dimensão teológica para isso tudo.[40]

Similarmente, a afirmação de Harrison anda de mãos dadas com as afirmações de Charles Webster e outros sobre a importância das tentativas, inspiradas pelo milenarismo, de recuperação da sabedoria perdida de Adão para o desenvolvimento da ciência moderna. Enquanto Webster entendeu esse fato como uma característica de expectativas milenaristas exacerbadas durante a Reforma, principalmente por parte de pensadores radicais, Harrison argumentou que as tentativas de recuperar a sabedoria adâmica faziam parte das preocupações mais amplas dos filósofos naturais protestantes.[41]

Harrison chegou mesmo a sugerir que é uma preocupação com o que pode ser conhecido pelo homem caído que realmente está por trás da teologia voluntarista. Os voluntaristas rejeitam o racionalismo dos intelectualistas, não porque eles se preocupam com a onipotência de Deus, mas porque suas tendências agostinianas levam-lhes a crer que o pensamento racional confiável não foi possível desde a expulsão do Éden. Certamente há méritos nessa afirmação. Parece haver sobreposições suficientes entre as preocupações dos supostos voluntaristas e dos pessimistas pós-lapsários que formam o foco do estudo de Harrison, a ponto de ser impossível separá-los por completo.

---

40 POPKIN, R. H. *The History of Scepticism from Savonarola to Bayle*; VAN LEEUWEN, H. G. *The Problem of Certainty in English Thought, 1630-1690* (Dordrecht: Kluwer, 1970); MULLINGAN, L. " 'Reason', 'Right Reason', and 'Revelation' in Mid-17th Century England". In: VICKERS, B. (ed.). *Occult and Scientific Mentalities in the Renaissance*. Cambridge University Press, 1984, pp. 375-401.
41 WEBSTER, C. *The Great Instauration*; MATTHEWS, S. *Theology and Science in the Thought of Francis Bacon*.

Vale a pena notar, porém, que abandonar a categoria de voluntarismo resultaria numa diminuição de nossa compreensão. A onipotência de Deus certamente parece ser uma preocupação recorrente para aqueles envolvidos no debate caracterizado a partir daqui como voluntarista *versus* intelectualista, e fica claro que essa preocupação está ligada às tentativas de provar a existência de Deus aos supostos ateus. A ameaça percebida do ateísmo provavelmente não podia ser combatida por completo pelo apelo à inadequação de nossas capacidades mentais baseadas, em última instância, no que está dito na Bíblia. De fato, seria possível até mesmo arguir que o apelo à inadequação das capacidades mentais depois da Queda funciona em um nível retórico da literatura filosófica natural, mostrando a aceitação do autor dos preceitos agostinianos a outros protestantes, digamos, enquanto que as discussões sobre o que Deus pode ou não fazer tem implicações muito mais diretas sobre o conteúdo de suas filosofias naturais. Parece razoável concluir, de qualquer forma, que Harrison expõe uma parte bastante rica do contexto histórico do desenvolvimento do método experimental, especialmente na Inglaterra do século XVII, mas que isso deveria ser visto junto com a tradição paralela e intimamente relacionada do voluntarismo, e não como um substituto a ela.[42]

Descartes, teólogo, e as leis da natureza

Torna-se evidente, por conta da profundidade e dos detalhes da teologia a que os novos filósofos dedicaram-se, que eles não estavam apenas repetindo as palavras da teologia para evitar acusações de impiedade. Ao contrário, torna-se evidente que eles efetivamente a viam como um aspecto essencial de suas filosofias naturais, muitas vezes ao ponto de sustentar suas afirmações filosóficas. Um exemplo muito claro disso nos é provido pela primeira tentativa de codificar leis precisas da natureza como base para um novo sistema da física. A noção de leis da natureza em um sentido amplo e vago (é uma lei da natureza o fato de que as abelhas fazem mel ou de que o sol sempre

---

42 HARRISON, P. "Voluntarism and Modern Science". *History of Science* 40, 2002, pp. 63-89; HENRY, J. "Voluntarist Theology at the Origins of Modern Science: a Response to Peter Harrison".

nasce etc.) é recorrente desde tempos imemoriais, mas Descartes introduziu o conceito moderno de um número restrito de leis precisas que poderiam ser usadas para predizer uma ampla gama de fenômenos físicos.

Em essência, Descartes teve de apoiar-se em suas leis para poder prover explicações para os eventos físicos em termos de causas. As explicações causais eram condições *sine qua non* da física aristotélica, mas o novo sistema de Descartes impediu explicações nos termos das quatro causas aristotélicas tradicionais. As três leis da natureza de Descartes, portanto, foram propostas como princípios explicativos substitutivos por si mesmas. A segunda lei, por exemplo, "de que todo o movimento é, em si, linear e, consequentemente, corpos que se movem circularmente sempre tendem a se afastar do centro do círculo", poderia ser usada para explicar, entre outras coisas, porque um projétil lançado de um estilingue tende a se mover para longe do centro de rotação enquanto está contido pelo estilingue, mas voa tangencialmente à rotação quando lançado. Esses fenômenos cotidianos, por sua vez, podem ser usados para explicar, por analogia, as rotações dos planetas, o comportamento dos raios de sol e outros fenômenos.[43] Mas, supostamente, Descartes foi um físico e não um legislador e, além do mais, como pode a matéria inanimada saber as leis que ele decretou e, mais ainda, segui-las? Descartes sabia que tinha de responder a questões como essas antes mesmo delas serem formuladas. Consequentemente ele tinha que introduzir Deus em sua física. As leis não haviam sido formuladas por Descartes, mas por Deus, e as leis não eram impostas à matéria inanimada, mas autoimpostas sobre Deus, que garantia que os corpos sempre agissem de acordo com as leis. A teologia de Descartes enfatizou a imutabilidade de Deus, não apenas para assegurar a perpetuação do decreto divino de autonegação de sempre se conformar a suas próprias leis, mas até mesmo para explicar a segunda lei (as coisas deixadas em seu estado natural movem-se em linha reta porque esse tipo de movimento não requer que Deus continuamente tome novas decisões sobre o caminho que um corpo deva seguir).[44] Aqui, então, nós temos um caso

---

43 DESCARTES, R. *Principles of Philosophy*, 1644. MILLER, V. R., MILLER, R. P. (trad.). Dordrecht: Reidel, 1983. Part 2, § 39, p. 60. (NT) Há tradução em português.
44 HENRY, J. "Metaphysics and the Origins of Modern Science: Descartes and the Importance

claro e muito profundo de um inovador da filosofia natural introduzindo uma teologia cuidadosamente pensada em sua filosofia natural. E isso não como expressão de uma piedade rotineira, mas porque ele reconhece que sua física não poderia ser completamente operante sem um Deus imutável que a garantisse.[45]

A teologia de Descartes, em seus detalhes, é efetivamente *sui generis*, feita sob medida para seus próprios propósitos, ainda que certamente esteja em conformidade em termos mais amplos com as teologias cristãs padrão. Ele não era, de jeito algum, o único engajado nesse tipo de empreendimento, entretanto. Muitos dos filósofos naturais proeminentes esforçaram-se similarmente para mostrar como suas filosofias naturais relacionavam-se à religião e à teologia. Talvez os exemplos mais distintos sejam o de Johannes Kepler (1571-1630), Robert Boyle, Isaac Newton e G. W. Leibniz. De fato, frente às afirmações acerca da importância da teologia para a filosofia natural do início da Idade Moderna, tais como propostas por Funkenstein e Gaukroger, agora podemos ver porque os principais filósofos naturais foram vistos, em retrospecto, como os mais devotos: eles pareciam ser os mais devotos porque dispensavam tanta energia intelectual em assuntos teológicos quanto em assuntos científicos e, ao fazer isso, tornaram-se, *ipso facto*, os principais filósofos naturais.

Teologia natural, deísmo e além

A ambiciosa síntese de Stephen Gaukroger acerca de boa parte da intelectualidade científica e religiosa do início da Idade Moderna chama a devida atenção para a inegável importância da religião na "emergência de uma cultura científica", mas seu principal objetivo é mostrar a "assimilação de todos os

---

of Laws of Nature". *Early Science and Medicine* 9, 2004, pp. 73-114.
45 Robert Boyle também discutiu as implicações teológicas das leis da natureza. Ver, por exemplo, BOYLE, Robert. *A Free Enquiry into the Vulgarly Receiv'd Notion of Nature*. London, 1686.

valores cognitivos aos científicos e como isso aconteceu".[46] Resumidamente é um estudo sobre a emergência da ciência e, em última instância, essa não é uma história em que a ciência e a religião tenham permanecido parceiras em pé de igualdade, caminhando de mãos dadas através dos tempos. A teologia secular desenvolvida pelos filósofos naturais dos séculos XVI e XVII, como aponta Funkenstein, emergiu "para uma carreira curta".[47] Muito da produção intelectual científica e religiosa no início do período moderno estava preocupada com o declínio da religião, enquanto a ciência ascendia. Um aspecto de vital importância para essa história é, ironicamente, o desenvolvimento da chamada teologia natural, que será discutida por completo no próximo capítulo. Indiscutivelmente, as primeiras contribuições para a manifestação particular dessa união da ciência e da religião foram *The Darkness of Atheism Dispelled by the Light of Nature* (1652), de Walter Charleton (1620–1707) e *Antidote Against Atheism* (1653), de Henry More. Desde esse início, a teologia natural apenas se fortaleceu. Isso foi particularmente verdade na Inglaterra, onde a filosofia natural newtoniana passou a ser frequentemente usada na série de palestras anuais estabelecidas nos termos do testamento de Robert Boyle "para provar a religião cristã". Começando em 1692 com Richard Bentley (1662–1742), as palestras de Boyle aconteceram até 1714 e ajudaram a forjar o que foi visto como uma aliança sagrada entre a filosofia natural newtoniana e o anglicanismo característico da Inglaterra Iluminista.[48] Não obstante, a ênfase nos detalhes da filosofia natural newtoniana para provar a existência de Deus, significou que a revelação fora suplantada pela razão e o resultado disso foi o crescimento do deísmo à custa das instituições tradicionais da Igreja. Além disso, e de modo indiscutível (ver a discussão de John Hedley Brooke no capítulo 5), significou os primórdios da secularização. Para pelo menos um comentador essa é a maior de todas as ironias nas relações

---

46 GAUKROGER, S. *The Emergence of a Scientific Culture*, p. 3.
47 FUNKENSTEIN, A. *Theology and the Scientific Imagination from the Middle Ages to the 17th Century*, p. 3.
48 JACOB, M. C. *The Newtonians and the English Revolution, 1689-1720*. Ithaca: Cornell University Press, 1976; GASCOIGNE, J. *Cambridge in the Age of the Enlightenment: Science, Religion and Politics from the Restoration to the French Revolution*. Cambridge University Press, 1989.

entre a ciência e a religião. R. S. Westfall argumentou que os esforços dos Filósofos Naturais devotos e até mesmo de líderes religiosos para usar a filosofia natural newtoniana para estabelecer a existência de Deus, ao invés de apoiar-se em formas mais tradicionais de afirmar valores religiosos, levou muitos contemporâneos ao deísmo. Ao buscar superar a ameaça do ateísmo, a ênfase da Igreja Anglicana na religião natural levou à tendência deísta de se negar a validade da revelação e da Bíblia e a um enfraquecimento irreversível da Igreja da Inglaterra.[49]

---

49 WESTFALL, R. S. *Science and Religion in 17th Century England*. New Haven: Yale University Press, 1958.

3 A teologia natural e as ciências

Jonathan R. Topham

Os historiadores da ciência enfatizaram com frequência a importância da teologia natural para o desenvolvimento da ciência moderna, invocando-a em explicações de fenômenos tão diversos quanto a rápida disseminação da teoria de Newton na Grã-Bretanha e o desenvolvimento da teoria de Charles Darwin. Entretanto, uma vez que o significado do termo não é tão transparente quanto possa parecer, torna-se útil começar por algumas observações esclarecedoras. Uma definição relativamente estável da teologia natural prevaleceu entre os escritores teologicamente informados, pelo menos desde o início da Idade Moderna. Essa definição está bem caracterizada na Enciclopédia Britânica da década de 1840, que descreve a teologia natural como um sistema teológico formado "inteiramente a partir de verdades religiosas que podem ser aprendidas a partir de fontes naturais, ou seja, da constituição da mente humana e dos fenômenos do universo mental e material".[1] Assim definida, a teologia natural é um tipo de teologia que conta com a razão (que é natural), sem a ajuda de nenhuma evidência advinda da revelação divina através da Bíblia, de milagres ou de profecias (que são sobrenaturais). Seguindo esse raciocínio, o oposto apropriado da teologia natural é a teologia revelada; é a fonte do conhecimento teológico que é natural, não seu objeto. Uma definição como essa concorda amplamente com aquela proposta por Francis Bacon, em 1605, e com aquela proposta por

---

* Agradeço a Geoffrey Cantor, Peter Harrison, Chris Kenny, Robin Le Poldevin e Roberta Topham pelos comentários úteis acerca dos primeiros rascunhos desse capítulo.
1 *Penny Cyclopædia of the Society for the Diffusion of Useful Knowledge*. 27 volumes. London: Charles Knight, 1833-1843, s.v. "Theology".

Richard Swinburne, em 2005, e é a que entenderemos aqui como normativa durante a Idade Moderna.[2]

Não obstante, é importante notar que mudanças nas percepções dos campos da razão e da revelação implicaram em mudanças significativas, ao longo dos séculos, mesmo nessa concepção estreita de teologia natural.[3] Além disso, como veremos, os argumentos da teologia natural foram utilizados para uma vasta gama de propósitos, que podem ser facilmente obscurecidos ao se impor uma definição essencialista.[4] Em parte é por isso que, enquanto os teólogos normalmente concordam com a definição acima de teologia natural, na prática, o termo é frequentemente utilizado de forma mais livre. Pouco depois da publicação da definição supracitada, um escritor escocês reclamou:

> Há poucos tópicos além da teologia natural sobre os quais prevaleceram opiniões tão variadas. Enquanto alguns a consideram autossuficiente, outros negam sua existência ou a pronunciam perniciosa... Essa variedade de opiniões aumentou bastante porque muitos diferem em relação ao que realmente é teologia natural, de forma que o que um homem condena como teologia natural, normalmente configura-se como algo bem diferente do que outro defende sob o mesmo nome.[5]

Algumas vezes, de fato, protagonistas históricos utilizaram o termo "teologia natural" para se referir a doutrinas teológicas ligadas à natureza – o

---

2 BACON, Francis, *The Advancement of Learning*. KIEMAN, Michael (ed.). Oxford e New York: Clarendon Press, 2000. p. 78; SWINBURNE, Richard, *Faith and Reason*. 2ª ed. Oxford University Press, 2005, pp. 91-92, 107.
3 BROOKE, John Hedley; CANTOR, Geoffrey. *Reconstructing Nature: the Engagement of Science and Religion*. Edinburgh: T. and T. Clark, 1998, pp. 143-148.
4 BROOKE, John Hedley. *Science and Religion: Some Historical Perspectives*. Cambridge University Press, 1991, ver especialmente capítulo 6. (NT) Há tradução em português; CLAYTON, John. *Religions, Reasons, and Gods: Essays in Cross-Cultural Philosophy of Religion*. Cambridge University Press, 2006; HARRISON, Peter. "Physico-Theology and the Mixed Sciences: the Role of Theology in Early Modern Natural Theology". In: ANSTEY, P. R., SCHUSTER, J. A. (eds.). *The Science of Nature in the 17th Century*. Dordrecht: Springer, 2005, pp. 165-183.
5 "Dr. Chalmers' Bridgewater Treatise". *Edinburgh Christian Instructor*, 2ª ser. 2, 1833, pp. 755-770.

que poderia ser mais apropriadamente chamado de uma teologia da natureza – ainda que a fonte de tais doutrinas frequentemente tenha sido a revelação, ao menos em parte. Nesse caso, é o objeto do conhecimento teológico que é natural, não sua fonte.

Talvez seja essa frouxidão no uso histórico que, algumas vezes, levou os próprios historiadores a serem vagos em relação à maneira como lidaram com a teologia natural. Certamente, muitas vezes os historiadores supuseram que referências por parte de escritores científicos ao plano da natureza implicavam em um compromisso para com um dos argumentos clássicos da teologia natural. Trata-se do argumento do desígnio, no qual a existência de um planejador divino é inferida a partir do aparente desígnio em objetos naturais. Como veremos, entretanto, tais referências normalmente estiveram bastante distantes de uma teologia natural estritamente definida. Longe de supor-se como provedora de um argumento racional para a existência e os atributos de Deus independentemente de uma revelação cristã, ela geralmente pretendeu apenas oferecer exemplificações do plano divino, ilustrando ou confirmando a teologia revelada. De fato, muitos cristãos consideraram o projeto de uma teologia natural racionalmente constituída como impossível; eles entenderam que a faculdade racional dos descendentes pecadores de Adão seria defeituosa demais para perceber Deus sem a autorrevelação divina. Mesmo assim, isso não os impediu de procurar confirmações na natureza para a doutrina da criação divina. Logo, é importante para os historiadores abordarem tais afirmações teológicas com a devida atenção ao seu *status* epistemológico – ou seja, perguntar que afirmações (se é que existem) são feitas sobre a fonte do conhecimento teológico. Como veremos, identificar as teologias naturais efetivas não é um exercício fútil, mas sim uma maneira de esclarecer as funções a que tais informações pretendiam sustentar ou a que tenham, de fato, sustentado.

A nova filosofia e o surgimento da teologia natural

A ideia de que a existência e os atributos de um ser divino poderiam ser inferidos usando-se da razão natural tem suas raízes na Antiguidade Clássica, mais notadamente nos trabalhos de Platão e dos estoicos tardios. Além disso, alguns cristãos usaram a Bíblia para justificar o projeto da teologia natural, citando passagens tais como a Epístola aos romanos, na qual os infiéis são considerados imperdoáveis por conta de que "o que Nele (Deus) há de invisível... manifesta-se à inteligência desde a criação do mundo através de suas obras..." (romanos 1:20). Contudo, foi apenas na Idade Média que a teologia natural começou a exercer um papel significativo na teologia cristã. Mais ainda, mesmo que os filósofos modernos prontamente identifiquem os principais argumentos da teologia natural em escritos medievais, tais argumentos, na época, não tinham adquirido um significado independente da revelação, como mais tarde passaram a possuir. Assim, por exemplo, os filósofos modernos reconhecem algo parecido ao argumento ontológico para a existência de Deus – uma das fundações da filosofia clássica da teologia natural – nos escritos de Anselmo (1033-1109). Entretanto, lembremos que Anselmo era um monge escrevendo para outros monges sobre a impossibilidade de conceber-se racionalmente a não existência de Deus. Isso que mais tarde foi considerado um argumento filosófico era, na verdade, uma manifestação de um "modo de reflexão de claustro que antecede o nascimento da teologia e da filosofia acadêmicas na Europa Latina".[6]

Mesmo quando considerada como um argumento racional, entretanto, a racionalização *a priori* do argumento ontológico não se refere ao universo físico, lembrando-nos novamente de que a natureza (sob a forma de razão natural) é a fonte, mais do que o objeto, da teologia natural. Em contraste, os fenômenos da natureza desempenharam um papel (ainda que limitado) nos argumentos *a posteriori* desenvolvidos no grande sistema teológico, a *Summa Theologiae*, de Tomás de Aquino (1225-1274). Aquino desenvolveu suas famosas cinco maneiras de estabelecer a racionalidade da crença em Deus como parte de seu projeto para tornar o aristotelismo consistente com o cristianismo. Enquanto Aristóteles considerava o universo como eterno e com o propósito de ser internamente imanente, Aquino procurou demonstrar que o universo deve ter sido criado por uma primeira causa e que a ordem interna

---

6 CLAYTON, John. *Religions, Reasons, and Gods: Essays in Cross-Cultural Philosophy of Religion*, pp. 162-163.

evidente deve ter sido produto de um criador divino. O primeiro aspecto disso – o argumento de que a cadeia de causas responsável pelos fenômenos do universo deve ser, em última instância, atribuída a uma causa sem causa – encontrou expressão em quatro das cinco maneiras de Aquino e é agora, normalmente, chamado de argumento cosmológico. O segundo aspecto – o argumento de que o propósito aparente em fenômenos naturais deve ser pensado em termos de um planejador divino – e agora é normalmente chamado de argumento teológico ou argumento do desígnio.[7]

Foi durante o início da Idade Moderna que a crença de que a existência de Deus e seus atributos podia ser estabelecida independentemente da autorrevelação divina e tornou-se proeminente. Como o capítulo anterior discutiu, esse não foi apenas o período em que uma nova filosofia natural distintivamente experimental e mecânica emergiu, mas também foi o período em que muitos dos filósofos mais proeminentes articularam pela primeira vez suas próprias teologias seculares (para usar o termo de Amos Funkenstein), distinto da autoridade eclesiástica e dirigida para os leigos.[8] A nova ênfase sobre a teologia natural e, mais especificamente, sobre o argumento do desígnio, é, de alguma forma, expressão desse processo. Mais ainda, como outras teologias seculares pensadas por filósofos naturais, o desenvolvimento da teologia natural foi claramente motivado, em parte, por um desejo em demonstrar que a nova filosofia não ia contra a ortodoxia cristã – apesar de, vez por outra, aparentar o contrário – já que oferecia meios de apoio originais e valiosos. De fato, como veremos, essas preocupações entrelaçadas com a santificação e a legitimação da empresa científica continuou a fornecer motivos significativos para a busca pela teologia natural durante os dois séculos seguintes, durante os quais ela continuou, pelo menos no mundo anglófono, a estar intimamente ligada à prática científica. A nova proeminência da teologia natural foi, portanto, substancialmente expressiva das funções que preenchia para aqueles envolvidos com a filosofia natural. Ao mesmo

---

7 KENNY, Anthony. *The Five Ways: Saint Thomas Aquinas' Proofs of God's Existence*. London: Routledge, 1969.
8 FUNKENSTEIN, Amos. *Theology and the Scientific Imagination from the Middle Ages to the 17th Century*. Princeton University Press, 1986, p. 3.

tempo, entretanto, ela modificou as características do cristianismo, aumentando a ênfase no papel da razão de tal forma que, subsequentemente, alguns comentaristas religiosos viriam a se lamentar.[9]

Não é preciso dizer que as novas teologias naturais da Revolução Científica estavam longe de ser uniformes e que as motivações daqueles que as desenvolviam não eram apenas diversas, mas também mistas.[10] Uma preocupação proeminente por trás do desenvolvimento da teologia natural em meados do século XVII, na Inglaterra, foi a percepção de que a imoralidade, o ceticismo, a "boa vida" e outras atividades sociais subversivas às quais o termo "ateísmo" era comumente aplicado haviam se tornado um problema significativo à época do *Interregnum* e da restauração.[11] Como disse o filósofo natural e bispo anglicano, John Wilkins (1614-1672) em seu *Of the Principles of Duties of Natural Religion* (1675), tratava-se de uma "idade degenerada", que havia sido "miseravelmente atropelada pelo *ceticismo* e pela *infidelidade*".[12] Claro, isso incomodava a muitos filósofos naturais genuinamente piedosos por motivos puramente religiosos, mas incomodava principalmente porque a filosofia natural podia, destarte, ser vista como cúmplice do ceticismo. Por exemplo, os filósofos naturais procuraram explicar fenômenos em termos de causas naturais secundárias, o que poderia ser compreendido como uma explicação que coloca a atividade divina em segundo plano no universo. Além disso, a nova filosofia mecânica poderia ser facilmente vista como um renascimento do antigo atomismo, ao que havia uma ameaça religiosa associada. A situação exacerbou-se depois do desenvolvimento, por parte do filósofo Thomas Hobbes (1588-1679), de uma versão da filosofia mecânica que foi vastamente percebida como indistinguível do

---

9 BROOKE, John; CANTOR, Geoffrey. *Reconstructing Nature: the Engagement of Science and Religion*, pp. 151-152; HARRISON, Peter. "Miracles, Early Modern Science, and Rational Religion". *Church History* 75, 2006, pp. 493-511.
10 MANDELBROTE, Scott. "The Uses of Natural Theology in 17th Century England". *Science in Context* 20, 2007, pp. 451-80.
11 HUNTER, Michael. "Science and Heterodoxy: an Early Modern Problem Reconsidered". In: LINDBERG, David C., WESTMSAN, Robert S. (eds.). *Reappraisals of the Scientific Revolution*. Cambridge University Press, 1990, pp. 437-460, ver especialmente pp. 440-443.
12 WILKINS, John. *Of the Principles and Duties of Natural Religion*. London: T. Basset, H. Brome, and R. Chiswell, 1675, p. 6.

ateísmo materialista. Nesse contexto, não surpreende que os filósofos naturais procurassem rapidamente demonstrar as tendências religiosas de seus trabalhos. Os mecanismos da natureza, argumentou o filósofo natural Robert Boyle (1627-1691), provia claras evidências a favor da teoria do desígnio divino, e eram os filósofos naturais que deveriam esclarecer essas evidências.

Essa preocupação com a legitimidade da empresa filosófica a partir da demonstração de seu valor religioso na teologia natural está bastante evidente no altamente retórico *History of the Royal Society* (1667). Escrito pelo clérigo anglicano Thomas Sprat (1635-1713), o trabalho afirma que os filósofos naturais estão melhores colocados para "fazer avançar aquela parte da *divindade*" que se relaciona "ao *poder* e à *sabedoria* e à *bondade* do *Criador*", como "demonstrado na admirável ordem e no funcionamento das criaturas".[13] Preocupações similares também estão claras em muitos trabalhos teológicos de Robert Boyle. *Christian Virtuoso* (1690), por exemplo, foi escrito com a intenção de demonstrar que não havia "inconsistência entre um homem ser um trabalhador *virtuoso* e um bom *cristão*".[14] Porém, como a maioria dos filósofos naturais, Boyle era sincero ao fazer tais afirmações, e sua principal motivação para advogar em favor da filosofia natural dessa forma estava em uma arraigada piedade cristã. De fato, seus primeiros envolvimentos com a filosofia experimental haviam sido instigados por sua percepção de que eles proviam meios cruciais para confrontar o ceticismo e essa percepção persistiu durante toda sua vida. Similarmente, o destacado naturalista John Ray (1627-1705), que preferiu abrir mão de uma carreira clerical a ter de aceitar os termos do Ato da Uniformidade*, de 1662, estava imbuído da crença de que o estudo da natureza poderia ser uma vocação religiosa. Seu trabalho mais frequentemente reimpresso, *Wisdom of God Manifested in the Works*

---

13 SPRAT, Thomas. *The History of the Royal Society of London for the Improving of Natural Knowledge*. London: J. Martyn and J. Allestry, 1667, p. 82.
14 BOYLE, Robert. *The Christian Virtuoso Shewing that by Being Addicted to Experimental Philosophy, a Man is Rather Assisted than Indisposed to be a Good Christian*. London: John Taylor and John Wyat, 1690, p. 3.
*(NT) O Ato da Uniformidade (*Bill of Uniformity*) criou a liturgia anglicana na Inglaterra, estabelecendo suas diretrizes e indicando o que podia ou não ser considerado ortodoxo.

of the Creation (1691), foi parcialmente escrito para preencher o sentido do dever religioso que ele sentia enquanto naturalista, já que não lhe era "permitido servir a Igreja" com pregações.[15]

Dessa maneira, o surgimento da teologia natural na Inglaterra do século XVII foi promovido por um desejo de legitimar a nova filosofia e defendê-la de imputações de uma tendência irreligiosa. Acrescente-se também um leque de motivações religiosas, incluindo o desejo de nutrir a crença cristã tanto nos crentes quanto nos ascetas, santificar a prática da teologia e da história natural e explorar as consequências teológicas de novos achados científicos. Além disso, alguns escritores valorizaram a teologia natural como o denominador comum da crença racional, base sobre a qual pessoas de diferentes visões teológicas poderiam concordar. Thomas Sprat, por exemplo, argumentou que a teologia natural poderia amenizar o clima religioso fragmentado herdado do *Interregnum*, provendo um novo caminho em direção à harmonia social através do calmo empirismo da filosofia natural.[16] Funções mediadoras como essa continuaram a ser importantes mais tarde nesse mesmo século e, como veremos, nos séculos seguintes. Assim, quando Robert Boyle deixou, em 1691, um fundo para sustentar uma série de sermões anuais em Londres para "provar a religião cristã frente a notórios infiéis, ateus, teístas, pagãos, judeus e maometanos", seu testamento impunha que as controvérsias "entre os próprios cristãos" não deveriam ser discutidas.[17] De fato, argumentou-se que as palestras Boyle, daqui resultantes, desenvolveram uma teologia newtoniana natural específica para aportar um compromisso latitudinário para com uma forma racional e antissectarista de cristianismo, assim como com uma leitura providencial da História que justificaria o apoio dado pelos Whigs à Revolução Gloriosa de 1688.[18] Entretanto, enquanto alguns dos palestrantes

---

15 RAY, John. *The Wisdom of God Manifested in the Works of Creation*. London: Samuel Smith, 1691, p. 11.
16 WOOD, Paul. "Methodology and Apologetics: Thomas Sprat's *History of the Royal Society*" *British Journal for the History of Science* 13, 1980, pp. 1-26.
17 *The Works of the Honourable Robert Boyle*. 6 vols. London: J. and F. Rivington (and sixteen others), 1772. Vol. 1, p. 167.
18 JACOB, Margaret C. *The Newtonians and the English Revolution, 1689-1720*. Hassocks, Sussex: The Harvester Press, 1976.

de Boyle examinaram as implicações teológicas do newtonianismo a fundo – notavelmente *A Confundation of Atheism* (1692), de Richard Bentley (1662-1742), *A Demonstration of the Being and Attributes of God* (1705), de Samuel Clarke (1675-1729) e *Physico-theology* (1713), de William Derham (1657-1735) – eles eram a minoria, e seria fácil dar demasiado crédito à tal "ideologia newtoniana".[19]

Razão e religião no iluminismo

Então, no início do século XVIII, a teologia natural tornara-se uma prática amplamente adotada através da qual filósofos e historiadores naturais podiam explorar e expor os valores religiosos de seus trabalhos. Esse desdobramento não foi apenas britânico, mas europeu, e trabalhos de teologia natural foram publicados em quantidades substanciais durante o século XVIII na Alemanha e nos Países Baixos.[20] Contudo, foi na Grã-Bretanha e depois no mundo anglófono de modo geral que a tradição da teologia natural mostrou-se mais forte e longeva. Há várias explicações para esse fenômeno. Em sintonia com Margaret Jacob, John Gascoine sugeriu que a "aliança sagrada" entre o newtonianismo e os apologistas anglicanos fortaleceu-se ao longo do século XVIII graças a considerações políticas derivadas da Revolução Gloriosa.[21] John Brooke oferece outra explicação. Para ele a teologia natural prosperou na Grã-Bretanha do século XVIII como uma manifestação da

---

19 KENNY, Christopher J. "Theology and Natural Philosophy in Late 17th and Early 18th Century Britain". Tese de Doutorado. University of Leeds,1996.
20 CLARK, William. "The Death of Metaphysics in Enlightened Prussia". In: CLARK, William; GOLINSKI, Jan; SCHAFFER, Simon (eds.). *The Sciences in Enlightened Europe*. University of Chicago Press, 1999, pp. 423-473; VERMEUTEN, Ben. "Theology and Science: the Case of Bernard Nieuwentijt's Theological Positivism". In: ROSSI, S. (ed.). *Science and the Imagination in 18th Century British Culture*. Milão: Edizioni Unicopli, 1907, pp. 379-390.
21 GASCOIGNE, John. *Cambridge in the Enlightenment: Science, Religion, and Politics from the Restoration to the French Revolution*. Cambridge University Press, 1989; GASCOINE, John. "From Bentley to the Victorians: the Rise and Fall of British Newtonian Natural Theology". *Science in Context* 2. 1988, pp. 219-256.

capacidade de inclusão do Iluminismo Inglês. Tratava-se de uma expressão através da qual, nas condições sociopolíticas peculiares ao período que se seguido à Revolução de 1688, os valores do pensamento crítico do progresso podiam ser vistos como consistentes com as autoridades religiosas existentes. Mais ainda, ele sugere que o desenvolvimento de uma economia de mercado na Grã-Bretanha possa ter contribuído para o fim da separação das pessoas em afiliações religiosas. Mais uma vez a teologia natural pode ter exercido um papel mediador, provendo um denominador comum de verdades religiosas sobre as quais todos podiam concordar.[22]

Essa visão da teologia natural parece estar implicada no livro do apologista anglicano Joseph Butler, *Analogy of Religion, Natural and Revealed, to the Constitution and Course of Nature* (1736), pois "a religião natural" seria "a fundação e a principal parte do cristianismo". Contudo, o livro de Butler foi informado pelo desejo de demonstrar que essa não era, "de forma alguma, o todo" do cristianismo.[23] Tratava-se de uma resposta à crença deísta de que todas as verdadeiras doutrinas religiosas podiam ser conhecidas apenas pela razão, e de que a razão levaria a um Deus cuja atuação no mundo manifestar-se-ia em leis naturais e não em atos sobrenaturais. Tais visões tornaram-se cada vez mais predominantes na Grã-Bretanha do início do século XVIII, encontrando expressão em trabalhos como *Christianity Not Mysterious* (1695), de John Toland (1670-1722) e *Christianity as Old as the Creation* (1731), de Matthew Tindal (1657-1733). Em tais circunstâncias, o desafio para os teólogos naturais cristãos – desafio mais urgente naquele século do que durante séculos anteriores – foi o de estabelecer que o Deus exposto pela teologia natural era o Deus da Bíblia e do cristianismo sobrenatural, e não o Deus do deísmo. A abordagem de Butler consistia em argumentar que a rejeição deísta da religião revelada seria irracional, já que a religião natural e a religião revelada estavam ambas sujeitas a dificuldades precisamente análogas, e exclusivamente a partir da

---

22 BROOKE, John Hedley. *Science and Religion: Some Historical Perspectives*, pp. 198-203; BROOKE, John Hedley. "Why Did the English Mix their Science and Religion?". In: ROSSI, S. (ed.). *Science and the Imagination in 18th Century British Culture*, pp. 57-78.

23 BUTLER, Joseph. *The Analogy of Religion, Natural and Revealed, to the Constitution and Course of Nature*. London: James, John and Paul Knapton, 1736, p. 144.

demonstração lógica, eram capazes de chegar à certeza moral. De acordo com Butler, os deístas reivindicavam um excesso de certeza tanto para a teologia natural quanto o demandavam da teologia revelada. Na religião, como em praticamente tudo, observava Butler, "o guia da vida" era a probabilidade.[24]

A acusação de Butler de que a teologia natural dos deístas estava estendendo-se para além de seu campo encontra eco nos devastadores assaltos filosóficos a que a filosofia natural esteve sujeita mais tarde no século XVIII. Na Grã-Bretanha, o mais importante deles apareceu no trabalho póstumo do filósofo e cético escocês David Hume [1711-1776], *Dialogues Concerning Natural Religion* (1779). (A crítica igualmente devastadora e relativamente similar do filósofo alemão Immanuel Kant [1724-1804] não era, inicialmente, amplamente conhecida na Grã-Bretanha)[25] Para Hume, as bases da religião – como aquelas da moralidade – não estavam na razão, mas nas afeições e nos sentimentos, e seu trabalho proveu um minucioso exame crítico dos argumentos da teologia natural. Hume argumentou que a analogia central entre os fenômenos naturais e os artefatos humanos não poderia ser usado de forma convincente para chegar ao Deus do cristianismo. O universo era tão distinto das produções humanas que a analogia entre os dois era extremamente tênue e o máximo que se poderia reivindicar seria "uma suposição, uma conjectura, um pressuposto que diria respeito a uma causa similar".[26] Isso acontecia porquanto tais analogias baseavam-se em um conhecimento limitado do universo; talvez em outras épocas ou em outros lugares a natureza tivesse sido ainda menos parecida com uma máquina. Além disso, esse era o único universo que qualquer pessoa havia experimentado, invalidando-o como base para uma inferência indutiva e, mais ainda, ninguém experimentara diretamente a criação do universo. Ainda que se aceite que o universo tenha sido produto do desejo de um planejador inteligente, sugeriu Hume, essa crença leva apenas ao regresso infinito, vez que a inteligência do planejador haveria de requerer

---

24 BUTLER, Joseph. *The Analogy of Religion, Natural and Revealed, to the Constitution and Course of Nature*, p. 3.
25 Para uma boa introdução à crítica de Kant, ver BROOKE, John Hedley. *Science and Religion: Some Historical Perspectives*, pp. 203-209.
26 HUME, David. *Dialogues Concerning Natural Religion*. London?: s/e, 1779, p. 27. (NT) Há tradução em português.

uma explicação. Mais ainda, já que a causa inferida deve ser proporcional aos efeitos, tal planejador não poderia ser o ser infinito da teologia cristã. De fato, não se podia ter certeza sequer se houve um único planejador ou mais, ou, na verdade, dadas as imperfeições da natureza, se o(s) planejador(es) teria(m) sido incompetente(s) ou malevolente(s). Havia, mais além, outras analogias que poderiam ser consideradas pelo menos tão satisfatórias como aquela entre o universo e uma máquina, ou aquela entre o universo e um organismo vivo. Nesse caso, poder-se-ia arguir que, uma vez que todos os animais são animados por uma alma, Deus deve ser a alma do mundo; ou que, como a planta, o mundo surgiu de uma semente. Finalmente, levando em consideração o epicurismo, Hume observou que a as aparências do desígnio na natureza podem ser razoavelmente compreendidas como consequências fortuitas de um caótico sistema material em movimento.

Algumas vezes pareceu inexplicável para os historiadores que a teologia natural, e particularmente o argumento do desígnio, tivesse continuado a prevalecer no mundo anglófono na esteira dos assaltos de Hume. Em particular, a afirmação clara e confiante acerca do argumento do desígnio como vista no imensamente popular *Natural Theology* (1802), escrito pelo teólogo anglicano William Paley (1743-1805), pode parecer ingênua quando justaposta às objeções de Hume. Paley manteve um grande compromisso com a teologia natural como base racional para todo o esquema da teologia cristã. De fato, *Natural Theology* foi pensado para ser a primeira parte de um sistema teológico que seria composto, em seguida, por *Evidences of Christianity* (1794) e por *Principles of Moral and Political Philosophy* (1785). O trabalho começa com uma exposição memorável, envolvendo o exemplo de um relógio e da analogia entre os fenômenos naturais e os mecanismos humanos. O trabalho segue, então, por imenso catálogo de exemplos de plano na natureza – principalmente em organismos vivos e, particularmente, em animais – antes de voltar, ao final, brevemente a considerar os atributos divinos em maiores detalhes. Embora Paley tenha respondido apenas implicitamente à crítica de Hume, ele, não obstante, respondeu a ela, como outros também haviam feito.[27] Em seus dois

---

27 STEWART, M. A. "Arguments for the Existence of God: the British Debate". In: HAAKONSSEN, Knud (ed.). *The Cambridge History of 18th Century Philosophy*. 2 volumes.

primeiros capítulos, por exemplo, ele considera várias objeções possíveis a seu argumento por analogias e, mais para frente, ele confronta algumas explicações alternativas para o desígnio aparente. Além disso, quando Paley voltou-se para os atributos divinos, ele implicitamente aceitou algumas das limitações que Hume insistia que podiam ser aplicadas à analogia do desígnio. Assim, demonstrou compreender que o argumento do desígnio estava longe de estabelecer o Deus da teologia cristã, por exemplo, quando admitia que termos como "onipotência" eram meros "superlativos" e que a crença na "unidade da Divindade" não poderia ir além da "unidade de conselho".[28]

Paley foi o único dos escritores que se dedicaram ao tema da teologia natural a ter consciência de algumas das limitações epistemológicas do argumento do desígnio. Na verdade, como John Brooke e Geoffrey Cantor enfatizaram, os escritores que se dedicaram à teologia natural demonstraram, de forma geral, compreender que o argumento do desígnio não é uma prova, no sentido forte e dedutivo do termo. Contudo, tais escritores consideraram que, como o argumento do desígnio é uma inferência indutiva, a acumulação de evidências pode aumentar a probabilidade da conclusão até que esta seja suficiente para justificar uma ação (ou seja, até que se tenha alcançado a "certeza moral"). É por isso que William Paley informou seus leitores de que o argumento seria cumulativo e proveu uma gama tão extensa de exemplos do desígnio em seu *Natural Theology*. Mais ainda, a maioria dos trabalhos sobre teologia natural é retórica: eles são concebidos para apelar não apenas à razão, mas também à imaginação e aos sentimentos dos leitores. O argumento do desígnio não é uma prova matemática, e os leitores têm de ser persuadidos acerca de sua verdade, a partir de métodos tentados e testados. Logo, seria um erro ler tais trabalhos como espécies abstratas de teologia filosófica e ridicularizá-los por falharem como tal.[29] Ao contrário, a tarefa do historiador é examinar quais propósitos tais trabalhos continuaram a atingir

---

Cambridge University Press, 2006. Vol. 2, pp. 710-730. Ver especialmente, pp. 725-726.
28 PALLEY, William. *Natural Theology: or Evidences of the existence and attributes of the deity, collected from the appearances of nature*. London: R. Faulder, 1802, pp. 476, 487.
29 BROOKE, John Hedley; CANTOR, Geoffrey. *Reconstructing Nature: the Engagement of Science and Religion*. Capítulo. 6. Ver também EDDY, Matthew. "The Science and Rhetoric of Paley's *Natural Theology*". Literature and Theology 18, 2004, pp. 1-22.

conforme a lógica do argumento foi colocada cada vez mais sob escrutínio – um ponto ao qual retornaremos em breve.

Ciência e desígnio na era das revoluções

De qualquer forma, o racionalismo teológico de William Paley mostrou-se cada vez mais distante da sensibilidade religiosa da Inglaterra na virada do século XVIII. John Gascoigne afirma que a "sagrada aliança" que ele identifica como responsável pela união dos newtonianos com os apologistas anglicanos ao longo do século XVIII foi cada vez mais contestada em seus últimos trinta anos por aqueles que desejavam reafirmar a importância relativa da revelação.[30] Em particular, a crescente proeminência do Anglicanismo tanto entre partidários da Alta Igreja quanto entre os evangélicos elevou o *status* da teologia revelada enquanto oposta à teologia natural. Esse foi o caso dos anos que se seguiram à Revolução Francesa de 1789, quando as ansiedades acerca do radicalismo político dos unitaristas e dos deístas levaram os anglicanos da Alta Igreja a concluir que a teologia natural não apenas falharia em responder os oponentes da Igreja como também poderia constituir-se em parte do problema. Thomas Paine (1737-1809), cujas publicações políticas e religiosas radicais foram amplamente lidas e causaram pânico no *establishment* britânico a partir da década de 1790, havia, afinal de contas, apoiado o argumento do desígnio em sua obra ferozmente anticristã, *Age of Reason* (1794-1807). Como Pietro Corsi mostrou, quando Baden Powell (1796-1860), um jovem matemático da Alta Igreja, escreveu *Rational Religion Examined* em 1826, ele entendia a teologia natural como um "exercício insuficiente e relativamente perigoso".[31]

Os evangélicos – tanto nas igrejas estabelecidas quanto entre os dissidentes – que dominaram amplamente a cultura britânica no século XIX,

---

30 GASCOIGNE, John. *Cambridge in the Enlightenment: Science, Religion, and Politics from the Restoration to the French Revolution*. Ver especialmente capítulo 8; GASCOINE, John. "From Bentley to the Victorians: the Rise and Fall of British Newtonian Natural Theology".

31 CORSI, Pietro. *Science and Religion: Baden Powell and the Anglican Debate, 1800-1860*. Cambridge University Press, 1988, p. 192.

frequentemente exibiam também dúvidas significativas acerca da teologia natural. Para muitos, parecia que a razão humana, nublada pelo pecado depois da Queda de Adão, era bastante ou completamente incapaz de discernir a verdade divina. De qualquer forma, diziam eles, o caminho para a Salvação não estava na mente, mas sim no convencimento do coração de sua condição de pecaminoso e da necessidade da graça divina. Contudo, os evangélicos não eram uniformemente contrários à teologia natural. Muitos encontraram um papel importante, ainda que limitado, para ela dentro de seus sistemas teológicos e práticas apologéticas, muitas vezes customizando-a de maneiras específicas.[32] Mais ainda, mesmo os evangélicos que duvidavam ou antagonizavam o projeto da teologia natural (assim como outros crentes), estavam preparados para se envolver com um discurso do desígnio próximo da teologia natural, ainda que não em termos de afirmações epistemológicas. De qualquer forma, refletindo sobre o passado no ano de 1874, vemos o clérigo anglicano Charles Kingsley (1819-1875) observando, com os olhos da ênfase do século XIX na religião pessoal, que já há duas ou três gerações o "temperamento religioso na Inglaterra" estivera "desfavorável ao desenvolvimento robusto e científico da teologia natural".[33]

Dada a extensão a que a utilidade e mesmo a validade da teologia natural passaram a ser questionadas pelos teólogos e fiéis cristãos na Grã-Bretanha, é interessante notar quão comum eram as referências ao desígnio nos pronunciamentos e nas publicações científicas da época. Como estabeleceu John Brooke, as razões para isso eram complexas e multiformes. Uma consideração importante foi, certamente, a contínua obrigação sentida pelos cientistas para com a demonstração da utilidade e da segurança de seus trabalhos tanto em termos religiosos quanto sociais. Nas décadas seguintes à Revolução Francesa, tornou-se importante demonstrar que os novos achados

---

32 HILTON, Boyd. *The Age of Atonement: the Influence of Evangelicalism on Social and Economic Thought, 1795-1865*. Oxford: Clarendon Press, 1988; TOPHAM, Jonathan R, "Evangelicals, Science, and Natural Theology in Early 19th Century Britain: Thomas Chalmers and the *Evidence* Controversy". In: LIVINGSTONE, David N., HART, Daryl; e NOLL, Mark A. (eds.). *Evangelicals and Science in Historical Perspective*. New York: Oxford University Press, 1998, pp. 142-174.

33 KINGSLEY, Charles. "The Natural Theology of the Future". In: *Scientific Lectures and Essays*. London: Macmillan, 1880, pp. 313-336.

científicos não levariam à irreligiosidade ou ao radicalismo revolucionário, como entendia-se que havia acontecido na França. Em particular, cientistas britânicos exerceram grande cuidado ao lidar com trabalhos importantes de filósofos naturais e naturalistas franceses associados ao ateísmo e ao deísmo – notadamente Pierre-Simon Laplace (1749-1827) e Jean-Baptiste Lamarck (1744-1829). Ao mostrar que os últimos achados científicos podiam ser consistentes com os argumentos da teologia natural (e até mesmo aprimorá-los), eles puderam afastar acusações de impiedade e radicalismo.[34]

Essa atitude tornou-se especialmente necessária porquanto alguns dos envolvidos nos novos movimentos do radicalismo da classe trabalhadora, como o agitador ateu Richard Carlile (1790-1843), mostrou-se interessado em alistar "homens da ciência" em uma guerra ideológica contra a Igreja e o Estado.[35] No fermento social da Grã-Bretanha do início do século XIX, o compromisso dos homens da ciência com a teologia natural adquiriu, portanto, contornos políticos, frequentemente implicando em uma apologia implícita ou explícita do *status quo*. A política da teologia natural persistiu durante as décadas de 1820 e 1830 nas escolas de medicina e nas novas universidades de Londres, onde o envolvimento com o desígnio era muitas vezes identificado com a resistência à reforma.[36] Entretanto, é importante reconhecer que os radicais políticos também usaram com frequência o argumento do desígnio para promover mais seus objetivos. Enquanto escritores providencialistas sugeriram que o desígnio perfeito de Deus encontrado na natureza tem seu paralelo em uma perfeição similar na ordenação da sociedade, escritores proféticos (como Thomas Paine) usaram a perfeição da natureza para destacar o fracasso da sociedade em se igualar ao plano de Deus. Como notou o antropólogo Clifford Geertz, acerca dos sistemas dos símbolos religiosos de forma geral, a teologia natural pode, destarte, tanto prover um modelo

---

34 BROOKE, John Hedley. "Scientific Thought and its Meaning for Religion: the Impact of French Science on British Natural Theology, 1827-1859". *Revue de Synthèse*. 4ª série, 1, 1989, pp. 33-59.
35 CARLILE, Richard. *An Address to the Men of Science*. London: Richard Carlile, 1821.
36 DESMOND, Adrian. *The Politics of Evolution: Morphology, Medicine, and Reform in Radical London*. Chicago and London: University of Chicago Press, 1989.

(reformista) *para* a realidade social, quanto um modelo (conservador) *da* realidade social.³⁷

Enquanto a teologia natural com certeza tinha seu valor como meio de defender a prática da ciência em tempos difíceis, não se pode dizer que os homens da ciência que a empregavam eram necessariamente insinceros. Ao contrário, a maioria daqueles que praticavam a ciência eram cristãos, e muitos (especialmente aqueles ligados às universidades anglicanas de Oxford e Cambridge) eram clérigos, para quem a teologia natural provia um meio de combinar preocupações religiosas e científicas de forma produtiva. Os cientistas provenientes de Oxford e Cambridge entendiam que a teologia natural era especialmente útil nas tentativas de demonstrar o valor das ciências dentro de currículos com bases religiosas. Por exemplo, na aula magna de 1819, William Buckland, na condição de decano de Geologia de Oxford, arguiu que sua matéria tinha valor para a universidade por conta das novas evidências que ela podia prover para sustentar as verdades da teologia natural.³⁸ De forma mais geral, de fato, cientistas britânicos proeminentes utilizaram amplamente a teologia natural, como é o caso, por exemplo, através da *British Association for the Advancement of Science* (Associação Britânica para o Avanço da Ciência), fundada em 1831. Além disso, foi precisamente em contextos como esse da *British Association* que a teologia natural chegou, por si própria, a prover uma base comum para membros de diferentes denominações trabalharem juntos em harmonia.³⁹

Enquanto praticantes da ciência na Grã-Bretanha continuaram, dessa forma, a entender a teologia natural como uma ferramenta valiosa em vários aspectos, eles também refletiram sobre a crescente ambiguidade dos cristãos

---

37 GEERTZ, Clifford. "Religion as a Cultural System". In: BANTON, Michael (ed.). *Anthropological Approaches to the Study of Religion*. London: Tavistock, 1966, pp. 1-46, especialmente pp. 6-7. (NT) Há tradução em português; TOPHAM, Jonathan. "An Infinite Variety of Arguments": the *Bridgewater Treatises* and British Natural Theology in the 1830s. Tese de Doutorado. University of Lancaster, 1993. Capítulo 7.
38 RUPKE, Nicolaas A. *The Great Chain of History: William Buckland and the English School of Geology, 1814-1849*. Oxford: Clarendon Press, 1983, pp. 237-238.
39 MORRELL, Jack; THACKRAY, Arnold. *Gentlemen of Science: Early Years of the British Association for the Advancement of Science*. Oxford: Clarendon Press, 1981, pp. 225-229.

em relação à teologia natural. Uma boa medida disso pode ser encontrada nos *Bridgewater Treatises* (1833-1836), uma importante série de oito trabalhos substanciais sobre "o poder, a bondade e a sabedoria de Deus, como manifestados na criação", publicada por proeminentes homens da ciência em resposta a um legado administrado pelo presidente da Royal Society. O trabalho foi dividido de maneira que os especialistas em cada assunto pudessem expor as indicações do desígnio divino em suas muitas disciplinas, mas enquanto metade dos autores eram clérigos ordenados, a maioria sequer tentou provar uma justificativa para o argumento do *design*. Mais ainda, os autores teologicamente mais astutos foram distintivamente circunspectos em relação tanto à sua validade epistemológica quanto à sua utilidade apologética. De fato, os termos do legado de Bridgewater não especificavam que os autores deveriam desenvolver a teologia natural em si, já que eles implicitamente entendiam que os atributos divinos poderiam manifestar-se na criação tão bem à luz da revelação quanto através da razão. O filósofo natural e polímata de Cambridge, William Whewell (1794-1866) seguiu essa diretriz. Ele observou que o que lhe foi pedido havia sido "liderar os amigos da religião em uma observação confiante e prazerosa do progresso das ciências físicas, mostrando quão admiravelmente cada avanço em nossos conhecimentos do universo harmoniza com a crença em um Deus mais sábio e bondoso".[40]

Certamente esse aspecto dos *Bridgewater Treatises* foi particularmente valorizado pela maior parte daqueles que os leram, incluindo muitos que eram francamente duvidosos ou críticos do projeto da teologia natural. De fato, o sucesso comercial da série superou consideravelmente as expectativas dos editores, precisamente porque os tratados proveram uma sinopse atualizada das ciências, escrito por especialistas respeitados, mas combinados com reflexões religiosas de uma forma que foi considerada segura. Essa resposta refletiu uma preocupação crescente dentro de uma ampla gama de cristãos no início do século XIX, sobre

---

40 BROOKE, John Hedley. "Indications of a Creator: Whewell as Apologist and Priest". In: WHEWELL, William: *a Composite Portrait*. Oxford: Clarendon Press, 1991, pp. 149-173; WHEWELL, William. *Astronomy and General Physics Considered with Reference to Natural Theology*. London: William Pickering, 1833, p. 6.

os efeitos que a leitura científica pudesse ter em desnudar sensibilidades religiosas. A partir da década de 1820, a rápida expansão do mercado para literatura barata sobre as ciências – agora considerada como divulgação científica – introduziu a leitura científica a uma população muito mais ampla do que antes. Organizações e indivíduos cristãos de muitas matizes estavam preocupados com esse desenvolvimento, já que muito do que foi produzido não se referia a atuação de Deus no mundo natural, e considerava-se que parte disso era diretamente contrário às doutrinas cristãs. Os argumentos da teologia natural podem ser considerados de valor epistemológico e apologético limitado, mas obras como os *Bridgewater Treatises*, que expôs as ciências em relação ao desígnio divino (ou mesmo em relação à Bíblia), ajudaram os cristãos a incorporar a leitura científica dentro da prática diária da religião. Provocou também sentimentos de devoção religiosa e confirmou a validade da fé baseada em raízes completamente diferentes.[41]

Teologia natural e naturalismo na época de Darwin

É importante, então, não superestimar o quanto cada homem da ciência, e especialmente as Igrejas, estavam comprometidos com a teologia natural, estritamente assim chamada, na Grã-Bretanha do século XIX. Uma razão pela qual os historiadores talvez tenham tendido a fazer isso possa ser encontrada na maneira como percebeu-se que a teoria da evolução através da seleção natural teria invertido a teologia natural de Paley de ponta-cabeça. Darwin leu o *Natural Theology* quando estudava em Cambridge, onde ele estudava para se tornar um clérigo e ficou profundamente impressionado com seu argumento. A fascinação de Paley com a adaptação da estrutura à função nos organismos vivos tornou-se darwiniana também, e seu trabalho sobre

---

41 TOPHAM, Jonathan R. "Science and Popular Education in the 1830s: the Role of the *Bridgewater Treatises*". *British Journal for the History of Science* 25, 1992, pp. 397-430; TOPHAM, Jonathan R. Beyond the "Common Context": the Production and Reading of the *Bridgewater Treatises*, 4. *Isis* 89, 1998, pp. 233-262; TOPHAM, Jonathan R. "Science, Natural Theology, and the Practice of Christian Piety in Early 19th Century Religious Magazines". In: CANTOR, Geoffrey; SHUTTLEWORTH, Sally (eds.). *Science Serialized: Representations of the Sciences in 19th Century Periodicals*. Cambridge, MA: MIT Press, 2004, pp. 37-66.

a teoria de mudança das espécies, na década de 1830, foi em parte devotado a explicar tal adaptação. De fato, muitos anos depois, ele disse a seu editor que seu livro sobre a adaptação através das quais as orquídeas garantiriam a polinização cruzada havia sido "como um *Bridgewater Treatise*".[42] Ainda assim, enquanto Darwin aceitou o *explanandum* de Paley, em última instância, ele ofereceu um *explanans* diferente – a seleção natural – que, para ele, minava a inferência de Paley sobre um planejador. Entretanto, esse contraste entre a versão de Paley sobre o argumento do desígnio e a teoria de Darwin da seleção natural tende a enfatizar a importância na Grã-Bretanha do argumento do desígnio como um argumento nos anos que antecederam a *A origem das espécies* (1859) de Darwin. Sugere também uma visão simplista demais do debate sobre o desígnio nos cinquenta anos seguintes. Na verdade, como vários historiadores mostraram, a teologia natural passara por uma mudança considerável nesse ínterim, tornando o contraste Paley-Darwin distintivamente anacrônico.

Esses desenvolvimentos em teologia natural são bem ilustrados pelos *Bridgewater Treatises*, cujos autores, longe de terem codificado uma teologia natural relativamente homogênea como a de Paley, que Robert M. Young considerou universal na cultura intelectual britânica nas décadas anteriores a 1859, afastou-se da abordagem de Paley de várias maneiras.[43] Como vimos antes, eles estavam ansiosos por diversas razões para demonstrar que mudanças recentes nas ciências apenas realçaram a impressão da ação divina no universo. Um desses desenvolvimentos científicos foi a historicização da ordem criada. A *Natural Theology* de Paley não havia perturbado a visão consolidada de que o mundo natural havia se formado em tempos relativamente recentes – dentro dos seis mil anos estabelecidos desde a cronologia bíblica – como o resultado de uma semana de criação milagrosa. Mesmo assim, nas décadas que se seguiram, a recém-emergente ciência da geologia ofereceu uma imagem cada vez mais complexa de uma história da Terra que

---

42 BURKHARDT, Frederick *et al* (eds.). *Correspondence of Charles Darwin*. Vol. 9. Cambridge University Press, 1994, p. 273.
43 YOUNG, Robert M. *Darwin's Metaphor: Nature's Place in Victorian Culture*. Cambridge University Press, 1985, pp. 127-128.

estenderia-se por milhões de anos. Assim, quando William Buckland publicou seu *Bridgewater Treatise* sobre geologia em 1836, ele ofereceu um relato da criação que mapeou a longa história da Terra desde uma nebulosa nuvem de gás e poeira a uma série progressiva de eras geológicas até o presente. De acordo com Buckland, esses desenvolvimentos apenas somaram-se às evidências da teologia natural, mostrando que o mesmo tipo de adaptação podia ser encontrado nas espécies extintas das primeiras eras até a contemporaneidade. Mais ainda, enquanto ele acreditava que a história progressiva da Terra seria uma consequência da operação das leis naturais, também admitia que a introdução de novas espécies no início de cada período geológico fosse uma clara manifestação da ação criativa imediata de Deus.[44]

A aceitação de Buckland a um relato natural da história física da Terra aponta para um segundo desenvolvimento no início da teologia natural do século XIX. A *Natural Theology* de Paley tomou como seu paradigma a analogia do relojoeiro e foi, consequentemente, dominada pelos exemplos do trabalho divino no mundo, cada um deles implicitamente visto como uma produção singular. Mesmo assim, como apontou William Whewell em seu *Bridgewater Treatise* sobre física, a distinta perspectiva da ciência moderna era de que "a natureza, enquanto um objeto de pesquisa científica, é uma coleção de fatos governados por *leis*".[45] O objeto do tratado de Whewell era demonstrar a consistência dessa visão com a ideia cristã de Deus. Paley e Whewell concordavam que, quando se tratava do funcionamento das leis físicas tais como a da gravidade, a analogia com a potencialidade criativa do ser humano era fraca. Entretanto, Whewell desenvolveu uma analogia alternativa entre a agência de Deus ao instituir e defender as leis físicas e aquela do legislador humano ao instituir e defender as leis de um Estado. Essa concepção nomológica do desígnio proporcionou a Whewell os meios para demonstrar a segurança religiosa de tais teorias naturalistas (bem como manifestamente seculares) como as de Laplace – denominada de "hipótese

---
44 BUKLAND, William. *Geology and Mineralogy, Considered with Reference to Natural Theology.* 2 volumes. London: William Pickering, 1836.
45 WHEWELL, William. *Astronomy and General Physics Considered with Reference to Natural Theology,* p. 3.

da nebulosa" por Whewell – que propunha que o sistema solar teria sido resultado da condensação de matéria nebulosa sob a influência da gravidade. Tais avanços nas explicações naturais, ele explicou, meramente transferiam nossa compreensão da habilidade de Deus a uma diferente parte do processo criativo.

Além das leis da materia, alguns dos autores dos (tratados de) *Bridgewater* também ultrapassaram Paley ao abraçar o que eles entendiam como as leis da estrutura orgânica, com o objetivo de realçar o argumento do desígnio. Para Paley, foi a estrita adaptação das partes dos organismos vivos às suas funções como um todo, e do organismo como um todo em si ao seu funcionamento apropriado dentro de seu meio ambiente, que proveram a evidência do desígnio. Em contraste, o médico Peter Mark Roget, em seu *Bridgewater Treatise* sobre fisiologia, argumentou que tais adaptações funcionais operaram dentro dos limites prescritos pelas leis morfológicas subjacentes que proviam ainda mais evidências do desígnio. Grupos de animais e plantas não apenas pareciam-se entre si porque eles haviam se adaptado para propósitos similares, ele argumentava; suas estruturas também refletiam sua conformidade aos tipos gerais. Destarte, ainda que adaptados a ambientes radicalmente diferentes, baleias, morcegos e cavalos teriam sido construídos sobre um plano corporal comum. Ele sugeriu que esses tipos subjacentes na natureza claramente implicaram em um plano divino e ofereceram fortes evidências adicionais para a existência de um criador.[46] Essa forma de argumento idealista uma vez mais reagia à ameaça percebida nos desenvolvimentos na ciência francesa. Em particular, as afirmações do naturalista francês Etienne Geoffroy Saint-Hilaire (1772-1844), de que a morfologia animal seria determinada pelas leis materiais da organização, estavam então sendo usadas na década de 1820 por aqueles que procuravam desafiar o *establishment* médico de Londres, dominado pelos anglicanos. Roget e outros como o proeminente naturalista Richard Owen (1804-1892), que desenvolveram mais a abordagem idealista, puderam tornar a nova "anatomia filosófica" segura em termos religiosos.[47]

---

46 ROGET, Peter Mark. *Animal and Vegetable Physiology, Considered with Reference to Natural Theology*. 2 volumes. London: William Pickering, 1834.
47 DESMOND, Adrian. *The Politics of Evolution: Morphology, Medicine, and Reform in*

Ainda que os autores dos (tratados de) *Bridgewater* e seus contemporâneos fossem normalmente mais circunspectos do que Paley sobre a validade da teologia natural, mesmo assim, eles desenvolveram formas inovadoras de usar a noção do plano divino para demonstrar a compatibilidade religiosa das ciências, que rapidamente alteravam-se. Mais ainda, ao fazer isso, esses escritores, sem dúvidas, pavimentaram o caminho para a aceitação pública não apenas da geologia e da astronomia progressiva, mas também da evolução orgânica. Quando o editor de Edimburgo, Robert Chambers (1802-1871) publicou anonimamente seu *best seller* evolucionário, *Vestiges of the Natural History of Creation*, em 1844, ele seguiu os *Bridgewater Treatises* ao justificar a noção da criação a partir da lei natural. De forma similar, Charles Darwin havia, em 1859, há muito aberto mão de suas convicções iniciais de que "o Criador cria através de leis",[48] ele ainda assim alocou uma justificativa teológica dessa visão, a partir de uma citação do *Bridgewater Treatise* de Whewell, impressa ao lado da página título de *Origin of Species*. Mais ainda, a noção da criação através de leis continuou a ser invocada por muitos dos cientistas e muitos dos homens da igreja na Grã-Bretanha e na América do Norte que, subsequentemente, buscaram construir uma teologia natural da evolução. Na formulação de Charles Kingsley, a teoria de Darwin manifestava um Deus que era "tão sábio, que ele provocava todas as coisas a fazerem-se a si mesmas".[49]

Tais continuidades minam quaisquer pressupostos superficiais de que, ao inverter o trabalho de Paley, Darwin teria, por si só, dado o *coup de grâce* à teologia natural. De qualquer forma, tentativas para representar a seleção natural como a lei divina da criação orgânica apresentaram dificuldades específicas. Para começar, o mecanismo de Darwin permitia um processo de evolução cujo ponto de chegada está em aberto e não para revelar um plano divino predeterminado. Para muitos, como para o proeminente darwinista

---
Radical London.
48   Citado em BROOKE, John Hedley. "Darwin and Victorian Christianity". In: HODGE, Jonathan; RADICK, Gregory (eds.). *The Cambridge Companion to Darwin*. Cambridge University Press, 2003, pp. 192-213.
49   BURKHARDT, Frederick *et al* (eds.). *Correspondence of Charles Darwin*. Vol. 10. Cambridge University Press, 1997, p. 634.

americano Asa Gray (1810-1888), um processo com propósito mais óbvio tornava-se necessário, e Gray sugeriu que Deus dirigiria o curso do que Darwin entendia como uma variação randômica.[50] Outra preocupação bastante séria relacionava-se ao problema do mal. Como seria possível inferir a existência de um criador a partir de uma lei natural que requeria tanto sofrimento e perda de vida para produzir novas espécies? Por outro lado, entretanto, a seleção natural foi vista algumas vezes como fornecedora de propósito ao que poderia ser, de outra maneira, vista como sofrimento inútil. Mesmo assim, para muitos dos que buscam desenvolver uma teologia natural da evolução, a teoria de Darwin tinha um apelo menor do que alternativas mais diretas que competiram longa e vitoriosamente com ela no final do século XIX e início do século XX.[51]

Epílogo: a teologia natural na época professional

Enquanto a evolução darwinista não decretou a sentença de morte da teologia natural, o papel desta na prática das ciências na Grã-Bretanha e na América do Norte certamente diminuiu durante as últimas décadas do século XIX. Essa foi uma consequência significativa dos desenvolvimentos na organização social das ciências. Na Grã-Bretanha, em particular, a vanguarda científica, simbolizada por Thomas Henry Huxley (1825-1895), desenvolveu um *ethos* profissionalizante do naturalismo científico que excluía meticulosamente as questões metafísicas da ciência. Para poder assegurar um *status* profissional e prestígio social, essa vanguarda acreditava que tanto a prática quanto a educação científica tinham de ser separadas da esfera religiosa e, especialmente, da influência clerical, um desenvolvimento que foi, ao mesmo tempo, nutrido pela crescente profissionalização do clero.[52] A função

---

50   ENGLAND, Richard (ed.). *Design after Darwin, 1860-1900*. 4 volumes. Bristol: Thoemmes Press, 2003. Vol. 1, p. 13.
51   MOORE, James R. *The Post-Darwinian Controversies: a Study of the Protestant Struggle to Come to Terms with Darwin in Great Britain and America, 1870-1900*. Cambridge University Press, 1979.
52   TURNER, Frank M. "The Victorian Conflict between Science and Religion: a Professional

conciliatória, há muito exercida pela teologia natural, contrastava fundamentalmente com a nova retórica do conflito, cuidadosamente construída por Huxley e seus pares profissionalizantes, para a qual "teólogos extintos" podiam ser encontrados no berço de todas as ciências "como as serpentes estranguladas ao lado do (berço) de Hércules".[53]

Mesmo assim, ainda que o papel da teologia natural na prática científica tenha claramente declinado no final do século XIX, os historiadores recentemente vêm enfatizando que a separação foi, na verdade, menos dramática do que se supunha anteriormente. Havia, por exemplo, vários clérigos com autoridade científica ao final da era vitoriana na Grã-Bretanha, cujos livros de ciência eram frequentemente de um sucesso estupendo e que embutiram a ciência dentro das teologias cristãs da Natureza, mantendo um contra-ataque constante ao naturalismo científico.[54] De forma similar, Peter Bowler argumentou que uma reação contrária ao naturalismo científico na Grã-Bretanha no início do século XX resultou no desenvolvimento de uma "nova teologia natural" por parte de cientistas teologicamente liberais e clérigos que desejavam reconciliar a ciência e a religião.[55] Não obstante, como observa Bowler, os papéis profissionais dos cientistas e dos clérigos (bem como de popularizadores e jornalistas científicos) estavam, nessa época, ainda mais acentuadamente separados. Mais ainda, os principais responsáveis pela aniquilação da nova reconciliação foram os cristãos ortodoxos, que repudiaram seu modernismo teológico. Nisso eles ecoavam a negação de 1934 de toda a teologia natural feita por Karl Barth (1886-1968), cuja reafirmação da primazia da autorrevelação divina teve um impacto duradouro na teologia protestante. Além disso, enquanto novas formas de teologia natural como o desígnio inteligente foram exploradas em décadas mais recentes, de forma geral, elas foram consideradas estranhas ao projeto científico, um ponto amplamente ilustrado pelas reações acaloradas dos cientistas.

Dimension", *Isis* 69, 1978, pp. 356-376.
53 (T. H. Huxley) "Darwin on the Origin of Species". *Westminster Review*, 2ª ser. 17 (1860), pp. 541-570.
54 LIGHTMAN, Bernard. *Victorian Popularizers of Science: Designing Nature for New Audiences*. Chicago and London: University of Chicago Press, 2007. Ver especialmente capítulo 2.
55 BOWLER, Peter J. *Reconciling Science and Religion: the Debate in Early-Twentieth-Century Britain*. Chicago and London: University of Chicago Press, 2001.

4 Reações religiosas ao darwinismo[1]

JON H. ROBERTS

Em 1896, Andrew Dickson White (1832-1918), autor do influente *A History of the Warfare of Science with Theology in Christendom* (1896), sugeriu que *A origem das espécies*, de Charles Darwin, tenha entrado para a arena teológica como "um arado em um formigueiro". Como acontecia frequentemente quando avaliava o impacto da ciência na teologia, White exagerou quando alegou que a teoria de Darwin "acordou rudemente" os crentes de seu estado letárgico de "conforto e repouso". Ainda assim, é inquestionavelmente verdade que, desde o início de sua publicação em novembro de 1859, o trabalho de Darwin chamou muita atenção e gerou mais do que um pouco de hostilidade. Pensadores religiosos na Grã-Bretanha e nos Estados Unidos, que servem de objeto para esse capítulo, inicialmente acusaram a teoria de Darwin de desafiar a ideia de que a história natural fosse a realização de um plano iniciado e sustentado por uma deidade providencial. Também teria minado a veracidade da descrição bíblica do esquema da redenção, ao rejeitar a interpretação da história da vida como uma sucessão independente de criações de espécies em favor de uma teoria ligada à variação "randômica" e à seleção natural. Ainda que

---

1 Ao preparar esse artigo inspirei-me livremente em trabalhos anteriores que escrevi sobre o assunto. Esses trabalhos incluem *Darwinism and the Divine in America: Protestant Intellectuals and Organic Evolution, 1859-1900.* Madison: University of Wisconsin Press, 1988, "Darwinism, American Protestant Thinkers, and the Puzzle of Motivation". In: NUMBERS, Ronald L., STENHOUSE, John (eds.). *Disseminating Darwinism: the Role of Place, Race, Religion, and Gender.* Cambridge University Press, 1999, pp. 145-172; e "Conservative Evangelicals and Science Education in American Colleges and Universities, 1890-1940". *Journal of the Historical Society,* 2005, pp. 297-329.

alguns desses pensadores tenham se sentido compelidos a alterar suas visões, depois que a maioria dos historiadores naturais abraçou a hipótese da transmutação, outros continuaram a entender essa hipótese como um ataque fundamental tanto à teologia natural quanto à revelação bíblica. Em 1920, o ponto final desse capítulo, a teoria da evolução havia tornado-se a hipótese teológica mais controversa desde os tempos de Galileu.

Primeiras respostas

Pensadores religiosos nos Estados Unidos e na Grã-Bretanha eram membros de uma comunidade intelectual transatlântica, na qual os métodos e os resultados da investigação científica há muito tempo vinham desempenhando um papel importante em moldar o discurso teológico. Quando o livro de Darwin apareceu, muitos clérigos, teólogos e cientistas partiam do pressuposto de que a investigação científica nutria uma apreciação piedosa da benevolência e da sabedoria que permeava a criação e servia como "uma concomitante indispensável à Bíblia" para ilustrar a glória do criador. Talvez ainda mais significativamente, eles valorizavam o conhecimento científico como "o maior armazém de fatos sobre o qual baseia-se todo o sistema da religião natural".[2]

A maioria dos muitos apologistas na Grã-Bretanha e nos Estados Unidos que invocava dados científicos ao defender suas crenças na existência e na providência de um criador divino, colocava uma ênfase especial em um argumento do desígnio que buscasse no mundo orgânico seus exemplos mais vívidos e convincentes. Durante o século XIX, duas versões desse argumento tornaram-se

---

[2] WHITE, Andrew Dickson. *A History of the Warfare of Science with Theology in Christendom*. 2 volumes. New York: D. Appleton, 1896. Vol. 1, p. 70; LYON, James A. "The New Theological Professorship of Natural Science in Connection with Revealed Religion". *Southern Presbyterian Review* 12, 1859, pp. 181-195; HITCHCOCK, Edward. "The Relations and Consequent Mutual Duties between the Philosopher and the Theologian". *Bibliotheca Sacra and American Biblical Repository* 10, 1853, pp. 166-194. Ver também ELLEGARD, Alvar. *Darwin and the General Reader: the Reception of Darwin's Theory of Evolutionin the British Periodical Press, 1859-1872*. 1958; University of Chicago Press, 1990, p. 102.

populares. Uma focava a utilidade das estruturas das plantas e dos animais em promover a adaptação daqueles organismos a seus ambientes. A outra chamava atenção para a prevalência de padrões inteligíveis dentro do mundo orgânico. Era inconcebível, de acordo com os apologistas, que esses dados fossem resultado do acaso, pois fazia muito mais sentido atribuí-los à atividade de um planejador divino. A pesquisa dos paleontólogos servia para reforçar a credibilidade desses argumentos: primeiro por expor dados que pareciam tanto revelar "a constante marcha de um plano vasto e amplo"; segundo por demonstrar que a miríade de plantas e animais que haviam aparecido e desaparecido durante o curso da História da Vida havia se adaptado tão bem às condições de suas existências quanto os organismos atualmente existentes. Convencidos de que o registro fóssil continha formas de vida demasiadamente complexas para "serem criadas e extintas por simples operações da lei material", defensores da fé concluíram que aqueles organismos extintos eram testemunhas, ao invés disso, da legitimidade da ideia bíblica da "providência superintendente" contínua de Deus.[3]

Porque eles defendiam que a origem das coisas vivas "tocava em crenças que eram o fundamento mesmo de toda a religião", os pensadores cristãos, que constituíam a esmagadora maioria dos religiosos britânicos e norte-americanos interessados na relação entre a ciência e a religião no período anterior a 1875, denunciaram, de forma geral, *A origem das espécies*. Essa obra seria como um ataque aos "princípios fundamentais tanto da religião natural quanto da religião revelada". Apesar do fato de que Darwin fora cuidadoso em evitar a discussão sobre a origem da vida e em dar a Deus os créditos por "imprimir na matéria" as leis que governam o universo, sua teoria atribuiu o aparecimento das muitas espécies que surgiram durante o curso da história do planeta a um processo caprichoso, desperdiçador e, algumas vezes, cruel, um

---

3 GREEN, L. W. "The Harmony of Revelation and Natural Science: With Especial Reference to Geology". In: *Lectures on the Evidences of Christianity Delivered at the University of Virginia, during the Session of 1850-1851*. New York: Robert Carter and Brothers, 1851, pp. 459-490; ANÔNIMO. "Review of *The Course of Creation*, by John Anderson". *Biblical Repertory and Princeton Review* 24, 1852, 148; HITCHCOCK, Edward. *Elementary Geology*. 8ª ed. New York: M. H. Newman, 1852, p. 284. Ver também ELEGARD, Alvar. *Darwin and the General Reader: the Reception of Darwin's Theory of Evolution in the British Periodical Press, 1859-1872*, pp. 114-115.

processo que não necessitava nem da intervenção divina nem, aparentemente, de um plano divino. Além disso, ao criticar a crença comum na imutabilidade das espécies, o trabalho de Darwin desafiou a veracidade do relato bíblico da criação de cada organismo "segundo sua espécie".[4]

Nem todos os pensadores religiosos compartilhavam dessa hostilidade inicial ao trabalho de Darwin. O proeminente intelectual católico britânico John Henry Newman (1801-1890), por exemplo, declarou não ter visto nada no trabalho de Darwin que conflitasse com a revelação divina ou com a ideia de um "Deus Todo-Poderoso e Protetor". O clérigo anglicano Charles Kingsley (1819-1875), informou Darwin que ele havia "aprendido gradualmente a ver que se tratava de uma concepção tão nobre da Deidade, acreditar que Ele criou formas primárias capazes de se desenvolverem em todas as formas necessárias quanto acreditar que Ele requeria um novo ato de intervenção para suprir as lacunas que Ele mesmo havia criado". Asa Gray (1810-1888), professor Fisher de História Natural em Harvard e protestante reformado, tentou persuadir os leitores do *Atlantic Monthly* de que a teoria de Darwin permitia aos crentes continuar atribuindo o "arranjo ordenado e adaptações admiráveis que permeiam o mundo orgânico" à atividade de "uma inteligência ordenadora e direcionadora".[5]

---

4 NICHOLSON, H. "Alleyne. Life and its Origin". *Presbyterian Quarterly and Princeton Review*. n.s., 2, 1873, 689; HITCHCOCK, Edward. "The Law of Nature's Constancy Subordinate to the Higher Law of Change". *Bibliotheca Sacra* 20, 1863, 522; DARWIN, Charles. *On the Origin of Species by Means of Natural Section, or the Preservation of Favoured Races in the Struggle for Life*. 1859; facsimile, Cambridge, MA: Harvard University Press, 1964, p. 488. (NT) Há tradução em português.

5 NEWMAN, John Henry. to PUSEY, E. B. 5 June 1870. Vol. 25 of *The Letters and Diaries of John Henry Newman*. DESSAIN, Charles Stephen; GORNALL, Thomas (eds.). Oxford: Clarendon Press, 1973, pp. 137-138; NEWMAN, John Henry (1874), citado em CULLER, A. Dwight. *The Imperial Intellect: a Study of Newman's Educational Ideal*. New Haven: Yale University Press, 1955, p. 267. (Protector); KINGSLEY, C, to DARWIN, C. 18 November 1859. In: DARWIN, Francis (ed.). *The Life and Letters of Charles Darwin, Including an Autobiographical Chapter*. 3 volumes. London: MURRAY, John. 1887. Vol. 2, p. 288; GRAY, Asa. "Natural Selection not Inconsistent with Natural Theology (1860)". In: DUPREEN, A. Hunter (ed.). *Darwiniana: Essays and Reviews Pertaining to Darwinism*. 1876; Cambridge, MA: Harvard University Press, 1963, pp. 119-120.

Infelizmente, pesquisas de opinião pública só começaram depois de 1920 e, porque nossos conhecimentos sobre a mentalidade do final do século XIX e no início do século XX são dependentes de fontes escritas que sobreviveram, sabemos muito pouco sobre qual opinião a maioria das pessoas tinha sobre o darwinismo, se é que a tinham. Nós sabemos que a maioria dos comentadores nos Estados Unidos e na Grã-Bretanha que publicaram análises das implicações religiosas do trabalho de Darwin era menos caridosa em sua opinião do que pessoas como Newman e Gray. Uma das considerações que indubitavelmente contribuiu para sua animosidade foi o fato de que *A origem das espécies* apareceu em uma época em que representantes inteligentes dentro da comunidade intelectual anglo-americana estavam convencidos de que a arena científica havia se tornado "o Armageddon – o campo de batalha final – no conflito com a infidelidade". Apologistas religiosos alertavam para o fato de que isso provia as forças da descrença com um forte incentivo para tentar dar credibilidade a ideias que eliminavam o papel da atividade divina dentro da ordem criada, conferido a essas ideias o nome o e prestigio da ciência. Muitos defensores da fé viam a promoção da hipótese da transmutação sob esse prisma. Da mesma forma, muitos pensadores religiosos que avaliaram o trabalho de Darwin no período entre 1859 e aproximadamente 1875, também concluíram que a estratégia mais eficiente que eles poderiam empregar para destruir a credibilidade da hipótese era atacar suas credenciais científicas. Um exame cuidadoso dos dados da história natural, acreditavam eles, poderia revelar a fraqueza da teoria da evolução e, dessa forma, tornar uma análise sustentada de suas implicações teológicas, desnecessárias.[6]

O darwinismo considerado não científico

Uma das considerações que sustentou a opinião dos pensadores religiosos, de que faltaria credibilidade científica à teoria de Darwin, dizia respeito ao fato de que exposições anteriores da hipótese da transmutação

---
6 PEABODY, Andrew P. "The Bearing of Modern Scientific Theories on the Fundamental Truths of Religion". *Bibliotheca Sacra* 21, 1864, p. 711.

haviam sido amplamente condenadas por historiadores naturais. Apoiadas por cientistas respeitáveis como Jean-Baptiste Lamarck (1744-1829) ou por escritores com vistas a uma audiência mais popular, como Robert Chambers (1802-1871), o autor de *Vestiges of the Natural History of Creation* (1844), a hipótese do desenvolvimento havia recebido um tratamento rude nas mãos na comunidade científica. Isso levou muitos pensadores religiosos a repudiar o trabalho de Darwin como uma "velha teoria explodida" e a predizer que suas ideias logo seriam consignadas ao "museu das especulações curiosas e fantásticas".[7]

A resposta inicial dos historiadores naturais ao *A origem das espécies* parece confirmar essa análise. Ainda que Darwin gozasse de boa reputação como investigador e tivesse acumulado um amplo conjunto de observações e fatos em disciplinas que iam desde a embriologia e a morfologia até a biogeografia e a paleontologia para dar credibilidade à sua teoria, poucos naturalistas endossaram rápida e entusiasmadamente sua teoria. Alguns, mais notadamente Louis Agassiz (1807-1873), o mais eminente dos historiadores naturais dos Estados Unidos na época, se opôs firmemente à hipótese darwinista como "um erro científico, não verdadeira em seus fatos, não científica em seus métodos e perniciosa em suas tendências".[8]

Certamente apoiados pela resposta morna que o trabalho de Darwin recebeu dos membros da comunidade científica, líderes católicos e protestantes tornaram-se ardentes participantes do debate ao chamar atenção para as deficiências na teoria do "descenso com modificações". Os católicos, ainda ressabiados por conta das críticas derivadas do caso Galileu, não desejavam ser percebidos como assaltantes da ciência armados da clava da teologia. Destarte, muitos deles entendiam que nos casos em que a teorias propostas em nome da ciência eram vistas como intimamente ligadas ao destino do materialismo e do agnosticismo, a resposta ideal era negar o mérito científico

---

7 WALKER, Edward A. "The Present Attitude of the Church toward Critical and Scientific Inquiry".*New Englander* 19, 1861, p. 345; WILSON, W. C. "Darwin on the Origin of Species". *Methodist Quarterly Review*, 4ª série, 13, 1861, p. 627.
8 AGASSIZ, Louis. "Prof. Agassiz on the Origin of Species". *American Journal of Science and Arts*. 2ª série, 30, 1860, p. 154.

dessas teorias. Os protestantes, por sua vez, assumiam que qualquer coisa que eles pudessem fazer para demonstrar o caráter falacioso de ideias acerca da natureza, que fossem teologicamente suspeitas, dava credibilidade a suas afirmações de que o mundo natural atestava a existência de um criador providencial. Da mesma forma, eles dedicaram-se a esforços uníssonos para demonstrar que o trabalho de Darwin seria pouco mais do que um tecido de conjecturas ilusórias. Parte dos argumentos utilizados pelo clero e pelos teólogos cristãos em seus esforços para minar a credibilidade da teoria de Darwin era forçada, ilegível, desinformada e até mesmo tola. A maioria deles, entretanto, ecoava as críticas feitas por críticos duros do trabalho de Darwin dentro da comunidade científica.[9]

Darwinismo e a origem da espécie humana

Ao mesmo tempo em que muitos historiadores naturais, clérigos e teólogos sujeitavam a teoria da evolução através da seleção natural a cuidadoso escrutínio, muitos dos defensores de Darwin estendiam a lógica dessa teoria para incluir a espécie humana. Darwin havia conspicuamente evitado uma discussão explícita sobre as origens humanas em *A origem das espécies*. Outros transmutacionistas foram menos reticentes. Em 1863, tanto o geólogo Charles Lyell (1797-1875) quanto o "buldogue de Darwin", o zoólogo Thomas Henry Huxley (1825-1895), publicaram livros colocando a origem da humanidade dentro de uma moldura conceitual evolucionista. Ainda que Lyell tenha atribuído o aparecimento das faculdades intelectuais e

---

9 ARTIGAS, Mariano; GLICKE, Thomas F., MARTINEZ, Rafael A. *Negotiating Darwin: the Vatican Confronts Evolution, 1877-1902*. Baltimore: Johns Hopkins University Press, 2006, p. 281; NEWMAN, John Henry. "Christianity and Physical Science. Lecture in the School of Medicine (1855)". In: NEWMAN, John Henry. *The Idea of a University*. TURNER, Frank M. (ed.). New Haven: Yale University Press, 1996, p. 201. Para saber mais sobre as objeções feitas à teoria de Darwin por razões científicas, ver ROBERTS, John Hedley. *Darwinism and the Divine in America: Protestant Intellectuals and Organic Evolution, 1859-1900*, pp. 41-49; ELLEGARD, Alvar. *Darwin and the General Reader: the Reception of Darwin's Theory of Evolution in the British Periodical Press, 1859-1872*, p. 95.

morais da humanidade à ação criativa de Deus, ele deixou claro que a maioria dos atributos humanos tinha surgido da evolução. Huxley foi ainda mais longe, afirmando que o mesmo "processo físico de causalidade", que Darwin havia aplicado para explicar "gêneros e famílias dos animais comuns", era "amplamente suficiente para dar conta da origem do Homem". Mais tarde, nas décadas de 1860 e 1870, muitos tratados importantes em arqueologia e antropologia apareceram descrevendo a civilização no início da história humana como sendo bastante primitiva e defendendo que o desenvolvimento subsequente fora resultado de um processo de evolução cultural gradativo.[10]

Esses trabalhos apenas confirmaram as suspeitas que os pensadores religiosos haviam nutrido desde o início da controvérsia darwinista: que os defensores da teoria da evolução estavam determinados a mostrar que "Bacon, Newton, Platão, o orangotango e o símio possuíam ancestrais comuns". Lembremos do insulto à ancestralidade símia de Huxley, supostamente proferido pelo bispo anglicano Samuel Wilbeforce (1805-1873) durante o encontro da *British Association* em Oxford em 1860. Esse sugere que muito do rancor e do repúdio que o darwinismo evocava entre os pensadores religiosos, advinha de suas convicções de que não havia nada na lógica da transmutação que impedisse a seus defensores de estender o esquema aos seres humanos.[11]

Quando Darwin optou por quebrar seu silêncio autoimposto sobre as origens humanas, em 1871, em sua obra em dois volumes, *The Descent of Man, and Selection in Relation to Sex (A origem do homem e a seleção sexual)*, ele se viu no centro de uma controvérsia que já estava bem adiantada. Ainda que Darwin descrevesse a espécie humana como "a maravilha e a glória do universo", ele mantinha que descenderia – ainda que "ascenderia" talvez tivesse sido um termo

---

10 LYELL, Charles. *The Geological Evidences of the Antiquity of Man*. Philadelphia: G. W. Childs, 1863, pp. 469-506; HUXLEY, Thomas H. (*Evidence as to) Man's Place in Nature*, 1863. Ann Arbor: University of Michigan Press, 1959, p. 125; BURROW, J. W. *Evolution and Society: a Study in Victorian Social Theory*. 1966; Cambridge University Press, 1974, pp. 80-81.

11 BARNES, Albert. "Readjustments of Christianity". *Presbyterian Quarterly Review* 11, 1862, 69; ELLEGARD, Alvar. *Darwin and the General Reader: the Reception of Darwin's Theory of Evolution in the British Periodical Press, 1859-1872*, pp. 42-43. Uma discussão útil acerca das trocas entre Wilberforce e Huxley encontra-se em LIVINGSTON, David N. "Replacing Darwinism and Christianity". In: LINDBERG, David C., NUMBERS, Ronald L. (eds.). *When Science and Christianity Meet*. University of Chicago Press, 2003, pp. 189-191.

mais feliz – de progenitores "cobertos de pelos, com ambos os sexos barbados; suas orelhas eram pontudas e capazes de movimento e seus corpos eram equipados com um rabo e os músculos para isso apropriados". Se isso não era suficiente para chocar as sensibilidades vitorianas, ele especulou que os ancestrais da humanidade "aparentemente consistiam em um grupo de animais marinhos que lembravam as larvas das atuais ascídias". Darwin afirmou que se a espécie humana não fosse produto da evolução, então as similaridades dos seres humanos aos outros animais em relação à estrutura corporal geral, aos órgãos rudimentares e ao desenvolvimento embriológico seriam "apenas engodos".[12]

Ao tentar demonstrar que mesmo os atributos intelectuais, espirituais e morais da humanidade poderiam ser compreendidos dentro de um contexto evolucionista, Darwin empregou duas estratégias imbricadas. Em primeiro lugar, buscou persuadir seus leitores de que as diferenças mentais entre a espécie humana e animais mais complexos estariam ligadas a diferentes graus e não a diferentes tipos, mostrando que esses animais possuiriam, de forma incipiente, numerosos dons mentais – poderes e aptidões, tais como a capacidade de melhorarem (sua performance), a habilidade de usar ferramentas e até mesmo impulsos religiosos – que frequentemente foram compreendidos como exclusivamente humanos. Em segundo lugar, através de um processo imaginativo de reconstrução histórica, Darwin buscou mostrar que mesmo a posse humana de um sentido moral, que ele via como "a melhor e mais alta distinção entre os homens e os animais mais simples", poderia ser explicado "exclusivamente a partir da história natural". Darwin localizou o "princípio primário" da moral humana nos "instintos sociais" do amor e da simpatia para com o outro. Esses instintos, que os seres humanos teriam herdado de seus progenitores não humanos através da seleção natural, teriam levado os seres humanos, em seus primeiros estágios de existência, a se juntarem em discretos grupos sociais e a agirem de acordo com "o que seria melhor a longo prazo para todos os seus membros". A consciência então emergiu, uma vez que os membros da espécie humana adquiriram inteligência suficiente para permitir a reflexão sobre as consequências de suas ações e para sentir

---

12　DARWIN, Charles. *The Descent of Man, and Selection in Relation to Sex*. 2 volumes. 1871; Princeton University Press, 1981. Vol. 1, pp. 213, 206, 212, 185-186, 10-33. (NT) Há tradução em português.

remorso quando ela subordinava os impulsos associados aos instintos sociais a outros impulsos mais primitivos e transitórios como a vingança e a luxúria.[13]

O trabalho de Darwin não alterou fundamentalmente a estrutura do debate sobre a evolução humana. Contudo, serviu como um lembrete incisivo de que as implicações teológicas da hipótese de transmutação estendiam-se para muito além dos assuntos relacionados à teologia natural. Ao desafiar a ideia de que um imenso abismo intelectual, moral e espiritual separaria a espécie humana de todas as outras criaturas, *A origem do homem* pareceu questionar a pretensão de que os seres humanos gozavam de um *status* privilegiado como seres criados à imagem de Deus.

Ainda que os pensadores religiosos frequentemente tenham recorrido ao sarcasmo em suas discussões sobre a evolução humana, eles investiram a maior parte de suas energias em esforços para mostrar que a ideia era cientificamente insustentável. Para esse fim, eles chamaram atenção não apenas para atributos estruturais como o tamanho e a estrutura do cérebro humano e da capacidade humana para a fala, mas, ainda mais profundamente, também para a impressionante gama de poderes intelectuais, morais e espirituais da humanidade. Eles defendiam que esses atributos proveriam atestados da existência de uma "imensa distância mesmo entre o homem selvagem e o mais elevado dos brutos" que as agências naturais seriam incapazes de transpor.[14]

Da metafísica naturalista à respeitabilidade científica

Nos quinze anos seguintes à publicação de *A origem das espécies*, a maior parte dos pensadores religiosos que participaram da controvérsia darwinista

---

13 Ibid., Vol. 1, pp. 105, 106, 71, 85, 99, 89-90. Para um breve resumo do tratamento dispensado por Darwin aos poderes mentais e ao sentido moral da humanidade, ver ibid., 1, pp. 103-106.

14 BRUMBY, R. T. "Gradualness Characteristic of All God's Operations". *Southern Presbyterian Review* 25, 1874, p. 525. Ver também ELLEGARD, Alvar. *Darwin and the General Reader: the Reception of Darwin's Theory of Evolution in the British Periodical Press, 1859-1872*, pp. 311-329; SWELITZ, Marc. "American Jewish Responses to Darwin and Evolutionary Theory, 1860-1890". In: NUMBERS, Ronald L., STENHOUSE, John (eds.). *Disseminating Darwinism: the Role of Place, Race, Religion, and Gender*, pp. 216-217.

na Grã-Bretanha e nos Estados Unidos havia associado Darwin a Thomas Huxley, ao filósofo Herbert Spencer (1820-1903), ao físico John Tyndall (1820-1893) e a um número crescente de outros indivíduos no terceiro quartel do século XIX. Estes pareciam estar trabalhando assiduamente para estabelecer o princípio filosófico naturalista de que a matéria e as leis descrevendo sua operação eram suficientes para dar conta das atividades de todos os fenômenos naturais. Foi na busca desse objetivo, acreditavam esses pensadores religiosos, que Darwin havia procurado gerar um estatuto científico para suas especulações infundadas. A reivindicação de que a teoria de Darwin deveria ser vista como prestidigitação metafísica irreligiosa mais do que ciência dura permaneceu plausível, na medida em que o suporte aberto para a hipótese da transmutação estivesse aparentemente restrito aos proponentes do naturalismo científico com motivos filosóficos adicionais. Durante a década depois de 1865, porém, virtualmente todos os historiadores naturais endossaram a teoria da evolução orgânica.[15]

O fator que se provou mais decisivo para a conversão desses cientistas não foi nem a crença de que Darwin tivera sucesso em prover um mecanismo que poderia, de forma plausível, ser responsável pela transmutação, nem um influxo dramático de dados favoráveis à interpretação evolucionista da história da vida. Na verdade, a principal consideração era metaempírica: a convicção de que a transmutação era mais consistente com as normas do discurso científico do que o era o "dogma das criações especiais". Muito antes de *A origem das espécies* aparecer, cientistas de diversas áreas haviam dispensado com sucesso a intervenção divina quando descrevendo o comportamento da natureza. Nas últimas décadas do século XIX, mesmo os mais devotos membros da comunidade científica passaram a assumir que esforços "para restringir o domínio do sobrenatural, colocando todos os fenômenos sob o escopo das leis naturais e das causas secundárias" estavam entre os objetivos

---

15 BOWLER, Peter J. "Scientific Attitudes to Darwinism in Britain and America". In: KOHN, Kohn (ed.). *The Darwinian Heritage*. Princeton University Press, 1985, pp. 654-655; NUMBERS, Ronald L. "Darwinism and the Dogma of Separate Creations: the Responses of American Naturalists to Evolution". In: *Darwinism Comes to America*. Cambridge, MA: Harvard University Press, 1998, pp. 29-30.

mais importantes da investigação científica. Dessa perspectiva, eles concluíam que era "claramente o dever da ciência procurar alguma outra explicação" para a origem das espécies que não "meio milhão de diferentes milagres". A teoria de Darwin ofereceu aos historiadores naturais uma hipótese funcional que conseguiu submeter à investigação científica a questão de como as espécies relacionavam-se entre si através do tempo.[16]

No fim do século XIX e início do século XX, a maioria dos historiadores naturais acreditava que Darwin havia exagerado na eficácia da seleção natural. Ainda que eles não tenham chegado a um consenso sobre qual mecanismo teria então sido mais relevante na evolução, a maioria tendia a enxergar o processo como um pouco mais progressivo e menos fortuito do que Darwin originalmente sugerira. Mesmo assim, os historiadores naturais davam crédito a Darwin por ter liderado a revolução na opinião científica que culminou na aceitação da evolução e hesitaram pouco em equiparar o darwinismo à teoria da evolução orgânica na fala coloquial.[17]

A conversão dos historiadores naturais à hipótese da transmutação levou clérigos, teólogos e outros crentes religiosos na Grã-Bretanha e nos Estados Unidos a mudarem significativamente suas análises daquela hipótese. Discussões sobre seus méritos científicos cada vez mais cederam espaço para considerações sobre suas implicações teológicas. Cristãos e judeus viram-se envolvidos em um diálogo constantemente animado sobre os termos da relação que deveria ser estabelecida entre a teoria da evolução e suas tradições religiosas. Ainda que a maioria dos pensadores religiosos

---

16 NUMBERS, Ronald L. "Darwinism and the Dogma, pp. 43-44; DARWIN, Charles. *The Descent of Man, and Selection in Relation to Sex*. Vol. 1, p. 153; RICE, W. N. "The Darwinian Theory of the Origin of Species". *New Englander* 26, 1867, pp. 608-609. Para uma discussão mais ampla sobre a história do naturalismo metodológico, ver NUMBERS, Ronald L. "Science without God: Natural Laws and Christian Beliefs". In: LINDBERG, David C., NUMBERS, Ronald L. (eds.). *When Science and Christianity Meet*, pp. 265-285.

17 BOWLER, Peter J. *The Eclipse of Darwinism: Anti-Darwinian Evolution Theories in the Decades around 1900*. Baltimore: Johns Hopkins University Press, 1983. Não cientistas tendem a colocar em conflito o darwinismo e a evolução orgânica. ELLEGARD, Alvar. *Darwin and the General Reader: the Reception of Darwin's Theory of Evolution in the British Periodical Press, 1859-1872*, p. 58; ROBERTS, Jon H. *Darwinism and the Divine in America: Protestant Intellectuals and Organic Evolution, 1859-1900*, pp. 121-122.

reconhecesse que a teoria desafiava a credibilidade de maneiras predominantes de formular suas crenças, eles falharam em chegar a um acordo sobre como lidar com esse problema. Alguns assumiram a posição de que o endosso da comunidade científica à hipótese evolucionista requeria que os crentes reconstruíssem suas crenças religiosas, colocando-as de acordo com os preceitos da evolução. Outros concluíram que a aceitação da hipótese da transmutação implicaria necessariamente no abandono de doutrinas essenciais para suas visões de mundo e, portanto, rejeitaram a hipótese.

Evolucionismo e o colapso do consenso

Durante a maior parte do século XIX, os judeus demonstraram pouco interesse nas ciências ou suas implicações religiosas. Foi apenas depois que a origem da espécie humana tornou-se um tópico de discussões constantes que os comentadores judeus entraram na controvérsia darwinista. Judeus reformados deram mais atenção à teoria da evolução do que judeus mais tradicionais, que tipicamente recusaram-se a discutir em seus púlpitos questões científicas. Alguns judeus reformados, como o rabino David Einhorn (1808-1879) e Isaac Mayer Wise (1819-1900), seu principal rival pela liderança intelectual do judaísmo reformado nos Estados Unidos, opuseram-se à hipótese da transmutação. Primeiro por considerá-la incompatível com a ideia de que os humanos teriam sido criados à imagem de Deus, e também porque seria inimiga da moralidade e intimamente associada às filosofias materialista e ateia. Um número crescente de outros (judeus reformados), porém, entendeu que a conversão da comunidade científica à hipótese significava que se tornara apropriado ver a evolução orgânica como o método que Deus empregara ao criar o mundo. Poucos dos conciliadores parecem ter acreditado que a aceitação da teoria evolucionista implicava em uma reformulação fundamental de crenças ou práticas religiosas.[18]

---

18 SWELITZ, Marc. "American Jewish Responses", pp. 213-217, 219-221, 223, 231, 233-234; COHEN, Naomi W. "The Challenges of Darwinism and Biblical Criticism to American Judaism". *Modern Judaism* 4, 1984, pp. 121-157; SWELITZ, Marc. "Responses of American Reform Rabbis

A controvérsia ao redor das origens humanas também trouxe outros comentadores católicos à luta. Em sua resenha sobre *A descendência do homem*, Orestes Brownson (1803-1876), um americano convertido ao catolicismo que se opôs incansavelmente a ideias que ele interpretava como teologicamente suspeitas, denunciou Darwin como um dos "ministros mais eficientes de Satã". Na maioria dos casos, entretanto, os católicos romanos na Grã-Bretanha e nos Estados Unidos procederam de forma cautelosa ao responder à hipótese da transmutação. Ainda que concordassem que nenhuma teoria da evolução que negasse a imediata criação divina da alma fosse aceitável, o fracasso do Vaticano em tomar uma posição sobre a teoria da evolução mais ampla levou a um alto grau de incerteza. Alguns poucos católicos sugeriram que algumas versões da teoria poderiam ser compatíveis com a doutrina da Igreja. Mais comumente, porém, os pensadores católicos tenderam a expressar hostilidade às ideias da evolução humana, à íntima associação entre as ideias evolucionistas e as doutrinas do materialismo e do ateísmo e à aliança entre muitos evolucionistas e as ideias que promoviam a aptidão humana, como a eugenia e o controle de natalidade, que consideravam hostis aos interesses da classe trabalhadora católica. Mesmo os poucos que defendiam a ideia de reaproximação com a modernidade, como James Cardinal Gibbons, o arcebispo de Baltimore, expressaram pouca simpatia para com a evolução.[19]

---

to Evolutionary Theory, 1864-1888". In: RABKIN, Yakov; ROBINSON, Ira (eds.). *The Interaction of Scientific and Jewish Cultures in Modern Times*. Lewiston, New York: Mellen Press, 1995, p. 106; CANTOR, Geoffrey. "Anglo-Jewish Responses to Evolution". In: CANTOR, Geoffrey; SWELITZ, Marc (eds.). *Jewish Tradition and the Challenge of Darwinism*. University of Chicago Press, 2006, pp. 26, 29-31, 34-35.

19 BROWNSON, Orestes A. "Darwin's Descent of Man" (1873). In: *The Works of Orestes A. Brownson, Collected and Arranged by Henry F. Brownson*. 20 volumes. 1882-1887; New York: AMS Press, 1966. Vol. 9, p. 496; ARTIGAS, Mariano; GLICKE, Thomas F., MARTINEZ, Rafael A. *Negotiating Darwin: the Vatican Confronts Evolution, 1877-1902*, pp. 4, 277, 279-280 (citação na p. 279); APPLEBY, R. Scott. "Exposing Darwin's 'Hidden Agenda': Roman Catholic Responses to Evolution, 1875-1925". In: NUMBERS, Ronald L., STENHOUSE, John (eds.). *Disseminating Darwinism: the Role of Place, Race, Religion, and Gender*, pp. 182-185, 178-180, 194-197; GIBBONS, James Cardinal. *Our Christian Heritage*. Baltimore: John Murphy, 1889, p. 281; BELTS, John Rickards. "Darwinism, Evolution, and American Catholic Thought, 1860-1909". *Catholic Historical Review* 45, 1959, 161-185, pp. 172-173.

A partir da última década do século XIX, o futuro da hipótese da transmutação tornou-se interligado à crescente hostilidade da hierarquia católica ao modernismo. Uma ilustração particularmente gráfica disso pode ser vista no destino de John Zahm, professor e catedrático em ciências naturais na Universidade de Notre Dame. Eu seu livro, *Evolution and Dogma*, publicado em 1896, Zahm esforçou-se para mostrar não apenas que "não havia nada na Evolução, quando devidamente compreendida, que fosse contrário às Escrituras ou aos ensinamentos católicos", como também havia "muito a admirar na Evolução, muito de enobrecer e inspirador, muito que ilustra e corrobora as verdades da fé". A despeito de sua isenção da alma humana do processo evolucionista e de sua defesa de que as raízes intelectuais das ideias evolucionistas poderiam ser encontradas em Agostinho e Tomás de Aquino, o trabalho de Zahm foi condenado pela Congregação do Index do Vaticano. Os destinos de Zahm e muitos outros proponentes zelosos da hipótese evolucionista com certeza funcionaram como um balde de água fria, impedindo os católicos que viam méritos na ideia da evolução orgânica de envolverem-se completamente com a teoria.[20]

Durante o período posterior a 1875, os protestantes continuaram a dominar as discussões acerca das implicações religiosas da hipótese de transmutação na Grã-Bretanha e nos Estados Unidos. Isso surpreende pouco, não apenas por conta de seu vasto número, como também pela proeminência que as ideias científicas há muito gozavam em suas abordagens à teologia. O que pode ser relativamente mais surpreendente é o fato das variáveis demográficas não serem muito úteis, de maneira geral, como indicadores do caminho que os indivíduos seguidores do protestantismo *mainstream* seguiram em suas respostas à evolução.

---

20 ZAHM, J. A. *Evolution and Dogma*. 1896; Hicksville, New York: Regina Press, 1975. 30, pp. 345, 312-313; ARTIGAS, Mariano; GLICKE, Thomas F., MARTINEZ, Rafael A. *Negotiating Darwin: the Vatican Confronts Evolution, 1877-1902*, pp. 124-202. Ver também BRUNDELL, Barry. "Catholic Church Politics and Evolution Theory, 1894-1902". *British Journal for the History of Science* 34, 2001, pp. 81-95; APPLEBY, R. Scott. "Exposing Darwin's 'Hidden Agenda': Roman Catholic Responses to Evolution, 1875-1925", pp. 175-176, 192-200; GANNON, Michael V. "Before and After Modernism. The Intellectual Isolation of the American Priest". In: ELLIS, John Tracy (ed.). *The Catholic Priest in the United States: Historical Investigations*. Collegeville, MN: Saint John's University Press, 1971, pp. 313-314.

Mais ainda, as diferenças nas maneiras como os pensadores protestantes responderam à hipótese da transmutação ultrapassa as divisões mais proeminentes na determinação do curso da discussão teológica durante os três primeiros quartos do século XIX. Algumas vezes, diferenças particulares no meio cultural levaram os protestantes que, em outros assuntos tinham visões teológicas bastante similares, a responderem à teoria da evolução de maneiras muito diferentes. Contudo, ainda mais importante do que possíveis idiossincrasias culturais particulares presentes na formação de suas respostas, foram os diferentes julgamentos proferidos por clérigos e teólogos sobre a autoridade relativa dos especialistas em ciências humanas e naturais e sobre a narrativa bíblica em relação aos assuntos relacionados à história da ordem criada. Esses julgamentos, por sua vez, apoiavam-se em pressupostos que dizem respeito à natureza humana e à natureza da relação de Deus com o mundo.[21]

A maioria dos comentadores da transmutação pertencente à comunidade intelectual anglo-americana protestante assumiu a posição de que os cientistas naturais eram os expositores mais capazes da revelação de Deus dentro da natureza. Concluíram, destarte, que o endosso dos historiadores naturais à teoria da evolução orgânica indicaria que chegara a hora dos proponentes da cosmovisão cristã aprovarem também a teoria. Não fazê-lo, esses protestantes evolucionistas, seria ajudar e apoiar os céticos que pretendiam igualar o pensamento cristão com o obscurantismo e levar as massas letradas a abandonarem sua fé.

---

21 ROBERTS, Jon H. "Darwinism, American Protestant Thinkers, and the Puzzle of Motivation". In: NUMBERS, Ronald L., STENHOUSE, John (eds.). *Disseminating Darwinism: the Role of Place, Race, Religion, and Gender*, pp. 145-172; LIVINGSTON, David N. "Science, Region, and Religion: the Reception of Darwinism in Princeton, Belfast, and Edinburgh". In: NUMBERS, Ronald L., STENHOUSE, John (eds.). *Disseminating Darwinism: the Role of Place, Race, Religion, and Gender*, pp. 7-38. Infelizmente, ninguém escolheu prosseguir com o provocante estudo de Livingstone com um exame mais extensivo do papel que os fatores locais possam ter exercido em formular as respostas. As afiliações denominacionais tem um grande peso na previsão das atitudes de grupos fora da linha principal do protestantismo. Ver, por exemplo, NUMBERS, Ronald L. " 'Sciences of Satanic Origin': Adventist Attitudes toward Evolutionary Biology and Geology"; NUMBERS, Ronald L. "Creation, Evolution, and Holy Ghost Religion: Holiness and Pentecostal Responses to Darwinism". In: *Darwinism Comes to America*, pp. 92-135.

Os protestantes evolucionistas reconheciam que era imperativo minimizar as preocupações sobre a possibilidade da hipótese da transmutação minar a credibilidade dos argumentos em favor da existência de um planejador divino. Dedicando-se a essa tarefa, alguns apologistas sustentaram que fazia mais sentido atribuir um processo caracterizado por "variações maiores e organizações mais perfeitas", constantes à orientação de uma "mente diretora", do que atribuí-lo a uma série de "tentativas e erros em todas as direções". Outros enfatizaram que a explicação de maior credibilidade para a emergência de "espécies mais altamente organizadas" durante o curso da história da vida não era a operação de uma "natureza cega, automática", mas o direcionamento de um "poder coordenador" divino. Outros ainda foram além do mundo orgânico e pensaram o universo como um todo, argumentando que o próprio fato do cosmos ser suficientemente permeado pela ordem a ponto de ser compreensível, constituiria a mais forte evidência concebível para a existência de uma mente divina. Quaisquer que fossem os reinos do mundo natural que eles escolhessem enfatizar, os protestantes evolucionistas concluíram, confiantes, que Darwin "não toca nas grandes verdades da teologia natural, nem pode tocá-las, a não ser enquanto provedor de novos materiais com os quais prová-las".[22]

Os protestantes evolucionistas podiam concordar que estabelecer a existência de Deus constituía apenas o primeiro passo para demonstrar que a hipótese da transmutação podia ser conciliada aos preceitos do cristianismo. Suas avaliações das medidas subsequentes que deveriam ser tomadas para efetivar a necessária conciliação, entretanto, diferiam de maneira significativa. Um grupo considerável de evolucionistas protestantes estava convencido de que a harmonia podia ser estabelecida com revisões mínimas na doutrina cristã. Ainda que esses pensadores vissem a si mesmos como evolucionistas comprometidos com a causa, eles deixavam claro que estavam dispostos a contemplar a ideia de infusões periódicas de "novas energias criativas" vindas

---

22 BIXBY, James T. "The Argument from Design in the Light of Modern Science". *Unitarian Review and Religious Magazine* 7, 1877, pp. 21-23; MANSFIELD, F. A. "Teleology, Old and New". *New Englander*, n.s., 7, 1884, p. 220; PEABODY, Andrew P. "Science and Revelation". *Princeton Review*, 4ª série, 54° ano, 1878, p. 766; CLARKE, William Newton. *An Outline of Christian Theology*, (1898), New York: Charles Scribner's Sons, 1922, p. 107; STERANS, Lewis F. "Reconstruction in Theology". *New Englander*, n.s., 5, 1882, p. 86.

de Deus para explicar a emergência de novos elementos fundamentais do ser como a matéria, a vida e a mente. Claramente essa manutenção do conceito do sobrenaturalismo coexistia em um estado precário de tensão com a hipótese da transmutação como entendida pela maioria dos historiadores naturais. Seu principal valor do ponto de vista dos "criacionistas progressivos" estava no fato de que ela lhes permitia crer que poderiam endossar o princípio da evolução orgânica sem precisar aceitar revisões fundamentais na doutrina cristã.[23]

A aceitação, por parte dos criacionistas progressivos, de concepções sobrenaturalistas da atividade providencial, também permitia-lhes permanecer comprometidos a visões fortes da autoridade bíblica. Esses pensadores tipicamente juntavam duas afirmações: primeiro, de que Deus tinha sido condescendente para com uma plateia pouco sofisticada, ao empregar linguagem não científica para descrever os processos naturais. Segundo, de que, quando devidamente interpretadas, as Escrituras provariam-se consistentes com as descobertas da ciência moderna. Apelando para a "notável flexibilidade da linguagem da Bíblia", eles defendiam que assim como os cristãos do passado haviam alterado sua interpretação de passagens bíblicas em resposta a novas revelações da comunidade científica, também em seus dias seria possível reinterpretar a narrativa bíblica da criação e colocá-la de acordo com a hipótese da transmutação, sem prejudicar a doutrina de inspiração bíblica. Por conta de sua disposição em contemplar a noção de intervenção sobrenatural, proponentes dessa visão não se sentiam obrigados a envolverem-se em muitas alterações, em suas interpretações de outras passagens bíblicas, que envolvem atos redentores especiais dentro da história do encontro entre o divino e o humano.[24]

Depois de 1875, um crescente número de outros evolucionistas protestantes defendeu a ideia de que seria necessária uma reconstrução mais

---

23 VALENTINE, M. H. "The Influence of the Theory of Evolution on the Theory of Ethics". *Lutheran Quarterly Review* 28, 1898, p. 218; BOWLER, Peter J. *Reconciling Science and Religion: the Debate in Early 20th Century Britain.* University of Chicago Press, 2001, pp. 219-220.

24 Wright, George F. "Adjustments between the Bible and Science". *Bibliotheca Sacra* 49, 1892, p. 154. Ver também BOWLER, Peter J. *Reconciling Science and Religion: the Debate in Early 20th Century Britain,* pp. 221-222.

fundamental da teologia cristã para harmonizar preceitos doutrinários às implicações da hipótese evolucionista. Um dos produtos mais importantes dessa convicção foi o uso que eles fizeram da conversão da comunidade científica à hipótese da transmutação como uma ocasião para alterar dramaticamente sua concepção da natureza na relação de Deus com o mundo. O clérigo anglicano Aubrey Lackington Moore (1848-1890) elogiou o darwinismo, que "sob o disfarce de inimigo" tinha, na verdade, feito "papel de amigo ao impelir as pessoas a escolherem entre duas alternativas: ou Deus está em todos os lugares da natureza ou Ele não está em lugar nenhum". Muitos pensadores religiosos com inclinações similares, na Grã-Bretanha e nos Estados Unidos, repudiaram a ideia de limitar-se o escopo da atividade divina a eventos ainda não descritos pelas leis e pelos processos naturais, em favor da crença na doutrina da imanência divina que identifica Deus como "a causa eficiente e motor constante de todas as coisas". Ao atribuir dessa forma a fonte de toda a atividade causal à "energia" provida por uma deidade providencial em contato constante e íntimo com a criação, os imanentistas tornaram possível conceder livremente à ciência a tarefa de descrever todas as interações entre os fenômenos naturais. Eles confiavam que "a agência de Deus na criação nunca pode ser negada ou obscurecida, apenas mais claramente manifestada pela revelação dos processos através dos quais Ele opera".[25]

A maioria dos protestantes que via o endosso dos cientistas à hipótese evolucionista como uma oportunidade para enfatizar ainda mais a ideia bíblica de um Deus pai em quem todas as coisas vivem, se movem e têm sua existência, usaram um modelo evolucionista para descrever a interação de Deus com a humanidade. Eles afirmavam que a especiação não era o único processo que podia ser descrito nos termos de um processo de desenvolvimento gradual, contínuo e progressivo. Na verdade, "porque Deus era tão sábio quanto afetuoso, e não havia razões para alterar um método uma vez

---

25 MOORE, Aubrey. "The Christian Doctrine of God". In: GORE, Charles (ed.). *Lux Mundi: a Series of Studies in the Philosophy of the Incarnation* (1889). London: John Murray, 1890, p. 99; JOHNSON, F. H. "Theistic Evolution". *Andover Review* 1, 1884, pp. 372, 365 (originalmente a afirmação na página 365 estava em itálico). Ver também CHADWICK, Owen. *The Victorian Church*. 2 volumes. New York: Oxford University Press, 1966-1970. Vol. 2, p. 31.

que ele havia sido adotado", a evolução deveria ser vista, de forma mais geral, como "a maneira de Deus de fazer as coisas". Em consonância, no final do século XIX, muitos dos mais influentes propositores da nova teologia e de outras versões do protestantismo liberal empregaram uma perspectiva e um vocabulário evolucionista na reformulação e na discussão de muitas doutrinas cristãs. No processo, procuraram estabelecer maior plausibilidade para a ideia de que a evolução podia ser cristianizada.[26]

Esses protestantes reconheciam que certas doutrinas eram tão centrais para a visão de mundo cristã, que simplesmente não poderiam ser abandonadas. A ideia de que os seres humanos foram criados à imagem de Deus era um exemplo particularmente importante desse tipo de doutrina, posto que fornecia o alicerce para todo o esquema cristão de redenção. Poucos proponentes da evolução dentro da comunidade intelectual protestante anglo--americana colocavam como obstáculo a aceitação da noção de que os humanos teriam adquirido sua estrutura física através da evolução. A maioria de suas discussões centrava-se, ao invés disso, na origem dos atributos de personalidade. Enquanto evolucionistas protestantes mais cautelosos atribuíam a origem da inteligência, das emoções, da capacidade de escolher e dos sentimentos religiosos humanos a infusões especiais do poder sobrenatural, evolucionistas que defendiam noções imanentistas mais radicais da atividade divina, enfatizavam que a maneira através das quais os seres humanos haviam sido criados não era relevante nem para sua natureza, nem para seu *status* dentro da ordem criada. A partir disso, atribuíam a emergência dos elementos sagrados da personalidade humana ao trabalho de um Deus imanente que agia através de um processo evolucionista.[27]

Os protestantes que empregavam um modelo evolucionista para descrever a atividade divina, viram-se reformulando muitas ideias cristãs

---

26 STIMSON, Henry A. "The Bible in the Conditions Created by Modern Scholarship". *Bibliotheca Sacra* 57, 1900, p. 370; ABBOTT, Lyman. *The Theology of an Evolutionist*. Cambridge, MA: Riverside Press, 1897, p. 76. Ver também DRUMMOND, Henry. *The Lowell Lectures on The Ascent of Man*. 3ª ed. New York: James Pott, 1894, p. 342.

27 Para uma discussão mais extensa sobre esse assunto, ver ROBERTS, Jon H. *Darwinism and the Divine in America: Protestant Intellectuals and Organic Evolution, 1859-1900*, pp. 176-179.

importantes em termos desenvolvimentistas. Ao discutir a moralidade cristã, por exemplo, muitos sugeriram que Deus havia, de fato, imbricado padrões da moralidade cristã no próprio processo de transmutação, assim garantindo que "a sociedade mais apta é aquela mais próxima de Cristo". Outros adotaram um ponto de vista diferente, reconhecendo que as normas cristãs eram essencialmente diferentes dos impulsos ferozmente competitivos que se configuravam como decisivos no comportamento de outros organismos, mas apontando, em seguida, para a emergência dessas normas como outra indicação da superioridade humana. Muitos protestantes evolucionistas alegremente abandonaram a crença na historicidade da Queda de Adão, mantendo, ao mesmo tempo, a ideia de que a natureza pecaminosa era endêmica à condição humana. Eles asseguravam que os seres humanos escolhiam, consistente e perversamente, não perceber todo seu potencial enquanto seres criados à imagem de Deus. Os protestantes que concebiam a atividade divina em termos evolucionistas reformularam a redenção como "um processo constante através do qual Deus concluiu a melhoria da raça". Tanto como o Deus encarnado quanto como a "flor consumada" da humanidade, Jesus seria, essencialmente, um "novo tipo" dentro "da corrente evolutiva". Sua vida serviria como um modelo a ser emulado e seus ensinamentos ofereceriam aos seres humanos tanto uma compreensão mais adequada da natureza e dos desejos de Deus quanto um parâmetro que os cristãos poderiam utilizar para avaliar sua condição espiritual. Alguns protestantes chegaram até mesmo a empregar uma linguagem evolucionista ao descrever a vida eterna que se seguiria à salvação: diziam eles que ela seria um exemplo particularmente espetacular da "lei suprema da sobrevivência do mais apto".[28]

Ao discutir as fontes, a função e a finalidade do conhecimento religioso, os protestantes que entendiam a evolução como o meio utilizado

---

28 ADAMS, Myron. *The Continuous Creation: an Application of the Evolutionary Philosophy to the Christian Religion*. Boston: Houghton, Mifflin and Company, 1889, pp. 193, 114, 87; SMYTH, Newman. *Old Faiths in New Light*. 2ª ed. New York: Charles Scribner's Sons, 1879, p. 265; ADAMS, John Coleman. "The Christ and the Creation". *Andover Review* 17, 1892, pp. 233, 228-229.

por Deus para atingir seus fins, afastaram-se da estratégia de reinterpretação de passagens bíblicas, buscando conciliá-las às implicações da hipótese da transmutação. Ao invés disso, repudiaram a noção de que o autor do Gênesis "tivesse a ciência do século XIX em sua mente" e insistiram em ver a Bíblia como "um livro puramente de ensinamentos religiosos, não de informações científicas, históricas ou filosóficas". Alguns até viram as Escrituras como um "crescimento histórico" que exemplificava os "mesmos poderes de desenvolvimento, a mesma lei da evolução" presentes na natureza. Ainda que insistissem que essa visão preservava o valor da Bíblia, a ideia de que os "mensageiros da revelação fossem do povo, limitados por suas condições e submetidos ao peso de sua própria geração" simplesmente não poderia se encaixar na doutrina da infalibilidade bíblica. Muitos protestantes evolucionistas chegaram a entender os livros da Bíblia como meros capítulos, ainda que capítulos "absolutamente preciosos", de uma história maior, e mais compreensiva das revelações de Deus à humanidade "na constituição e no curso da natureza, na constituição e na história do homem e, proeminentemente em Cristo". Nessa perspectiva, a própria revelação tornaria-se "um processo contínuo, ajustado ao desenvolvimento da razão do homem" e a totalidade da experiência humana tornaria-se o objeto apropriado para a reflexão teológica. Ainda que a Bíblia permanecesse um repositório sem preço da experiência humana da atividade redentora de Deus, ela não podia mais servir de árbitro final na formulação da teologia.[29]

Entre 1875 e 1920 uma minoria significativa de teólogos e clérigos dentro do protestantismo *mainstream*, assim como numerosos líderes religiosos dentro dos movimentos de santidade e pentecostal, rejeitaram a teoria da evolução orgânica, especialmente sua aplicação aos seres humanos.

---

29   CALTHROP, S. R. "The Great Synthesis, or the Foundation on Which All Things Rest". *Unitarian Review and Religious Magazine* 16, 1881, p. 1; RUPP, William. "The Theory of Evolution and the Christian Faith". *Reformed Quarterly Review* 35, 1888, pp. 162-163, 165 (citação na p. 162); SMYTH, Newman. *Old Faiths in New Light*, pp. 38, 119, 76; CLARKE, William Newton. *Sixty Years with the Bible*. New York: Charles Scribner's Sons, 1912, p. 149; HARRIS, Samuel. Have We a Theology? *New Englander and Yale Review*, n.s., 9 [45] (1886), p. 123; JOHNSON, F. H. "Cooperative Creation". *Andover Review* 3. 1885, p. 438.

Enquanto os assuntos que preocupavam os oponentes da teoria da evolução orgânica eram essencialmente os mesmos em ambos os lados do Atlântico, mesmo antes de 1920, os norte-americanos já se mostravam um pouco mais agressivos em sua contestação da teoria do que seus pares na Grã-Bretanha. A diferença na abordagem devia-se, parcialmente, ao fato de que o número e a porcentagem de pensadores religiosos que rejeitavam o darwinismo eram maiores nos Estados Unidos. Mas também refletia variações nas tradições culturais e religiosas e nos estilos de argumentação. A forte tradição de latitudinarismo teológico que existia na Grã-Bretanha, bem como a tendência universal dos pensadores daquela nação de levar a sério análises desenvolvimentistas do processo histórico, serviu para mitigar a dureza da investida antievolucionista lá. Em contraste, nos Estados Unidos, o longo domínio da tradição realista do senso comum escocês que instintivamente preferia concepções fixas da realidade às concepções dinâmicas, somado à existência de um mercado religioso fluido que encorajava estratégias retóricas menos moderadas, tendeu a encorajar maior militância.[30]

Ainda que alguns protestantes tenham continuado, mesmo depois de 1875, a levantar objeções à evolução com base em considerações científicas, a maioria deles deixou claro que a principal fonte de sua animosidade para com a teoria era teológica ou moral. Os antievolucionistas tipicamente abraçaram visões da natureza humana e da atividade divina que diferiam significativamente daquelas abraçadas por protestantes evolucionistas. De seu ponto de vista, a pecaminosidade e a falibilidade da natureza humana estavam entre as lições paradigmáticas de nossa experiência. Atenuando essa desoladora avaliação da condição humana, porém, estava a convicção deles de que uma deidade graciosa e misericordiosa não havia simplesmente deixado os seres

---

30 CHADWICK, Owen. *The Victorian Church*. vol. 2, pp. 23-35; REARDON, Bernard M. G. *Religious Thought in the Victorian Age: a Survey from Coleridge to Gore*. London: Longman, 1980, p. 293; RENNIE, Ian S. "Fundamentalism and the Varieties of North Atlantic Evangelicalism". In: NOLL, Mark A., BEBBINGTON, D., RAWLYK, George A. (eds.). *Evangelicalism: Comparative Studies of Popular Protestantism in North America, the British Isles, and Beyond, 1700-1990*. New York: Oxford University Press, 1994, p. 337; MARSDEN, George. "Fundamentalism as an American Phenomenon: a Comparison with English Evangelicalism". *Church History* 46, 1977, pp. 215-232.

humanos à deriva. De fato, lhes havia provido, através da Bíblia, com um divinamente inspirado "parâmetro de autoridade absoluta" da verdade que era também claro, completo e infalível. Quando eles comparavam esse guia ímpar da fé e da prática cristã aos resultados da investigação científica, com seu legado de erros e de vacilações, eles entendiam ser razoável concluir que, nos casos em que as conclusões dos cientistas entrassem em conflito com os ensinamentos das Escrituras, a atitude mais apropriada era permanecer fiel à "fé que fora entregue pelos santos" e recusar-se a dar "esta infalibilidade à ciência secular, pertencente apenas à teologia da Bíblia".[31]

Quando os protestantes que aderiram a essa forma de pensar examinaram a hipótese da transmutação, eles tipicamente concluíram que, ao contrário de tantas revelações científicas anteriores que haviam levado a mudanças secundárias de interpretação da Bíblia, a teoria da evolução orgânica não podia ser conciliada "com todo o sistema de verdade, por cuja revelação as Escrituras foram dadas ao homem". A reinterpretação não era, portanto, uma opção viável. A ideia de que a evolução humana evocou uma preocupação particular, pois desafiou não apenas o relato bíblico da criação de Deus da espécie humana, mas também a historicidade da Queda, a consequente expiação de Cristo e outras doutrinas centrais à compreensão tradicional da teologia cristã. A maioria dos protestantes antievolucionistas estava convencida de que "a doutrina de um primeiro homem feito como tal por decreto de Deus" exercia um papel tão central na narrativa bíblica que se a espécie humana tivesse de fato se originado através da evolução, "então, as Escrituras estariam em erro fatal, não apenas em relação ao advento do homem no globo, mas em todas as suas doutrinas sobre condição espiritual original e presente do homem, ao método de sua recuperação e ao seu destino futuro – ou seja, todo o sistema de ensinamento espiritual delas, motivo pela qual foram abertamente dadas, é falho". Dessa perspectiva, eles repudiaram a hipótese da transmutação e com ela as visões daqueles apologistas tímidos que, em nome da harmonia com a ciência, pareciam dispostos a eviscerar a teologia cristã.[32]

---

31 GIRARDEAU, John L. "The Signs of the Times – In the Church" (1892). In: BLACKBURN, George A. (ed.). *Sermons*. Columbia, SC: The State Company, 1907, p. 116; DARLING, Henry. "Preaching and Modern Skepticism". *Presbyterian Review* 2, 1881, pp. 763-764.

32 DUFFIELD, John T. "Evolutionism, Respecting Man and the Bible". *Princeton Review*,

Novos padrões emergentes no século XX

Entre 1900 e 1920, ainda que tenham ocorrido importantes mudanças dentro da genética e de outros campos relevantes para o pensamento evolucionista, clérigos e teólogos que abraçaram a hipótese da transmutação nos Estados Unidos e na Grã-Bretanha não alteraram efetivamente suas visões da relação entre a hipótese e a teologia cristã. Na Grã-Bretanha, partidários da Nova Teologia – como R. J. Campbell (1867-1956) – continuaram a enfatizar a importância de uma concepção imanentista da atividade divina como uma maneira de conciliar a evolução com uma leitura reconhecidamente cristã da deidade. Nos Estados Unidos, protestantes liberais também continuaram a abraçar a evolução, mas enquanto grupo, eles deram menos atenção a descrever suas implicações teológicas do que seus predecessores do final do século XIX. Em alguns casos, essa diminuta ênfase foi resultado da convicção de que a controvérsia havia, essencialmente, chegado ao fim. Essa convicção levou Newell Dwight Hillis, o pastor da Plymouth Church, no Brooklyn, a declarar em 1900 que "chegara já o momento em que todos exclamavam, 'evolução – com certeza, eu sempre acreditei na evolução deísta' ". Normalmente, porém, os liberais deram menos atenção sustentada à evolução porque eles estavam olhando para outros reinos que não o da natureza para encontrar as bases e os impulsos subjacentes à religião. Depois de 1900, um número crescente desses liberais passou a se basear no trabalho do teólogo alemão Albrecht Ritschl, que enfatizou que a religião e as ciências naturais dirigiam-se a diferentes elementos da experiência humana: enquanto as ciências eram, em essência, empresas cognitivas devotadas a

---

4ª série, 54º ano, 1878, pp. 173, 174-175; DWIGHT, M. E. "The Contest as it is To-day". *New Englander*. n.s., 7, 1884, p. 586; ROBERTS, Jon H. *Darwinism and the Divine in America: Protestant Intellectuals and Organic Evolution, 1859-1900*, p. 212; NUMBERS, Ronald L. "Creation, Evolution, and Holy Ghost Religion". *Religion and American Culture* 2, 1992, pp. 127-158. O antievolucionismo cristão recebeu relativamente pouca atenção dos historiadores da religião britânica. Ver, entretanto, MOORE, James R. *The Post-Darwinian Controversies: a Study of the Protestant Struggle to Come to Terms with Darwin in Great Britain and America, 1870-1900*. Cambridge University Press, 1979, pp. 201-202; ELLEGARD, Alvar. *Darwin and the General Reader: the Reception of Darwin's Theory of Evolution in the British Periodical Press, 1859-1872*, pp. 155-173, 203, 332-333.

descobrir fatos e a formular teorias baseadas nesses fatos, a religião envolveria aumentar a cognição com os sentimentos e o desejo de promover a formação de julgamentos de valor independentes, que diferiam fundamentalmente dos produtos da busca científica.[33]

As primeiras duas décadas do século XX também testemunharam poucas mudanças na natureza dos argumentos lançados pelos antievolucionistas para atacar a hipótese da transmutação. Ao contrário dos liberais, entretanto, os pensadores religiosos que rejeitavam a hipótese da transmutação permaneceram bastante ativos discutindo suas posições. Ainda que eles, de forma geral, vissem a crítica à Bíblia como seu adversário mais perigoso, muitos reconheceram que a teoria da evolução orgânica funcionava como um suplemento à crítica bíblica, ao desafiar a veracidade do sentido comum da Bíblia. Alguns chegaram a defender que "a teoria da evolução é subjacente à crítica bíblica e funciona como sua inspiração". Os antievolucionistas também enfatizaram a existência de uma conexão íntima entre o compromisso com a transmutação e tanto a não crença quanto formulações teológicas inaceitáveis. O clérigo batista e fundamentalista ardoroso William Bell Riley, por exemplo, declarou, em 1909, que "a teoria da evolução e a falsa teologia estavam indissoluvelmente ligadas uma a outra". Ele afirmava que o denominador comum era a rejeição da autoridade bíblica.[34]

---

33 BOWLER, Peter J. *Reconciling Science and Religion: the Debate in Early20th Century Britain*, pp. 208-209, 224-229, 236-238, 246-252, 263-265, 270-273; DORRIEN, Gary. *The Making of American Liberal Theology: Idealism, Realism, and Modernity, 1900-1950*. Louisville, KY: Westminster John Knox Press, 2003, pp. 9, 25, 523; HILLS, Newell Dwight. *The Influence of Christ in Modern Life: Being a Study of the New Problems of the Church in American Society*. New York: Macmillan, 1900. p. 211; RITSCHL, Albrecht. *The Christian Doctrine of Justification and Reconciliation: the Positive Development of the Doctrine*. In: Mackintosh, H. R., MACAULAY, A. B. (eds.). 3 volumes. 3ª ed. New York: Charles Scribner's Sons, 1900. Vol. 3, pp. 16, 398, 205, 225.

34 NUMBERS, Ronald L. *The Creationists: From Scientific Creationism to Intelligent Design*. Edição expandida. Cambridge, MA: Harvard University Press, 2006, pp. 52-53; REEVE, J. J. "My Personal Experience with the Higher Criticism". In: *The Fundamentals: a Testimony to the Truth*. Chicago: Testimony, s/d. Vol. 3. p. 99; RILEY, William B. *The Finality of Higher Criticism; Or, The Theory of Evolution and False Theology*. s/l: s/e, 1909, pp. 72-73, 86-88. Defensores da alta crítica insistiram em trazer conhecimentos históricos e filológicos para a discussão a fim de determinar as datas e a autoridade de textos bíblicos e para a leitura

Depois da Primeira Guerra Mundial alguns críticos da Hipótese da Transmutação, notadamente William Jennings Bryan, começaram a enfatizar que a evolução estava associada à filosofia social de que "o poder é a força", clara e tragicamente manifestada na belicista Alemanha. Não menos importante, Bryan e outros apontaram tanto para evidências pontuais quanto para os resultados da pesquisa científica social, que sugeria que o ensino da evolução tivesse sido fator instrumental para a crescente perda de fé entre os jovens da nação. Tais visões tiveram um papel central na transformação do antievolucionismo em um assunto cada vez mais proeminente entre os cristãos conservadores, especialmente nos Estados Unidos.[35]

Em 1920, os membros da comunidade religiosa anglo-americana estavam claramente divididos em suas avaliações da teoria da evolução orgânica. Muitos dos comentadores religiosos, provavelmente a maioria, entendiam que se tratava de uma verdade a ser reconhecida. Esses comentadores chamavam atenção para o fato de que se a religião quisesse manter sua credibilidade e sua influência social, seria necessário que ela reconstruísse os pilares do pensamento religioso, colocando-nos de acordo com as implicações da hipótese da transmutação. Muitos outros comentadores religiosos, porém, insistiam que simplesmente não era possível endossar a teoria evolutiva sem abandonar ideias de importância central para a tradição judaico-cristã. Permitir que a ciência ditasse os termos da fé, eles insistiam, seria destruir a substância da fé religiosa. Porque os propositores de cada uma dessas posições estavam convencidos de que a atitude assumida pelos crentes em relação à evolução teria um papel crucial na determinação do *status* da religião no mundo moderno, suas discussões caracterizavam-se por uma quantidade considerável de indignação hipócrita e até mesmo acrimônia. Desde 1920, as discussões entre os crentes religiosos que abraçaram a evolução e aqueles que não o fizeram vêm gerando tanto calor quanto luz.

---

desses textos como quaisquer outros livros, como produto da época e do lugar no qual foram escritos. Muitos crentes teologicamente conservadores viram essa abordagem como um assalto à afirmação de que as Escrituras foram inspiradas por Deus.
35 NUMBERS, Ronald L. *The Creationists: From Scientific Creationism to Intelligent Design*, pp. 55-56; "Conservative Evangelicals", pp. 308-309.

5 Ciência e secularização

JOHN HEDLEY BROOKE

Em agosto de 2008, antecipando o aniversário de 200 anos do nascimento de Charles Darwin e o de 150 anos aniversário da publicação de seu livro *Origin of Species* (1859), Richard Dawkins apresentou na televisão britânica três programas destinados a celebrar o gênio de Darwin. Ao contrastar a teoria de Darwin com as ideias da criação que ele atribuiu à religião, Dawkins destacou a originalidade do relato naturalista de Darwin, de como as espécies se desenvolveram a partir de formas preexistentes. Ao invocar uma posição religiosa contrastante, ele tinha uma perspectiva didática – reforçar a compreensão da ciência de Darwin e de seus pressupostos naturalistas por sua audiência. Um segundo objetivo, com muitos antecedentes na história da ciência, era usar as supostas implicações para a religião como uma técnica que estimula o interesse do público e como uma forma de apreciar as conquistas de Darwin. Por mais brilhante que seja a exposição de uma teoria científica, sem que se afirme que a teoria tenha grandes implicações para mais alguma coisa, sempre há o risco dela se tornar indiferente para o público em geral. Por conta de sua prevalência, as crenças religiosas, convenientemente, em vários momentos constituíram essa "alguma coisa". Nesses contextos, corre-se o risco de exagerar as implicações culturais das inovações científicas com o propósito de promover a ciência. A justaposição antirreligiosa de Dawkins, ciência e religião, contudo, serve a um terceiro propósito, explicitamente declarado – o de persuadir aqueles que vivem na escuridão religiosa de que há uma luz maior. Para Dawkins, a necessidade de converter os criacionistas à evolução neodarwinista é um assunto extremamente sério, por conta da tendência (apresentada por esses criacionistas) a rebaixar a ciência, mesmo porque para ele e para outros biólogos evolucionistas, é a mais importante de todas.¹

É difícil não simpatizar com essa preocupação. Entretanto, ela levanta uma questão de grande interesse para historiadores e sociólogos da religião. Qual é precisamente a relação entre o progresso científico e a secularização da sociedade? Meu objetivo nesse capítulo é oferecer razões pelas quais não há uma resposta simples ou geral. Muito depende de como o conceito de secularização é compreendido e aplicado. De fato, surgem imediatamente problemas quando consideramos as implicações mútuas da ciência e da religião. Isso ocorre porque a palavra "secularização" foi utilizada para descrever dois processos que caminham em direção contrária: a separação da ciência do corpo da religião, supostamente alcançada na Europa do século XVII, e a fusão da ciência e da religião sempre que as doutrinas teológicas são reinterpretadas à luz da ciência inovadora – como quando Isaac Newton viu a presença da providência de Deus na manutenção do sistema solar.² As definições de secularização normalmente referem-se ao deslocamento da autoridade e do controle religioso pelos poderes cívicos, que usurparam as funções que antes cabiam às instituições religiosas. A palavra também tem uma conotação de perda de plausibilidade e de credibilidade que afeta as crenças defendidas dentro das tradições religiosas. Não há uma relação simples entre esses processos. As instituições religiosas com poder político mostraram que é perfeitamente possível manter seu controle e sua influência, apesar de vigorosos assaltos à credibilidade de suas doutrinas. A Igreja estabelecida da Inglaterra, ao final do século XVIII, pode ter sido perturbada pelo ataque de dissidentes racionalistas como o unitarianista Joseph Priestley, mas o desestabelecimento em prol do qual ele fez campanha era uma possibilidade pouco real, especialmente durante a reação conservadora que se seguiu à Revolução Francesa. Inversamente, as autoridades religiosas

---

1 DAWKINS, Richard. *The Genius of Charles Darwin*. Channel 4 television series, August 2008.
2 Para esse e outros problemas na aplicação do termo "secularização", ver BROOKE, John Hedley. "Science and Secularization". In: WOODHEAD, Linda (ed.). *Reinventing Christianity*. Aldershot: Ashgate, 2001, pp. 229-238.

podem ceder a instituições seculares em circunstâncias de pressões políticas irresistíveis (como nos regimes totalitários do século XX), e nesse caso as questões acerca da credibilidade dos ensinamentos religiosos poderiam ser completamente irrelevantes.

Apesar dessas complicações imediatas, parece razoável supor que a secularização, no segundo sentido – significando a perda da plausibilidade dos ensinamentos religiosos tradicionais – tenha propiciado a secularização no primeiro sentido – a perda do envolvimento da igreja na maioria dos eventos da vida de uma pessoa. Não há, portanto, uma relação direta entre o avanço das ciências e o recuo da religião? Essa visão é certamente defendida por muitos cientistas naturais e, desde meados do século XIX até meados do século XX, foi constantemente tida como certa por cientistas sociais que, ecoando Auguste Comte, um dos fundadores de sua disciplina, detectaram um sentido de direção na história da humanidade. Houve outrora uma fase teológica, quando os fenômenos naturais foram atribuídos às ações da deidade. A ela seguiu-se a era metafísica, quando a natureza foi compreendida através do raciocínio dedutivo de conceitos abstratos. Finalmente, de maneira triunfante, uma nova era começou – a da ciência positiva, quando tudo de que se necessitava para o entendimento da natureza era um método empírico que levasse ao estabelecimento de fatos e leis.[3] Houve muitas variantes desse cenário, todas elas tendo em comum a percepção de que as crenças religiosas da antiguidade perderam irreversivelmente sua credibilidade, na medida em que cosmologias científicas progressivamente as desautorizaram.

A dificuldade, destacada pelo encontro de Dawkins com os criacionistas norte-americanos, está no fato de que 150 anos de evolução darwinista ainda não minaram posições religiosas ultraconservadoras. Além disso, as décadas recentes testemunharam o ressurgimento do fundamentalismo religioso, mesmo em sociedades permeadas pela ciência baseada em tecnologias. Consequentemente, muitos cientistas sociais tiveram de reconsiderar a

---

3 BROOKE, John Hedley; CANTOR, Geoffrey. *Reconstructing Nature: the Engagement of Science and Religion*. Edimburgo: T. and T. Clark, 1998, pp. 47-57; OLSON, Richard G. *Science and Scientism in 19th Century Europe*. Urbana: University of Illinois Press, 2008, pp. 62-840.

fórmula que estabelecia a ciência como a causa primária de uma secularização irreversível. Nas palavras de um deles, essa fórmula pertence à categoria das proposições obviamente verdadeiras que, quando examinadas mais de perto, mostram-se amplamente falsas.[4] Nas palavras de outro, "o mundo hoje é massivamente religioso; é tudo menos o mundo secularizado que foi previsto (alegre ou desapontadamente) por tantos analistas da modernidade".[5]

A possibilidade de uma divergência na percepção entre os cientistas naturais e sociais poderia ser ilustrada de outras maneiras. Em Novembro de 2006, um novo *Center for Inquiry* promoveu sua coletiva de imprensa inaugural em Washington, D. C. Seu objetivo era "promover e defender a razão, a ciência e a liberdade de investigação em todas as áreas da diligência humana". Ele defendeu a crença de que políticas públicas deveriam ser moldadas por valores seculares e declarou que a ciência e o secularismo estariam "inextricavelmente ligados". Do ponto de vista dos cientistas preocupados com as características opressoras do governo Bush, era imperativo que novas linhas de pesquisa, tais como tecnologias de células-tronco, não fossem bloqueadas pelo que parecia ser escrúpulos informados pela religião. Mas as razões dadas para a urgência de sua mensagem incluíram circunstâncias talvez mais consoantes com perspectivas revisadas das ciências sociais. A irritação surgiu do "ressurgimento de religiões fundamentalistas ao redor da nação e de suas alianças com movimentos político-ideológicos que têm por objetivo bloquear a ciência", da "persistência de crenças paranormais e ocultas" e do "retrocesso ao misticismo".[6] Se essas percepções estiverem corretas, então uma conclusão pode ser que a expansão da cultura científica dos últimos 300 anos não foi tão decisiva (certamente não foi decisiva de maneira uniforme) enquanto agente da secularização. Neste capítulo, portanto, pretendo considerar as muitas razões pelas quais as questões não são tão lineares quanto

---

4 MARTIN, David Martin. "Does the Advance of Science mean Secularisation?". *Science and Christian Belief* 19, 2007, pp. 3-14.
5 BERGER, Peter L. "The Desecularization of the World: a Global Overview". In: BERGER, Peter L. (ed.). *The Desecularization of the World: Resurgent Religion and World Politics*. Grand Rapids, MI: Eerdmans, 1999, pp. 1-18.
6 Center for Inquiry. "Declaration in Defense of Science and Secularism". Disponível em: <cfidc.org/declaration.html>. Acesso em: 9 de maio de 2007.

podem parecer. Haveria, talvez, um elemento de mitologia na proposição da ciência como causa primária da secularização e nas reivindicações por uma ligação inextricável?

A plausibilidade de uma visão paradigmática

Frequentemente expressou-se a confiança no poder das ciências para dissolver as afiliações religiosas. Uma profecia típica seria a do antropólogo Anthony Wallace: "a crença em poderes sobrenaturais está fadada a morrer, em todos os cantos do mundo, como resultado de uma crescente adequação e difusão do conhecimento científico".[7] Para Daniel Dennett, o processo de dissolução precisa apenas de mais alguns anos para chegar ao fim: "em mais ou menos 25 anos quase todas as religiões terão evoluído para fenômenos bastante diferentes, tanto que, na maioria dos lugares, a religião não mais provocará a admiração que hoje provoca". Uma razão para sua confiança está na "propagação mundial da tecnologia da informação (não apenas a internet, mas os telefones celulares, os rádios portáteis a as televisões)".[8] Podemos levantar nossas suspeitas se refletirmos sobre o uso de telefones celulares entre os membros do Talibã, na emergência de uma al-Qaeda virtual na rede mundial de computadores; mas a confiança de Dennett sustenta-se na crença de que as religiões podem ser compreendidas como um conjunto de crenças antiquadas – crenças do sobrenatural –, uma caracterização conveniente para propósitos polêmicos, porém pouco adequada.[9]

Não é difícil avaliar os motivos pelos quais foram feitas correlações entre o progresso científico e a secularização. Para os atomistas da Antiguidade,

---

7 WALLACE, Anthony F. C. *Religion: an Anthropological View*. New York: Random House, 1966, pp. 264-265. Citado em NUMBERS, Ronald L. *Science and Christianity in Pulpit and Pew*. New York: Oxford University Press, 2007, p. 120.
8 DENNETT, Daniel. Entrevista intitulada "The Evaporation of the Powerful Mystique of Religion" no *website* da Edge Foundation. Disponível em:<edge.org>; citado por GRAY, John Gray. The Atheist Delusion. *The Guardian*. Review section, 15 de março de 2008.
9 EVANS, John H., EVANS, Michael S. "Religion and Science: Beyond the Epistemological Conflict Narrative". *Annual Review of Sociology* 34 n° 5, 2008, pp. 87-105.

um dos motivos de atração pela explicação do mundo através das categorias da matéria e do movimento era que seria possível, então, mostrar, nas palavras de Lucrécio, que a natureza não precisava de deuses. Para Thomas Hobbes, que escreveu no século XVIII quando o atomismo epicurista passava por um renascimento, as origens da crença religiosa estavam no medo e na incompreensibilidade das forças da natureza. Conforme o conhecimento científico fosse substituindo a ignorância, a superstição (e, com ela, a credulidade religiosa) não iria certamente retroceder? Trata-se de uma ideia simples e com um vasto reconhecimento. Onde as explicações científicas permanecessem incompletas, os pensadores religiosos ainda poderiam preencher as lacunas com seus deuses, mas o avanço científico encolheria repetidamente a jurisdição desses deuses-de-lacuna. Uma questão que os advogados da tese da secularização nem sempre se perguntaram é se é sempre correto identificar o Deus cristão, por exemplo, com um deus-de-lacunas. Um Deus transcendente, concebido como a fonte e as bases de toda a existência (e, portanto, de todos os processos naturais) não precisaria ser o mesmo daquele invocado para explicar fenômenos naturais específicos. Entretanto, uma correlação entre a ciência e a secularização retém sua plausibilidade por conta da maneira como as teorias científicas chocaram-se com leituras convencionais dos textos sagrados. O movimento da Terra, no tempo de Galileu, e relatos evolucionistas das origens humanas, no (tempo) de Darwin são exemplos icônicos que, em relatos populares, simplificados, encorajaram a ideia de que a ciência e a religião são inerentemente incompatíveis. Nesse sentido, a tese do conflito, como ela passou a ser conhecida, e a tese da secularização podem se reforçar mutuamente. De fato, foi no contexto do planejamento de um currículo secular para o que se tornou a Universidade de Cornell, que Andrew Dickson White experimentou um ódio clerical que serviu-lhe de motivo para escrever sua influente obra, *History of the Warfare of Science with Theology in Christendom* (1896).[10]

A associação da ciência com a secularidade tem raízes profundas. Em seus princípios, na década de 1660, tanto a Royal Society of London como a

---

10   MOORE, James R. *The Post-Darwinian Controversies*. Cambridge University Press, 1979, pp. 29-49.

Academy of Sciences em Paris, haviam proibido discussões sobre religião em seus encontros. Membros do clero na Inglaterra do século XVIII que se envolveram com o estudo da natureza, algumas vezes expressaram seu desconforto ao tentarem manter ambas as lealdades.[11] Em cada época a ciência ofereceu novas formas de consolo para materialistas e ateus, como na França em meados do século XVIII, quando diversas descobertas excitantes (incluindo a espetacular habilidade de um pólipo de água doce de regenerar-se a partir de suas partes desmembradas) pareciam mostrar que a matéria podia organizar-se a si mesma.[12] De forma crucial, seria difícil negar que os avanços na medicina e na tecnologia ajudaram a dissipar a confiança exclusiva na providência na busca da saúde e da prosperidade humana.

Ainda que seja impossível generalizar, é fácil encontrar exemplos de cientistas eminentes que renunciaram às suas heranças religiosas. A categoria de "sem deus" ou de "não judeu" aplica-se a cientistas judeus de destaque no século XX.[13] Uma vez que os ateus confessos e vociferadores tendem a atrair os ouvidos do público cientista, que discretamente combinam suas vidas científicas e espirituais, uma correlação entre a ciência e o sentimento antirreligioso tende a perdurar. O ateísmo de Francis Crick, por exemplo, foi digno de destaque das notícias no início da década de 1960, quando ele demitiu-se de seu cargo de professor associado no *Churchill College Cambridge* por conta da possível construção de uma capela na faculdade. O ateísmo de cientistas contemporâneos como Richard Dawkins, Daniel Dennett e Steven Weinberg atrai a atenção pública por conta de sua energética expressão. Mesmo assim, ainda permanece a pergunta: a ciência dirigiu o processo de secularização?

Refletindo sobre os acalorados debates dentro do *Churchill College* em 1960, um historiador da faculdade escreveu recentemente:

---

11 FEINGOLD, Mordechai. "Science as a Calling? The Early Modern Dilemma". *Science in Context* 15 (2002), pp.79-119.
12 BROOKE, John Hedley. *Science and Religion: Some Historical Perspectives*. Cambridge University Press, 1991, pp. 171-180. (NT) Há tradução em português.
13 EFRON, Noah. *Judaism and Science: a Historical Introduction*. Westport, CT: Greenwood Press, 2007, p. 205.

Hoje é mais difícil afirmar que a secularização é um processo de mão única, que pode ser igualado à modernidade. A concepção ateia da religião como um estágio primitivo na evolução da humanidade e, portanto, como um ramo da antropologia – a visão de Crick em 1961 – envolve uma teologia do Iluminismo, que proclama um esperançoso milênio secular, o fim da História, quando chegaria uma era da ciência, benigna e racional. Aquela história (que os pós-modernistas chamariam de "grande narrativa" da modernidade) agora parece um pouco gasta. Em uma era pós-positivista há uma aceitação maior da incomensurabilidade radical dos diversos modos de compreensão e menor prontidão para reduzir todo o conhecimento a uma epistemologia única e redutora.[14]

Para garantir-se, ele ainda aponta para o fato de que entre os Professores Associados do *Churchill College*, dois de cada três ganhadores do Prêmio Nobel frequentavam a igreja.

Em direção à crítica do paradigma

Há algo que seja essencial tanto para a ciência quanto para a religião que necessariamente faça delas opositoras? Investigações históricas detalhadas sugerem o contrário.[15] O respeito pelos métodos científicos levou necessariamente à corrosão da crença religiosa? Pode ser que sim, mas é difícil ver uma conexão absolutamente necessária quando entre os que permaneceram fiéis às suas formações religiosas encontram-se cientistas eminentes.[16]

---

14 GOLDIE, Mark. *God's Bordello: Storm over a Chapel. A History of the Chapel at Churchill College Cambridge*. Cambridge: Churchill College, 2007, p. 30.
15 Para uma introdução à ampla literatura revisionista e antiessencialista, ver LINDBERG, David C., NUMBERS, Ronald L. (eds.). *God and Nature: Historical Essays on the Encounter between Christianity and Science*. Berkeley: University of California Press, 1986; BROOKE, John Hedley. *Science and Religion: Some Historical Perspectives*; BROOKE, John Hedley; CANTOR, Geoffrey. *Reconstructing Nature: the Engagement of Science and Religion*.
16 RUPKE, Nicolaas A. (ed.). *Eminent Lives in 20th Century Science and Religion*. Frankfurt: Peter Lang, 2007.

Seria até apropriado reduzir as maiores religiões a conjuntos de crenças (ostensivamente hipóteses explicativas primitivas), quando o que tem sido mais importante para os crentes são as práticas e as experiências transformadoras que as acompanham? Além disso, a maior parte do conhecimento científico tem pouco ou nenhum impacto nas crenças internas às comunidades religiosas. Inversamente, a afiliação religiosa e o sentido de autoidentidade que ela pode conferir podem simplesmente não afetar os avanços das ciências. Ao levar essas complicações a sério, os críticos da tese da secularização observaram que "afirmações científica publicadas sobre o mundo parecem de poucas consequências para as crenças e as práticas religiosas contemporâneas na América", enquanto que "a maior parte das verdadeiras afirmações da religião não são contestadas publicamente pela ciência".[17] Na união apenas parcial de suas respectivas esferas é que se encontra uma razão pela qual o paradigma de que a ciência causa a secularização deve ser questionado.

Outra razão deriva da diferença entre a secularização da ciência e a secularização pela ciência. É verdade que na Europa e na América do Norte a linguagem religiosa tinha quase completamente desaparecido da literatura científica técnica no fim do século XIX. Isso pode ser chamado o ponto final de uma secularização da ciência. Ao contrário de um pressuposto comum, a conquista científica no mais alto nível não fora impedida por uma deferência anterior ao poder divino e sua expressão no mundo. Newton, por exemplo, pôde articular suas leis do movimento e construir sua teoria da gravidade enquanto ainda crendo que era possível para a deidade alterar as leis da natureza em diferentes partes do universo e mesmo para iniciar processos designados para proteger, em longo prazo, a estabilidade do sistema solar.[18] Contudo, explicar os fenômenos observáveis tendo como referência apenas as causas naturais, provou ser uma atitude de tanto sucesso nos séculos seguintes que esse princípio (algumas vezes descrito hoje como naturalismo metodológico) consolidou-se firmemente como parte de uma cultura da ciência. O fato de que uma deidade ativa já não era mais necessária para propósitos científicos

---

17 EVANS, John H., EVANS, Michael S. "Religion and Science", p. 100.
18 NEWTON, Isaac. Query 31 of *Opticks*. Reimpressão. New York: Dover, 1952, pp. 400-404. (NT) Há tradução em português.

não significa, porém, que ela se tornou redundante para outros propósitos, tais como a construção de uma teologia reflexiva relevante para a moral e o aprimoramento espiritual. O estabelecimento de um naturalismo metodológico não ocasionou a conclusão ontológica de que não há nada além da natureza; nem impediu que distintos cientistas do século XX mantivessem sua fé. Um exemplo marcante seria o do quaker britânico Arthur Eddington, cujo pacifismo durante e imediatamente após a Primeira Guerra Mundial expressou-se através de sua determinação em reestabelecer colaborações com cientistas alemães e em honrar particularmente Einstein.[19]

Mesmo em formas icônicas da ciência secular, como a teoria da evolução de Darwin, era possível falar, como fizera Darwin, em um criador que criara por leis.[20] As questões limites, tais como por que as coisas existiam em primeiro lugar, ainda poderiam atrair respostas teístas daqueles cujas vidas eram abertamente enriquecidas por seus compromissos religiosos. Mesmo a figura mais comumente associada ao agnosticismo baseado na ciência, Thomas Henry Huxley, insistiu que aqueles que desejavam ver um *design* em um universo darwinista poderiam continuar a fazê-lo, já que não há nada que impeça a proposição do *design* em uma configuração rudimentar do universo que contenha em si o potencial para a evolução subsequente. A teoria de Darwin, nesse sentido, não tinha implicações para o teísmo.[21] Huxley chegou a contestar um dos principais suportes do paradigma que estamos examinando – de que a ciência estaria necessariamente em conflito com a religião. O anticlericalismo, o anticatolicismo e a oposição a um *establishment* anglicano poderoso de Huxley, algumas vezes expressava-se de maneiras a sugerir que sim, mas sua opinião, quando propriamente considerada, era outra.[22]

---

19 STANLEY, Matthew. *Practical Mystic: Religion, Science, and A. S. Eddington*. University of Chicago Press, 2007.
20 BROOKE, John Hedley. " 'Laws Impressed on Matter by the Deity?' The *Origin* and the Question of Religion". In: RUSE, Michael; RICHARDS, Robert J. (eds.). *The Cambridge Companion to the Origin of Species*. Cambridge University Press, 2008, pp. 256-274.
21 HUXLEY, Thomas. "On the Reception of the 'Origin of Species' ". In: DARWIN, Francis (ed.). *The Life and Letters of Charles Darwin, Including an Autobiographical Chapter*. 3 volumes. London: John Murray, 1887. Vol. 2, pp. 179-204.
22 LIGHTMAN, Bernard. "Victorian Sciences and Religions: Discordant Harmonies". *Osiris* 16, 2001, pp. 343-366.

Como ele colocou em1885, "o antagonismo entre a ciência e a religião, sobre o qual tanto se ouve, a mim parece ser puramente artificial – fabricado, por um lado, por míopes religiosos que confundem um certo ramo da ciência, teologia, com religião; e, por outro, por cientistas igualmente míopes que se esquecem de que a ciência tem como província apenas aquilo que pode ser submetido à compreensão intelectual clara".[23] O teólogo dogmático pode sentir-se ameaçado pela ciência, mas os aspectos experienciais e emocionais da vida religiosa, não.

A discriminação de Huxley nos lembra de que um significado cultural mais amplo dado às teorias científicas dependeu de valores específicos a tempos e lugares particulares, e de pré-conceitos dos que presumiram agir como intérpretes. Há muitos exemplos de cientistas com convicções religiosas que encontraram a confirmação de sua fé na beleza e na elegância dos mecanismos de suas descobertas de pesquisa.[24] Para o astrônomo do século XVII, Johannes Kepler, a elegância matemática das leis que descrevem os movimentos planetários era tamanha que ele deixou-se levar por um "impronunciável arrebatamento ante o espetáculo divino da harmonia celestial".[25] Um exemplo contemporâneo seria o do ex-diretor do Projeto Genoma Humano, Francis Collins que, enquanto cristão evangélico, vê seu trabalho não como corrosivo da fé, mas como o desvendamento de um código dado por Deus.[26]

Ao invés de ver a ciência como o agente de uma secularização inexorável, certamente é mais acertado dizer que as teorias científicas são suscetíveis tanto a leituras teístas quanto ateístas. Historicamente elas forneceram recursos para as duas correntes. Algumas vezes, o mesmo conceito científico, em mãos diferentes, foi manipulado para gerar um sentido de sagrado ou de profano. Para Richard Dawkins, a teoria da evolução de Darwin através da seleção natural tornou possível o surgimento de ateus intelectualmente satisfeitos.

---

23 HUXLEY, Thomas. *Science and Hebrew Tradition*. London: Macmillan, 1904, pp. 160-161.
24 BROOKE, John Hedley; CANTOR, Geoffrey. *Reconstructing Nature: the Engagement of Science and Religion*, pp. 207-243.
25 CASPAR, Max. *Kepler*. London and New York: Abelard-Schuman, 1959, p. 267.
26 COLLINS, Francis. *The Language of God*. London: Simon and Schuster, 2007. (NT) Há tradução em português.

Mas é fácil esquecer que entre os primeiros simpatizantes de Darwin na Grã-Bretanha estavam clérigos cristãos, tais como Charles Kingsley e Frederick Temple.[27] Kingsley encantou Darwin ao sugerir que a ideia de um Deus que pudesse criar coisas que criassem a si mesmas seria mais nobre que a ideia de um Deus que tinha de intervir para fazer existir novas espécies. Temple, que acolheu a descoberta das leis naturais porque elas forneciam suporte analógico à crença na proveniência das leis morais, tornou-se depois arcebispo de Canterbury. Ainda que tenha se tornado um agnóstico no fim de sua vida, Darwin negou que tenha sido ateu em algum momento.[28] Ao invés de ver a ciência como sendo uma instância intrínseca e inextricavelmente secular, são os significados culturais a ela ligados e nela investidos que devem ser analisados. No que diz respeito à existência de uma deidade transcendente, seria difícil afirmar que a ciência conseguiu resolver o assunto. Isso não significa negar que a teoria de Darwin tenha sido usada para justificar a descrença. Ela foi usada com esse propósito, muitas vezes. Mas a questão que se segue é se seu uso como justificativa pode esconder outras razões mais potentes para a descrença.

O surgimento da descrença

Se uma faceta da secularização é a redução da plausibilidade das afirmações de verdade através das quais as tradições religiosas autenticam-se, torna-se importante descobrir as razões dadas por céticos honestos para suas dúvidas. Quão proeminente é a ciência enquanto uma determinante? Ainda que seja impossível generalizar, é notável como, mesmo entre os próprios cientistas, uma antipatia para com a religião organizada surgiu a partir de outras raízes. A rejeição de Darwin ao cristianismo tinha pouco a ver com o papel que

---

27 BROOKE, John Hedley. "Darwin and Victorian Christianity". In: HODGE, Jonathan; RADICK, Gregory (eds.). *The Cambridge Companion to Darwin*. Cambridge University Press, 2003, pp. 192-213.
28 DARWIN, Francis (ed.). *The Life and Letters of Charles Darwin, Including an Autobiographical Chapter*. Vol. 1, p. 304.

ele dava às causas naturais para explicar a origem das espécies. Como outros pensadores vitorianos, Darwin reagiu fortemente contra a pregação cristã evangélica sobre o céu e o inferno. Membros de sua família, incluindo seu pai e seu irmão Erasmus, eram pensadores livres. A doutrina de que depois da morte eles sofreriam a condenação eterna era, para Darwin, uma "doutrina condenável".[29] Ele também era extremamente sensível à dor e ao sofrimento no mundo, que ele descreveu como um dos argumentos mais fortes contra a crença em uma deidade beneficente. Cada uma dessas preocupações intensificou-se com as mortes de seus familiares – a de seu pai no final da década de 1840 e a de sua filha Annie, aos 10 anos, em 1851.[30] Darwin também entendia que o conceito de revelação divina era inaceitável, citando a ignorância dos evangelistas e a relação peculiar entre o Antigo e o Novo Testamento. Independentemente de quaisquer considerações científicas, ele confessou ao botânico de Harvard, Asa Gray, que ele simplesmente não conseguia atribuir as contingências que afetam todas as vidas humanas a uma providência criadora e vigilante.[31] Seria falso dizer sobre Darwin que a ciência, mais do que quaisquer outros fatores, tenha sido responsável por sua descrença.

Examinar apenas a trajetória de um indivíduo, mesmo um tão ilustre quanto Darwin, certamente pode ser apenas sugestivo. As pesquisas, entretanto, vêm sido conduzidas com amostras mais amplas de secularistas para averiguar as razões de suas descrenças. Os resultados apenas confirmam que dar primazia à ciência é um erro. A leitura de depoimentos de 150 descrentes, coletados entre 1850 e 1960 e de evidências relacionadas encontradas em outras 200 biografias, mostra que a ciência praticamente não aparece (entre essas razões).[32] A conversão à descrença normalmente associa-se à mudança na política conservadora em direção a outra mais radical, a rejeição à religião

---

29 DARWIN, Charles. *The Autobiography of Charles Darwin, 1809-1882, with Original Omissions Restored*. In: BARLOW, Nora (ed.). London: Collins, 1958, p. 87.
30 DESMOND, Adrian e MOORE, James. *Darwin* London: Michael Joseph, 1991, pp. 375-387. (NT) Há tradução em português.
31 DARWIN, Francis (ed.). *The Life and Letters of Charles Darwin, Including an Autobiographical Chapter*. Vol. 1, p. 315.
32 BUDD, Susan. *Varieties of Unbelief: Atheists and Agnostics in English Society, 1850-1960*. London: Heinemann, 1977.

enquanto parte da sociedade estabelecida e privilegiada. A leitura de textos radicais, como o *Age of Reason* de Thomas Paine, foi outra influência proeminente.[33] Ironicamente, outro livro frequentemente mencionado foi a própria Bíblia, cujo estudo cuidadoso revelou o que foi visto como inconsistências, absurdos ou (particularmente no Antigo Testamento) representações de uma deidade vingativa e antropomórfica. Em 1912, o presidente da National Secular Society na Grã-Bretanha defendeu que as histórias bíblicas de "luxúria, adultério, incesto e vícios não naturais" fossem "suficientes para fazer alguém corar em um bordel".[34] O fato de que todas as seitas cristãs ou, de fato, todas as religiões reclamavam para si o privilégio do contato com a verdade era uma consideração prevalente que não tinha nada a ver com a ciência. A percepção de imoralidades em algumas doutrinas religiosas, particularmente nas que dizem respeito da vida após a morte, e o perceptível comportamento imoral de alguns padres alimentaram a rejeição da autoridade religiosa. A compreensão de que os ateus podiam ser tão moralmente justos quanto crentes, também teve seu peso para essas pessoas, como tivera para Darwin quando ele viveu em Londres e encontrou-se com um círculo de dissidentes radicais que se organizavam ao redor do amigo de seu irmão, Harriet Martineau. Os altos padrões morais que eles adotavam para com questões como a abolição da escravidão lhe fez ver que os cristãos ortodoxos não tinham o monopólio da sensibilidade moral.[35] Foi Martineau que traduziu a *Positive Philosophy* de Comte para o inglês, espalhando a ideia de que o universo seria regido por leis fixas e não pelo capricho divino.

Esse percurso em direção a uma visão mais secular da natureza contou, porém, tanto com a pesquisa científica quanto com a pesquisa histórica. Em particular, foram os esforços dos estudiosos alemães da Bíblia para recuperar o contexto no qual os evangelistas haviam interpretado a vida e a morte de Jesus Cristo, que se mostraram desconcertantes, já que os autores bíblicos passaram a ser vistos não como autoridades atemporais, mas como produtos

---

33   Ibid., pp. 107-109.
34   Ibid., p. 109.
35   ERSKINE, Fiona. *Darwin in Context: the London Years*. Dissertação de mestrado. Open University, 1987.

falíveis de suas próprias culturas. A noção de que a Bíblia deveria ser lida como qualquer outro livro apareceu em destaque em uma coleção de *Essays and Reviews* (1860), publicada na Inglaterra no rastro da obra de Darwin, *Origin of Species* (1859). Como o clero de Oxford estava entre seus autores, esse livro causou uma agitação maior na igreja inglesa do que o de Darwin. Samuel Wilbeforce, bispo de Oxford, associou os ataques clericais à teoria de Darwin por conta de sua notória rusga com Huxley, mas sua resposta ao *Essays and Reviews* foi muito mais injuriosa do que sua acusação a Darwin.[36] Disputas internas aos corpos religiosos foram, sem dúvidas, mais prejudiciais a suas autoridades do que ataques vindos de fora.

A religião na sociedade

Mudanças nos conceitos sobre a natureza certamente alteraram os termos do debate sobre questões como a origem, idade e autonomia do universo; se há ou não evidências que apontam em direção à existência de um planejamento das estruturas dos seres vivos e se ainda se pode dizer ou não da humanidade, que ela seja única num mundo pós-darwinista. Entretanto, como observou Mary Douglas, os que imaginam a ciência como principal causa para a secularização, se esquecem de que a atividade religiosa está baseada em relações sociais e não, primordialmente, em conceitos sobre a natureza.[37] A pertença a um grupo religioso, além de prover apoio emocional, pode contribuir para um senso compartilhado de propósito, reforçar o sentimento de autoidentidade e prover uma orientação que o conhecimento científico sozinho, ao menos para muitas pessoas, não é capaz de oferecer. Observadores de grandes congregações (para padrões europeus) nas igrejas de muitas cidades americanas, não podem deixar de notar que essas instituições também oferecem generosas oportunidades para o engajamento em diversas buscas socialmente coesivas, esportivas e culturais.

---

36 WILBEFORCE, Samuel. *Essays Contributed to the Quarterly Review*. 2 volumes. London: Murray, 1874. Vol. 1, pp. 52-103, 104-183.
37 DOUGLAS, Mary. "The Effects of Modernization on Religious Change". *Proceedings of the American Academy of Arts and Sciences* 111, 1982, pp. 1-19.

Consequentemente, parece prudente estudar as mudanças nas estruturas sociais e as mudanças na própria religião organizada, se a pretensão for entender o *momentum* da secularidade. Há casos de estudos detalhados que apoiam essa ênfase no social. Uma pesquisa sobre a redução da atividade religiosa em uma ilha dinamarquesa concluiu que esta não necessitava de encontro com o conhecimento ou os métodos científicos, mas sim às transformações nas relações sociais associadas à mecanização da agricultura. Esse fato havia esvaziado a população da ilha e enfraquecido os laços sociais. Para o autor da pesquisa, o problema com o paradigma convencional da secularização está em sua definição da religião como uma chave de leitura para o mundo físico através do sobrenatural. Ao contrário, "explicar o mundo social, dar a ele um sentido e um valor moral é que se configura como a preocupação primeira da religião".[38]

Nos tempos modernos, o expansionismo do secularismo pode ser correlacionado às transformações sociais, políticas e econômicas, estando ligado à ciência de maneira pouco direta e muito mais claramente ao enfraquecimento dos laços sociais que as afiliações religiosas forneciam. Os historiadores apontaram para o aumento na mobilidade social e geográfica como um motivo para o surgimento de rupturas em comunidades outrora unidas por valores religiosos. Em muitos contextos, o crescimento do capitalismo, do comércio e do consumismo alimentou um hedonismo difuso que ameaça o compromisso com as instituições religiosas e seus objetivos em longo prazo. Atrações alternativas encorajaram a marginalização do culto religioso. Valores seculares foram amplamente promovidos na esfera da educação e pela mídia. Em alguns países, a solidariedade religiosa foi desalojada pela solidariedade nacional ou pela ideologia de partidos políticos. O fato de que tais transformações aconteceram em passos diferentes e em graus diferentes, em diversas culturas significa que "não há uma relação consistente entre o grau de avanço científico e a redução do perfil da influência, da crença e da prática religiosa".[39]

---

38 BUCKSER, A. "Religion, Science, and Secularisation Theory on a Danish Island". *Journal of the Scientific Study of Religion* 35, 1996, pp. 432-441; EVANS, John H., EVANS, Michael S. "Religion and Science", p. 90.

39 MARTIN, David Martin. "Does the Advance of Science mean Secularisation?", p. 9.

Como sociedades diferentes experimentaram tensões entre os valores seculares e religiosos de maneira contrastante, não há um processo de secularização universal que pode ser atribuído à ciência ou a qualquer outro fator. A liberdade que existe nos Estados Unidos para se crer em mais ou menos qualquer coisa, desde um emaranhado de ideias, ideais e terapias, contrasta nitidamente com as restrições repressivas de sociedades como a antiga Alemanha Oriental, onde, sob o regime comunista, tal liberdade de expressão era negada. Quando nações com longas tradições religiosas foram oprimidas por potências estrangeiras, frequentemente as religiões ajudaram a fortalecer o sentimento de identidade nacional que se liberta de suas correntes com renovada vitalidade uma vez que a liberdade tenha sido conquistada. A força do catolicismo na Polônia oferece um exemplo moderno. O colapso da ideologia comunista na própria Rússia permitiu que a antiga união entre a fé e a nação fosse retomada. Uma história da secularização na França seria muito diferente de sua história nos Estados Unidos, onde se resistiu a tendências centralizadoras de todos os tipos.[40] Generalizando amplamente, foram principalmente as sociedades católicas na Europa que experimentaram formas mais militantes de ativismo secular, já que, em diferentes momentos, a resistência à imposição de conformidade religiosa inspirou o surgimento de uma cultura de oposição. A provocação, entretanto, é uma espada de dois gumes. Comentários antirreligiosos agressivos, feitos por cientistas vociferantes, frequentemente implicaram em fortes reações e reforçada resolução daqueles que encontravam em suas identidades sociais e religiosas um significado e um valor a que não estavam dispostos a renunciar.

Secularização – uma terceira dimensão

Dos dois primeiros significados da secularização até aqui considerados – uma diminuição no escopo do poder das instituições religiosas e uma perda

---

40 Eu retirei esses comentários de BROOKE, John Hedley. "The Myth that Modern Science has Secularized Western Culture". In: NUMBERS, Ronald L. (ed.). *Galileo Goes to Jail and Other Myths in Science and Religion*. Cambridge, MA: Harvard University Press, 2009. Capítulo 25.

de plausibilidade em suas doutrinas –, é sobre o segundo que entende-se que a ciência tenha tido um impacto maior. Um símbolo do ponto de vista mais comum seria o comentário de Darwin sobre o fato de que quanto mais ele sabia sobre as leis fixas da natureza, mais inacreditáveis os milagres se tornavam.[41] Há, contanto, problemas significativos com uma fórmula tão simples quanto essa, não apenas porque sua clara distinção entre a natureza e o sobrenatural não é atemporal, mas também porque em sua própria forma, moderna, é um produto da secularização. O que se entendeu por natureza (e, portanto, por sobrenatural) alterou-se com o tempo. Para Robert Boyle, um filósofo natural cristão da segunda metade do século XVII, era um erro atribuir quaisquer agências causais à natureza. Dizer que a natureza abominava o vácuo ou dava início a efeitos era, simplesmente, usar uma linguagem vulgar. Os fenômenos físicos não eram causados por uma natureza personificada ou por leis da natureza. A eficácia causal estava, em última instância, arraigada ao desejo e ao poder de Deus.[42] Como Samuel Clarke, advogado de Newton, explicou, as leis descobertas pela pesquisa científica seriam resumos das regras através das quais Deus normalmente escolhe trabalhar no mundo. Essa imagem de uma deidade agindo através da natureza difere da compreensão secular moderna que presume que as explicações naturais e sobrenaturais estejam (muitas vezes sem se questionar) competindo entre si. Foram necessárias, portanto, mudanças fundamentais nas sensibilidades religiosas antes que a dicotomia pudesse assumir sua forma secular e moderna.[43] Apenas quando isso aconteceu começou a parecer óbvio que, quando os cientistas pudessem explicar naturalmente os fenômenos, os apelos à atividade divina perderiam credibilidade.

É útil introduzir, nesse momento, uma terceira dimensão da secularização – uma para a qual as ciências poderiam ser relevantes, mas apenas

---

41 DARWIN, Charles. *The Autobiography of Charles Darwin, 1809-1882, with Original Omissions Restored*, p. 86.
42 BOYLE, Robert. *A Free Enquiry into the Vulgarly Received Notion of Nature* (1686). Seções II e IV. In: STEWART, M. A. (ed.). *Selected Philosophical Papers of Robert Boyle*. Manchester University Press, 1979, pp. 176-191. Para o texto completo desse ensaio, ver HUNTER, Michael; DAVIS, Edward B. (eds.). *The Works of Robert Boyle*. 14 volumes. London: Pickering and Chatto, 1999-2000. Vol. 10.
43 BROOKE, John Hedley. *Science and Religion: Some Historical Perspectives*, p. 36.

em conjunção às outras transformações. Essa dimensão adicional foi magistralmente analisada na obra *A Secular Age* (2007) de Charles Taylor, que examina a mudança "de uma sociedade na qual era virtualmente impossível não acreditar em Deus para uma em que a fé, mesmo para os crentes mais convictos, tornou-se uma entre tantas possibilidades".[44] Nesse sentido, o que torna a secularização possível é a multiplicação de opções e alternativas admissíveis. Como base para essa compreensão, Taylor sugere um contraste significativo entre as sociedades cristã e muçulmana: "há enormes diferenças entre essas sociedades sobre *o que é crer*; (diferenças) que derivam, em parte, do fato de que a crença é uma opção e, em certa medida, uma opção de resistência na sociedade cristã (ou 'pós-cristã'), mas não (ou ainda não) na muçulmana".[45] Em outras palavras, nas democracias ocidentais, a presença de sérias alternativas ao monoteísmo cristão mudou sutilmente as condições da crença.

> A crença em Deus não é mais um axioma. Há alternativas. E isso provavelmente também significa que, em certos *milieux*, pode ser difícil sustentar a fé. Há pessoas que se sentem compelidas a abrir mão, ainda que elas sintam sua perda. Essa é uma experiência reconhecida em nossa sociedade pelo menos desde meados do século XIX. Há ainda outros para quem a fé nunca sequer configura-se como uma possibilidade elegível. Certamente há muitos hoje para quem isso é uma verdade.[46]

À primeira vista, a ênfase de Taylor na abertura a novas possibilidades e seu papel secularizador parece deixar bastante espaço para a contribuição científica. Nos últimos 350 anos, as inovações científicas transformaram-se em visões de mundo, que efetivamente constituíram alternativas às visões de mundo informadas por valores religiosos? A visão de mundo mecanicista da

---

44 TAYLOR, Charles. *A Secular Age*. Cambridge, MA: Harvard University Press, 2007, p. 3. (NT) Há tradução em português.
45 Ibid., p. 3.
46 Ibid., p. 3

cosmologia do século XVII, visões de mundo construídas sobre a biologia evolucionista ou informadas por influentes escolas da psicanálise, de fato desafiaram compreensões sagradas do que outrora foi visto como nosso lugar de centralidade absoluta no universo?

Sigmund Freud, por exemplo, certamente acreditava nisso e não se pode dizer que cruzados secularistas não tenham levantado a bandeira da ciência quando procuraram minar a autoridade e o poder das instituições religiosas. Há um exemplo bem documentado do sucesso do darwinismo popular na Alemanha do século XIX.[47] Dos grandes países europeus, a Alemanha foi o que presenciou o maior aumento na alfabetização, o que criou as condições para que o darwinismo engajasse um público mais amplo. E ele assim o fez através dos esforços científicos de racionalistas e materialistas como Erns Haeckel, Carl Vogt, Ludwig Büchner e Wilhel Bölsche, todos defensores da noção de que a evolução triunfara sobre um cristianismo defunto. De forma típica, a ideia de uma criação primordial da matéria era ridicularizada e rejeitada por que violava o princípio científico da conservação da energia. O relato de Darwin sobre a evolução humana era o recurso científico perfeito para avançar visões monistas, em oposição ao dualismo corpo/alma que, de diferentes formas, dominara a compreensão teológica. O alto grau de receptividade ao darwinismo na Alemanha em grande parte deveu-se à influência de filosofias dissidentes anteriores, tais como a de Ludwig Feuerbach, para quem as imagens de Deus eram essencialmente projeções humanas que as igrejas haviam prontamente objetificado e a um materialismo no qual a relação da mente com o cérebro era simplesmente a mesma daquela entre a urina e os rins. A ideia de que uma visão de mundo, construída sobre as bases da racionalidade científica era oposta à visão de mundo da religião convencional, teve tanta influência nas classes trabalhadoras alemãs que o darwinismo popular tornou-se praticamente uma religião substituta. Em sua proclamação de um universo em evolução e que se autoaperfeiçoa,

---

47 KELLY, Alfred. *The Descent of Darwin: the Popularization of Darwinism in Germany, 1860-1914*. Chapel Hill: University of North Carolina Press, 1981; GREGORY, Frederick. *Scientific Materialism in 19th Century Germany*. Dordrecht: Reidel, 1977.

ela mostrou-se mais sedutora a muitos do que o marxismo que se adicionou à gama de visões de mundo alternativas.⁴⁸

Apesar da maneira como as formas das ciências populares refletiram e reforçaram atitudes seculares, Taylor dá razões sólidas para rejeitar a tese de que a ciência destronou a religião. Apesar dos protestos dos cruzados antirreligiosos, argumentos para a descrença na existência de Deus baseada em conhecimento científico não são, em si, particularmente convincentes. Quando os cientistas de fato invocam sua ciência para legitimar a descrença, eles podem facilmente deixar de lado as verdadeiras razões para sua afirmação e os pressupostos nelas escondidos. Taylor não nega, uma vez que alguém tenha caminhado em direção à descrença, haverá motivos esmagadores para que esse seja convencido da narrativa oficial, regida pela ciência. Mas a questão crucial é, se os argumentos que têm a ciência como base são inconclusivos, porque eles parecem tão convincentes? A resposta de Taylor é que o poder do materialismo hoje deriva não de fatos científicos, mas do poder de um pacote mais amplo que une o materialismo a uma compreensão moral. Ele chama esse pacote de humanismo ateu ou humanismo exclusivo. Tornar o progresso científico o motor do secularismo significa combinar as crenças religiosas a hipóteses explicativas e diluir os itens mais importantes no pacote. É no desenvolvimento de um humanismo exclusivo na cultura ocidental que Taylor localiza as raízes mais profundas da secularização.

Por humanismo exclusivo ou autossuficiente, Taylor entende "um humanismo que não aceita objetivos finais que estejam além do florescimento humano, nem quaisquer alianças com o que quer que esteja além desse florescimento".⁴⁹ Ainda que no cristianismo o florescimento humano tenha sido visto como uma busca boa e exclusiva, ele nunca foi um objetivo final. A qualidade de vida terrena não é um fim em si. Um objetivo mais urgente é viver de acordo com os desígnios de Deus na esperança de encontrar uma aceitação cujo significado maior estaria no além-túmulo. Taylor afirma que a chegada da secularidade moderna foi "concomitante ao surgimento de uma sociedade na qual, pela primeira vez na história,

---

48 BROOKE, John Hedley. *Science and Religion: Some Historical Perspectives*, pp. 296-303.
49 TAYLOR, Charles. *A Secular Age*, p. 18.

um humanismo puramente autossuficiente tornou-se uma opção amplamente disponível".[50]

Para entender como isso aconteceu, é mais instrutivo examinar as mudanças nas sensibilidades morais do que as mudanças nas teorias científicas. O próprio Taylor nota a emergência de uma cada vez mais evidente sociabilidade educada na Europa do século XVIII, que colocou sob pressão formas fortes de autoridade sacra.[51] Essa marginalização do sagrado é visível nos escritos de David Hume, por exemplo, que, para Taylor, exemplifica as principais características da nova ordem moral. Aquilo que Hume desacreditou como virtudes monásticas estéreis tinha de ser substituído por uma moralidade cívica, na qual as ações humanas beneficiassem e aprimorassem a sociedade. "O celibato, o jejum, a penitência, a mortificação, a autonegação, a humildade, o silêncio, a solidão e todo o conjunto das virtudes monásticas; por que razão elas são rejeitadas, em todos os lugares, pelos homens sensatos senão porque elas não servem a propósito algum, seja o de avançar o destino do homem na terra, seja o de torná-lo um membro mais valoroso da sociedade".[52]

Era fundamental para a construção de uma moralidade nova e alternativa a ênfase na liberdade pessoal, o respeito pelos interesses e pelas opiniões de outros, a compreensão de que as relações sociais têm por fim o benefício mútuo, e a atribuição de alto valor ao comércio e às atividades produtivas.[53]

Como uma mudança tão importante pode ser explicada? O estudo de Taylor é importante na medida em que dá corpo à afirmação de que não deveríamos ver no progresso das ciências naturais o caminho para uma resposta simples. Na verdade, a nova ordem moral associou-se ao que ele descreve como um deísmo providencial, uma filosofia na qual o mundo funciona de acordo com leis que foram estabelecidas por um criador benevolente que, entretanto, não fez nenhuma revelação especial à humanidade. Essa foi a

---

50 Ibid., p. 18.
51 Ibid., p. 238.
52 HUME, David. *Enquiry Concerning the Principles of Morals*. Seção IX, parágrafo 219. In: SHELBY-BIGGE, A. (ed.). *David Hume, Enquiries*. Oxford University Press, 1902, pp. 269-270; BROOKE, John Hedley. *Science and Religion: Some Historical Perspectives*, pp. 180-189.
53 TAYLOR, Charles. *A Secular Age*, pp. 236-237.

filosofia que, segundo a obra de Matthew Tindal, *Christianity as Old as the Creation* (1730), reduziu a fé cristã àquilo em que se podia crer com base na razão natural. A secularização concomitante apareceu na afirmação de Tindal de que os deveres de uma pessoa verdadeiramente religiosa e de um bom cidadão deveriam ser os mesmos.

É inegável que a ciência tenha tido um lugar de destaque nos escritos dos deístas. O brilhantismo da síntese de Newton, por exemplo, encapsulada em sua obra *Principia Mathematica* (1687), mostrou o que a razão humana poderia alcançar em termos de interpretação da natureza. Um novo tom para o pensamento, assim como uma nova moralidade incipiente, fizeram as práticas religiosas comuns parecerem ainda mais supersticiosas do que antes. Mesmo assim, há ampla evidência para mostrar que a consciência de uma cultura científica desempenhou um papel subordinado. Tindal, cujo livro foi descrito como a Bíblia dos deístas, destacava muito mais o relativismo cultural. Desde as grandes viagens dos descobrimentos houve problemas em relação à exclusividade dos ensinamentos cristãos. Que redenção estaria disponível para aqueles que nunca tinham ouvido falar em Jesus Cristo? Se uma cultura tão civilizada quanto a chinesa havia prosperado sem o Evangelho cristão, as implicações seriam sérias e perturbadoras. Especialmente perturbadora para Tindal era a ideia de que, se a primazia da razão fosse negada, sucumbir-se-ia aos costumes religiosos de cada uma das sociedades. Quando ele atacou os milagres bíblicos, não o fez por conta de suas incompatibilidades com as leis científicas que ele ressaltava, mas sim porque existem histórias milagrosas em todas as tradições religiosas. Esse foi um dos pontos sobre os quais Hume mais trabalhou em suas críticas a relatos de milagres, afirmando que os milagres de uma religião efetivamente invalidariam os milagres de outra. Longe de ser a principal ferramenta para a teologia secular de Tindal, o progresso científico configurava-se mais como uma fonte a ser usada contra ele por líderes religiosos ortodoxos. Em seu sutil trabalho de apologia cristã, *The Analogy of Religion* (1736), Joseph Butler observou que as obscuridades no significado das Escrituras, na qual os deístas se refestelavam, poderiam, com pesquisas mais profundas, ser esclarecidas – assim como as obscuridades no livro da natureza haviam cedido à pesquisa científica.[54]

Um padrão irônico muito difundido

Se for correto ver o deísmo providencial do século XVIII como o desenvolvimento mais importante para a pavimentação do caminho em direção ao humanismo autossuficiente, há uma ironia no fato de que essa filosofia deísta foi, ela mesma, o resultado da cultura cristã que ela eventualmente subverteu. Desde a Reforma, os cristãos protestantes atacavam muitas características das crenças e práticas católicas. A crença de que, durante a Eucaristia, o pão e o vinho milagrosamente tornavam-se o corpo e o sangue de Cristo, tornara-se um alvo comum, assim como o destaque dado pela Igreja Católica aos milagres. Em muitos aspectos, a desmistificação do cristianismo pelos deístas foi uma extensão dos contínuos ataques protestantes à autoridade papal. O repúdio de Tindal às práticas católicas ilustram a continuidade: "os padres papistas, reclamando para si o poder de absolver as pessoas quando da confissão como um direito divino, tiveram acesso aos segredos das pessoas e, dessa forma, puderam tudo governar".[55]

A ironia aqui é um semblante de um padrão irônico recorrente que deve ser reconhecido, se as relações complexas entre a ciência e a secularização precisarem ser entendidas. A visão de uma utopia baseada na ciência, que emergira durante o século XVII, particularmente nos escritos de Francis Bacon, envolve uma tradução das ideias cristãs acerca do milênio futuro, quando Cristo retornaria à Terra para reinar por mil anos.[56] Discussões sobre o método científico na Inglaterra do século XVII normalmente tinham suas raízes na doutrina da Queda e em que grau um conhecimento adâmico

---

54 Nesse parágrafo eu segui BROOKE, John Hedley. *Science and Religion: Some Historical Perspectives*, pp. 168-171.
55 TINDAL, Matthew. *Christianity as Old as the Creation*. London, 1732, p. 102.
56 WEBSTER, Charles. *The Great Instauration: Science, Medicine and Reform, 1626-1660*. London: Duckworth, 1975, pp. 15-31; TUVESON, E. L. *Millennium and Utopia*. New York: Harper, 1964.

pristino poderia ser restaurado.⁵⁷ A visão de mundo mecanicista que, de fato, finalmente desafiou as ideias cristãs acerca da deidade envolvida nas minúcias da vida humana, inicialmente surgiu como defesa do teísmo cristão, através de seu apoio dos argumentos favoráveis ao *design*.⁵⁸ As máquinas não poderiam ter se planejado ou feito a si mesmas. O conceito de leis da natureza que por fim se opôs às noções de intervenção divina originou-se, ao menos em parte, no conceito teológico de um legislador divino.⁵⁹ Contudo, o padrão irônico está gravado mais profundamente em uma relação dialética entre o uso da ciência para defender o cristianismo e suas consequências não intencionais. Essa foi uma das muitas situações em que os cientistas mostraram-se destrutivos, ainda que não fossem seus desejos.⁶⁰ Em relatos sofisticados das origens do ateísmo moderno reconhece-se que, onde os apologistas cristãos puderam contar com uma teologia natural baseada na ciência para assegurar a racionalidade da crença, os esforços deles frequentemente produziram efeitos colaterais, seja convidando uma resposta ateia ou passando a depender, prejudicialmente, de teorias obsoletas.⁶¹ A máxima de que ninguém duvidava da existência de Deus até que os seguidores de Boyle decidiram provar isso é, certamente, um exagero. Entretanto, ela captura um aspecto irônico da secularização e do progresso científico a ela relacionado. Ainda que seja tentador ver nas ciências o motor da secularização, esse padrão irônico, conjugado a outras considerações revistas nesse capítulo, indicam que raramente as coisas foram simples assim.

---

57 HARRISON, Peter. *The Fall of Man and the Foundations of Science*. Cambridge University Press, 2007.
58 BROOKE, John Hedley. *Science and Religion: Some Historical Perspectives*, pp. 13, 118, 130-144.
59 MILTON, John R. "The Origin and Development of the Concept of the 'Laws of Nature' ". *European Journal of Sociology* 22, 1981, pp. 173-195; OAKLEY, Francis. "Christian Theology and the Newtonian Science: the Rise of the Concept of the Laws of Nature". *Church History* 30, 1961, pp. 433-457; JAEGER, Lydia. *Lois de la nature et raisons du coeur: les convictions religieuses dans le débat épistémologique contemporain*. Bern: Peter Lang, 2007.
60 BURKE, Peter. "Religion and Secularisation". In: BURKE, Peter (ed.). *The New Cambridge Modern History*. Vol. 13. Cambridge University Press, 1979, pp. 293-317.
61 BUCKLEY, Michael J. *At the Origins of Modern Atheism*. New Haven: Yale University Press, 1987.

PARTE II
Religião e ciência contemporânea

6 Criacionismo científico e *Design*[1] Inteligente

RONALD L. NUMBERS

Desde o último século e meio, nenhuma questão dominou tanto as discussões sobre a ciência e a religião quanto a evolução. De fato, muitas pessoas veem os debates entre a criação e a evolução como um ponto central na contínua controvérsia. E isso por bons motivos. Mais de um século depois da comunidade científica ter abraçado a evolução orgânica, muitos leigos continuam a desprezar a noção de descendência comum. Nos Estados Unidos, onde as pesquisas mostram que desde o início da década de 1980 um número constante de 44-47% dos americanos concorda com a afirmação de que "Deus criou os seres humanos mais ou menos como são hoje em algum momento há mais ou menos 10 mil anos"; quase dois terços (65,5%), incluindo 63% de graduandos em faculdades, de acordo com uma pesquisa Gallup de 2005, viam o criacionismo como definitiva ou provavelmente verdadeiro.[2] Como veremos, essas ideias vêm se espalhando pelo mundo.

Criação e criacionismo

Em 1929, um obscuro professor de Biologia de uma pequena faculdade confessional na Carolina do Norte publicou por conta um livro chamado

---

1 (NT) O termo em inglês *design* é traduzido tanto por "plano" como por "desígnio", dependendo do contexto. Porém, optei por não traduzi-lo, pois a maioria dos brasileiros utiliza a forma de "Teoria do *Design* Inteligente".
2 JONES, Jeffrey M. "Most Americans Engaged in Debate about Evolution, Creation". 13 de outubro de 2005, e MOORE, David W. "Most Americans Tentative about Origin-of-Life Explanations". 23 de setembro do 2005, ambos disponíveis em: <poll.gallup.com>. A cifra de 65,5% aparece no perfil da questão 30c, pesquisada entre 5 e 7 de agosto de 2005.

Back to Creationism. Essa pequena obra, que apareceu justamente quando o movimento antievolucionista da década de 1920 estava perdendo forças, chamou pouca atenção. E hoje mereceria apenas menções escassas se não fosse pelo fato de que foi um dos primeiros livros a usar o termo "criacionismo" em seu título. Até o século XX, críticos da evolução tendiam a se identificar como antievolucionistas e não como criacionistas.[3]

Três fatores ajudam a explicar essa prática: Primeiro, a palavra já possuía um significado bastante conhecido não relacionado ao debate entre criação e evolução. Desde os primórdios da cristandade os teólogos haviam ligado "criacionismo" à doutrina de que Deus tinha criado individualmente cada alma humana – opondo-se aos ensinamentos traducianistas de que Deus criara apenas a alma de Adão e que as crianças herdariam as almas de seus pais; Em segundo lugar, mesmo os oponentes científicos mais proeminentes da evolução orgânica diferiam largamente em suas visões das origens. Alguns adotaram a visão bíblica de que todos os organismos descenderiam de tipos divinamente criados no Jardim do Éden e preservados na Arca de Noé. Outros, como o geólogo britânico Charles Lyell (1797-1875), defenderam o surgimento espontâneo, porém não sobrenatural, em centros ou focos regionais de criação. Outros ainda seguiram o líder antievolucionista americano, o zoólogo de Harvard, Louis Agassiz (1807-1873), argumentando em favor de repetidas criações plenas, durante as quais "as espécies não se originaram em pares únicos, mas foram criadas em grande número";[4] Em terceiro lugar, mesmo os fundamentalistas que acreditavam na Bíblia não concordavam

---

3 CLARK, Harold W. *Back to Creationism: a Defense of the Scientific Accuracy of the Doctrine of Special Creation, and a Plea for a Return to Faith in the Literal Interpretation of the Genesis Record of Creation as Opposed to the Theory of* Evolution. Angwin. CA: Pacific Union College Press, 1929. O único livro anterior a esse com o qual estou familiarizado é BURNS, Judson D. *What is Man?* ou, *Creationism vs. Evolutionism*. New York: Cochrane, 1908. Burns, médico de uma pequena cidade em Lowa, defendeu a criação especial dos primeiros humanos, mas ignorava o significado de "criacionismo".

4 NUMBERS, Ronald L. *Darwinism Comes to America*. Cambridge. MA: Harvard University Press, 1998. Capítulo 2, "Creating Creationism: Meanings and Uses since the Age of Agassiz". Ver também RUPKE, Nicolaas A. "Neither Creation nor Evolution: the Third Way in mid-Nineteenth Century Thinking about the Origin of Species". *Annals of the History and Philosophy of Biology*. 10, 2005, pp. 143-172.

acerca da interpretação correta do primeiro capítulo do Gênesis. A maioria provavelmente adotou a ideia da ruína e restauração endossada pela Bíblia imensamente popular *Scofield Reference Bible* (1909), que identificou duas criações (a primeira, "no princípio"; a segunda associada ao Jardim do Éden) e encaixou o registro fóssil na ampla lacuna entre os dois eventos. Outra leitura popular de Gênesis 1, defendida por William Jennings Bryan (1860-1925), o proeminente antievolucionista da época, entendia que os dias mencionados no Gênesis 1 representavam imensas eras, cada uma correspondente a uma seção da coluna geológica ou, talvez, a um período na história dos cosmos. Apenas um punhado desses escritos contrários à evolução insistiu no que mais tarde ficou conhecido como criacionismo da Terra Jovem, mas que era então conhecido como criacionismo do Dilúvio: uma criação especial recente de todos os tipos em seus períodos de 24 horas e um Dilúvio significativo na época de Noé que teria soterrado a maioria dos fósseis.[5]

A geologia do Dilúvio foi criação do cientista autodidata George McCready Price (1870-1963). Canadense de nascimento, Price tornou-se Adventista do Sétimo Dia ainda jovem e aceitou os escritos da profetisa adventista Ellen G. White (1827-1915) como sendo divinamente inspirados. Durante toda sua vida, White experimentara sonhos religiosos e visões advindas do transe, os quais ela e seus seguidores viram como divinos. Durante um dos episódios ela disse ter sido "levada de volta à criação e visto que a primeira semana, na qual Deus realizou o trabalho da criação em seis dias e descansou no sétimo, tinha sido como todas as outras semanas".[6] Ela também endossou que a idade da Terra era de 6 mil anos, e que uma catástrofe de proporção global na época de Noé teria soterrado os fósseis e reformulado a superfície terrestre.[7] Não havia nenhuma novidade na história de White,

---

5 NUMBERS, Ronald L. *Darwinism Comes to America*, pp. 52-53.
6 WHITE, Ellen G. *Spiritual Gifts: Important Facts of Faith, in Connection with the History of Holy Men of Old*. Battle Creek, MI: Seventh-Day Adventist Publishing Association, 1864, pp. 90-91.
7 Boa parte desse capítulo baseia-se em NUMBERS, Ronald L. *The Creationists: From Scientific Creationism to Intelligent Design*. Edição expandida. Cambridge, MA: Harvard University Press, 2006; para as visões de White, ver p. 90. Ver também NUMBERS, Ronald L. *Prophetess of Health: a Study of Ellen G. White*. 3ª ed. Grand Rapids, MI: Eerdmans, 2008.

exceto o momento. Em meados do século XIX, quando ela começou a escrever, quase todos os expositores evangélicos do Gênesis e da Geologia haviam aceitado a antiguidade da vida na Terra e a insignificância geológica do Dilúvio de Noé.[8]

Como um jovem cheio de zelo religioso, Price dedicou-se a prover uma defesa científica para o esboço da história da Terra de White. Ainda que ele mal pudesse diferenciar as rochas, ele leu a literatura científica vorazmente – e de forma crítica. Logo no início ocorreu-lhe que o argumento em favor da evolução que se baseava completamente em "visões de geologia da teoria" e que era isso que lhes dava suas mais sólidas evidências, tanto para a antiguidade da vida quanto para seu desenvolvimento progressivo. Mas quanto mais ele lia, mais tornava-se claro que as alardeadas evidências da evolução eram "um engodo gigantesco". Guiado pelas "imagens reveladas do início Edênico do mundo, da Queda, da Apostasia do mundo e do Dilúvio" da Srta. White, ele concluiu que "os verdadeiros fatos acerca das rochas e dos fósseis, libertados de meras teorias, refutam esplendidamente essa teoria evolucionista da ordem invariável dos fósseis, que é a própria espinha dorsal da doutrina da evolução".[9]

Em 1906, Price publicou um livreto intitulado *Illogical Geology: the Weakest Point in the Evolution Theory*, no qual ofereceu uma recompensa de mil dólares para "quem lhe mostrasse, frente aos fatos aqui apresentados, como provar que um tipo de fóssil é mais antigo do que outro". Antes de sua morte, em 1963, ele foi autor de outras duas dúzias de livros, sendo o mais sistemático e abrangente deles o *The New Geology* (1923). Nele, Price reafirma sua "grande 'lei das sequências estratigráficas conformes' ", que modestamente descreveu como "provavelmente a mais importante lei já formulada no que diz respeito à ordem de formação dos estratos". De acordo com essa lei, "qualquer tipo de camada fossilífera, seja ela 'jovem' ou 'velha', pode ser encontrada em conformidade a essa camada em quaisquer outras, 'mais velhas' ou 'mais jovens' ". Para Price, as chamadas conformidades

---

8 STILING, Rodney Lee. *The Diminishing Deluge: Noah's Flood in Nineteenth-Century American Thought*. Tese de Doutorado não publicada. University of Wisconsin-Madison, 1991.
9 NUMBERS, Ronald L. *The Creationists: From Scientific Creationism to Intelligent Design*, pp. 91-92.

enganadoras (quando parece que faltam estratos) e falhas de impulso (quando as camadas estão, aparentemente, na ordem errada) provam que não há uma ordem natural nas rochas em que se encontram os fósseis, cuja existência ele atribuía ao Dilúvio de Noé.[10]

Apesar de repetidos ataques do *establishment* científico, a influência de Price entre os fundamentalistas não adventistas cresceu rapidamente. Em meados da década de 1920, o editor de *Science* podia corretamente descrever Price como "a principal autoridade científica dos Fundamentalistas" e a assinatura de Price aparecia com crescente frequência em um amplo espetro de periódicos religiosos.[11] Contudo, poucos líderes fundamentalistas, apesar de apreciarem a crítica da evolução feita por Price e sua defesa ao Dilúvio bíblico, desistiram de seus laços com as teorias da lacuna e do "dia-era" em prol de sua geologia do Dilúvio.

Em *Back to Creationism*, o livro com o qual começamos esse capítulo, um dos antigos alunos de Price, Harold W. Clark (1891-1986), tentou estabelecer a teoria baseada na Bíblia de Price como a ciência do criacionismo. Essa nova ciência, escreveu ele de maneira otimista,

> interpretará os registros das rochas, as vidas das plantas e dos animais e a história humana à luz da história da criação... Conforme o homem se aprofunde na ciência do criacionismo, os segredos mais íntimos das células e dos átomos exibirão o poder do Criador de formas que nunca foram compreendidos; e na degeneração e no mal que a biologia e a sociologia trouxeram à luz será vista a atividade do contrapoder (i.e. Satã) que vem tentando arruinar a bela criação... Chegou a hora para uma rebelião contra o domínio da evolução e para retornar aos fundamentos da verdadeira ciência, DE VOLTA AO CRIACIONISMO.[12]

---

10 Ibid., pp. 95-97; PRICE, George McCready. *The New Geology*. Mountain View, CA. Pacific Press, 1923, pp. 637-638.
11 *Science*. 5 de março de1926, p. 259.
12 CLARK, Harold W. *Back to Creationism: a Defense of the Scientific Accuracy of the Doctrine of Special Creation, and a Plea for a Return to Faith in the Literal Interpretation of the Genesis Record of Creation as Opposed to the Theory of Evolution,*. pp. 138-139. Sobre Clark, ver

Criacionismo organizado

Conforme o movimento americano antievolução foi se esgotando, no final da década de 1920, alguns defensores mais ferrenhos tentaram manter o protesto vivo organizando uma nova sociedade. Seus esforços, porém, imediatamente encontraram dois obstáculos: a escassez de cientistas treinados e a contínua discordância acerca do significado de Gênesis 1. Price não apenas não terminara a faculdade como também nem sequer frequentara o curso avançado de ciências, embora Clark, no início dos anos 1930, tenha obtido um mestrado em Biologia na Universidade da Califórnia, Berkeley. Outros ativistas antievolucionistas que haviam sido expostos à ciência foram Harry Rimmer (1890-1952), um evangelista presbiteriano e autointitulado cientista pesquisador, que frequentara brevemente uma faculdade de medicina homeopática; Arthur I. Brown (1875-1947), um cirurgião canadense cujas anotações descreviam-no como "um dos mais bem informados cientistas no continente americano"; S. James Bole (1875-1956), um professor de Biologia no Wheaton College, que obteve seu mestrado em Educação e, em 1934 obteve seu doutorado em Horticultura na Iowa State College; e o colega de Bole no corpo docente de Wheaton, L. Allen Higley (1871-1955), um químico.[13]

Em 1935, Price, Clark, Rimmer e Higley juntaram-se a alguns poucos outros para criarem "uma frente unida contra a teoria da evolução". A sociedade resultante, a *Religion and Science Association*, contudo, dissolveu-se rapidamente, quando seus membros se envolveram em disputas sobre a idade da Terra, com Price e Clark apoiando a geologia do Dilúvio, Rimmer e Higley defendendo a teoria da lacuna e outros ainda defendendo a interpretação do "dia-era". Como um dos antievolucionistas frustrados observou na década de 1930 que os fundamentalistas estavam "completamente perdidos entre as eras geológicas: geologia do Dilúvio e Ruína, crendo em todas ao mesmo tempo, endossando todas ao mesmo tempo".

NUMBERS, Ronald L. *The Creationists: From Scientific Creationism to Intelligent Design*, pp. 142-148.
13 NUMBERS, Ronald L. *The Creationists: From Scientific Creationism to Intelligent Design*. Capítulo 4. Scientific Creationists in the Age of Bryan.

Como então, perguntava-se ele, poderiam os cristãos evangélicos colocar o mundo contra a evolução se eles próprios não conseguiam concordar sobre o significado do Gênesis 1?[14]

Alguns anos depois do fim da *Religion and Science Association*, Price e um pequeno número de colegas, na Carolina do Sul (onde ele havia se aposentado), em sua maioria adventistas, organizaram a Deluge Geology Society que, por muitos anos no início da década de 1940 publicou o *Bulletin of Deluge Geology and Related Science*. O grupo consistia em "um grupo de homens muito eminentes", gabava-se Price. "Em nenhum outro lugar no globo poderia se encontrar tantos crentes da criação e opositores da evolução tão educados cientificamente quanto aqui na Carolina do Sul". Certamente o cientista melhor treinado na sociedade era um luterano do Sínodo do Missouri, Walter E. Lammerts (1904-1996), que havia se doutorado em Genética na Universidade da Califórnia, Berkeley, e que ensinava horticultura em seu campus de Los Angeles. O momento mais excitante veio no início dos anos 1940, quando ela anunciou a descoberta de gigantescas pegadas fossilizadas que eles acreditavam ser humanas, em rochas geologicamente antigas. Um dos membros previu que essa descoberta demoliria a teoria da evolução "com um único golpe" e "impressionaria o mundo científico". Mas mesmo esse grupo de geólogos do Dilúvio, que concordava sobre o aparecimento recente da vida na terra, dividiu se amargamente sobre a questão do "tempo pré-Gênesis da Terra", ou seja, se a matéria orgânica da Terra pré-dataria a criação do Éden ou não. Ao redor de 1947, a sociedade chegou ao fim.[15]

Nessa época uma sociedade mais ecumênica de cientistas evangélicos entrara em cena: a *American Scientific Affiliation* (ASA). Criada em 1941 por membros do *Moody Bible Institute*, a associação primeiro viu a evolução com uma certa desconfiança. No final da década, porém, a presença de alguns jovens cientistas bem treinados que abraçavam a evolução teísta (ou seu irmão intelectual, o criacionismo progressivo) dividiu a associação. Os insurgentes mais influentes foram J. Laurence Kulp (1921-2006) e Russell L. Mixter (1906-2007). Kulp, um ex-aluno de Wheaton cujo doutorado

---

14 Ibid. Capítulo 6. "The Religion and Science Association".
15 Ibid. Capítulo 7. "The Deluge Geology Society".

fora realizado em Físico-Química na Universidade de Princeton, e em seguida completou a carga do curso com um segundo PhD em Geologia, estabelecera-se na Universidade de Columbia como uma das primeiras autoridades em datação por radioisótopos. Como um dos primeiros evangélicos com treinamento avançado em Geologia, ele discursava com uma autoridade ímpar. Preocupado com a possibilidade da genealogia do Dilúvio de Price ter se "infiltrado na maior parte do cristianismo fundamentalista na América, principalmente por conta da ausência de geólogos cristãos treinados", ele se propôs a expor suas abundantes falhas científicas. Em um artigo influente, lido pela primeira vez para os membros da ASA em 1949, ele concluiu que as "maiores proposições da teoria eram contraditas pelas leis estabelecidas da física e da química". Mixter, enquanto isso, defendia uma maior aceitação das evidências de uma evolução orgânica limitada. Enquanto ensinava Biologia em Wheaton College, ele obteve um doutorado em Anatomia na escola de medicina da Universidade de Illinois em Chicago, em 1939. Logo em seguida ele começou a pressionar os criacionistas para que passassem a aceitar a evolução "dentro da ordem", assegurando-lhes que eles podiam "acreditar na origem das espécies em momentos diferentes, separados por milhões de anos e em lugares com distâncias continentais entre si".[16]

O renascimento criacionista

Em 1954, Bernard Ramm (1916-1992), um teólogo-filósofo associado à liderança do ASA, publicou um livro audaciosamente chamado de *The Christian View of Science and Scripture*. Condenando os cristãos hiperortodoxos por sua "bibliolatria limitada" e atitude "ignóbil" para com a ciência, esse avatar do neoevangelismo urgiu os cristãos a pararem de basear sua ciência no Gênesis e a adotarem o criacionismo progressivo, tão popular entre os membros da ASA. Ele dedicou seu livro a um dos fundadores da ASA e agradeceu a Kulp por ter habilitado o livro, graças à sua "precisão técnica".

---

16 Ibid. Capítulo 9. "Evangelicals and Evolution in North America".

Ramm apontou sua mais dura retórica em direção à geologia do Dilúvio de Price, cuja influência crescente entre os fundamentalistas ele considerava "um dos desenvolvimentos mais estranhos do início do século XX". Apesar da manifesta ignorância de Price, seu tipo de criacionismo havia tornado-se, pelo menos para Ramm, "a espinha dorsal de boa parte do pensamento fundamentalista sobre geologia, criação e o Dilúvio".[17]

Muitos evangélicos, incluindo Billy Graham (1918), aclamaram o livro de Ramm, mas os fundamentalistas tenderam a responder colericamente ao que eles entenderam como uma tentativa arrogante e heterodoxa de equacionar o criacionismo progressivo e a visão cristã. O ataque de Ramm levou um jovem fundamentalista, John C. Whitcomb Jr. (1924), formado em Princeton e pesquisador do Antigo Testamento, professor e doutorando do *Grace Theological Seminary*, a transformar sua tese em uma resposta vivaz a Ramm e uma defesa da "posição de George M. Price". Quando Whitcomb contatou a Moody Press com o intuito de publicar seu estudo, o editor recomendou que o acadêmico bíblico recrutasse um cientista de profissão como seu coautor. Por fim ele encontrou um parceiro aceitável, ainda que não perfeito: Henry M. Morris (1918-2006), um batista fundamentalista, doutor em Hidráulica pela Universidade de Minnesota, e que se tornara há pouco tempo chefe de um amplo programa de Engenharia Civil no Virginia Polytechnic Institute.[18]

Como defensores da geologia do Dilúvio de Price, Whitcomb e Morris enfrentaram a árdua – talvez impossível – tarefa de não serem ignorados como "loucos", por tentarem promulgar sua teoria. Logo no início Morris sugeriu a Whitcomb que seria melhor "simplesmente enumerar os argumentos de Price como um relato histórico, e então enfatizar a estrutura bíblica e suas implicações geológicas".[19] Mais tarde, conforme ele e Morris aproximavam-se do fim do projeto, Whitcomb manifestou suas preocupações em ser ligado ao desonrado Price e sua estranha igreja:

---

17 Ibid., pp. 208-211.
18 Tanto esse quanto os próximos dois parágrafos baseiam-se em ibid. Capítulo 10. John C. Whitcomb, Jr., Henry M. Morris, and *The Genesis Flood*.
19 MORRIS, Henry M. to WHITCOMB, J. C., 7 de outubro de 1957, Whitcomb Papers.

Estou cada vez mais persuadido de que meu capítulo sobre "A geologia do Dilúvio no século XX" atrapalhará mais do que ajudará em nosso livro, pelo menos em sua atual forma. Segue aqui o que eu quero dizer. Para muitas pessoas, nossa posição ficaria um tanto desacreditada pelo fato que "Price e o Adventismo do Sétimo Dia" (o título de uma das seções deste capítulo) tem um papel de destaque em sua defesa. Minha sugestão seria fornecer no livro uma ampla bibliografia de trabalhos do século XX que defendem a geologia do Dilúvio, sem sequer mencionar a denominação de seus vários autores. Afinal, que diferença faz o aspecto denominacional?[20]

No final, os autores camuflaram sua dívida intelectual para com Price ao eliminar quase todas as referências a ele, à exceção de poucas, casuais, e todas as menções aos seus nexos adventistas.

Em 1961, depois que Moody decidiu não publicar seu livro, o presbiteriano ortodoxo Rousas J. Rushdoony (1916-2001), fundador do movimento de ultradireita de reconstrução cristã, levou-os a uma pequena gráfica fundamentalista na Filadélfia, que finalmente levou ao público *The Genesis Flood*. Ainda que um crítico tenha corretamente descrito o livro como uma "reedição das opiniões de G. M. Price", ele gerou sensação dentro da comunidade evangélica.

Dois anos depois do aparecimento de *The Genesis Flood*, um pequeno grupo de cientistas cristãos, energizados pelo livro de Whitcomb e Morris – e cada vez mais irritados com a inclinação da ASA em direção à evolução – abandonou a ASA e fundou sua própria sociedade hiperortodoxa, a *Creation Research Society* (CRS). Liderando esse esforço, tanto administrativa quanto financeiramente, estava o geneticista Luterano Lammerts, que até aquela data permanecia um criacionista *low profile*. O primeiro comitê diretor da CRS, formado por dezoito membros, refletiu de forma imprecisa a composição teológica do emergente movimento do criacionismo da Terra Jovem: seis luteranos do Sínodo de Missouri, seis batistas (quatro do Sul, um regular e um independente), dois adventistas do Sétimo Dia

---

20 WHITCOMB, J. C. to MORRIS, H. M., 24 de janeiro de 1959, Whitcomb Papers.

e um membro de cada: da Igreja Reformada Presbiteriana, da Igreja Cristã Reformada, da Igreja Metodista e da Igreja da Irmandade. O comitê incluía cinco biólogos com doutorados obtidos em grandes universidades, outros dois biólogos com o título de mestre e um bioquímico com doutorado na área. Não havia físicos no grupo e apenas um engenheiro, Morris. Doze dos dezoito viviam no centro-oeste americano, quatro no sudeste, um na Califórnia e um na Virgínia.[21]

A CRS afirmava-se como uma "sociedade de pesquisas", mas conduzia poucas investigações fora das bibliotecas. O líder do Comitê de Pesquisa, Larry G. Buttler (1933-1997), um bioquímico batista da Purdue University e um dos poucos membros ativos da CRS com um cargo acadêmico de destaque, ficou cada vez mais frustrado com as propostas que recebia. Esperando "apresentar uma imagem de credibilidade científica, tanto quanto possível, sem comprometer a Bíblia", ele diligentemente tentava "excluir verdadeiros psicopatas, loucos e mentecaptos" que buscavam um espaço para suas ideias pouco prováveis. Como ele logo descobriu, muitos criacionismos sofriam de uma queda pelo sensacionalismo. "Nós fazemos observações impressionantes (pegadas humanas contemporâneas aos dinossauros), nós postulamos reviravoltas dramáticas (repentinos depósitos de massas de gelo feitos por um visitante planetário); nós propomos varrer da face da Terra as generalizações científicas (a negação de todo o sistema de datação por C14)". Ainda que alguns colegas dentro da sociedade tivessem-no favorecido para ocupar a presidência, ele se viu cada vez mais impaciente com o que chamava de "periferia lunática" do criacionismo. Desencorajado pelo fracasso de seus esforços em prol da elevação dos padrões científicos da pesquisa criacionista, ele renunciou ao cargo no Conselho Administrativo em 1975 e, mais tarde, ignorou sua membresia (tanto em relação à CRS quanto à Igreja).[22]

Apesar do envolvimento com o criacionismo da Terra Jovem, logo surgiram discordâncias. Uma das mais significativas girou ao redor da questão da especiação. Conforme os biólogos descobriam cada vez mais espécies, tornava-se claro para os criacionistas que a arca de Noé não poderia ter acomodado

---

21 Ibid. Capítulo 11. "The Creation Research Society".
22 Ibid., pp. 283-285.

representantes de cada uma delas. Assim, muitos adotaram a solução proposta por um ex-aluno de Price, Frank Lewis Marsh (1899-1992), para quem os tipos presentes no Gênesis não poderiam ser equacionados às espécies, mas às famílias ou ao que ele chamava de baramins. Isso resolvia o problema de espaço na arca, mas criava outro: como os tipos preservados na arca haviam produzido tantos gêneros e espécies, e isso tudo em apenas 4.300 anos? Parecia plausível, por exemplo, que a família *Canidae* – incluindo os cães domésticos e selvagens, os lobos, as raposas, os coiotes, os chacais e os dingos – tenha descendido de um único tipo. Morris – e a maioria de seus colegas – abraçou a microevolução rápida. Entretanto, como geneticista, Lammerts sabia que isso era cientificamente impossível, que teria de ter havido uma segunda criação para repovoar a Terra após o Dilúvio. Infelizmente para ele, a Bíblia não menciona esse evento, então sua solução sobrenatural não foi aceita.[23]

Para uma organização criacionista da Terra Jovem, a CRS cresceu rapidamente. Quando de seu décimo aniversário, ela ostentava o número de 1.999 membros, sendo que 412 deles eram diplomados em ciência. Nessa época os líderes da sociedade estavam deixando de lado o nome de geologia do Dilúvio em prol de "ciência da criação" ou "criacionismo científico" como rótulos para seus modelos de história da Terra. Na verdade, há pouca diferença entre eles, exceto pelo fato de que o criacionismo científico não menciona eventos ou personagens bíblicos, como o Jardim do Éden, Adão e Eva e o Dilúvio de Noé. Entretanto, o foco sobre o Dilúvio permanece o mesmo. Morris deixou isso claro em um livro intitulado *Scientific Creationism* (1974).

> O Dilúvio do Gênesis é o verdadeiro ponto de conflito entre as cosmologias evolucionistas e criacionistas. Se o sistema da geologia do Dilúvio puder ser estabelecido em bases científicas sólidas e efetivamente promovido e tornado público, então toda a cosmologia evolucionista, ao menos em sua atual forma neodarwinista, entrará em colapso.

---

[23] NUMBERS, Ronald L. "Ironic Heresy: How Young-Earth Creationists came to Embrace Rapid Microevolution by Means of Natural Selection". In: LUSTIG, Abigail J., RICHARDS, Robert J., RUSE, Michael (eds.). *Darwinian Heresies*. Cambridge University Press, 2004, pp. 84-100.

Isso, por sua vez, significaria que todo sistema e movimento anticristão (comunismo, racismo, humanismo, libertinismo, behaviorismo e todo o resto) seriam privados de suas bases pseudointelectuais.[24]

Efetivar mudanças dos rótulos expressava um desejo de ter um produto aceitável para uso em escolas púbicas, especialmente na Califórnia, que estava revisando suas diretrizes para o ensino da ciência. Notadamente, o *Scientific Creationism* apareceu em duas versões quase idênticas: uma para escolas públicas, sem quaisquer referências à Bíblia, e outra para escolas confessionais, que manteve as referências à Bíblia e um capítulo adicional, intitulado "Creation According to Scripture".[25]

Os criacionistas científicos gostavam de contrastar o modelo de criação das origens com o modelo da evolução – e insistiam que o primeiro fosse tão científico quanto o segundo. Na sua própria cabeça – como vemos por suas obras publicadas –, eles amavam a ciência e simplesmente desejavam proteger sua reputação. Ao vender sua abordagem em dois modelos para os Conselhos Escolares e Legisladores Estaduais, eles repetidamente apelavam não apenas para suas credenciais científicas, mas também a seus desejos de promoção da ciência. "Destaque que os criacionistas não estão propondo ensinar a 'história da criação do Gênesis' nas escolas", aconselhou Morris, "mas apenas mostrar que os fatos da ciência podem ser explicados a partir dos termos do modelo científico da criação".[26]

Em 1968, a Corte Suprema considerou inconstitucional a última das leis em vigor desde a década de 1920 que proibiam o ensino da evolução. Isso levou os criacionistas a abandonarem quaisquer projetos de tornar a evolução ilegal e a voltarem suas atenções para a escrita de uma legislação que lhes permitiria ensinar a ciência da criação junto à ciência da evolução.

---

24 MORRIS, H. M. (ed.). *Scientific Creationism*. Edição geral. San Diego: Creation-Life Publishers, 1974, p. 252.
25 NUMBERS, Ronald L. *The Creationists*. Capítulo 12. "Creation Science and Scientific Creationism". Para as mudanças de interpretação da Constituição, ver LARSON, Edward J. *Trial and Error: the American Controversy over Creation and Evolution*. 3ª ed. New York: Oxford University Press, 2003, pp. 93-94.
26 Ibid., pp. 276-277.

Os criacionistas procuraram afirmar o *status* científico de suas visões para poder contornar a separação constitucional da Igreja e do Estado e suas implicações para o ensino religioso nas escolas. O *Bill of Rights* da Constituição Norte Americana proíbe o Congresso de aprovar quaisquer "leis que digam respeito ao estabelecimento da religião ou que proíba seu livre exercício". Antes da Segunda Guerra Mundial, a Suprema Corte interpretara essa passagem em seu sentido literal; no final da década de 1940, contudo, ela entendeu que a Constituição erguia "um muro de separação" entre a Igreja e o Estado. Em um momento em que pesquisas de opinião pública revelavam que "metade dos adultos nos Estados Unidos acreditava que Deus havia criado Adão e Eva para que dessem início à raça humana", o movimento em prol de um "tratamento balanceado" passou a gozar de amplo apoio popular.[27] Por fim, apenas dois estados, o Arkansas e a Louisiana, adotaram a abordagem a partir dos dois modelos. Em 1982, um juiz federal do Arkansas, que fora orientado pelo filósofo Michael Ruse (1940) sobre os critérios de demarcação que supostamente distinguiriam a ciência da não ciência, declarou que a lei do Arkansas infringia os requisitos constitucionais para manter a separação da Igreja e do Estado; a Corte Suprema dos Estados Unidos ratificou esses julgamentos em 1987, embora permitindo, nas palavras de um dos juízes, que "o ensino de várias teorias científicas sobre as origens da humanidade para as crianças em idade escolar possa ser válido, com a clara intenção secular de aumentar a efetividade da instrução científica".[28]

---

27 "The Christianity Today – Gallup Poll: an Overview". Christianity Today. 21 de dezembro de 1979, pp. 12-15. Desde 1983, O instituto Gallup avalia a porcentagem de americanos que comungam da ideia do "criacionismo, ou seja, da ideia de que Deus criou os seres humanos mais ou menos da maneira como eles são em algum momento nos últimos 10 mil anos", entre 1982 e 2008, o número variou entre 43 e 47%. Ver <gallup.com/poll/21814/Evolution-Creationism-Intelligent-Design.aspx>.

28 A melhor introdução aos debates legais sobre o criacionismo estão em LARSON, Edward J. *Trial and Error: the American Controversy over Creation and Evolution*.

O *Design* Inteligente

A decisão da Suprema Corte acabou com as esperanças de muitos cientistas da criação que acreditaram que sua versão diluída do criacionismo pudesse passar pelo filtro constitucional, mas contribuiu pouco para diminuir a ampla antipatia para com a evolução nos Estados Unidos. Poucos se desapontaram com essa decisão tanto quanto dois autores criacionistas, Dean H. Kenyon e Percival Davis, que haviam rascunhado um manuscrito tentativamente intitulado *Biology and Creation*, antecipando a demanda por um livro didático para Ensino Médio quando as cortes excluíram o criacionismo. Sua editora otimista calculou uma bonança financeira de "mais de 6,5 milhões (de dólares) em cinco anos". Quando as cortes virtualmente dizimaram o mercado para textos criacionistas, Kenyon e Davis rapidamente higienizaram seu manuscrito ao substituir o título original por *Of Pandas and People* e trocando as palavras "criação" e "criacionistas" por eufemismos como "*Design* Inteligente" e "Proponentes do *Design*". Como eles o definiram, o *Design* Inteligente forneceu uma estrutura de referências que "localizava a origem de novos organismos em uma causa imaterial: em uma planta, um plano, um padrão divisado por um agente inteligente".[29]

Of Pandas and People pode ter se iniciado como um trabalho criacionista convencional, mas colocou em cena um novo *slogan* para uma campanha ativa contra a evolução: *Design* Inteligente. O movimento do *Design* Inteligente começou no início da década de 1990 com a publicação de um tratado antievolução, *Darwin on Trial* (1991), escrito por um professor de Direito de Berkeley, Phillip E. Johnson (1940). Aborrecido por conta da estridência anticristã de alguns darwinistas – tais como Richard Dawkins – o presbiteriano leigo decidiu expor o que ele via como a fraqueza lógica do caso da evolução, particularmente o pressuposto apresentado por seus advogados de que o naturalismo é a única maneira legítima de fazer ciência. Desde que os investigadores da natureza do início do século XIX afastaram-se da filosofia natural (que permitia os apelos ao sobrenatural) e aproximaram-se da ciência

---

29 Essa seção baseia-se em NUMBERS, Ronald L. *The Creationists: From Scientific Creationism to Intelligent Design*. Capítulo 17. ID - *Intelligent Design*.

(que não o fez), os praticantes, a despeito de suas afiliações religiosas, evitaram invocar forças divinas ou diabólicas para explicar o funcionamento da natureza. Em outras palavras, explicar a natureza naturalmente tornou-se a característica definidora da ciência, tanto para cristãos quanto para ateus. Em contraste ao naturalismo metafísico, que negava a existência de um Deus transcendente, esse naturalismo metodológico supostamente não trazia nenhuma implicação acerca da existência de Deus. Johnson discordou veementemente. Alegando ver pouca diferença entre o naturalismo metodológico e o materialismo científico, ele se propôs a ressacralizar a ciência ou, como disse um de seus admiradores, "a reclamar a ciência para o nome de Deus". Johnson arguia que se as evidências permitiam uma explicação natural, então, evocar o *Design* inteligente deveria ser considerada uma resposta científica legítima. O *Design* inteligente, como um *insider* admitiu, era simplesmente uma forma politicamente correta de referir-se a Deus.[30]

Johnson aspirava montar uma tenda suficientemente grande para acomodar todos os antievolucionistas que desejavam colocar o Gênesis de lado (pelo menos temporariamente) e se focarem nas supostas evidências científicas contra a evolução. Ainda que alguns criacionistas da Terra Jovem tenham procurado abrigo na tenda, Morris e outros criacionistas bíblicos ressentiram-se dos esforços dos Proponentes do *Design* Inteligente para marginalizar suas visões e para evitar "o confronto com o relato do Gênesis de uma Terra Jovem e do Dilúvio Global". Em meados da década de 1990, o fundador do Discovery Institute, de centro-direita, em Seattle, convidou teóricos do DI a estabelecerem um local institucionalizado dentro do instituto, chamado de Center for the Renewal of Science and Culture. Em mais ou menos um ano eles haviam levantado "quase um milhão de dólares em subsídios". O doador mais generoso foi Howard Fieldstead Ahmanson Jr. (1950), herdeiro de uma fortuna construída no ramo de investimentos e empréstimos.

---

30 Para o naturalismo metodológico ver NUMBERS, Ronald L. "Science without God: 'Natural Laws and Christian Beliefs' ". In: LINDBERG, David C., NUMBERS, Ronald L. (eds.). *When Science and Christianity Meet*. University of Chicago Press, 2003, pp. 265-285. O filósofo-teólogo evangélico Paul de Vries cunhou o termo em "Naturalism in the Natural Sciences". *Christian Scholar's Review* 15, 1986, pp. 388-396.

Amigo íntimo de Rousas J. Rushdoony, o teocrata que encontrou uma editora para o livro *Genesis Flood* de Whitcomb e Morris, Ahmanson, como seu mentor, procurou "a integração total da lei bíblica em nossas vidas".³¹

Dessa vez, diversos jovens juntaram-se a Johnson como o rosto público do movimento, entre eles Michael J. Behe (1952), um bioquímico católico da Lehigh University. Em 1996 a Free Press of New York lançou a obra de Behe, *Darwin's Black Box: the Biochemical Challenge to Evolution*, o primeiro livro antievolução publicado, em sete décadas, por uma editora de destaque.³² Em seu livro, Behe argumentou que a bioquímica havia "levado a teoria de Darwin ao limite ao abrir a última caixa preta, a célula, tornando assim, possível nossa compreensão acerca de como a vida funciona". A "impressionante complexidade da estrutura orgânica subcelular" – sua "irredutível complexidade" – levou-o a concluir que havia um *Design* inteligente em ação. "O resultado é tão inequívoco e tão significativo que deve ser considerado como uma das maiores conquistas na história da ciência", concluiu ele grandiosamente. "Essa descoberta (do *Design* Inteligente) rivaliza com as de Newton e Einstein, Lavoisier e Schroedinger, Pasteur e Darwin".³³ A menção a Darwin não era casual. Ao contrário da maioria de seus colegas no movimento, Behe não excluía a possibilidade de uma evolução divinamente guiada.

Um exemplo mais típico da atitude para com a evolução teísta dentro do campo do DI era o de outra estrela em ascendência, o filósofo e matemático William A. Dembski (1960). "Os teóricos do *Design* não são amigos de uma evolução teísta", ele declarou:

> No que diz respeito aos teóricos do *Design*, a evolução teísta é uma acomodação mal concebida do darwinismo por parte do evangelismo

---

31 Para uma apreciação acadêmica do Reconstrucionismo, ver WORTHEN Molly. "The Chalcedon Problem: Rousas John Rushdoony and the Origins of Christian Reconstructionism". *Church History* 77, 2008, pp. 399-437.

32 Em 1925, a McMillan de New York publicou o *The Case against Evolution*, de George Barry O'Toole.

33 BEHE, Michael J. *Darwin's Black Box: the Biochemical Challenge to Evolution*. New York: Free Press, 1996. Ultimate black box, pp. 15; Greatest Achievements, pp. 232-233. (NT) Há tradução em português.

americano. O que a evolução teísta faz é tirar uma foto darwinista do mundo biológico e batizá-la, identificando essa imagem à maneira como Deus criou a vida. Quando reduzida a seu conteúdo científico, a evolução teísta não é diferente da evolução ateia.[34]

Sua posição sobre a origem das formas orgânicas não era muito diferente daquela dos criacionistas científicos. Enquanto ele reconhecia que os organismos haviam "passado por algumas mudanças no decorrer da história natural", ele acreditava que tais mudanças haviam "ocorrido dentro de limites bastante estreitos e que os seres humanos haviam sido especialmente criados". Como um especialista na teoria da probabilidade, Dembski focalizou seu muito caluniado "filtro explicativo" na improbabilidade dos organismos terem surgido por acaso, e especialmente em um método para detectar a inteligência. Como Johnson, Dembski atacou a evolução como parte de uma estratégia muito maior para revolucionar a maneira como a ciência era praticada. "As regras básicas da ciência têm que ser mudadas", declarou ele quixotescamente. "Nós temos de perceber que o naturalismo metodológico é o equivalente funcional a um naturalismo metafísico completo".[35] Por um breve período na virada do milênio, o prolífico Dembski liderou um centro de DI na Baylor Univertisy, descrito como o "primeiro celeiro de ideias sobre o *design* inteligente em uma universidade de pesquisa".

O *Design* Inteligente tornou-se notícia de primeira página em 2005, depois que um grupo de pais em Dover, na Pensilvânia, processou o conselho escolar por promoverem o DI em aulas de biologia do nono ano do Ensino Fundamental. O conselho, conservador em termos religiosos, havia instruído os professores a falarem a seus alunos sobre os pontos fracos na teoria de Darwin e a dirigi-los para o *Of Pandas and People*. O caso, como os julgamentos envolvendo a criação e a ciência que aconteceram na década de 1980, basear-se-á na questão acerca da recomendação da teoria do DI constituir-se ou não em ensino da religião e se, portanto, violaria a

---

34 DEMBSKI, William A. "What Every Theologian Should Know about Creation, Evolution, and Design". *Transaction* 3. maio/junho 1995, 1-8, p. 3.
35 Ibid., pp. 7-8.

Constituição dos Estados Unidos. Behe apareceu como a principal testemunha de defesa, mas praticamente não ajudou o caso quando ele admitiu de modo desajeitado, porém honesto, que o DI "não propunha um mecanismo no sentido de uma descrição passo a passo de como essas estruturas surgiram". No fim, o juiz condenou o Conselho Escolar por suas ações – declarando memoravelmente suas ações uma "inutilidade empolgante" – e entendeu que o DI "não seria ciência" porque invoca a "causalidade sobrenatural" e porque "não atingia as regras básicas essenciais que limitam a ciência às explicações naturais e testáveis". Mesmo sendo um cristão conservador, o juiz rejeitou como "absolutamente falsa" a afirmação de que "a teoria da evolução seja antiética para com a crença na existência de um ser supremo e para com a religião no geral".[36]

Em todo o mundo

Ainda que possamos encontrar críticos da evolução espalhados ao redor do globo durante todo o século XX, o antievolucionismo organizado pouco pôde ser visto fora dos Estados Unidos antes do fim do século. Quando Price viveu na Inglaterra por quatro anos, em meados da década de 1920, ele encontrou pouco interesse para com a luta contra a evolução, mesmo entre os cristãos conservadores. No início da década de 1930, entretanto, um grupo de antievolucionistas britânicos, liderados pelo advogado e ornitólogo amador Douglas Dewar (1875-1957), formou o *Evolution Protest Movement* (EPM) – depois que a Zoological Society of London rejeitou um de seus artigos sobre fósseis de mamíferos, levando-o a concluir que a evolução havia se tornado um "credo científico". Durante seus primeiros 25 anos, a EPM chegou a ter quase 200 membros e estabeleceu minúsculos pontos avançados na Austrália, na Nova Zelândia, no Canadá e na África do Sul.[37]

---

36 JONES III, John E. "Memorandum Opinion". 20 de dezembro de 2005, Disponível no *website* da NCSE.
37 NUMBERS, Ronald L. *The Creationists: From Scientific Creationism to Intelligent Design*. Capítulo 8. "Evangelicals and Evolution in Great Britain".

O despertar criacionista nos Estados Unidos na década de 1960 levou ao aparecimento de uma série de pequenas fogueiras ao redor do mundo. O chefe da sonolenta EPM predisse que a "reinterpretação revolucionária", de Whitcomb e Morris, da história da terra levaria a uma "nova era". De fato, levou. Um criacionista britânico explicou: "Mais do que qualquer outro fator, esse volume acadêmico, ainda que bastante controverso, levou o criacionismo dos salões paroquiais para as salas das faculdades". Em 1980, defensores da Terra Jovem haviam praticamente tomado conta da EPM; naquele ano eles mudaram seu nome para *Creation Science Movement*. Assim como os criacionistas norte-americanos sonhavam com a possibilidade de alterar o currículo das escolas públicas, os criacionistas britânicos aspiravam a conseguir algum tempo no ar pela BBC.[38] No rastro das visitas de Morris e de seu irreprimível parceiro, Duane Gish (1921), que algumas vezes juntando-se a outros colegas no Institute for Creation Research (fundado em 1972), os antievolucionistas ao redor do mundo começaram a reunir-se ao redor do criacionismo da Terra Jovem. Mesmo assim, até o ano 2000, o paleontólogo americano Stephen Jay Gould (1941-2002), afirmava confidentemente aos não americanos que não havia nada a temer. "Tão insidioso quanto possa parecer, pelo menos não se trata de um movimento mundial", ele disse. "Eu espero que todos percebam o quanto essa é uma bizarrice americana, local e indígena".[39]

Gould, um grande cientista, provou-se um falso profeta. Mesmo enquanto ele falava, o criacionismo tornava-se um fenômeno verdadeiramente global, superando com sucesso seu rótulo inicial de "produzido na América" e florescendo não apenas entre protestantes conservadores, como também em bolsões de crentes católicos, ortodoxos orientais, muçulmanos e judeus. Os protestantes conservadores, entretanto, continuaram na liderança. Na Austrália, por exemplo, os criacionistas da Terra Jovem, em 1980, estabeleceram uma energética *Creation Science Foundation*.[40] Depois de sete anos,

---

38 Ibid. pp. 355-362.
39 Essa seção baseia-se amplamente em ibid. Capítulo 18. "Creationism Goes Global".
40 Para o criacionismo na Austrália, ver NUMBER, Ronald L. "Creationists and their Critics in Australia: an Autonomous Culture or 'the USA with Kangaroos?' ". *Historical Records of*

um de seus cofundadores, o carismático ex-professor de biologia no Ensino Médio, Kenneth A. Ham (1951), mudou-se para os Estados Unidos para trabalhar com Morris no Institute for Creation Researsh. Em 1994, ele lançou seu próprio ministério criacionista, *Answers in Genesis* (AiG), com sede no norte de Kentucky, próximo de Cincinnati. Em uma década a AiG emergiu como a organização criacionista mais dinâmica em termos mundiais, com Ham falando para mais de 100 mil pessoas por ano. Em 2007, com grande fanfarra, a AiG abriu o Museu da Criação que custou impressionantes U$ 27 milhões e que atrai, anualmente, centenas de milhares de visitantes. A Coreia do Sul tornou-se outro grande centro para o criacionismo cristão. Desde sua fundação, em 1980/1981, a Korea Association of Creation Research estabeleceu filiais ao redor do país, publicando uma revista bimestral de sucesso e promovendo milhares de seminários. Em 2000, ela iniciou um programa para enviar missionários criacionistas a outros países, os primeiros indo para a Indonésia, um país predominantemente muçulmano.

A propagação do criacionismo organizado do cristianismo para o Islã começou em meados da década de 1980, quando o (muçulmano) Ministro da Educação na Turquia entrou em contato com o Institute for Creation Research com um pedido de ajuda para a promoção de um currículo de dois modelos, que ensinaria tanto a criação quanto a evolução. Em 1990, um pequeno grupo de jovens turcos em Istambul formou o Science Research Foundation (BAV em turco), liderado pelo sombrio Adnan Oktar (n. 1956), que adotara o pseudônimo de Harun Yahya. Estudante primeiro de *Design* de Interiores e depois de Filosofia, o jovem Oktar ficava cada vez mais desconfortável com o materialismo que florescia nas universidades turcas, filosofia que ele ligava ao darwinismo e ao sionismo. As atividades próximas a BAV, que se tornara quase um culto, repetidamente chamaram a atenção da polícia e resultaram na prisão de Oktar em pelo menos três ocasiões. Como parte de sua "grande

---

Australian Science 14, junho de 2002, pp. 1-12; NUMBERS, Ronald L., STENHOUSE, John. "Antievolution in the Antipodes: From Protesting Evolution to Promoting Creationism in New Zealand". *British Journal for the History of Science* 33, 2000, pp. 335-350, ambos reimpressos em COLEMAN, Simon; CARLIN, Leslie (eds.). *The Cultures of Creationism: Anti-Evolutionism in English-Speaking Countries*. Aldershot: Ashgate, 2004.

campanha intelectual contra o darwinismo", Oktar e seu círculo produziram diversos livros, incluindo *The Evolution Deceit: the Collapse of Darwinism and its Ideological Background* (1997), que circulou aos milhões em diversas línguas. Ainda que o Alcorão não requeira a crença em uma Terra Jovem, na criação em sete dias de vinte quatro horas ou em um dilúvio global, durante anos Oktar baseou-se fortemente em escritos de criacionistas da Terra Jovem para criticar a evolução. No início do século XXI, contudo, ele começou a mover-se em direção ao grupo intelectualmente mais compatível ao DI – tanto que o Discovery Institute listou o *website* de Harun Yahya como um "*Site* islâmico do *Design Inteligente*". Mas por conta de um ressentimento sobre a ascendência de um antigo discípulo no mundo do DI, Oktar repudiou o DI como "mais uma das armadilhas de Satã" por conta de seu fracasso em reconhecer Alá. Qualquer que seja o rótulo, sua cruzada antievolucionista levou a um amplo debate entre Muçulmanos conservadores.

Em uma escala muito menor, o criacionismo também obteve um ponto de apoio entre judeus ortodoxos, que, apesar de acreditarem que Deus criou o mundo há não mais de 6 mil anos, tipicamente não tinham dado atenção aos esforços cristãos para impedir a disseminação da evolução. Ocasionalmente judeus individuais falaram contra a teoria, mas foi apenas no ano 2000 que os judeus criacionistas organizaram a *Torah Science Foundation*, um grupo formado majoritariamente por israelenses e americanos inspirados pelo Rebe Lubavitch Menachem Mendel Schneerson (1902-1994). Decidido a manter uma identidade separada dos fundamentalistas cristãos, esses judeus antievolucionistas juntaram os ensinamentos da Torá e os da Cabala ao criacionismo *prêt-à-porter* e criaram um produto exclusivamente judeu.

A Europa Continental, talvez a parte mais secular do mundo, primeiramente resistiu ao criacionismo ao estilo americano. Entretanto, o contexto mudou rapidamente. Com o fim da União Soviética em 1991, o cristianismo evangélico estourou na Rússia e, junto com ele, o criacionismo. Logo os burocratas do Ministério Russo da Educação estavam copatrocinando conferências criacionistas, colaborando com escritores americanos na produção de livros didáticos criacionistas e urgindo o criacionismo a ser ensinado para ajudar a restaurar a liberdade acadêmica na Rússia depois de anos de uma ortodoxia científica imposta pelo Estado. Como disse um acadêmico, "nenhuma teoria deveria ser desacreditada depois da longa censura comunista". Outros países do antigo bloco soviético – Polônia, Hungria, Romênia e Sérvia – também testemunharam a expansão do criacionismo. Em 2004, o Ministro da Educação da Sérvia, um cristão ortodoxo, instruiu professores de escolas primárias a deixarem de ler um capítulo dogmático sobre o darwinismo para seus alunos, tal e qual ele apresentava-se no livro didático mais usado na oitava série. No ano seguinte, o Ministro da Educação da Romênia oficializou a permissão para que professores tanto de escolas públicas quanto cristãs elegessem usar uma alternativa criacionista ao livro didático padrão.

Surtos esporádicos de antievolucionismo também ocorreram na Europa Ocidental. Em 2004, por exemplo, a Ministra da Educação da Itália anunciou sua intenção de eliminar o ensino da evolução para alunos de onze a quatorze anos, o que levou a protestos em massa e a um rápido recuo. No ano seguinte, o Ministro da Ciência e da Educação da Holanda iniciou um debate feroz nos Países Baixos ao sugerir que o ensino do *Design* Inteligente poderia ajudar a curar as feridas religiosas porque cristãos, judeus e muçulmanos acreditam na criação. O furor gerado por essa proposta levou um observador alarmado a perguntar: "A Holanda está tornando-se o Kansas da Europa?"[41]

Avaliações da profundidade dos sentimentos antievolução na Europa no início do século XXI dependem de pesquisas de opinião pública. Uma das primeiras pesquisas realizadas sobre a atitude europeia em relação à criação e à evolução, em 2002, descobriu que 40% das pessoas favoreciam a evolução naturalista, 21% endossavam a evolução teísta, 20% (com os suíços na liderança) acreditavam que "Deus criara todos os organismos em algum momento nos últimos 20 mil anos" e 19% permaneciam indecisas.[42] Quatro anos depois, a BBC chocou muitas pessoas ao anunciar o resultado de uma pesquisa que mostrava que "4 em cada 10 pessoas no Reino Unido acreditam

---

41 ENSERINK, Martin. "Is Holland Becoming the Kansas of Europe?" *Science* 308, 2005, p. 1394.
42 KUTSCHERA, Ulrich. "Darwinism and Intelligent Design: the New Anti-Evolutionism Spreads in Europe". *NCSE Reports* 25, setembro-dezembro de 2003, pp. 17-18.

que as alternativas religiosas à teoria da evolução de Darwin deveriam ser ensinadas como ciência nas escolas". A pesquisa indicou que apenas 48% dos britânicos acreditavam que a teoria da evolução "descrevia melhor seu ponto de vista sobre a origem e o desenvolvimento da vida". 22% das pessoas disseram que o "criacionismo" descrevia melhor seu ponto de vista, 17% favoreciam o *"Design* Inteligente" e 13% permaneceram indecisos.[43]

De acordo com uma pesquisa Gallup, em 2005, quase o dobro dos americanos preferiam "criacionismo" a *"Design* Inteligente", com 58% dos que responderam entendendo o criacionismo como definitiva ou provavelmente verdade; enquanto que 31% deram a mesma resposta em relação ao *Design* Inteligente e 55%, à evolução. Tais números sugerem certa falta de clareza sobre o assunto mais de um quarto da população (28%) relatou não estar familiarizado com o *Design* Inteligente; 11% com o criacionismo e 8% com a evolução.[44]

Avançando já no novo século o criacionismo e o *Design* Inteligente continuam a incomodar a política americana tanto em nível local, quanto estadual e federal. Em 2008, as eleições presidenciais norte-americanas não foram uma exceção à regra. O candidato republicano, o senador John McCain, um batista do Sul, defendeu o ensino de "todos os pontos de vista" sobre as origens dos seres humanos, da mesma forma que sua candidata à vice-presidência, a governadora do Alasca Sarah Palin, pentecostal. "Ensine os dois", disse ela. "Não tenha medo de informação. O debate saudável é extremamente importante e valioso em nossas escolas. Eu sou uma proponente do ensino dos dois". Os candidatos democratas, ainda que religiosos, unissonamente apoiaram a ciência. O senador Barack Obama, membro da United Church of Christ, repudiou o DI como "não ciência". Como ele explicou ao jornal de York, na Pensilvânia:

---

43 NUMBERS, Ronald L. "The Creationists: From Scientific Creationism to Intelligent Design". p. 408; <Mori.com/polls/2006/bbc-horizon.shtml> Ver também ALLGAIER, Joachim; HOLLIMAN, Richard. "The Emergence of the Controversy around the Theory of Evolution and Creationism in UK Newspaper Reports". Curriculum Journal 17, 2006, pp. 263-279.
44 Ver <gallup.com/poll/21814/Evolution-Creationism-Intelligent-Design.aspx>; MOORE, David W. "Most Americans Tentative".

Eu sou cristão. Eu acredito na evolução e eu acredito que haja uma diferença entre a ciência e a fé. Isso não torna a fé menos importante do que a ciência, isso apenas significa que elas são coisas diferentes. E eu acho que é um erro tentar nublar o ensino da ciência com teorias que francamente não se sustentam frente ao escrutínio científico.

Seu escolhido para a vice-presidência, o senador Joe Biden, um católico, repudiou o DI como "baboseira".[45]

A grande questão que paira sobre toda essa discussão é porque tantas pessoas rejeitam a evolução. Infelizmente, não há uma resposta simples, como a falta de educação formal ou o ódio pela ciência. A maioria dos antievolucionistas professa o amor pela ciência; eles se referem ao criacionismo da Terra Jovem como ciência da criação e entendem o *Design* Inteligente como uma teoria científica. Alguns, tais como os Adventistas do Sétimo Dia, rejeitam a evolução amplamente porque sua profetiza fundadora lhes disse que a evolução era satânica. Outros, tais como os fundamentalistas cristãos, acreditam que a evolução contradiz o claro significado da palavra de Deus no Gênesis. Alguns críticos ligam o darwinismo a movimentos sociais e políticos pouco palatáveis, tais como o militarismo alemão depois da Primeira Guerra Mundial, o comunismo depois da Segunda Guerra Mundial e o ateísmo e o materialismo contemporâneos. Virtualmente todos eles adotaram o ponto de vista, promovido tanto pelos antievolucionistas quanto pelos materialistas, de que o pensamento evolucionista é incompatível com a genuína crença religiosa. Frente a uma escolha aparentemente rígida, eles elegeram manter sua fé religiosa. Tudo isso sugere que esses movimentos não irão sucumbir à ortodoxia evolucionista tão cedo.

---

45 KARAMARTIN, C. J. "McCain Sounds like Presidential Hopeful". Arizona Daily Star, 24 de agosto 2005, disponível em <azstarnet.com/sn/politics/90069>; KIZZIA, Tom. "Creation Science" Enters the Race. Anchorage Daily News, 27 de outubro de 2006, disponível em <dwb.adn.com/news/politics/elections/v-printer/story/8347904p-8243554c.html>; MURPHY, Flynn. Obama Townhall: Math, Science Add Up. Naperville Sun, 18 de janeiro de 2006, <obama.senate.gov/news/060118-obama_townhall/> (not science); JOYCE, Tom. "Obama Talks about York". York Sunday News, 30 de março de 2008, pp. 1, 7; Real Time with Bill Maher. Episode 74, 7 de abril de 2006, entrevistando Joe Biden.

7 A evolução e a inevitabilidade da vida inteligente

Simon Conway Morris

Próximo ao fim de seu histórico livro *A origem das espécies* (1860), Charles Darwin observou famosamente que "jogar-se-á luz sobre a origem do homem e deu sua história".[1] De fato, isso aconteceu. Se Darwin estivesse entre nós hoje, podemos ter certeza de que ele ficaria fascinado pelo notável progresso dos últimos 150 anos, mas suspeita-se que ele não estaria extremamente surpreso com as conquistas. A biologia molecular confirmou nossa relação próxima com os grandes símios, enquanto que a paleontologia documentou uma série de mudanças dramáticas, mais obviamente no tamanho do cérebro e nas ferramentas culturais. Em pouco mais do que um instante geológico, uma população de símios espalhada pela África metamorfoseou-se em sociedades extremamente complexas cujos números chegam aos bilhões e cujos representantes enviaram sondas para além do Sistema Solar e (com um pouco menos de custos) podem determinar o perfil molecular de quaisquer organismos vivos. Esses são dois entre muitos exemplos possíveis, e não precisa lembrar a ninguém de que, independentemente do quanto os humanos tenham alcançado e do quanto disso já assumimos como óbvio, a capacidade para chegar a compreensões científicas sustentadas pelo discurso racional da matemática não é apenas impressionante, mas também bastante estranha. Entretanto, embora nosso *Zeitgeist* seja dominado pela ciência, muitos humanos engajam-se propositadamente em uma série de conjeturas

---

1 DARWIN, Charles. *On the Origin of Species etc.*, 2ª ed. London: John Murray, 1860, p. 484.
* Agradeço a Vivien Brown pela preparação profissional desse manuscrito. Também apreciei muito os comentários críticos de Peter Harrison.

que podem parecer ainda mais bizarras, ao menos para um observador desinteressado ficcionalmente construído: através da construção de estruturas específicas, da consulta e da análise de textos dedicados e do emprego de um ritual preciso, uma parte significativa da população mundial insiste que o universo que percebemos é composto por mais do que pode ser visto. Ou seja, ele é povoado por uma ou mais agências invisíveis, às quais o acesso pode ser garantido através de rotas como a prece e revelações numinosas, e que, entre outras coisas, podem definir e até mesmo, em algumas tradições, distorcer, imperativos éticos. Ainda que certamente não defendidas universalmente, existem também convicções sobre a sobrevivência após a morte e sobre a inevitabilidade de algum tipo de julgamento *post-mortem*.

Parecemos ser binários: o *Homo scientificus* anda de mãos dadas com o *Homo religiosus*. Claramente somos produtos da evolução, mas também somos dotados de sensibilidade religiosa. Em certos círculos essa última característica é vista como, na melhor das hipóteses, um erro de categoria ou, de forma mais pungente, um delírio massivo, um colossal atendimento de desejos. Nós passaremos gentilmente pelo paradoxo de que, na grande maioria das vezes, esses pronunciamentos são feitos com um fervor e uma convicção, para não dizer um elevado espírito de autojustificativa, que daria crédito às criações literárias mais extremas de, digamos, Flannery O'Connor. Mesmo assim, e não com surpresas, proferem-se (por vezes, generosamente) explicações evolucionárias de porque as religiões não apenas emergiram, mas também mantiveram-se por milênios em sociedades tão díspares entre si e tão ligadas a ambientes vastamente diferentes. Escrevendo como um biólogo evolucionista, parece inevitável que eu tome um caminho naturalista como esse. Então, seja por conta de procedimentos tirânicos costumeiros, de alegações especiais, de passes de mágica retóricos, de ingenuidade filosófica, emprego de sinédoque absurda, ignorância histórica consciente ou por pura beligerância, por que não deveria eu construir uma narrativa darwinista sobre a razão de sermos religiosos, de conhecermos o numinoso, de podermos ficar tão maravilhados quando percebemos que nos encontramos em um espaço sagrado? Como talvez minha linguagem tenha indicado, não é isso o que eu farei.

O que, então, Atenas, berço do questionamento racional e do ceticismo tem a ver com Jerusalém, o lugar onde, de acordo com fontes confiáveis, o mundo foi interceptado por aquele que simplesmente disse "Eu sou"? Parece uma conjunção impossível. Em primeiro lugar, como foi repetidamente dito, nós somos apenas um graveto na árvore da vida, uma árvore não apenas imensa, mas também, em sua maior extensão, morta, já que praticamente todas as espécie que nela viveram hoje estão extintas. Para muitos pode parecer peculiar que apenas nossa espécie (talvez com os Neandertais[2]) tenha desenvolvido uma sensibilidade religiosa, mas trata-se de um lugar comum darwinista ver os seres humanos como "uma espécie como outra qualquer" e que, portanto, como qualquer outra, tem suas pequenas estranhezas (como a religião). Esse ponto de vista, além do que, também mescla-se à ideia amplamente aceita de que, a não ser nos níveis mais elementares, não há efetivamente possibilidade de previsão para o processo evolucionista. Esse fato foi talvez melhor expresso pelo conceito de Stephen Jay Gould de que se tivéssemos de voltar à vida desde a explosão cambriana, presumivelmente teríamos algum tipo de animal, mas nada parecido com os humanos.[3] Esse ponto de vista, entretanto, também foi colocado com força por darwinistas como George Gaylord Simpson[4] e Jared Diamond.[5] Além disso, também é bastante difundida a ideia de que a maioria das transições na vida, entre as quais, sem dúvida, as mais importantes (à exceção daquelas ligadas à própria origem da vida) são a evolução da célula eucariótica e do sistema nervoso, são igualmente fortuitas. Ou seja, é bem provável que elas ocorram por uma série de eventos acidentais, que dependem de concatenações mútuas que seriam, elas próprias, improváveis. Paradoxalmente, a própria origem da vida normalmente escapa a essas amarras céticas. Ou seja, presume-se, normalmente, que a vida em si seja universal, mas quase tão

---

2 SOLECKI, R. S. "Shanidar-4, a Neanderthal Flower Burial in Northern Iraq". *Science*. 190, 1975, pp. 880-881.
3 GOULD, S. J. *Wonderful Life: the Burgess Shale and the Nature of History*. New York: Norton, 1989. (NT) Há tradução em português.
4 SIMPSON, G. G. "The Nonprevalence of Humanoids". *Science*. 143, 1964, pp. 769-775.
5 DIAMOND, J. "Alone in a Crowded Universe". In: ZUCKERMANN, B., HART, M. H. (eds.). *Extraterrestrials: Where are They?* Cambridge University Press, 1995, pp. 157-164.

universal quanto isso é a ideia de que ela seja diferente de tudo que o Planeta Terra gerou. Resumidamente, aqui temos humanos que rezam, mas lá fora encontramos partículas gelatinosas e sabe-se lá mais o quê. Podemos quase enxergar o sorriso sarcástico dos materialistas convictos: "Bem, se o sistema nervoso é resultado das circunstâncias, as pessoas não deveriam passar tanto tempo se preocupando com Deus, né?".

O que é inerente à evolução?

Como argumento abaixo, na verdade torna-se difícil sustentar essa visão da vida. Certamente há grandes transições na evolução, mas em cada caso parece que foi realizada anteriormente uma quantidade considerável de trabalho de base. Assim, mesmo que desenvolvimentos como o da célula eucariótica ou do sistema nervoso tenham transformado o mundo, parece que muito de sua complexidade já era inerente aos primeiros estágios da história da vida. De fato, ainda que surpreendentemente negligenciada, essa questão da "inerência",[6] ou de alguma propriedade inata similar, é certamente central para a evolução. Além disso, em relação aos raros casos em que ela é abordada, é colocada no contexto de restrições. Assim temos a noção de que, em última instância, todas as espécies estão em becos sem saída ou, na melhor das hipóteses, frente a um número limitado de escolhas a serem feitas em direção a maior elaboração. Há alguma verdade nessa afirmação. O que eu sugiro, contudo, é a possibilidade muito mais interessante, normalmente apenas meio articulada, de que certos grupos têm uma tendência inata a se desenvolverem em uma direção específica. Mas, de qualquer maneira, também há a pura ubiquidade da convergência evolucionista – a saber, a propensão de algumas formas biológicas (e os exemplos vão desde os sistemas moleculares até os sistemas sociais) a navegarem repetidamente em direção à mesma solução. Isso também sugere fortemente que, não importa quantas vezes voltemos a fita evolucionária, nós acabaríamos sempre com os mesmos

---

6 (NT) O conceito de "inerência (*Inherency*) evolucionária" parece ser típico do autor, e é explicado nessa seção.

resultados. Entre eles, como o título do capítulo indica, deve estar incluída a inteligência.

Argumentos mais detalhados para apoiar essa ideia seguem-se abaixo. No contexto de nossas origens evolutivas e de nossa propensão à religião está, contudo, um aspecto dessa inerência que, à primeira vista, poderia apoiar uma visão exclusivamente naturalista, senão materialista. Colocado de forma simples, qualquer que tenha sido a "escada rolante" que tenhamos pego há milhões de anos, muito do que define nossa humanidade pode ser identificado de forma incipiente entre outros animais e, notadamente em grupos que se estendem para muito além dos mamíferos. De fato, as diferenças que servem para nos separar do resto da criação animal são, em certo sentido, extremamente profundas (quando foi a última vez que você viu um chimpanzé indo à biblioteca?); mas em praticamente todos os outros sentidos, elas são insignificantes. E isso, claro, é completamente consistente com a formulação darwinista: a evolução por conta da mudança incessante e gradual. Certamente uma ou outra invenção pode transformar parte do mundo, ou mesmo ele todo, mas se nós queremos entender quem somos, precisamos entender de onde viemos.

A evolução como uma ferramenta de busca

Nessa conjuntura, de acordo com a sabedoria que nos é transmitida, a questão parece estar resolvida. Nós vivemos em um mundo darwinista, e se por acaso formos a única espécie que entende o mecanismo da evolução, aquela manifestação particular de uma capacidade intelectual geral é um resultado completamente fortuito de nosso sistema nervoso. Nós podemos, pelo menos, ter certeza de que não há um significado maior. Aqui eu sugiro não apenas que esse ponto de vista esteja incorreto, mas também que ele leva a suposições metafísicas que são incoerentes. Como argumentado abaixo, a ênfase compreensível na diversidade da vida e no concomitante escopo de especializações taxonômicas é enganosa. Isso porque, à exceção da maravilhosa diversidade da vida (em si consistente com uma teologia da autogeração criativa), tanto as transformações centrais ao processo evolutivo quanto seus produtos finais são muito mais previsíveis do que geralmente supõe-se. Em resumo, em última análise, as divergências são sempre locais e as convergências, globais. Se essa análise está correta, então a evolução pode ser mais prontamente vista como um tipo de ferramenta de busca, certamente guiada por um motor darwinista, mas um que efetivamente descobre o inevitável. O que eu defendo é a importância central da convergência evolutiva. Mas, há mais. Primeiro, em outras ciências, mais obviamente na física, nós não encontramos um término óbvio para a pesquisa. A física mecânica clássica teve de acomodar-se à mecânica quântica e à relatividade geral, e essas, evidentemente, dependem de níveis mais profundos de explicação, que alguns esperam um dia poder ser encontrados na teoria das cordas. Também não é óbvio que até mesmo uma hipótese funcional que empregue dimensões mutuamente complementares um dia torne-se viável, mas se isso acontecer, abrirá muitas outras avenidas de questionamentos mais profundos. A ideia de que há uma teoria de tudo é uma afirmação de fé.

A biologia e a evolução parecem ser diferentes. De fato, Ernst Mayr[7] insiste que a teoria evolutiva é, de alguma maneira, autônoma, divorciada da física e da química. Em um tom relativamente diferente, Daniel Dennett[8] argumenta que o darwinismo seja o "ácido universal" que efetivamente tudo explica. Quando aponta-se não ser óbvio como a evolução em si evita esse processo corrosivo, Dennett simplesmente proclama que "a teoria da evolução é, em si, um produto de processos evolutivos",[9] o que não ajuda muito – como, por exemplo, sabemos que, de fato, a evolução é verdade? Ainda mais importante, essa visão parece não oferecer nenhuma possibilidade para descobrir se a evolução depende de princípios mais profundos. Em certo sentido, isso já é óbvio porque, à exceção das cláusulas de exclusão de Mayr, há tempos tornou-se evidente que, em termos termodinâmicos, a vida

---

7 MAYR, E. *What Makes Biology Unique: Considerations on the Autonomy of a Scientific Discipline*. Cambridge University Press, 2004. (NT) Há tradução em português.
8 DENNETT, D. C. *Darwin's Dangerous Idea: Evolution and the Meanings of Life*. London: Allen Lane e The Penguin Press, 1995. (NT) Há tradução em português.
9 DENNETT, D. C. "An Unlovable Puddle". *Times Literary Supplement*. 5418, 2 de fevereiro de 2007, p. 17.

constitui um estado muito distinto fincado entre dois sistemas. Estes encontram-se congelados em imobilidade cristalina, ou completamente difusos e incapazes de formar qualquer tipo de estrutura ordenada.[10] Nesse contexto, é obvio o motivo pelo qual no passado o pensamento vitalista pareceu tão atraente, ainda que ele não oferecesse nenhuma estrutura científica. Mesmo assim, suponhamos ser a vida como o mercúrio, capaz de mudança mesmo dotado de uma coerência impressionantemente misteriosa, metaforicamente pairando entre os sólidos imutáveis e os caóticos gases (e é claro, essa analogia para descrever um sistema de fases é bastante aproximada). Então, também é possível perceber que se as convergências evolutivas foram ubíquas, as linhas de vitalidade serão forçadas a navegar por uma paisagem escarpada, definida pela mais estreita das estradas que se embrenha por regiões que, ainda que potencialmente abertas à ocupação biológica, na verdade são completamente inabitáveis. Falando sem rodeios, no que diz respeito à vida, ao invés da maior parte das coisas ser capaz de funcionar, quase nada funciona. A metáfora de uma paisagem, claro, é um tropo biológico familiar, especialmente quando empregada nos contextos adaptativos ou epigenéticos. Contudo, combinada com a convergência evolutiva, ela pode oferecer um ponto de partida para a identificação de como a evolução deve responder a uma estrutura mais profunda, que impõe uma previsibilidade ao processo.

Pode-se reclamar, dizendo que essa formulação é incomodamente vaga. E de fato ela o é, mas o fato mesmo da convergência evolutiva a sugerir deve refletir uma realidade mais profunda. Talvez uma analogia imperfeita da Física possa ajudar. Evidências experimentais existem para as coisas a que chamamos de fótons, e deles inferimos suas propriedades físicas, tais como ter massa igual a zero e velocidade estável no vácuo. No entanto, os fótons devem obedecer a contextos mais profundos, impostos por, entre outras coisas, massivas estruturas gravitacionais. Não dizemos isso para negar que a noção de uma paisagem evolutiva seja amplamente metafórica. Mas lembremos que os primeiros *insights* de Einstein vieram justamente de uma abordagem como essa: ele se perguntou como seria ser um fóton. Mas isso também

---

10 MACKLEM, P. "Emergent Phenomena and the Secrets of Life". *Journal of Applied Physiology.* 104, 2008, pp. 1844-1846.

é muito simplista, ainda que inevitavelmente pensemos em paisagens dentro de contextos tridimensionais. Ao invés disso, precisamos voltar-nos para uma paisagem hiperdimensional que governa a maneira como a Evolução navega em direção a níveis de complexidade cada vez maiores, incluindo a descoberta da consciência. Esse é, obviamente, um ponto de vista heterodoxo. Eu sugeriria, contudo, que o conceito de uma paisagem efetivamente preexistente – uma hipótese razoável dado que a evolução não é mais auto-explicativa (*contra* Dennett) do que qualquer outro fenômeno – tem uma série de vantagens inesperadas. Primeiro, ele pode explicar porque tantas das coisas que consideramos partes da condição humana aparecem, de forma incipiente em outros organismos. Se a evolução é uma ferramenta de busca, mas é restringida por estruturas mais profundas (se preferir, algo como molduras organizacionais prévias), então mal podemos nos surpreender se as mesmas soluções sejam repetidamente descobertas. Ainda mais importante, essa compreensão da vida também serve para nos libertar da rígida e sufocante insistência de que apenas os fatores materiais explicarão a mente e a consciência. Da mesma forma, uma identidade religiosa pode deixar de ser vista como um tipo de aberração neural bizarra, e tão provável quanto um delírio catastrófico. Ao invés, pode ser vista como resultado inevitável de um processo evolutivo que pretende permitir à matéria não apenas tornar-se consciente de si própria, mas também, primeiramente, intuir e depois saber e, finalmente, amar o Criador. Dessa maneira, vemos que a base de nossa existência é natural e, portanto, aberto à investigação científica, mas também aponta para questões mais profundas que, ironicamente, uma ampla fração da vida intelectual ocidental não acredita que possa existir. É certamente paradoxal que o próprio sucesso da ciência, com seus pressupostos diretivos de um mundo racional aberto à exploração ilimitada, tenha sido sequestrado por materialistas para impor um fechamento contra áreas completas de investigação. Se, contudo, as investigações religiosas não forem apenas um resultado válido da evolução do sistema nervoso, mas também indicações para fontes além do cosmos conhecido, então podemos ter alguma confiança que, para ecoar T. S. Eliot, nosso início seja o nosso destino, mas só saberemos isso quando voltarmos ao jardim com novos olhos. Logo, apenas o processo evolutivo é capaz de nos fazer primeiro *Homo sapiens* e, depois, *Homo religiosus*. Entretanto, é essencial compreender que a evolução é o mero mecanismo, e enfaticamente não a entidade em si. Isso certamente oferece uma visão muito mais rica da vida, abrindo o mundo não apenas para o reencantamento, mas também para um diálogo genuíno entre a religião e a ciência. Tudo isso pressupõe, entretanto, que a evolução dos sistemas nervosos, dos cérebros e dos saberes seja inevitável. Mas onde está a evidência?

O caminho para a humanidade

Para alcançar a humanidade uma quantidade considerável de trabalho anterior foi necessária. Em primeiro lugar, a própria vida precisou emergir. Assume-se amplamente e, provavelmente, de maneira correta, que o aparecimento da vida tenha sido inevitável. Apesar do fato de que nenhum caminho detalhado para esse evento tenha sido formulado, a suposição de que a vida *teve* de emergir revolve ao redor da conhecida observação de que todos os grandes blocos constituintes da vida, tais como os aminoácidos empregados nas proteínas, podem ser construídos como parte de processos rotineiros da química orgânica e, em alguns casos, em uma ampla gama de ambientes. A diversidade desses compostos excede de longe aqueles efetivamente empregados pela vida e pode-se especular que em biosferas remotas, repertórios similares, mas não idênticos possam ser encontrados. Da mesma forma, uma abundância de fontes de energia e possíveis modelos tanto para a ordenação molecular primitiva quanto para / ou para a catálise, podem ser invocados como prerrequisitos essenciais para o isolamento da bioquímica nas células primitivas, e para a capacidade de duplicação no que, em última análise, emergiu como o clássico sistema DNA-RNA. Mesmo assim, a imensa lacuna entre a mistura de blocos de construção e até mesmo o mais primitivo dos organismos vivos até hoje provou-se impossível de ser transposta. Pode muito bem ser que a gama de experimentos seja muito estreita e que o recente reconhecimento, por exemplo, da importância do borato na estabilização da ribose (um açúcar notadamente instável, cuja importância é vital na construção do ácido desoxirribonucleico – DNA)[11] poderia sugerir que o problema seja difícil de ser resolvido, mas que eventualmente cederá à paciente aplicação do método experimental. Outros não têm tanta certeza, e o comentário de Francis Crick sobre o fato da origem da vida permanecer "quase um milagre"[12] ainda tem muita força. Crick, suspeito eu, teria enfatizado a palavra "quase", e certamente não há nenhuma intenção aqui de invocar um argumento de lacunas no qual a deidade temporariamente veste um manto branco para aquecer a pequena poça darwinista e envolver-se em algum tipo de química não oficial. Mas podemos considerar a possibilidade da origem da vida ter sido não apenas completamente natural como também um completo acaso, um evento incrivelmente improvável. Dado, entretanto, um número suficiente de planetas parecidos com a Terra (presumivelmente na casa dos trilhões) e tempo também suficiente (talvez 8 bilhões de anos), isso acontecerá. Essa é a posição adotada por David Bartholomew, que argumenta que o universo tem de ter pelo menos o tamanho que efetivamente tem para que o fantasticamente improvável aconteça e que, uma vez que isso tenha acontecido, provavelmente vai acontecer novamente.[13] Isso é consistente com a posição teísta e, de fato, Bartholomew escreve como cristão. O mundo é arranjado de tal forma que certas coisas são inevitáveis, mas elas sempre acontecem através de processos naturais e alguns escolhem aceitar essa explicação sem questioná-la. Outros, contudo, questionam-na e como cientistas, perguntarão que princípios organizacionais mais profundos podem existir. Note-se também, *en passant*, que isso não tem nada a ver com o chamado *Design* Inteligente, que não apenas está longe de qualquer método científico reconhecível, mas que também faz pressuposições teológicas que são perversamente heterodoxas.

As evidências que temos sugerem que a vida estabeleceu-se na Terra pelo menos há 3,5 milhões de anos. Hoje, em primeira aproximação,

---

11   RICARDO, A., CARRIGAN, M. A., OLCOTT, A. N., BENNER, S. A. "Borate Minerals Stabilize Ribose". *Science*. 303, 2004, pp. 196.
12   CRICK, F. *Life Itself: Its Origin and Nature*. Londres: Macdonald, 1982, p. 38.
13   BARTHOLOMEW, D. J. *God, Chance and Purpose: Can God Have it Both Ways?* Cambridge University Press, 2008, pp. 180-182.

identificamos três divisões fundamentais da vida: archaea, eubactéria e eucarionte; e na última configuração, cinco grupamentos (protozoários, fungos, algas, plantas e animais). Esses, por sua vez, compreendem mais de cem divisões principais (que entre os animais são conhecidas como filos).[14] Biólogos evolucionistas sentem-se naturalmente fascinados por essas divergências repetidas e, como já indicamos, admoestam severamente aos não especialistas que procuram uma descrição mais linear da evolução da vida, tipo, das mônadas ao homem. Todavia, para que minha tese de que a emergência da inteligência é uma inevitabilidade evolutiva mantenha-se crível, é necessário que nos foquemos em alguns passos-chave. Entre parênteses, contudo, nós podemos observar que como uma propriedade biológica, a inteligência *per se* não é diferente de tantas outras. Dessa forma, ainda que ela seja particularmente interessante, os mesmos argumentos aplicam-se, grosso modo, para os produtos da evolução, desde os moleculares (por exemplo, a evolução convergente de enzimas como a anidrase carbônica) até as sociedades (como, por exemplo, as intrigantes similaridades entre a organização social das bactérias quando comparada à organização social de organismos mais complexos).[15]

Assim, na busca de minha tese geral, examinarei brevemente as transições e as inovações a elas associadas, envolvidas nas origens dos: a) eucariontes; b) animais; c) sistema nervoso e d) inteligência. Mesmo com uma lista de apenas quatro itens encaramos um campo bastante amplo e também um campo cujos aspectos encontram-se ainda em parte envoltos em ignorância.

a) *Os eucariontes*: Os eucariontes provavelmente evoluíram há 2 bilhões de anos, ainda que estimativas mais antigas e mais recentes possam ser encontradas. Hoje é amplamente aceito que eles sejam quiméricos – ou seja, que ao menos em parte seu genoma tenha todos os componentes significativos tanto da ancestralidade archaea quanto eubacteriana.[16] Todavia, os detalhes sobre a origem da célula eucarionte são ainda obscuros. Está claro, contudo, que esse

---

14 ADL, S. M. *et al.* "The New Higher Level Classification of Eukaryotes with Emphasis on the Taxonomy of Protists". *Journal of Eukaryotic Microbiology*. 52, 2005, pp. 399-451.
15 CRESPI, B. J. "The Evolution of Social Behaviour in Microorganisms". *Trends in Ecology and Evolution*. 16, 2001, pp. 178-183
16 YUTIN, N., MAKAROVA, K. S., MEKHEDOV, S. L., WOLF, Y. I., KOONIN, E. V. "The Deep Archael Roots of Eukaryotes". *Molecular Biology and Evolution*. 25, 2008, pp. 1619-1630.

progenitor era, em si, uma entidade complexa.[17] Ainda que superficialmente, vale a pena mencionar que esse tipo de ocorrência é um dos segredos mais bem guardados da evolução. A crença intuitiva de que as coisas começam simples e tornam-se mais complexas pode ser verdadeira no sentido mais amplo, mas frequentemente (talvez invariavelmente) as primeiras formas de dado estado biológico são altamente organizadas. Além disso, seria um erro assumir que essas formas complexas implicam necessariamente em vastos períodos geológicos através dos quais elas formaram-se. Pode até ser que esse seja o caso, mas muitos exemplos de explosões de diversidades indicam que novas formas podem ser formadas com velocidade e eficiências consideráveis e é bastante provável que a autojunção tenha um papel de extrema importância. Esse é outro indicativo do que podem ser princípios organizacionais mais profundos operando ao longo da história da vida.

Não obstante a complexidade inferida até mesmo dos primeiros eucariontes, é importante enfatizar que muitas das características que há muito se entendia fossem marcas registradas desse estágio da complexidade evolutiva já havia evoluído em seus antecessores procariontes. Nesse sentido talvez sejam mais surpreendentes as proteínas, notadamente as actinas e as tubulinas, centrais para o citoesqueleto dos eucariontes, mas que também ocorrem nas bactérias.[18] Normalmente assume-se que elas tenham uma origem evolutiva comum, mas nas bactérias são empregados em papéis amplamente diversos. Essa observação representa mais um segredo conhecido entre os biólogos evolucionistas, de forma que o *kit* de ferramentas da vida seja impressionantemente versátil em suas diferentes aplicações. Em parte isso acontece porque muitas funções diferentes empregam decisões moleculares semelhantes, senão idênticas. Mas aqui também, se a intenção é buscar princípios

---

17 DERELLE, R., LOPEZ, P., GUYADER, H. Le; MANUEL, M. "Homeodomain Proteins Belong to the Ancestral Molecular Toolkit of Eukaryotes". *Evolution & Development*. 9, 2007, pp. 212-219; KLOEPPER, T. H., KIENLE, C. N., FASSHAUER, D. "Snareing the Basis of Multicellularity: Consequences of Protein Family Expansion During Evolution". *Molecular Biology and Evolution* 25, 2008, pp. 2055-2068.
18 GRAUMANN, P. L. "Cytoskeletal Elements in Bacteria". *Annual Review of Microbiology* 61, 2007, pp. 589-618; POGLIAN, J. "The Bacterial Cytoskeleton". *Current Opinion in Cell Biology*. 20, 2008, pp. 19-27.

organizacionais mais profundos para a evolução, então aquilo que para nós em seus vários contextos se parece com pinças, retroescavadeiras, marretas e espanadores (mas que, na verdade, são a mesma ferramenta), podem apontar para similaridades inesperadas e, possivelmente, previsíveis.

Outros aspectos instrutivos dos procariontes são os muitos exemplos de convergência, incluindo aqueles nas várias extremófilas,[19] e em estados organizacionais complexos que incluem tanto estruturas estilo organelas (notavelmente os magnetossomos que abrigam os grãos magnéticos empregados pelas bactérias apropriadamente chamadas de magnetostáticas, um arranjo que é convergente)[20] quanto estados multicelulares (novamente na bactéria magnetostática)[21] com basicamente o mesmo arranjo de várias algas coloniais. Assim, ambas chegam à solução óbvia: um amontoado de células impulsionadas através da água, seja por motores bacterianos flagelares (novamente convergentes)[22] ou por cílios eucarióticos (ou um flagelo equivalente).

Certamente no caso dos cílios eucarióticos sua origem exata ainda não foi estabelecida, ainda que eles representem um dos ingredientes fundamentais para o sucesso eucariótico. Mesmo os seres humanos são dependentes deles: pense no esperma móvel e nas passagens pulmonares densamente alinhadas com massas de cílios como essenciais para o funcionamento adequado dos pulmões. Entretanto, há duas outras marcas registradas dos eucariontes. Em cada caso sua origem não está em disputa: respectivamente, a antiga incorporação dos antes livres cloroplastos (das cianobactérias) e a

---

19 MONGODIN, E. F. et al. "The Genome of *Salinibacter ruber*: Convergence and Gene Exchange among Hyperhalophilic Bacteria and Archaea". *Proceedings of the National Academy of Sciences, USA*. 102, 2005, pp. 18147-18152; PUIGBÒ, P., PASAMONTES, A., GARCIA-VALLVE, S. "Gaining and Losing the Thermophilic Adaptation in Prokaryotes". *Trends in Genetics*. 24, 2008, pp. 10-14.
20 DeLONG, E. F., FRANKEL, R. B., BAZYLINSKI, D. A. "Multiple Evolutionary Origins of Magnetotaxis in Bacteria". *Science*. 259, 1993, pp. 803-806.
21 KEIM, C. N., ABREU, F., LINS, U., LINS DE BARROS, H., FARINA, M. "Cell Organization and Ultrastructure of a Magnetotactic Multicellular Organism". *Journal of Structural Biology*. 145, 2004, pp. 254-262.
22 TRACHTENBERG, S., COHEN-KRAUSZ, S. "The Archaeabacterial Flagellar Filament: a Bacterial Propeller with a Pilus-like Structure". *Journal of Molecular Microbiology and Biotechnology*. 11, 2006, pp. 208-220.

mitocôndria (da α-protobactéria). Há um consenso sobre o fato dessas organelas terem sido adquiridas apenas uma vez, mas é necessário certo cuidado. Em primeiro lugar, ainda que suas origens entre as bactérias estejam estabelecidas, sabemos muito pouco sobre suas formas ancestrais que, em última análise, perderam sua liberdade e tornaram-se organelas. De fato, alguns argumentos foram oferecidos para as origens múltiplas dos cloroplastos.[23] Tão impressionante quanto é o caso de uma ameba conhecida como *Paulinella*, na qual uma simbiose com a cianobactéria (bastante diferente do grupo associado aos cloroplastos) já foi documentada.[24] E esse não é o único exemplo de uma simbiose tardia. Nós certamente podemos insistir no fato de que a aquisição dessas organelas esteja entre os passos mais importantes na evolução eucariótica, mas enquanto passos evolutivos, nenhum deles parece ser inerentemente improvável.

b) *Passos em direção aos animais:* A classificação dos eucariontes melhorou consideravelmente nos últimos anos, e hoje identificam-se cinco grandes grupos. Desses, precisamos nos concentrar nos chamados opistocontes, porque eles incluem tanto nós mesmos, os animais, quanto um grupo irmão, o dos fungos. Um terceiro fator na evolução, vastamente reconhecido enquanto princípio, mas efetivamente difícil de conceitualizar, é o de que o ancestral comum a um cogumelo e a um ser humano parecia-se pouco com os dois. De fato, essa afirmação requer um grande esforço imaginativo para encarar a natureza em sua forma ancestral e, em muitos casos, trata-se de um exercício puramente especulativo, dado que provavelmente todas as formas intermediárias estão extintas e, na maior parte das vezes, são delicadas demais para se fossilizarem imediatamente. Há, contudo, percepções potencialmente vitais da biologia molecular que podem apontar na direção de pelo menos algumas capacidades biológicas que devem ter evoluído no alvorecer mesmo da emergência dos opistocontes. Este é, pelo menos, o princípio. Infelizmente,

---

23 STILLER, J. W., REEL, D. C., JOHNSON, J. C. "A Single Origin of Plastids Revisited: Convergent Evolution in Organellar Genome Content". *Journal of Phycology*. 39, 2003, pp. 95-105.
24 MARIN, B., NOWACK, E. C. M., MELKONIAN, M. "A Plastid in the Making: Evidence for a Second Primary Endosymbiosis". *Protist*. 156, 2005, pp. 425-432.

os tipos de organismos que servem para conectar os fungos aos animais, não apenas são dotados de nomes pouco familiares (por exemplo, *corallochytrea* e *ichthyosporea*), mas também não parecem ser particularmente informativos sobre que passos-chave levaram, em última instância, à emergência desses dois grandes e bem-sucedidos grupos.

Mas há algumas dicas soltas que podem ser instrutivas. Destarte, enquanto o fator mais importante para a formação de um quadro mais amplo da filogenia opistoconte é a relação entre os fungos e os animais, em um nível mais local, os parentes mais próximos dos animais são um grupo de protistas conhecidos como coanoflagelados. À primeira vista, esses organismos minúsculos praticamente não parecem ser promissores em relação à explicação, seja de como os primeiros animais apareceram (ainda que a posse comum das chamadas células de colarinho nos coanoflagelados e nas esponjas seja presumivelmente importante), seja, ainda mais importante no contexto dessa resenha, a respeito de qual a probabilidade de tal emergência acontecer. Entretanto, em parte, o problema pode ser que nós fiquemos facilmente impressionados pelas diferenças morfológicas manifestas, enquanto que, na realidade, pode ser que o movimento em direção a uma nova estrutura corporal possa efetivamente envolver uma reorganização molecular relativamente modesta.

O primeiro ponto a ser destacado é que, enquanto os coanoflagelados estejam numa posição relativamente baixa na escala de complexidade morfológica, em relação a certas vias de sinalização (envolvendo as tirosina quinases), para a surpresa dos investigadores, eles mostram uma riqueza inesperada que em muito supera a de qualquer animal conhecido.[25] Ainda mais importante, vários sistemas moleculares que envolvem a sinalização e a adesão celulares e que estão envolvidas na multicelularidade dos animais, também podem ser encontradas nos coanoflagelados. Além disso, ainda que alguns coanoflagelados sejam coloniais (porém diferenciados em outros sentidos), os dados relativos a essas moléculas em particular provêm efetivamente de

---

25 MANNING, G., YOUNG, S. L., MILLER, W. D., ZHAI, Y. F. "The Protist, *Monosiga brevicollis*, has a Tyrosine Kinase Signalling Network more Elaborate and Diverse than Found in any Known Metazoan". *Proceedings of the National Academy of Sciences, USA.* 105, 2008, pp. 9674-9679.

um coanoflagelado unicelular.²⁶ Da mesma forma, essa característica não é a única do repertório metazoário latente. Isso ocorre porque o arsenal molecular dos coanoflagelados também inclui genes ligados à imunoglobulina (e, portanto, ligados à imunologia) e ao colágeno (uma proteína-chave nos animais).²⁷ Mas como esses pesquisadores apontaram, ainda que uma parte significativa da arquitetura molecular metazoária já esteja disponível nos coanoflagelados, muito dela não está, incluindo homeodomínios proteicos cruciais. Talvez o mais notável deles esteja ligado aos genes *Hox*, que são instrumentais para o desenvolvimento básico do embrião. Não apenas isso, sem intermediários óbvios (ao menos que já tenham sido descobertos), as origens dessas moléculas-chave, que se dirigem a uma organização metazoária, ainda são, como se diz, misteriosas.²⁸

c) *A evolução do sistema nervoso:* De todas as inovações metazoárias, indubitavelmente a mais importante foi a evolução do sistema nervoso. Entretanto, como veremos adiante, pode ser um erro equacionar a propriedade biológica da inteligência ao sistema nervoso, ainda que sem dúvida a consciência em si requeira a mediação do tecido neural (ver também adiante). Mas os antecedentes do sistema nervoso vão muito mais além dos animais. Vejamos três exemplos notáveis:

O primeiro envolve a acetilcolina, uma das moléculas-chave envolvidas na transmissão dos sinais nervosos pelas sinapses. Longe de ser uma invenção dos animais e concomitante à evolução do tecido neural, a acetilcolina não apenas envolve uma distribuição bastante anterior como também muito ampla.²⁹ Nesse caso, claro, ela tem funções não neurais e pode ocorrer em concentrações muito maiores do que as encontradas no cérebro: nas prolíferas pontas dos bambus, a presença da acetilcolina é cerca de oito vezes maior

---

26 RUIZ-TRILLO, I., ROGER, A. J., BURGER, G., GRAY, M. W., LANG, B. F. "A Phylogenomic Investigation into the Origin of Metazoa". *Molecular Biology and Evolution*. 25, 2008, pp. 664-672.
27 KING, N., JGI Sequencing Group. "The Genome of the Choanoflagellate *Monosiga brevicollis* and the Origin of Metazoans". *Nature*. 451, 2008, pp. 783-788.
28 Ibid., p. 787.
29 WESSLER, I., KILBINGER, H., BITTINGER, F., KIRKPATRICK, C. J. "The Biological Role of Non-neuronal Acetylcholine in Plants and Animals". *Japanese Journal of Pharmacology*. 85, 2001, pp. 2-10.

do que no cérebro do rato.³⁰ Outro aspecto crucial da condução nervosa está nos canais iônicos, notadamente os canais de sódio. Algumas vezes, assume-se que esses sejam únicos aos animais e seus sistemas nervosos. Mas esse não é o caso. Na verdade, esses canais evoluíram independentemente em um grupo de protistas capazes de contrações muito rápidas.³¹ Ainda mais significativa foi a evolução de um canal ionizado de sódio independente nas bactérias associadas à alta alcalinidade.³² O terceiro exemplo envolve o lugar comum molecular de que se geneticamente nós somos 99% chimpanzés, então nós também somos cerca de 50% bananas. Mais ainda, em uma análise modular do organismo da *Arabidopsis* (uma planta) e da levedura (um fungo), fica claro que cerca de um terço dos genes associados ao sistema nervoso animal podem ser encontrados nas plantas verdes e nos fungos, ambos, claro, com bastante escassez de tecido neuronal.³³ Ao subdividir esses genes em cinco categorias de função dentro do sistema nervoso, duplicatas de cada um deles também podem ser encontradas na *Arabidopsis* e na levedura. Componentes claramente importantes do sistema nervoso são inerentes aos eucariontes. As células nervosas, por si próprias, são únicas aos animais (e sua origem exata ainda não foi determinada), mas as sinapses conectoras são componentes-chaves – junções entre nervos adjacentes. De particular importância, portanto, são aqueles genes associados ao transporte das

---

30 KAWASHIMA, K., MISAWA, H., MORIWAKI, Y., FUJII, Y. X., FUGII, T., HORIUCHI, Y., YAMADA, T., IMANAKA, T., KAMEKURA, M. "Ubiquitous Expression of Acetylcholine and its Biological Functions in Life Forms without Nervous Systems". *Life Sciences*. 80, 2007, pp. 2206-2209.
31 FEBVRE-CHEVALIER, C., BILBAUT, A., BONE, Q., FEBVRE, J. "Sodium-Calcium Action Potential Associated with Contraction in the Heliozoan *Actinocoryne contractilis*". *Journal of Experimental Biology*. 122, 1986, pp. 177-192.
32 ITO, M., XU, H.-X, GUFFANTI, A. A., WEI, Y., ZVIE, L., CLAPHAM, D. E., KRULWICH, T. A. "The Voltage-gated Na+ Channel Na v BP has a Role in Motility, Chemotaxis, and pH Homeostasis of an Alkaliphilic *Bacillus*". *Proceedings of the National Academy of Sciences, USA*. 101, 2004, pp. 10566-10571; KOISHI, R., XU, H.-X, REN, D.-J, NAVARRO, D., SPILLER, B. W., SHI, Q., CLAPHAM, D. E. "A Superfamily of Voltage-gated Sodium Channels in Bacteria". *Journal of Biological Chemistry*. 279, 2004, pp. 9532-9538.
33 MINETA, K., NAZAKAWA, M,, CEBRIÀ, F., IKEO, K. AGATA, K., GOJOBORI, T. "Origin and Evolutionary Process of the CNS Elucidated by Comparative Genomics Analysis of Planarian ESTs". *Proceedings of the National Academy of Sciences, USA*. 100, 2003, pp. 7666-7671.

vesículas nas sinapses, e esses têm duplicatas diretas nas esponjas. A importância disso, em relação à "inerência evolucionária", está no fato de que enquanto as esponjas são amplamente vistas como estando entre os animais mais primitivos, e de fato exibem características como atividade coordenada, eles não possuem nenhum tipo de sistema nervoso. Mesmo assim, nas larvas das esponjas, proteínas associadas às chamadas células-balão são as mesmas envolvidas, em outro contexto, em atividades pós-sinápticas.[34] Isso levou à interessante especulação de que essas células-balão podem, de alguma forma, serem precursoras do sistema nervoso. Mas o que é mais importante no contexto desse capítulo é a observação de que uma parte significativa do sustentáculo molecular do sistema nervoso possa ser recrutada pelos animais.

Ainda que se leve em consideração características, tais como os canais iônicos, as formações vesiculares e também as correntes elétricas servem para acelerar consideravelmente os sinais neurais, não se pode esquecer que o sistema nervoso (incluindo o cérebro) é, de fato, um sistema químico.[35] Visto dessa perspectiva, é difícil arguir que a evolução do sistema nervoso seja uma proposição absolutamente improvável, *a priori*. Da mesma forma, não é inesperável que dentro do sistema nervoso dos animais, encontremos não apenas elaborações sucessivas, mas também convergentes. O mais óbvio nesse contexto são os cérebros e para muitos biólogos, as convergências entre os cérebros dos cefalópodes e dos vertebrados são aos mais impressionantes. De fato, está claro que pelo menos em certo sentido, regiões específicas, tais como o cerebelo, tenham equivalentes diretos.[36] Novamente, diferenças aparentes podem ser relativamente superficiais e seria interessante analisar até onde entre cérebros filogeneticamente separados, incluindo aqui os insetos,[37]

---

34 SAKARYA, O., ARMSTRONG, K. A., ADAMSKA, M., ADAMSKI, M., WANG, I.-F., TIDOR, B., DEGNAN, B. M., OAKLEY, T. H., KOSIK, K. S. "A Post-synaptic Scaffold at the Origin of the Animal Kingdom". *PLoS One*. 2(6), 2007, p. e506.
35 THAGARD, P. "How Molecules Matter to Mental Computation". *Philosophy of Science*. 69, 2002, pp. 497-518.
36 YOUNG, J. Z. "The 'Cerebellum' and the Control of Eye Movements in Cephalopods". *Nature*. 264, 1976, pp. 572-574.
37 HELFRICH-FÖRSTER, C. "The Circadian Clock in the Brain: a Structural and Functional Comparison between Mammals and Insects". *Journal of Comparative Physiology, A*. 190, 2004, pp. 601-613.

têm similaridades fundamentais. Outra inovação recorrente serve para arranjar transmissões mais eficazes dos impulsos nervosos. Uma abordagem se faz através do que nós chamamos de axônios gigantes, que são convergentes.[38] A alternativa, tal qual encontrada nos vertebrados, é envolver os axônios em camadas adiposas (conhecida como mielina) que servem como camadas isolantes. Essa camada precisa ser interrompida em alguns lugares e nesses Nódulos de Ranvier encontram-se concentrações particularmente altas de canais ionizados. Mas essa mielinização é convergente, com exemplos paralelos existentes em crustáceos (onde certamente evoluiu diversas vezes)[39] e anelídeos (tais como as minhocas),[40] com processos correspondentes e extremamente rápidos de condução nervosa. Esses axônios respectivos não apenas demonstram uma variedade de bainhas de mielina como também característicamente mostram as chamadas fenestras diretamente análogas aos Nódulos de Ranvier.

Nós também podemos arguir, similarmente, que não apenas a evolução do sistema nervoso é bastante provável, como também o é a evolução de cérebros complexos. E é possível entender que o argumento tenha agora alcançado o estágio apropriado para abordar a possibilidade da inteligência. E de fato isso aconteceu, mas antes é necessário dar um passo para trás e considerar quais devem ser as manifestações mais primitivas da inteligência. Isso é importante porque junto com outros conceitos, notadamente numerosidade, parece que a distinção entre uma interpretação sensorial do mundo (e isso pode facilmente ser uma questão química) e o que nós acreditamos ser a percepção consciente, é muito menos clara do que podemos pensar. Essa ambiguidade fundamental, acredito eu, tem implicações profundas para o quanto um relato puramente naturalista da evolução pode ser verossímil. Ou ao invés, se assim o for, então nós seríamos forçados a concluir que o que

---

38 HARTLINE, D. K., COLMAN, D. R. "Rapid Conduction and the Evolution of Giant Axons and Myelinated Fibers". *Current Biology*. 17, 2007, pp. R29-R35.
39 DAVIS, A. D., WEATHERBY, T. M., HARTLINE, D. K., LENZ, P. H. "Myelin-like Sheaths in Copepod Axons". *Nature*. 398, 1999, p. 571.
40 PEREYRA, P. M., ROOTS, B. I. "Isolation and Initial Characterization of Myelin-like Membrane Fractions from the Nerve Cord of Earthworms (*Lumbricus Terrestris* - L.)". *Neurochemical Research*.13, 1988, pp. 893-901.

nós experimentamos como consciência (e aqui eu enfaticamente incluo o sono – e os sonhos – e outras questões como momentos de intuição) seja uma ficção, uma gigantesca ilusão. Se esse for o caso, então nossa garantia para crer que habitamos um mundo interpretável – um que seja racionalmente organizado, mas que tão importante quanto, esteja aberto ao questionamento infinito – não tem bases. Na verdade, como já foi várias vezes observado, qualquer pauta materialista termina por tropeçar na contradição fundamental. E aqui está o porquê.

d) Inteligência primitiva: A base química para a organização neural e, por implicação, a senciência, foi destacada acima. Segundo esse ponto de vista, nós não devemos nos surpreender se algum tipo de inteligência primitiva se estender para além do reino animal. Dois exemplos devem ser suficientes. Durante intervalos de cafezinho, ouvi mais de um investigador do comportamento protista dizer que os organismos que estudavam, notadamente os ciliados, exibiam algo que parecia ser proposital. Nesse contexto, o que devemos depreender, por exemplo, das observações acerca das caçadas cooperativas de outro grupo de protistas, as amebas?[41] Pelo menos tão impressionante quanto isso é o emprego das experiências de labirintos, um truque bastante familiar dos behavioristas animais. Mas aqui, ao invés do rato de laboratório, o cientista emprega o limo. Trata-se de uma ameba que vive em sociedade e que pode formar uma estrutura ramificada conhecida como plasmódio. O labirinto, na verdade, é bidimensional, de sorte que as paredes sejam faixas de plástico seco que o plasmódio não se sente compelido a atravessar. O experimento visa descobrir o quanto esse organismo ameboide é apto tanto da navegação através do labirinto quanto da busca pelo melhor caminho para garantir uma recompensa, sob a forma não dos tradicionais amendoins, mas de um mingau de aveias irresistível. Os resultados são impressionantes. O plasmódio prontamente explora o labirinto, encontrando o caminho mais curto sem dificuldades.[42] Como notou

---

41 WALKER, I. "Rede de alimentação de invertebrados das águas pretas do sistema Rio Negro. 1. Observações sobre a predação de uma ameba do tipo *Ameba discoides*". Acta Amazônica. 8, 1978. pp. 423-438.
42 NAKAGAKI, T., YAMADA, H., TÓTH, A. "Maze Solving by an Amoeboid Organism". *Nature*.

o principal condutor dessa pesquisa, Toshiyuki Nakagaki, o comportamento desse organismo ameboide "é um tanto quanto parecido com a inteligência primitiva".[43] Evidentemente o plasmódio emprega uma forma de computação celular, mas sua base ainda permanece desconhecida. Tampouco a inteligência desse organismo restringe-se a resolver questões que envolvem um labirinto: outros experimentos demonstraram sua capacidade para construir redes de transporte eficazes,[44] a adoção de um caminho de baixo risco quando ameaçado[45] e, talvez mais notável, a habilidade de antecipar eventos futuros com base em experiências periódicas passadas.[46] É desconcertante que um ameboide seja capaz de uma espécie de aprendizagem primitiva. O ameboide não só é primitivo em si, mas, como também foi destacado, não há nenhum processamento central. Mesmo assim a equipe japonesa não se envergonha de usar a palavra "esperto". Nós sabemos, claro, que esse comportamento deve ser inconsciente.

Não é necessário, porém, usar de um excesso de desprezo. Como já foi indicado, a esponja não tem um sistema nervoso, mas mostra comportamentos que envolvem a transmissão de informações. Ainda mais interessante é o grupo conhecido como cnidários, dos quais os mais familiares são a anêmona do mar e a água-viva. As mais notáveis dentre essas são as chamadas águas-vivas caixas (Cubozoa). Em muitos aspectos elas são peixes honorários, já que são predadoras aquáticas que também envolvem-se no processo de cortejo e até mesmo copulam. Ainda mais extraordinário é o fato de que elas são equipadas com um sistema visual complexo que inclui não apenas olhos-câmera (sendo, portanto, convergentes com exemplos mais conhecidos como os dos polvos e peixes), mas também mostram outros níveis de

---

407, 2000, p. 470.
43 NAKAGAKI, T. "Smart Behavior of True Slime Mold in a Labyrinth". *Research in Microbiology*. 152, 2001, pp. 767-770.
44 NAKAGAKI, T., YAMADA, H., HARA, M. "Smart Network Solutions in an Amoeboid Organism" *Biophysical Chemistry*. 107, 2004, pp. 1-5.
45 NAKAGAKI, T., LIMA, M., UEDA, T., NISHIURA, Y., SAIGUSA, T., TERO, A., KOBAYASHI, R., SHOWALTER, K. "Minimum-risk Path Finding by an Adaptive Amoebal Network". *Physical Review* Letters. 99, 2007, art. 068104.
46 SAIGUSA, T., TERO, A., NAKAGAKI, T., KURAMOTO, Y. "Amoeba Anticipate Periodic Events". *Physical Review Letters*. 100, 2008, art. 018101.

sofisticação, que incluem a íris e uma lente que corrige aberrações esféricas.[47] No entanto, o que a água-viva caixa efetivamente enxerga? Essa é uma pergunta pertinente, porque ainda que todos os cnidários tenham um sistema nervoso, eles são desprovidas de cérebro. Há alguma evidência de que pelo menos algum tipo de processamento visual aconteça nos nervos adjacentes aos olhos e, ainda mais intrigante, é o fato de que esse sistema é bilateralmente simétrico.[48] Mais uma vez nosso instinto vai no sentido de dizer que a água-viva pode enxergar, mas elas são máquinas químicas sem nenhum tipo de consciência. Também isso pode ser uma afirmação prematura porque há evidência de que pelo menos algumas das águas-vivas caixa dormem.[49] O sono é evidentemente convergente em vários níveis, tanto em seu estado geral como acontece com os insetos e com os vertebrados,[50] quanto em relação a similaridades mais específicas, como acontece entre os pássaros e os mamíferos.[51] Porque o sono é importante, é algo controverso, ainda que uma de suas funções pareça ser o processamento de experiências anteriores. Ainda que elas sejam anencéfalas, as águas-vivas caixa se encaixam nessa descrição.

e) *A evolução segundo os números*. Invocar qualquer tipo de inteligência no limo e na água-viva pode parecer consistente com um programa emergentista que defenda que as raízes da consciência cheguem às profundezas da árvore filogenética, mas que ela só desperte a partir de certo ponto. A dificuldade para identificar esse "certo ponto", porém, é evidente. Nesse contexto, fica claro porque alguns podem tornar-se signatários de um ou outro plano

---

47 NILSSON, D. E., GISLÉN, L., COATES, M. M., SKOGH, C., GARM, A. "Advanced Optics in a Jellyfish Eye". *Nature*. 435, 2005, pp. 201-205.
48 SKOGH, C., GARM, A., NILSSON, D. E., EKSTRÖM, P. "Bilaterally Symmetrical Rhopalial Nervous System of the Box Jellyfish *Tripedalia cystophora*". *Journal of Morphology*. 267, 2006 pp. 1391-1405.
49 SEYMOUR, J. E., CARRETTE, T. S., SUTHERLAND, P. A. "Do Box Jellyfish Sleep at Night?". *Medical Journal of Australia*.181, 2004, p. 707.
50 EBAN-ROTHSCHILD, A. D., BLOCK, G. "Differences in the Sleep Architecture of Forager and Young Honeybees (*Apis mellifera*)". *Journal of Experimental Biology*. 211, 2008, pp. 2408-2416.
51 LOW, P. S., SHANK, S. S., SEINOWSKI, T. J., MARGOLIASH, D. "Mammalianlike Features of Sleep Structure in Zebra Finches". *Proceedings of the National Academy of Sciences, USA*. 105, 2008, pp. 9081-9086.

panteísta, ou seja, a noção de que a consciência permeia o universo e está latente até mesmo em objetos inanimados. Entretanto, isso pode ser prematuro, como apontam vários tipos de experimentos que envolvem macacos (que poucas pessoas duvidariam se tratar de seres conscientes) e a capacidade conhecida como numerosidade, ou seja, a capacidade de distinguir números. Também isso tem origens evolutivas bastante profundas, provavelmente convergentes, com uma habilidade elementar de contar até quatro (determinada pela capacidade de discriminar entre inteiros) nos peixes[52] e também nas abelhas.[53]

Entre os macacos, entretanto, não se duvida da capacidade para a numerosidade. Não apenas há áreas bem identificadas em seus cérebros responsáveis por essa capacidade,[54] como também, de forma não surpreendente, elas possuem equivalentes nos seres humanos.[55] O que investiga-se aqui, porém, é o que chamamos de julgamento numérico.[56] Especificamente, a questão é se os macacos são capazes de discriminar o que chamamos de efeitos de magnitude. Tipicamente esses efeitos são divididos em distância e magnitude numérica e parece razoável supor que ambos exigem capacidade cognitiva. Estudos experimentais demonstraram que de fato os macacos eram perfeitamente capazes de exercer julgamentos numéricos, mas – ponto crucial – sua precisão não era uniforme. De fato, os poderes de discriminação obedecem a conhecida lei psicofísica de Weber-Fechner. Essa lei efetivamente afirma que quanto maior o estímulo, e um experimento típico emprega pesos e não números, maior deve ser o peso se quisermos detectar uma diferença notável. Em outras palavras, um peso pequeno requer apenas que

---

52 AGRILLO, C., DADDA, M., SERENA, G., BISAZZA, A. "Do Fish Count? Spontaneous Discrimination of Quantity in Female Mosquitofish". *Animal Cognition*. 11, 2008, pp. 495-503.
53 DACKE, M., SRINVASAN, M. V. "Evidence for Counting in Insects". *Animal Cognition*. 11, 2008, pp. 683-689.
54 NIEDER, A. "The Number Domain – Can We Count on Parietal Cortex?". *Neuron*. 44, 2004, pp. 407-409.
55 NIEDER, A., MILLER, E. K. "A Parieto-frontal Network for Visual Numerical Information in the Monkey". *Proceedings of the National Academy of Sciences, USA*. 101, 2004, pp. 7457-7462.
56 NIEDER, A., MILLER, E. K. "Coding of Cognitive Magnitude: Compressed Scaling of Numerical Information in the Primate Prefrontal Cortex". *Neuron*. 37, 2003, pp. 149-157.

uma pena metafórica seja adicionada à balança para que o observador perceba que a sensação de peso aumentou. Entretanto, um peso grande requer não apenas uma adição maior para que se chegue a um estímulo correspondente, mas, e isso é importante, uma adição desproporcionalmente maior. Em outras palavras, a lei de Weber-Fechner segue uma distribuição exponencial, não linear.

No caso da numerosidade dos macacos, assumimos que os julgamentos numéricos devem ter uma base cognitiva, como acontece conosco. Não obstante, crucialmente, a sensibilidade aos julgamentos numéricos segue o mesmo processo psicofísico de Weber-Fechner que associamos aos processos sensoriais. Como notaram Andreas Nieder e Earl Miller: "Esses resultados sugerem que certas representações cognitivas e perceptivas/sensoriais têm os mesmos mecanismos fundamentais e os mesmos esquemas de codificação neurais".[57] Isso indica, o que do ponto de vista evolucionista deveria ser pouco surpreendente, que nossas capacidades cognitivas (que nós normalmente associamos à linguagem) não apenas têm raízes mais profundas, como também voltam-se para os mesmos princípios construtivos empregados nos processos sensoriais.

f) O problema dos qualia: Mas isso, para mim (*sic*), apenas reforça as dificuldades envolvidas em explicar nossas capacidades cognitivas: nós mal poderíamos sobreviver se não conhecêssemos o mundo – no caso da numerosidade a identificação de cinco leões contra cinco antílopes é um ponto a ser destacado –, mas como nós o fazemos de uma perspectiva naturalista é, na verdade, ainda algo opaco. Um paralelo eficaz pode ser encontrado ao olharmos para a evolução e para a função dos sistemas sensoriais e, dessa forma, para a questão dos *qualia*. Invocar os *qualia*, claro, leva a áreas do questionamento filosófico que são tão perturbadoras quanto controversas. Dado a notória intangibilidade de tais questões à primeira vista, a relevância da biologia evolucionista para essa discussão pode ser igualmente tangencial. Mesmo assim, e o espaço nos permite apenas comentários muito breves, pode ser válido fazer duas observações. Em primeiro lugar, a convergência de

---

[57] Ibid., p. 149.

todas as modalidades sensoriais, incluindo o que para nós são áreas arcaicas como a ecolocalização, a visão infravermelha e a eletropercepção, podem indicar que os *qualia* de percepção respectiva em animais filogeneticamente remotos seja idêntica. Em segundo lugar, e relacionado ao primeiro ponto, a invocação de Frank Jackson de uma pessoa chamada Fred e de sua capacidade de perceber *qualia* separados de vermelhidão, negados ao resto do mundo, encontraria um paralelo, por exemplo, na capacidade convergente para a visão ultravioleta.[58] Para mim, os *qualia* não são ilusões ou epifenômenos, mas sim interfaces cruciais – ainda que problemáticas – entre nossa materialidade e nossas capacidades mentais. Também isso está de acordo com a ideia de que a evolução é a maneira que o universo tem de descobrir a si mesmo (ver também abaixo). Em outras palavras, longe de ser um epifenômeno, os *qualia* representam realidades do mundo, ainda que elas possam ser representadas através de lentes (como no olho) interpretativas. Tradicionalmente é o emprego da visão e da percepção do ser vermelho – o pôr do sol, o sangue, o ocre – que se configuram como pontos de referência para os *qualia*. Eu sugiro, contudo, que um caso tão forte quanto esse pode ser feito ao olharmos para uma capacidade notadamente não verbal, o olfato. A saber, enquanto que nossa capacidade visual carrega consigo um rico repertório de descritores, no caso, digamos, de experimentarmos um vinho (note-se que o vocabulário parece por demais impreciso), mesmo que o cheiro do vinho não seja instantaneamente reconhecível, pode destravar cascatas de memórias e outras associações.

Em uma primeira aproximação, os processos olfativos dependem de receptores ciliados, encapsulados em uma cavidade cheia de fluido. Os receptores ativam os neurônios quando moléculas específicas colidem com a superfície receptora, tendo sido para lá transportadas pelo meio externo por proteínas olfativas dedicadas. Trata-se de um sistema notável, não apenas por conta de sua sensibilidade, mas também porque essa organização básica é impressionantemente convergente.[59] Não apenas há algumas convergências

---

58 JACKSON, F. "Epiphenomenal Qualia". *The Philosophical Quarterly*. 32, 1982, pp. 127-136.
59 EISTHEN, H. L. "Why are Olfactory Systems of Different Animals so Similar?". *Brain, Behavior and Evolution*. 59, 2002, pp. 273-293; ACHE, B. W., YOUNG, J. M. "Olfaction: Diverse

notáveis em nível molecular,[60] mas o olfato é fascinante por causa de sua especificidade.[61] Isso estende-se, por exemplo, a moléculas espelhadas (conhecidas como enantiômeros) que podem ter cheiros completamente diferentes.[62] Ainda que os seres humanos tenham, em comparação a muitos animais, um repertório olfativo limitado (uma proporção significativa de nossos genes olfativos foram convertidos em pseudogenes), os *connoisseurs* de perfumes (para não mencionar as implicações financeiras), chás ou vinhos são um lembrete da sutileza de nossas percepções. Mesmo assim, não apenas os descritores olfativos são notoriamente vagos (ainda que um odor ou cheiro específico possa destravar instantaneamente memórias profundamente escondidas), o entendimento crescentemente sofisticado da neurobiologia dos processos olfativos, desde a proteína inicial até o neurônio bipolar, é uma via sem saída quando o assunto são os *qualia* da experiência. Como escrevem A. Keller e L. Vosshall, como nós conhecemos, discriminamos e nos lembramos dos cheiros "ainda é completamente misterioso".[63] Mais uma vez, nós chegamos a um impasse em que a mente insiste que há uma realidade que simplesmente não pode ser reduzida a nenhum tipo de programa naturalista concebível.

Para alguns leitores, temo que os argumentos aqui apresentados possam parecer muito sinuosos. Eu sugeriria, contudo, que se nós fôssemos arguir

---

Species, Conserved Principles". *Neuron*. 48, 2005, pp. 417-430; BENTON, R., SACHS, S., MICHNICK, S. W., VOSSHALL, L. B. "Atypical Membrane Topology and Heteromeric Function of *Drosophila* Odorant Receptors In Vivo". *PLoS Biology*. 4(2), 2006, art. e20.

60 LUNDIN, C., KÄLL, L., KREHER, S. A., KAPP, K., SONNHAMMER, E. L., CARLSON, J. R., Von HEIJNE, G., NILSSON, I.-M. "Membrane Topology of the *Drosophila* OR83b Odorant receptor". *FEBS Letters*. 581, 2007, pp. 5601-5604; PELOSI, P., ZHOU, J.-J., BAN, L. P., CALVELLO, M. "Soluble Proteins in Insect Chemical Communication". *Cellular and Molecular Life Sciences*. 63, 2006, pp. 1658-1676; SMART, R., KIELY, A., BEALE, M., VARGAS, E., CARRAHER, C., KRALICEK, A. V., CHRISTIE, D. L., CHEN, C., NEWCOMB, R. D., WEIR, C. G. "*Drosophila* Odorant Receptors are Novel Seven Transmembrane Domain Proteins that Can Signal Independently of Heterotrimeric G Proteins". *Insect Biochemistry and Molecular Biology*. 38, 2008, pp. 770-780.

61 GAILLARD, I., ROUQUIER, S., GIOGI, D. "Olfactory Receptors". *Cellular and Molecular Life Sciences*. 61, 2004, pp. 456-469.

62 BENTLEY, R. "The Nose as a Stereochemist: Enantiomers and Odor". *Chemical Reviews*. 106, 2006, pp. 4099-4112.

63 KELLER, A., VOSSHALL, L. B. "Human Olfactory Psychophysics". *Current Biology*. 14, 2004, pp. R875-R878.

convincentemente que a evolução da inteligência de fato é inevitável, precisaríamos chegar a duas coisas antes de podermos nos mover para quaisquer conclusões metafísicas ou teológicas. A saber, precisamos estabelecer, primeiro, que grande parte do sistema nervoso é inerente em organismos mais primitivos que são aneurais e segundo, que nenhuma das grandes transições na história da vida é inerentemente improvável. Também é evidente que todo nosso mundo cognitivo tem uma base naturalista, como fica claro pelo estudo da numerosidade animal. E esse parece o ponto máximo até onde podemos ir, porque além desse ponto, as questões dos *qualia* e da consciência permanecem tão elusivas quanto sempre. Podemos quase simpatizar com aqueles materialistas que as explicariam como meras ilusões, mas a metafísica da matemática e o discurso racional fornecem um chamado à realidade. Como ficará claro, espero, meu ponto de vista é de que não apenas a inteligência é uma inevitabilidade evolutiva, mas a própria evolução não é autoexplicativa. Na verdade ela pode ser comparada a um mecanismo de busca, e a descoberta da consciência acontece quando a matéria neural (e bem possivelmente outros tipos de organização biológica)[64] encontra a mente. A convergência que vemos no mundo cognitivo dos corvídeos (corvos, gralhas e pegas)[65] e golfinhos[66] com o dos grandes símios, sugere que mecanismos de busca equivalentes estão há apenas alguns milhões de anos atrás de nós. De fato, como já foi destacado, o paradoxo é o fio de cabelo que nos separa do resto da criação. Pense, por exemplo, no interesse que os elefantes demonstram em seus próprios restos mortais,[67] para não falar de suas respostas à própria morte.[68] Da mesma forma os elefantes são capazes de se reconhecer no

---

64 BALUŠKA, F., MANCUSO, S., VOLKMANN, D. (eds.). *Communication in Plants: Neuronal Aspects of Plant Life*. Berlim: Springer, 2006.
65 EMERY, N. J., CLAYTON, N. S. "The Mentality of Crows: Convergent Evolution of Intelligence in Corvids and Apes". *Science*. 306, 2004, pp. 1903-1907.
66 REISS, D., MARINO, L. "Mirror Self-recognition in the Bottlenose Dolphin: a Case of Cognitive Convergence". *Proceedings of the National Academy of Sciences, USA*. 98, 2001, pp. 5937-5942.
67 McCOMB, K., BAKER, L., MOSS, C. "African Elephants Show High Levels of Interest in the Skulls and Ivory of Their Own Species" *Biology Letters*. 2, 2006, pp. 26-28.
68 DOUGLAS-HAMILTON, I., BHALLA, S., WITTEMYER, G., VOLLRATH, F. "Behavioural Reactions of Elephants Towards a Dying and Deceased Matriarch". *Applied Animal and*

espelho[69] e de usar ferramentas,[70] ainda que quando se trata de ferramentas animais os corvos da Nova Caledônia são bem extraordinários.[71]

Então, o quão naturais somos nós?

Curiosamente, na perspectiva darwinista, não apenas qualquer resposta é elusiva, mas também qualquer formulação parece estar cercada por paradoxos. Não é nada surpreendente que nossos corpos carreguem em si as cifras de nossas origens evolucionistas, que vão desde pequenas diferenças em relação aos grandes símios, até a profunda impressão de nossas bactérias ancestrais. Não é tão peculiar, portanto, que muitas das características que associamos à condição humana, notadamente a capacidade de produzir ferramentas, culturas e emoções, sejam reconhecíveis de forma nascente entre outros animais. Mesmo assim, o abismo que hoje nos separa fisicamente do resto da biosfera é virtualmente instransponível. Se, além disso, minha tese de que a inteligência e a complexidade cognitiva são convergentes estiver correta, então, isso torna o isolamento humano algo ainda mais estranho.

Behaviour Science. 199, 2006, pp. 87-102. Ver também RITTER, F. "Behavioral Responses of Roughtoothed Dolphins to a Dead Newborn Calf". *Marine Mammal Science.* 23, 2007, pp. 429-433, para um exemplo comparável em um golfinho.
69 PLOTNIK, J. M., WAAL, F. B. M. De, REISS, D. "Self-recognition in an Asian Elephant". *Proceedings of the National Academy of Sciences, USA.* 103, 2006, pp. 17053-17057.
70 HART, B. L., HART, L. A., McCOY, M., SARATH, C. R. "Cognitive Behaviour in Asian Elephants: Use and Modification of Branches for Fly Switching". *Animal Behaviour.* 62, 2001, pp. 839-847.
71 HUNT, G. R., GRAY, R. D. "Direct Observations of Pandanus-tool Manufacture and Use by a New Caledonian Crow (*Corvus moneduloides*)". *Animal Cognition.* 7, 2004, pp. 114-120; HUNT, G. R., GRAY, R. D. "Parallel Tool Industries in New Caledonian Crows". *Biology Letters.* 3, 2007. pp. 173-175; HUNT, G. R., ABDELKRIM, J., ANDERSON, M. G., HOLZHAIDER, J. C., MARSHALL, A. J., GEMMEL, N. J., GRAY, R. D. "Innovative Pandanus-tool Folding by New Caledonian Crows". *Australian Journal of Zoology.* 55, 2007, pp. 291-298; TAYLOR, A. H., HUNT, G. R., HOLZHAIDER, J. C., GRAY, R. D. "Spontaneous Metatool Use by New Caledonian Crows". *Current Biology.* 17, 2007, pp. 1504-1507; WEIR, A. A. A., KACZELNIK, A. "A New Caledonian Crow (*Corvus moneduloides*) Creatively Re-designs Tools by Bending or Unbending Aluminum Strips". *Animal Cognition.* 9, 2006, pp. 317-334.

Dessa forma, os humanos são do mundo e um produto da evolução. Mesmo assim, para todos os propósitos, nós agora estamos além do mundo. As explicações proferidas parecem estranhamente pouco convincentes. Simples extrapolação, um constante processo de emergência? É bem possível, especialmente porque o registro fóssil dos hominídeos é bastante difícil de ser examinado sob esse aspecto. Ainda assim, evidências como as que sugerimos indicam que praticamente metade de nossa história (como *Homo sapiens*) tenha se passado antes que tenha se iniciado a explosão cognitiva. Talvez ainda mais confuso seja o fato de que os ingredientes necessários para a linguagem são encontrados entre outros animais, mas ainda não se cristalizaram completamente. Pense, por exemplo, na articulação lingual de um periquito[72] ou na habilidade dos golfinhos de reconhecer distinções semânticas e sintáticas.[73] Lido de modo alternativo, talvez tenha sido apenas um golpe de sorte, uma mutação bizarra que acelerou a aventura humana e, se ela tivesse ocorrido entre os periquitos ou entre os golfinhos, eles teriam sido agraciados com a linguagem. De novo, possível, mas quando os biólogos falam em mutações bizarras, devemos permanecer céticos. Uma terceira sugestão: talvez nossa excepcionalidade seja um erro de categoria, simplesmente uma ilusão baseada em falsos dados. Nós achamos que somos diferentes, mas nós estamos apenas contando a nós mesmos um conto de fadas. Isso pode ter certo apelo para o mais cínico dos pós-modernistas, mas é pouco crível.

Então, porque somos diferentes? Em certo sentido a resposta é óbvia: É a posse da linguagem, a despeito do fato de que há animais como os periquitos e os golfinhos, que parecem estar prestes a cruzar a soleira da porta. Através dela não apenas podemos explorar o infinito potencial dos significados, mas também, entre eles, articular verdades descobertas, não feitas, e aplicá-las tanto à moral quanto à ciência. E não há razão para ver isso como algum tipo de acaso. Na verdade, partindo da minha proposta de que a evolução pode

---

72 BECKERS, G. J. L., NELSON, B. S., SUTHERS, R. A. "Vocal-tract Filtering by Lingual Articulation in a Parrot". *Current Biology.* 14, 2004, pp. 1592-1597.
73 HERMAN, L. M., KUCZAY II, S. A., HOLDER, M. D. "Responses to Anomalous Gestural Sequences by a Language-trained Dolphin: Evidence for Processing of Semantic Relations and Syntactic Information". *Journal of Experimental Psychology, General.* 122, 1993, pp. 184-194.

ser vista como um mecanismo que, em última instância, permite pelo menos que uma parte do universo torne-se autoconsciente, podemos encontrar um novo solo fértil para um diálogo entre a ciência e a religião.

Destarte, o mecanismo darwinista não é, em absoluto, excepcional, mas, diria eu, possui uma previsibilidade até agora não reconhecida, como fica evidente quando olhamos à ubiquidade da convergência evolucionista. Mas se a evolução pode descobrir soluções mundanas repetidamente, então nós também podemos sugerir que ela tem a capacidade de descobrir realidades mais profundas, não apenas a consciência e a linguagem. É fácil ver porque esse processo parece emergir, dadas as nascentes manifestações em animais mais simples, mas é importante insistir que a capacidade cognitiva e a gramática provavelmente são realidades preexistentes, que a evolução efetivamente descobriu. Isso me levaria muito além do objetivo, mas lembre-se de que foi Owen Barfield que insistiu que a linguagem não poderia ter emergido de uma série de grunhidos e uivos, mas sim que ela estaria inextricavelmente ligada à nossa descoberta do mito. Não a ficção, mas as realidades que estão tão profundamente escondidas que não podem ser articuladas de forma simples. Nossa luta para englobar esse fato nos leva a muitas direções interessantes. Considere, em particular, como Barfield, escrevendo com J. R. R. Tolkien insistiu que o mito cristão era único porque era efetivamente verdadeiro. Eu sugeriria que se nós reconsiderássemos o que a evolução efetivamente conquistou, ao invés de reconsiderar o que ela é, sem problematizar isso, então poderíamos seguir em frente.

8 Deus, a física e o *Big-bang*

WILLIAM R. STOEGER, SJ

Nos últimos 90 anos, conseguimos entender e apreciar o mundo, o universo que o abarca, e sua emergência e desenvolvimento de formas completamente novas. Graças à astronomia e à física – particularmente à especialidade conhecida como cosmologia – nós hoje sabemos que o universo em que vivemos começou a se expandir e a resfriar a partir de um estado extremamente quente e denso, além de homogêneo, há cerca de 13,7 bilhões de anos. Aquele estado inicial, a que normalmente nos referimos como "era de Planck", era tão extremo que nossa física atual é completamente incapaz de descrevê-lo. O espaço e o tempo como hoje conhecemos ainda não haviam emergido e as forças fundamentais da gravidade, do eletromagnetismo e das interações nucleares fortes e fracas estavam ainda indubitavelmente unificadas, e dessa forma, eram indistinguíveis umas das outras. Apenas uma descrição quântica detalhada e completa da realidade, incluindo o tempo-espaço e a gravidade – uma cosmologia quântica – seria adequada. Isso é algo que ainda não possuímos, ainda que muitas pessoas venham despendendo um enorme esforço para desenvolver os componentes de uma descrição como essa. Elas exploram as "supercordas", a gravidade quântica em *loops* (laços) e a geometria não comutativa, bem como explorando abordagens semiclássicas para quantizar o espaço-tempo, a gravidade e o próprio universo.[1]

Entretanto, observa-se um grande progresso nessa área e há fortes razões para esperar que o processo ou os processos através do qual ou dos quais nosso universo tenha iniciado sua expansão, seu resfriamento e complexificação

---

1 Para um contexto básico nessa área ver SMOLIN, Lee. *Three Roads to Quantum Gravity*. New York: Basic Books, 2001.

eventualmente sejam modelados e compreendidos de forma adequada. De fato, nos últimos 25 anos, foram feitas propostas preliminares de peso para tais processos. Entre elas estão a proposta ausência de contorno de Hartle e Hawking e o cenário inflacionário caótico de Andrei Linde.[2] Tais propostas levaram à percepção de que nosso universo pode ser apenas um entre numerosos outros universos ou domínios universais. Nós descreveremos e discutiremos brevemente esses e outros cenários, atormentadores, imaginativos e bem-informados, mais adiante neste capítulo.

Muito antes desse foco na cosmologia quântica, fortes evidências de que o universo havia sido muito diferente num passado distante – mais quente, mais denso, mais simples e produzido por um processo físico durante o *Big-bang* – levantou muitas questões filosóficas e teológicas. Deus enquanto criador deu início ao *Big-bang*? Esse foi o momento da criação? Com a perspectiva da física e da cosmologia tornando-se capazes de prover um relato detalhado da origem do universo há, efetivamente, necessidade de Deus – de um criador? A física não seria perfeitamente capaz de suprir tudo que é necessário para a origem do universo e de uma maneira muito mais convincente e bem substanciada do que tanto a filosofia quanto a teologia? Com o que uma teologia da criação bem cuidada pode contribuir para a física e a cosmologia? Essas são as questões que exploraremos neste capítulo. Ao fazer isso, aceitaremos criticamente as conclusões primárias a que os cosmólogos contemporâneos chegaram sobre as características e a história de nosso universo. Ao mesmo tempo, argumentaremos que a física e a cosmologia, enquanto ciências, são incapazes de explorar ou dar conta diretamente da fonte e ordem última da existência, algo que, quando compreendidas corretamente, a filosofia e a teologia podem prover.

Seguindo essa linha, a filosofia e a teologia não estão equipadas para investigar e descrever os processos e as relações que contribuíram para a expansão, o resfriamento e a subsequente estruturação do universo em escalas

---

2 HARTLE, J. B., HAWKING, S. W. "Wave Function of the Universe". *Physical Review*. D 28, 1983, pp. 2960-2975; LINDE, A. D. "Chaotic Inflation". *Physics Letters B*. 129, 1983, pp. 177-181. Para um relato atualizado e de leitura mais agradável, ver LINDE, A. D. *Particle Physics and Inflationary Cosmology*. Chur: Harwood, 1990.

macro e microscópicas. Assim, a filosofia e a teologia buscam fornecer uma compreensão da origem e da evolução do universo que é complementar à contribuição da física e da cosmologia – ou seja, um relato ontológico básico, mas sem adornos, que não pode legitimamente deslocar ou competir com as descobertas da cosmologia. Elas exploram e procuram tornar inteligíveis a existência e a ordenação última dos dinamismos, das relações e das entidades que formam a preocupação primordial das ciências naturais.

Ao avançar nessa discussão, primeiro resumiremos brevemente as principais descobertas da cosmologia contemporânea, incluindo uma análise do conceito do *Big-bang*. Como parte do processo, exploraremos alguns dos cenários atuais para o início da expansão da era de Planck. Em seguida, indicaremos algumas das limitações básicas desses cenários – ou, de fato, de quaisquer relatos da origem do universo propostos apenas em termos físicos. Isso nos levará a uma breve exposição do que é ou não criação divina. Juntas, essas considerações revelarão a possibilidade de uma profunda consonância entre quaisquer físicas adequadas do *Big-bang*, quântica ou não, e um Deus criador, devidamente compreendido. Seguir-se-á uma breve abordagem do princípio antrópico e da aparente característica de harmonia do universo. Em seguida, explorar-se-ão os multiversos enquanto objetos de investigação e explicação científica e de algumas das limitações e dos cuidados que devemos tomar quando invocá-los. Novamente, retornaremos à questão da necessidade ou não de se oferecer um relato da fonte última de existência e ordenação de um multiverso efetivamente real. Aqui também, a potencial complementaridade das ciências, da filosofia e da teologia ficará evidente. Finalmente, deveremos resumir brevemente com o que a física e a cosmologia podem contribuir para a teologia, particularmente para uma teologia da criação e, similarmente, consideraremos que contribuições a teologia pode dar à física e à cosmologia.

O *Big-bang*, a cosmologia quântica e a emergência da era de Planck

A partir de uma vasta quantidade de evidências independentes, provenientes da astronomia extragaláctica e de medições precisas da radiação cósmica de fundo em micro-ondas (CMBR), sabemos que o universo está expandindo-se e resfriando, e que ele iniciou esse processo há quase 14 milhões de anos. Isso significa, obviamente, que em tempos mais primitivos, o universo era muito mais quente e denso do que é hoje, e que quanto mais para trás na história nós formos, mais quente e denso era ele. Nós também sabemos que nas maiores escalas – escalas de pelo menos 600 milhões de anos-luz – o universo é quase espacialmente homogêneo e isotrópico. Sua densidade média em escalas maiores do que essa é quase constante em qualquer momento. Usando um modelo físico-matemático simples do universo, o modelo Friedmann-Lemaître-Robertson-Walker (FLRW), vemos que em um momento finito do passado, um universo como esse deve ter sido infinitamente quente e denso. Essa característica é normalmente chamada de singularidade inicial ou de *Big-bang*.

Entretanto, nós já salientamos que a física do espaço-tempo que conhecemos – e que está presumida no modelo de FLRW – não se sustenta em temperaturas extremamente altas, em aproximadamente 10^{32} K (a chamada temperatura de Planck). Acima dessa temperatura o universo encontrava-se na era de Planck. Em concordância, essa singularidade inicial do *Big-bang* dada pelo modelo de FLRW não representa o que realmente aconteceu, e não é o início de nosso universo. Trata-se apenas do início do tempo de acordo com o modelo de FLRW – precisamente, porém, na região em que o modelo falha. O *Big-bang* como essa singularidade inicial, então, é um artefato de um modelo bastante confiável para temperaturas mais baixas, mas que está longe de ser correto para temperaturas acima da Temperatura de Planck. Dessa forma, deveriam ser levadas em consideração apenas como limite passado de fases mais quentes e densas do universo conforme nos afastamos do presente – um limite que está fora da confiabilidade do modelo, como acontece com a própria era de Planck. Necessita-se de uma nova física, que, como já indicamos, requer um tratamento quântico do espaço-tempo e da gravidade. Esse é o reino da cosmologia quântica. Mesmo que ainda não tenhamos uma cosmologia quântica adequada, nós temos uma série de indicações provisórias bem fundamentadas dos processos que devem ter sido importantes na era de Planck e no início da expansão e do resfriamento do universo em direção à sua fase de FLRW ou fase clássica. Isso ocupa toda sua história – à exceção da minúscula parte de um segundo depois do *Big-bang* – do ponto de vista do modelo de FLRW.

Antes de discutir algumas dessas conclusões preliminares da cosmologia quântica, descreveremos brevemente o que sabemos da história do universo depois da era de Planck.[3] A maior parte dos cosmólogos acredita que imediatamente depois de sair da era de Planck – de fato isso pode ter levado o universo a sair da era de Planck – houve um período extremamente breve (muito, muito menos do que um segundo) de uma expansão extraordinariamente rápida chamada de inflação. Ao mesmo tempo, claro, o universo teria super-resfriado. Essa inflação teria sido guiada por uma grande quantidade de energia de vácuo (a constante cosmológica de Einstein) que possua uma grande pressão negativa e, dessa forma, induz a uma repulsão gravitacional. É esse processo inflacionário que acreditamos ter gerado as flutuações de densidade que foram as sementes da futura formação das galáxias. É muito difícil ver de outra forma, pelo menos em relação à maneira como tais sementes possam ter sido geradas. Outra razão muito forte para invocar a inflação é a extraordinária lisura da CMBR, a reverberação do *Big-bang*. Isso significa que o universo que existia naquela época, cerca de 300 mil anos depois do *Big-bang*, deve ter sido causalmente conectado, desde o *Big-bang*, em escalas de distâncias muito maiores do que o tempo que a luz percorreu desde então (lembre-se de que o *Big-bang* aconteceu há cerca de 13,7 bilhões de anos). A única maneira certa que conhecemos de reproduzir esse acontecimento é inflando um minúsculo pedaço causalmente conectado, imediatamente depois da era de Planck, a um tamanho que abarque todo nosso universo observável.

---

3   Há uma vasta literatura popular e semipopular que fornece maiores detalhes desse relato, bem como das evidências oriundas da observação que o sustentam. Por exemplo, REES, Martin J. *Just Six Numbers: the Deep Forces that Shape the Universe*. New York: Basic Books, 2001. (NT) Há tradução em português; ELLIS, George F. R. *Before the Beginning: Cosmology Explained*. London: Boyars/Bowerdean, 1993. Para referências introdutórias mais técnicas, ver KOLB, Edward W., TURNER, Michael S. *The Early Universe*. Reading, MA: Addison-Wesley, 1990; LIDDLE, Andrew R., LYTH, David H. *Cosmological Inflation and Large-Scale Structure*. Cambridge University Press, 2000.

A inflação cessou rapidamente e o universo foi reaquecido a uma temperatura muito alta. Isso foi efetivado pela rápida transformação da energia do vácuo em radiação e partículas. Essa transformação requereu um tipo muito especial de potencial inflacionário – um campo hipotético a que os cosmólogos chamam de *inflaton*. Por causa de seus requisitos que um *inflaton* como deve ter, ainda não há um modelo suficientemente adequado para a era Inflacionária e para o subsequente reaquecimento do universo. O aperfeiçoamento necessário para um modelo como esse é um dos aspectos incômodos do paradigma inflacionário.

Quando a era inflacionária passou, o universo expandiu-se e se resfriou de maneira muito mais suave, com as flutuações de densidade geradas pela inflação congeladas no plasma cósmico. Por pelo menos 100 mil anos, a temperadora do gás era suficientemente alta para que o gás fosse ionizado e, portanto, interagisse fortemente com a radiação. Isso evitou que as flutuações crescessem. Entretanto, isso não valeu para as flutuações da matéria escura, que não fora afetadas pela radiação e puderam começar a crescer em densidade antes das matérias compostas de prótons e nêutrons (bárions). Quando a temperatura do universo baixou de 4.000 K, porém, o hidrogênio dominante já não estava mais ionizado e a matéria bariônica pode começar a se amontoar por si própria, juntando-se também a amontoados de matéria escura que já haviam se formado. A crescente densidade das flutuações gerou campos gravitacionais locais maiores, permitindo que eles se separassem da expansão cósmica. Eventualmente eles pararam de se expandir – ainda que o universo ao seu redor tivesse continuado a fazê-lo, e eles entraram em colapso por conta de seu próprio peso, e formaram assim as galáxias e os amontoados de galáxias. Dentro das galáxias, eventualmente formaram-se as estrelas.

O advento das estrelas foi extremamente importante para nosso universo. Sem elas, o universo teria permanecido quimicamente empobrecido – e, dessa maneira, biologicamente estéril. Até a formação das estrelas, os únicos elementos presentes eram o hidrogênio, o hélio e um pouco de lítio, o metal mais leve. Todos os outros elementos – incluindo o carbono, o oxigênio, o ferro etc. – formaram-se nas estrelas ou como resultado de explosões estelares.

Agora devemos retornar à discussão de alguns dos cenários preliminares da cosmologia quântica para os estágios iniciais do nosso universo. Nossa razão para sondar esse assunto está na apreciação do que a física e a cosmologia eventualmente podem dizer sobre a era de Planck, o que levou a ela e o que desencadeou a expansão de nosso universo em sua emergência da era de Planck – o *Big-bang*. Além disso, buscamos determinar, a partir de uma perspectiva mais filosófica ou teológica, se a física ou a cosmologia são capazes de fornecer uma explicação ontológica última para o universo e suas principais características. Se esse for o caso, então elas poderiam competir com conceitos filosófico-teológicos da criação divina como um relato da razão última para a existência e para a ordem. Se não, então a física e a cosmologia oferecem uma compreensão do universo e da realidade que é complementar às contribuições da filosofia e da teologia. Depois disso, delinearemos as diferenças entre as duas formas de inteligibilidade, suas limitações e como elas são, de fato, complementares quando apropriadamente compreendidas.

Em primeiro lugar, olhemos para a proposta sem contornos de Hartle e Hawking.[4] Na década de 1960, John A. Wheeler e Bryce DeWitt haviam formulado a elegante e bem conhecida equação de Wheeler-DeWitt, que descreve a função de onda quântica do universo.[5] Essa equação fundamentalmente representa a probabilidade de diferentes universos emergirem a partir do estado cósmico quântico inicial. Sob certas condições da equação de Wheeler-DeWitt, haveria uma probabilidade definida de que nosso universo, em particular, emergisse e começasse a expandir e resfriar como o modelo de FLRW prescreve. É importante perceber que a equação de Wheleer-DeWitt em si não contém, explicitamente, o tempo. No regime quântico que ela descreve, a função de onda do universo apenas o é, em certo sentido definido. O tempo pode emergir da equação com o cumprimento de

---
4 HARTLE, J. B., HAWKING, S. W. "Wave Function of the Universe". Para uma apresentação mais acessível e não técnica, ver RUSSEL, Robert John; STOEGER, William R., SJ o COYNE, George V., S.I (Eds.). *Physics, Philosophy and Theology: a Common Quest for Understanding*. Cidade-Estado do Vaticano: Vatican Observatory Publications, 1988, pp. 375-408.
5 WITT, B. S. De. "Quantum Theory of Gravity I: the Canonical Theory". *Physical Review*. 160, 1967, pp. 1113-1148. Para uma apresentação mais recente e mais simples, ver ROVELLI, Carlos. *Quantum Gravity*. Cambridge University Press, 2004.

certas condições de contorno apropriadas. Então, na década de 1980, Hartle e Hawking mostraram, usando a equação de Wheeler-DeWitt, que sem as fronteiras espaciais tridimensionais para a função de onda cósmica, podemos obter um universo como o nosso. De fato, o universo resultante também tem uma fase primitiva inflacionária, que, vimos, parece ser um prerrequisito em outros termos. Muitos anos depois, Alex Vilenkin propôs um cenário bastante diferente que leva a um resultado similar.[6]

Alguns interpretaram os resultados de Hartle-Hawking como uma demonstração de que a física e a cosmologia seriam capazes de explicar como o universo emergiu do nada, já que não haveria nem um contorno inicial nem um tempo clássico que pudesse ser definido dentro dessa fronteira. Entretanto, isso é uma ilusão. No mínimo, necessitamos da existência da função de onda do universo e de seu comportamento ordenado – sua física – como descrito pela equação de Wheeler-DeWitt. Assim, permanece a questão sobre suas origens e sobre os motivos pelos quais ele tem a forma que tem e não outra qualquer. Em um sentido importante, então, nem o cenário de Hartle-Hawking, nem o de Vilenkin descreve o processo – ou mais corretamente, a relação – através do qual o universo foi criado, no sentido filosófico mais radical.[7] Também há problemas técnicos com a proposta, que a torna inadequada. Apesar dessas deficiências, ela foi e continua a ser um ponto de referência e um estímulo importante na contínua busca por uma cosmologia quântica mais adequada.

A teoria das cordas recentemente estimulou outros dois cenários amplamente reconhecidos e populares para a modelagem da emergência do universo da era de Planck.[8] Em nenhum deles o *Big-bang* é concebido como

---

6   VILENKIN, A. "Quantum Cosmology and the Initial State of the Universe". *Physical Review.* D 37, 1988, p. 888; para uma apresentação não técnica, porém detalhada, ver ISHAM, C. J. "Quantum Theories of the Creation of the Universe". In: RUSSELL, Robert John; MURPHY, Nancey; ISHAM, C. J. (eds.). *Quantum Cosmology and the Laws of Nature: Scientific Perspectives on Divine Action.* Cidade-Estado do Vaticano e Berkeley, CA: Vatican Observatory Publications e Center for Theology and the Natural Sciences, 1993, pp. 49-89.

7   Ver ISHAM, C. J. "Quantum Theories of the Creation of the Universe".

8   VENEZIANA, Gabriele. "The Myth of the Beginning of Time". *Scientific American.* 290, n. 5, maio de 2004, pp. 54-65.

a origem do universo. Um deles é o cenário pré-*Big-bang*, no qual, por conta das simetrias permitidas pela teoria das cordas, há a possibilidade de uma fase anterior do universo (antes do *Big-bang*).[9] Durante essa fase, o universo entra em colapso a partir de um estado quase vazio em que ele encontra-se há muito tempo para se tornar bastante denso e quente, chegando à era de Planck. Mas o volume do universo tem um mínimo e sua temperatura, um máximo. Quando esses dois parâmetros são alcançados, o universo salta e entra na fase pós-*Big-bang*. Até agora, contudo, não há um relato satisfatório de como a transição de uma fase para a outra pôde ter acontecido.

A segunda proposta é o cenário ekpirótico.[10] De acordo com essa imagem, nosso universo é simplesmente uma de muitas grandes membranas tridimensionais (D-branas) que flutuam em um espaço dimensional mais alto. Por causa da atração gravitacional entre essas ramificações, elas eventualmente colidem entre si, desencadeando um evento parecido com o *Big-bang*, que leva à expansão e ao resfriamento de cada uma das branas tridimensionais. Entretanto, não são quaisquer pares de branas que colidam que irão gerar o *Big-bang* e nosso universo. A colisão teria de ser finamente ajustada – por exemplo, as branas teriam de ser quase que exatamente paralelas.[11]

Entre as intrigantes consequências das pesquisas da cosmologia do universo primitivo e da cosmologia quântica está a forte sugestão de que nosso universo não seja o único. De fato, alguns dos cenários para a emergência de nosso universo implicam que há um número extraordinariamente grande de outros universos. Os processos que podem ter desencadeado o nascimento de nosso universo tendem a produzir muitos outros ao mesmo tempo. É bastante possível que esses outros universos sejam muito distintos do nosso em termos dos parâmetros que os caracterizam – suas constantes pareáveis, sua geometria e sua história. Normalmente utiliza-se um *ensemble* de muitos universos efetivamente existentes, um multiverso, para explicar o aparente

---

9   Ver também GASPARINI, Maurizio; VENEZIANO, Gabriele. The Pre-Scenario in String Cosmology. *Physics Reports*. 373, nos. 1-2, 2003, pp. 1-212.
10   VENEZIANO, Gabriele. "The Myth of the Beginning of Time"; KHOURY, Justin; OVRUT, Burt A., SEIBERG, Nathan; STEINHARDT, Paul J., TUROK, Neil. "From Big Crunch to Big--bang". *Physical Review*. D 65, 2003, 086007.
11   Eu estou em dívida com George Ellis por sua qualificação em uma conversa particular.

aperfeiçoamento de nosso universo em direção à complexidade e à vida (o princípio antrópico). Uma vez que esses assuntos tenham sido incluídos nas discussões sobre a criação divina e o *Big-bang*, nós os exploraremos melhor mais tarde. Claro, um multiverso como esse não pode ser uma explicação última, nem mesmo do ponto de vista da ciência. Sua existência e suas características requerem uma explicação física mais fundamental – algum tipo de processo gerador, que, por sua vez, requer uma base física.[12]

Essa breve visão panorâmica da cosmologia quântica revelou uma série de pontos importantes acerca de nossa compreensão dos processos que levaram ao nosso universo. Em primeiro lugar, o *Big-bang* não pode ser considerado o início do universo, nem mesmo do ponto de vista da física ou da cosmologia e, certamente, não é sua origem ou explicação última. Na verdade, hoje em dia, ainda que tenhamos algumas ideias preliminares sobre como a era de Planck configurou-se, esse estágio primitivo da história cósmica ainda encontra-se fora da região de nosso parâmetro relativamente seguro que é o modelo de FLRW do universo. Em segundo lugar, qualquer relato ou cenário físico confiável do *Big-bang* ou da origem da era de Planck em si requer uma física mais fundamentalmente detalhada descrevendo os campos e os estados que sustentam os processos e as características da era de Planck. Um relato como esse demandaria explicações ou fundações físicas mais aprofundadas e, em última análise, uma fundação ou base metafísica que a física em si não é capaz de prover. O que gerou a existência da física e das estruturas fundamentais? O que explica o motivo pelo qual há algo e não apenas o nada? E porque essa ordem em particular e não outra ordem qualquer? Não há uma física do nada absoluto – ou, mais exatamente, uma física que descreve como a existência realiza-se a partir da não existência –, algo que deveria existir se a física se propusesse a dar uma explicação última para a existência do universo. Isso nos leva a questões filosóficas sobre as origens últimas e a questões religiosas sobre a criação.

---

12 ELLIS, G. F. R., KIRCHNER, U., STOEGER, W. R. "Multiverse and Physical Cosmolosy". *Monthly Notes of the Royal Astronomical Society.* 347, 2003, p. 921; STOEGER, W. R., ELLIS, G. F. R., KIRCHNER, U. "Multiverses and Cosmology: Philosophical Issues". *arXiv:astro-ph/* e suas referências para um tratamento detalhado desses assuntos.

Deus e a física: a compatibilidade da criação com o *Big-bang*

Agora chegou a hora de explorar o que significa a criação propriamente dita. Nós apenas começamos a ver que a física e a cosmologia parecem ser incapazes, por princípio, de fornecer um relato adequado das bases últimas para a existência e para a ordem. Elas têm obtido um sucesso extraordinário em descobrir e modelar em grandes detalhes, qualitativos e quantitativos, as estruturas e a dinâmica da natureza. Elas podem nos dizer como um sistema qualquer evolui: dado um estado particular, a física e a cosmologia podem nos ajudar a encontrar o escopo de estados que levaram a esse estado, e o escopo de estados que se seguirão. Mas elas não podem, em última análise, nos dizer por que todo o sistema existe ou porque ele é dotado da ordem particular que manifesta.

Em um sentido definitivo, a filosofia e a teologia também não podem responder a essas questões, pelo menos não de maneira adequada. Mas elas podem (e de fato o fazem) propor relatos que ofereçam respostas preliminares consistentes e inteligentes para a questão de maneira menos inadequada que seus competidores. Aqui eu resumirei brevemente as compreensões acerca da criação divina que são frutos do pensamento filosófico medieval tardio judaico, cristão e muçulmano, representado por pensadores influentes como Maimônides, Tomás de Aquino, Averróis e Avicena.[13] Meu argumento será que a ideia da criação divina, como desenvolvida por essas tradições religiosas, é complementar à

---

13 Para uma abordagem breve e resumida da criação divina, ver LaCUGNA, Catherine Mowry. *God for Us: the Trinity and Christian Life*. São Francisco: Harper-San Francisco, 1993, pp. 158-167; GILKEY, Langdon. Creation, Being and Nonbeing. In: BURRELL, David B., McGINN, Bernard (eds.). *God and Creation: an Ecumenical Symposium*. Notre Dame, in: University of Notre Dame Press, 1990, pp. 226-241; CARROLL, William E. "Divine Agency, Contemporary Physics, and the Autonomy of Nature". *The Heythrop Journal*. 49, n° 4, 2008, pp. 582-602 agradeço a Charles L. Harper por essa referência); STOEGER, William R. "The Origin of the Universe in Science and Religion". In: MARGENAU, Henry; VARGHESE, Roy A. (eds.). *Cosmos, Bios, Theos: Scientists' Reflection on Science, God, and the Origins of the Universe, Life and Homo Sapiens*. La Salle, IL: Open Court, 1992, pp. 254-269; STOEGER, William R. "Conceiving Divine Action in a Dynamic Universe". In: RUSSELL, Robert John; MURPHY; Nancey STOEGER, William R., SJ (eds.). *Scientific Perspectives on Divine Action*. Cidade-Estado do Vaticano e Berkeley, CA: Vatican Observatory Publications e Center for Theology and the Natural Sciences, 2008, pp. 225-248.

explicação científica (e, portanto, a qualquer coisa que a cosmologia quântica ou a física possa revelar sobre os estados mais primitivos de nosso universo), porque ela simplesmente oferece uma explicação ou o fundamento para a existência e para a ordem básica de tudo que a ciência propõe ou descobre. Ela não oferece uma explicação científica alternativa. De acordo com esses relatos teológicos, o criador fundamenta, autoriza e permite os processos físicos – incluindo os mais primordiais – para que eles sejam o que são. Como acabamos de ver, o que a cosmologia quântica descobre não pode funcionar como um substituto para o que a criação divina alcança, posto que ela é incapaz de fornecer as bases últimas para a existência e a ordem.[14] Relatos teológicos da criação conseguem chegar nesses resultados ao propor uma causa autossubsistente e autoexplicativa – o Criador – que é a fonte fundamental do ser e da ordem, e de que todas as coisas existentes participam. Como tal, esse Criador não é outra entidade ou outro processo no seio do universo, que pode ser detectado e isolado de outras causas e entidades físicas. Ele é causalmente distinto delas porque sem ele nada existiria. E, mesmo assim, como acabamos de enfatizar, não se trata de um substituto para as causas criadas: ao invés disso, ele as dota de existência, eficácia e autonomia. Essa é a distinção clássica entre as categorias complementares de causalidade primária e secundária. O ponto central é que a causa primária é diferente de todas as outras causas, tanto porque gera a existência e a ordem quanto porque ela não age no lugar de, ou paralelo a nenhuma outra causa. Na verdade, nesse caso estamos usando o conceito de "causa" de maneira profundamente análoga e metafórica, para mostrar algo que não podemos compreender completamente – o mistério da existência e da atividade ordenada. Deus é radicalmente transcendente e está além de todos os conceitos adequados. Mas nós podemos apontar para essa realidade, e podemos separar maneiras menos inadequadas de se falar sobre Deus e sobre a atividade criadora de Deus, de maneiras completamente inadequadas.

Há uma série de aspectos desse conceito de criação divina que valem a pena ser destacados. O primeiro deles é o de que a criação não é um evento

---

14 Para uma apresentação mais detalhada dessas ideias, ver STOEGER, William R. "The Big-bang, Quantum Cosmology and *Creatio ex Nihilo*". In: SOSKICE, Janet M., BURRELL, David B., COGLIATI, Carlo; STOEGER, William R. (eds.). *Creation and the God of Abraham*. Cambridge University Press. No prelo.

temporal, mas uma relação – uma relação de dependência última. Assim, a "causa", como aplicada a Deus deve ser concebida não como uma força ou uma interação física, como o é na física, mas sim em termos de uma relação de dependência sempre presente.[15] Logo, o criador sempre sustenta ou conserva tudo que existe. Esse é o lado *creatio continua* da *creatio ex nihilo*, o termo metafórico que se refere a ideia particular de "criação" que dominou as tradições teológicas monoteístas. Daqui depreende-se que a criação não lida com o começo temporal da realidade física – ainda que não possamos completamente ignorar esse aspecto –, mas com uma origem ontológica, a fonte última do ser e da ordem. Logo, também, a relação de criação não efetiva a mudança, como as outras causas físicas fazem. Deus, enquanto causa primária, é uma condição necessária e não promove mudanças no mundo que se mantenham isoladas das causas secundárias. Todas as especificações servem simplesmente para deixar claro o que se quer dizer nessas tradições teístas quando se promovem conversas inteligentes sobre a ação criativa de Deus.

Em segundo lugar, tem se mostrado útil conceber a relação de criação como uma participação na existência e na atividade do Criador.[16] Nesse sentido, também, muitos argumentaram que é melhor conceber esse criador como um verbo do que como um substantivo (uma entidade). Destarte, podemos dizer que a criação limita-se pela participação do que quer que exista no ser, na atividade e na criatividade pura e autossubsistente do Criador. Tradicionalmente, alguns filósofos e teólogos vêm se referindo a Deus como Ato Puro.

Em terceiro lugar, esse conceito de criação divina nos desencoraja de conceber o Criador como controlador da natureza ou do universo ou intervindo em sua dinâmica. Ao invés disso, Deus, como já destacamos, dota todos os processos, as regularidades e as relações na natureza com suas existências e capacidades para atividade autônoma. Elas possuem sua própria integridade e suficiência. Podemos dizer, de maneira um tanto metafórica, que Deus

---

15 Para esse assunto, ver, CARROLL, William E. "Divine Agency, Contemporary Physics, and the Autonomy of Nature", pp. 592-593.
16 SOSKICE, Janet M., BURRELL, David B., COGLIATI, Carlo; STOEGER, William R. (eds.). *Creation and the God of Abraham*.

como criador está trabalhando nessas e através dessas dinâmicas, regularidades e relações da natureza (que incluem aquelas que são estatísticas, como a mecânica quântica) ao autorizar que elas operem. Mas nós não devemos entender a ação como uma microgestão ou como controle – como amarras além daquelas inerentes à natureza. Deus dá às causas naturais completa liberdade para funcionarem como são.

Por último, essa relação criativa de dependência última não é uniforme, mas sim, altamente diferenciada. Ainda que Deus sustente tudo em existência e atividade, o apoio criativo é diferente em cada caso, já que Deus sustenta diferentes existências, com individualidades, propriedades e capacidades particulares e o faz através de diferentes relações com o meio em que elas prosperam. E cada uma delas responde a esse ambiente e àquelas relações – e, portanto, à Deus – de maneira diferente.[17]

Essa visão panorâmica nos oferece a essência do que muitos filósofos e teólogos entendem como a abordagem menos inadequada à criação divina já desenvolvida e uma que tem raízes profundas nas melhores teologias filosóficas das religiões monoteístas.

Claramente ajuda-nos a entender porque a criação divina, se compreendida adequadamente, é profundamente compatível com a física, com a cosmologia ou qualquer outra ciência natural em relação à explicação da origem do universo ou de qualquer sistema que venha a emergir dentro dele. A teologia da criação oferece explicações e inteligibilidade em um nível diferente da, mas complementar à física, cosmologia e outras ciências naturais. Profundos mal-entendidos têm resultado de confusões entre esses níveis.

Tendo estabelecido em termos muito gerais o que se quer dizer pelas ideias da criação nas tradições religiosas ocidentais, nós agora nos voltamos para um importante grupo de assuntos específicos a que já fizemos breve referência: a aparente característica de ajuste fino do universo, a possibilidade do papel criativo de Deus para efetivar esse ajuste fino e o escopo de explicação de tal ajuste, considerando nosso universo como membro de um multiverso.

---

17 STOEGER, William R. "The Big-bang, Quantum Cosmology".

Um universo improvável: ajuste fino, Deus e multiversos

Desde mais ou menos 1961, há uma crescente percepção de que nosso universo é muito especial.[18] Se uma de nossas quatro forças físicas fundamentais (gravidade, eletromagnetismo e as interações nucleares fortes e fracas) tivessem dimensões minimamente diferentes, como dadas por suas constantes pareáveis, ou se os parâmetros que dão a geometria e a dinâmica básica do universo (por exemplo, sua taxa de expansão depois da era inflacionária) tivessem sido ligeiramente diversos do que são, o universo seria tão diferente que não haveria complexidade ou vida.[19] Ele seria completamente estéril. Se as estrelas não tivessem se formado, por exemplo, então não haveria nenhum elemento mais pesado do que o hélio e o lítio e, portanto, nenhuma química ou biologia, nenhum planeta rochoso. De pontos de vista bastante diferentes entre si, então, parece que nosso universo foi preparado para a complexidade e para a vida – e talvez para a consciência. A descoberta dessas características de nosso universo deu vazão ao que é conhecido como princípio antrópico (PA).[20]

Desde as primeiras discussões sobre o PA, particularmente aquelas propostas por Brandon Carter,[21] os cosmólogos têm falado sobre suas versões fracas (WPA) e suas versões vigorosas (SPA).[22] As versões fracas afirmam que já que a complexidade, a vida e a consciência estão presentes no universo, as constantes fundamentais da natureza e as condições iniciais para o universo

---

18 DICKE, R. H. "Dirac's Cosmology and Mach's Principle". *Nature*. 192, 1961, pp. 440-441.
19 Há muitos exemplos desse tipo de dependência sensível – para um compêndio mais antigo e exaustivo, ver BARROW, J. D., TIPLER, F. J. *The Cosmological Anthropic Principle*. Oxford University Press, 1986.
20 Para uma apresentação mais detalhada do material utilizado nessa seção, ver STOEGER, William R. "Are Anthropic Arguments, Involving Multiverses and Beyond, Legitimate?". In: CARR, Bernard (ed.). *Universe or Multiverse?* Cambridge University Press, 2007, pp. 445-457.
21 CARTER, B. "The Anthropic Principle and its Implications for Biological Evolution". *Philosophical Transactions of the Royal Society of London*. A 310, 1983, pp. 347-363.
22 Para uma abordagem cuidadosa e cientificamente sensível das versões fracas e vigorosa do PA e outros assuntos relacionados, ver McMULLIN, E. "Indifference Principle and Anthropic Principle in Cosmology". *Studies in History and Philosophy of Science*. Part A, 24, 1993, pp. 359-389.

em si devem ser tais que permitam e apoiem suas existências. Os requisitos de possibilidade para a complexidade foram preenchidos – sua realização age *a posteriori* para restringir os possíveis valores dos parâmetros fundamentais. As versões fortes do PA vão muito além. Elas afirmam que nosso universo tinha que ser constituído de tal forma que a complexidade, a vida e a consciência pudessem eventualmente emergir. Isso implica que, de alguma forma, as características específicas do universo tenham sido escolhidas antes do tempo – que o universo seja de fato finamente ajustado – de maneira que a complexidade, a vida e a consciência pudessem emergir. Dessa forma, as versões fortes envolvem uma restrição *a priori* de parâmetros cósmicos fundamentais.[23]

Claramente a SPA, que é nosso foco primordial aqui, requer evidências ou justificativas bem definidas para os motivos pelos quais a complexidade, a vida e a consciência devem emergir. Isso obviamente implica em uma finalidade ou um propósito no universo, algo que está consideravelmente além do ponto até onde as ciências naturais, incluindo a física e a cosmologia quântica, podem ir. Essa afirmação claramente convida a soluções filosóficas e teológicas, a maioria das quais têm proposto, essencialmente falando, que Deus enquanto criador tenha selecionado as características específicas do universo, de maneira que a complexidade, a vida, a consciência e seres dotados de livre-arbítrio pudessem estar garantidos. Em outras palavras, Deus estabeleceu as condições iniciais para o universo.

Uma segunda solução proposta e dominante para o SPA, que procura manter toda a discussão dentro das competências das ciências naturais e evitar considerações teológicas, é o cenário do multiverso. Nosso universo é um de uma enorme quantidade de universos efetivamente existentes, ou de domínios de universos, representando uma gama de diferentes leis, constantes fundamentais e condições iniciais. Dentro desse multiverso há, portanto, uma probabilidade definida de que um desses universos permita a emergência da complexidade, da vida e da consciência. Essa proposta, claro, presume que podemos definir essa probabilidade dentro do *ensemble* de universos. Isso não seria possível, por exemplo, se o multiverso contivesse

---

23 Ibid., p. 376.

um número infinito de universos ou todos os universos possíveis, como alguns sugeriram.[24]

O cenário do multiverso explica, em certo sentido, porque nosso universo é bioamigável, se podemos encontrar evidências que apontam para esse fato. Mas essa explicação está obviamente incompleta do ponto de vista científico. Ela demanda imediatamente uma compreensão mais profunda do processo através do qual o multiverso foi gerado e dos motivos pelos quais ele contém universos que permitem a emergência da complexidade. Isso sugere fortemente que a geração desse multiverso em si pode ter requerido certo ajuste fino. Certamente ele também iria requer uma explicação última para sua existência, para a existência do processo cósmico que o produziu e para a ordem e as propriedades particulares que possui. Requereria um Criador. Destarte, a hipótese do multiverso, na verdade, não resolve ou constitui uma versão equivalente do SPA, comparada à abordagem filosófica/teológica. Em certo sentido, trata-se de uma volta ao WPA.[25] De qualquer maneira, nós certamente podemos continuar a tratá-la como uma explicação intermediária forte para a característica de ajuste fino de nosso universo. Nosso universo talvez seja, de fato, um entre tantos outros universos!

Existem razões científicas, ainda que não diretamente observáveis, para levar essa possibilidade a sério. De todo o trabalho teórico já produzido sobre a cosmologia do universo primitivo, incluindo a cosmologia quântica, nós agora sabemos que há uma série de maneiras bastante naturais através das quais o multiverso poderia ter sido gerado. Na verdade, parece que quase toda proposta séria para explicar o *Big-bang* ou a emergência de nosso universo a partir da era de Planck leva à produção não de um, mas de vários universos. Por exemplo, há o cenário caótico ou de inflação eterna de Andrei Linde,[26]

---

24 ELLIS, G. F. R., KIRCHNER, U., STOEGER, W. R. "Multiverse and Physical Cosmolosy". pp. 921-922; STOEGER, W. R., ELLIS, G. F. R., KIRCHNER, U. "Multiverses and Cosmology: Philosophical Issues".
25 STOEGER, William R. "Are Anthropic Arguments, Involving Multiverses and Beyond, Legitimate?". pp. 447-448.
26 LINDE, A. D. "Chaotic Inflation". pp. 177-181; LINDE, A. D. *Particle Physics and Inflationary Cosmology*.

bem como propostas mais recentes como as de Weinberg[27] e a de Garriga e Vilenkin.[28] Estes especularam que as flutuações quânticas geradas durante a inflação levaram a um grande número de regiões cósmicas separadas, cada qual com uma densidade de energia de vácuo diferente. Cada uma delas evoluiria como universo separado, ou domínios de universo.[29]

Ainda que os multiversos possam ser possibilidades teóricas atraentes, parece razoável perguntar se a hipótese de sua existência é cientificamente testável ou não. Seria possível demonstrar, um dia, ainda que apenas em princípio, que nosso universo é provavelmente parte de um *ensemble* de muitos outros universos? Se não, então é impossível considerar esses universos objetos cientificamente legítimos. Certamente nunca seremos capazes de observar outros universos diretamente. Há outras formas através das quais podemos obter evidências?

Uma abordagem convincente para essa questão nos é provida pela inferência retrodutiva ou abdutiva enquanto um componente importante do método científico.[30] Elas foram desenvolvidas por C. S. Peirce,[31] e muito mais recentemente por E. McMullin.[32] A "retrodução" é uma inferência feita a partir de consequências observadas de uma hipótese para seus antecedentes explicativos – ou seja, ela baseia-se no sucesso de uma hipótese que dá

---

27 WEINBERG, S. "The Cosmological Constant Problem". In: CLINE, D. (ed.). *Sources and Detection of Dark Matter and Dark Energy in the Universe.* Berlim: Springer-Verlag, 2001, pp. 18-26.

28 GARRIGA, J., VILENKIN, A. "Many Worlds in One". *Physical Review.* D 64, 2001, 043511.

29 KACHRU, S., KALLOSH, R., LINDE, A., TREVEDI, S. P. "de Sitter Vacua in String Theory". *Physical Review.* D 68, 2003, 046005; SUSSKIND, L. "The Anthropic Landscape of String Theory". In CARR, Bernard (ed.). *Universe or Multiverse?* pp. 247-266.

30 STOEGER, W. R., ELLIS, G. F. R., KIRCHNER, U. "Multiverses and Cosmology: Philosophical Issues"; STOEGER, William R. "Are Anthropic Arguments, Involving Multiverses and Beyond, Legitimate?". pp. 450-451.

31 PEIRCE, C. S. Vol 1, §65 e Vol 5, §188. In: HARTSHORNE C., WEISS, P. (eds.). *Collected Papers,* Vols. 1-6. Cambridge, MA: Harvard University Press, 1931-1935; PEIRCE, C. S. Vol 7, pp. 202-207 e pp. 218-222. In: BURKS, A. (ed.) *Collected Papers,* Vols. 7 and 8. Cambridge, MA: Harvard University Press, 1958.

32 McMULLIN, E. *The Inference that Makes Science.* Milwaukee, WI: Marquette University Press, 1992; McMULLIN, E. "Truth and Explanatory Success". *Proceedings, American Catholic Philosophical Association.* 59, 1985, pp. 206-231.

conta de um conjunto de fenômenos ou torna-o mais inteligível. Conforme os cientistas modificam e ajustam suas hipóteses à luz dos experimentos em andamento e de observações cuidadosas, essas hipóteses tornam-se mais e mais frutíferas e precisas em relação ao que predizem, revelam e explicam. Como enfatiza McMullin, elas frequentemente postulam a existência de entidades ocultas (como os multiversos) ou de propriedades básicas para seus poderes explicativos. Suponhamos que elas tornem-se cada vez mais centrais e confiáveis no tecido da teoria científica, consigam dar conta de todos os dados relevantes, conectar fenômenos antes considerados não relacionados e contribuir para a compreensão mais profunda do campo e estimular novas linhas frutíferas de questionamento. Então esse sucesso leva-nos a afirmar a existência dessas entidades ou propriedades ocultas – ou algo parecido com elas – ainda que nunca as detectemos diretamente.[33]

Destarte, se um multiverso torna-se um componente central de uma teoria cosmológica quântica e estabelece sua importância para a compreensão mais profunda de nosso universo, então, tendo por base a inferência retrodutiva, nós temos evidências científicas para sua existência e suas propriedades. Nós estamos, no momento, muito longe dessa situação, mas é possível que uma das hipóteses do multiverso alcance esse *status* no futuro. Mesmo que isso aconteça, contudo, está certamente claro, como enfatizamos, que isso não significaria nada além de uma resposta intermediária para o SPA. Seria necessário encontrar uma explicação mais profunda para sua própria existência e tendência bioamigável, incluindo uma base última para sua existência e ordem – uma relação criativa.

A interação da cosmologia e da teologia

De nosso debate desses assuntos o que podemos concluir das contribuições presentes e potenciais da cosmologia científica para a teologia da

---

[33] ALLEN, Paul L. *Ernan McMullin and Critical Realism in the Science – Theology Dialogue*. Aldershot: Ashgate, 2006, pp. 70-73; STOEGER, William R. "Are Anthropic Arguments, Involving Multiverses and Beyond, Legitimate?", pp. 451.

criação? E, reciprocamente, o que podemos dizer sobre as contribuições potenciais de uma teologia da criação crítica para a cosmologia?

A teologia da criação está primordialmente preocupada com a fonte última da existência, do dinamismo e da ordem do que quer que a física ou a cosmologia revelem sobre os processos primordiais no universo primitivo. Como isso é algo que está necessariamente além do escopo da física e da cosmologia, sua influência sobre uma ou outra será indireta, mas importante. Primeiramente, a cosmologia restringe fortemente a teologia da criação a um papel específico, desencorajando-a de competir com a física para oferecer agentes de mudança alternativos. Ao fazer isso, ela essencialmente purifica a teologia, filtrando representações inadequadas e antropomórficas da ação divina criativa. Em resumo, ela é consistente com o tipo de teologia da criação que nós apresentamos aqui. Segundo, uma teologia da criação crítica apoia qualquer cosmologia que tenha sido concluída de forma legítima pela ciência. Ao mesmo tempo, ela age no sentido de lembrar a física e a cosmologia da busca maior e mais profunda pela compreensão e pelo significado na qual elas participam, e das limitações de seus próprios modos de interrogação.

Um corolário para essa abordagem é que o que a física e a cosmologia descobrem e o que a teologia afirma legitimamente não podem, essencialmente, estar em conflito. Se aparecerem conflitos ou incompatibilidades, esse é um sinal certo de que em algum momento houve um mal-entendido ou uma transgressão dos limites disciplinares de um lado ou de outro. Em suma, interações frutíferas entre a cosmologia e a teologia da criação reforçarão sua complementaridade, e provarão ser mutuamente beneficiadoras e enriquecedoras.

9 Psicologia e teologia

Fraser Watts

Esse capítulo versa sobre o diálogo entre a psicologia e a teologia. Em primeiro lugar, distinguirei brevemente esse tópico específico de outros que tem mais a ver, de forma geral, com a interface da psicologia e da religião. Um deles é a aplicação prática da psicologia ao trabalho das comunidades de fé. Aqui o foco primordial tem sido a área do cuidado pastoral (ainda que em *Psychology for Christian Ministry*[1] eu tenha mostrado que a aplicação prática da psicologia para a religião é muito mais ampla). Em contraste, o diálogo entre a teologia e a psicologia foca-se mais nas questões de verdade do que nas práticas. Outra intersecção entre a psicologia e a religião é a psicologia da religião – uma das muitas ciências humanas, incluindo a sociologia e a antropologia social, que lidam com a crença e a prática religiosa. A psicologia da religião normalmente enxerga os fenômenos religiosos a partir de um ponto tão distanciado quanto possível. Essa abordagem observacional à religião não é o foco central desse capítulo, ainda que eu retorne mais tarde aos aspectos do diálogo entre a teologia e a psicologia que lidam com a natureza da religião em si.

O diálogo entre a teologia e a ciência é notoriamente de mão única, como já deve ter ficado aparente por conta de outros capítulos desse volume. A teologia esteve muito mais interessada na ciência do que a ciência na teologia. Cientistas individuais podem ter se interessado pela teologia, mas é difícil argumentar que a teologia tenha contribuições suficientes para fazer à ciência. Em contraste, eu sugiro que o diálogo entre a teologia e a psicologia pode ser

---

1 WATTS, Fraser N., NYE, Rebecca e SAVAGE, Sara. *Psychology for Christian Ministry*. Londres: Routledge, 2002.

de maior reciprocidade. De fato, não se trata de um relacionamento completamente mútuo e a psicologia provavelmente não reconhece o que ela pode ter para aprender com a teologia. Entretanto, é pelo menos possível dizer que a teologia tenha uma contribuição substancial para fazer para a psicologia.

A contribuição teológica para a psicologia toma duas formas. O lado negativo é uma crítica teológica da psicologia ou, pelo menos, das tendências reducionistas que podem ser encontradas em alguns ramos da psicologia. O lado positivo é a contribuição que a teologia pode fazer para o enriquecimento da psicologia. A teologia tem motivos para colocar-se contra o estreitamento das compreensões psicológicas e pode sugerir formas particulares através das quais a psicologia pode ser alargada e enriquecida.

Desafios teológicos ao reducionismo na psicologia

Há quatro formas principais de reducionismo na psicologia atual. Na neurociência, tende-se a argumentar, como diz Francis Crick, que nós não somos nada mais que um "amontoado de neurônios".[2] Na psicologia evolutiva, tende-se a argumentar que nós somos apenas máquinas de sobrevivência para nossos genes.[3] A inteligência artificial propõe que a mente seja, na verdade, apenas um programa de computador.[4] Alguns ramos da psicologia social propõem que as realidades humanas sejam apenas "construtos sociais".

Há questões complexas e sutis aqui que não podemos explorar completamente. Entretanto, um ponto chave para notar é que não há nada nessas áreas de investigação científica que as tornem inerentemente reducionistas, e que nem todos os psicólogos trabalhando nessas áreas são reducionistas em suas abordagens. O problema surge não com as evidências científicas em si, mas com o como essas evidências algumas vezes são interpretadas. Também

---

2 CRICK, Francis. *The Astonishing Hypothesis: the Scientific Search for the Soul*. Londres: Touchstone, 1995, p. 3.
3 DAWKINS, Richard. *The Selfish Gene*. Oxford University Press, 2006. (NT) Há tradução em português.
4 MORAVEC, Hans. *Mind Children: the Future of Robot and Human Intelligence*. Cambridge, MA: Harvard University Press, 1988.

vale a pena notar que é mais provável que se defendam posições reducionistas em popularizações do trabalho científico do que na pesquisa científica cuidadosa e detalhada em si.

Por exemplo, a neuropsicologia recente ofereceu evidências cada vez mais fortes para uma conexão estreita entre áreas particulares do cérebro e funções mentais específicas.[5] Sobre isso não há controvérsias, ainda que haja complicações, tais como as que surgem do fato de que o mapeamento da mente em direção ao cérebro não é exatamente o mesmo em dois indivíduos quaisquer. Surgem problemas com dois pressupostos que se imbricam com as evidências científicas.

Um problema é o de que as ligações entre a mente e o cérebro são normalmente explicadas utilizando um modelo de causação inteiramente de mão única, ou seja, o efeito do cérebro físico no funcionamento da mente. Mas é igualmente possível que haja uma interação causal mútua entre eles. Também é questionável que a mente e o cérebro não possam ser suficientemente separados para de todo falar de relações causais entre eles. O outro pressuposto problemático é o de que o funcionamento mental pode ser completamente explicado (ou seja, sem algo restante) em termos dos processos cerebrais. Na verdade, é difícil excluir outras influências possíveis e oferecer evidências científicas de que o cérebro seja a única influência possível nos processos mentais. De fato, essa afirmação não é do tipo que a ciência pode substanciar.

Entretanto, o verdadeiro problema surge quando as pessoas vão além da afirmação de que o cérebro explica processos mentais completamente e inferem que as funções mentais (ou espirituais) de alguma maneira não são reais, que elas não apenas não foram explicadas, como também o foram de modo a dissolver o objeto de estudo. Trata-se de uma conclusão completamente sem justificativas, para a qual não há evidências ou argumentos sólidos; explicar algo não mostra que algo não é real. Entretanto, essa posição é tão atraente para as pessoas com pressupostos materialistas que continua a ser amplamente defendida. Religiosos, em contraste, afirmam que as pessoas de fato têm capacidades mentais e qualidades espirituais e que essas não são ilusórias.

---

5 JEEVES, Malcolm A. *Human Nature at the Millennium: Reflections on the Integration of Psychology and Christianity*. Grand Rapids, MI: Baker Books, 1997.

Questões parecidas surgem sobre outros reducionismos. Para a maioria dos religiosos, não há problema com a ideia de que os seres humanos evoluíram de outras formas de vida. Então, a evolução oferece, pelo menos, uma explicação parcial para a moral humana e para os atributos religiosos. Entretanto trata-se de um grande salto daí para dizer que a evolução explica tudo, ou que os aspectos mais elevados da vida humana, como a capacidade de ser moral, não são o que eles parecem ser e que, na verdade, não são nada mais do que um produto da evolução.

Na inteligência artificial não há dúvida de que a analogia entre a mente humana e um programa de computador tem sido bastante fértil teoricamente e de que os computadores podem executar muito bem uma ampla gama de funções inteligentes. Entretanto, isso não mostra que a mente humana pode ser reduzida a um conjunto de processos computacionais ou que ela seja, de fato, apenas um programa de computador.

Da mesma forma, não há dúvidas de que todos os conceitos humanos, sobre nós próprios e sobre todo o resto, sejam construtos sociais no sentido de que eles são influenciados pela linguagem e pela cultura. Entretanto, trata-se de um passo enorme e injustificável dizer que as coisas são apenas construtos sociais. Deus, por exemplo, é indubitavelmente um construto social (ou seja, as ideias sobre Deus surgem em um contexto linguístico e cultural), mas não se segue daqui que Deus não seja nada além de um construto social.

A transformação de uma afirmação legítima em ilegítima, em cada uma dessas áreas, pode ser sutil e insidiosa. É necessário manter vigilância constante para monitorar a transformação de pontos razoáveis, que não apresentam problemas teológicos, em conclusões injustificáveis que são teologicamente questionáveis. A contribuição crítica que a teologia pode fazer aqui é desafiar interpretações reducionistas da pesquisa psicológica, ainda que não haja nenhum desafio direto ao trabalho de pesquisa detalhado em si. A teologia pode urgir a um cuidado muito maior na interpretação dos achados das pesquisas. Ela pode aspirar a eliminar a ideologia da redução que muitas vezes distorce a maneira como a pesquisa científica se apresenta.

O enriquecimento teológico da psicologia

Além da crítica teológica ao reducionismo ilegítimo, há outros tópicos psicológicos que podem ser enriquecidos por uma perspectiva teológica. Por exemplo, há perspectivas tanto da teologia quanto da psicologia sobre muitas emoções humanas.[6] A culpa é, destarte, um tópico importante tanto para a teologia quanto para a psicologia, ainda que ambas lidem de maneira bastante diferente com ela. Ainda que as emoções sejam vistas como categorias psicológicas, é interessante notar que houve um discurso religioso sobre as paixões e as afeições anterior ao desenvolvimento de uma psicologia das emoções.[7]

Entretanto, eu tomarei o perdão como meu principal exemplo de como pode haver um enriquecimento teológico da psicologia, a partir do livro recentemente publicado, *Forgiveness in Context*.[8] O perdão sempre foi um tema central no pensamento religioso, mas recentemente houve um desenvolvimento significativo da teoria, da pesquisa e da prática psicológica sobre o tema. Trata-se de um tópico que, em certo sentido, migrou da teologia para a psicologia. Isso levanta questões interessantes sobre as diferentes ênfases das abordagens teológicas e psicológicas ao perdão. Alguns aspectos da abordagem teológica ao perdão são mais relevantes para a psicologia do que outras, e aqui focamos amplamente na experiência humana e na prática do perdão.

A psicologia desenvolveu procedimentos bastante completos e elaborados para ajudar as pessoas com o perdão quando elas têm dificuldade de exercê-lo e há evidências encorajadoras do valor prático da terapia do perdão.[9] Ainda que haja uma literatura pastoral baseada na fé sobre o perdão, não se trata de um corpo absolutamente desenvolvido como a abordagem psicológica.

---

6 Sobre vergonha e culpa, ver WATTS, Fraser N., "Shame, Sin and Guilt". In: A. MCFADYEN and M. SAROT (eds.). *Forgiveness and Trust*. Edinburgh: T. and T. Clark, 2001, pp. 53-69; sobre a raiva, ver Fraser N. WATTS. "Emotion Regulation and Religion". In: J. J. Gross (ed.). *Handbook of Emotion Regulation*. New York: Guilford Press, 2001, pp. 504-520.
7 Thomas DIXON, *From Passions to Emotions: the Creation of a Secular Psychological Category*. Cambridge University Press, 2003.
8 Fraser N. WATTS and Liz GULLIFORD (eds.), *Forgiveness in Context: Theology and Psychology in Creative Dialogue*. London: T. and T. Clark, 2004.
9 Everett L. WORTHINGTON. *Forgiving and Reconciling: Bridges to Wholeness and Hope*. Downers Grove, IL: InterVarsity Press, 2003.

As comunidades religiosas têm muito o que aprender, em um nível prático, com a terapia do perdão. Entretanto, há coisas a serem aprendidas de outras direções também. Em vários pontos significativos, a teologia tem uma abordagem mais ampla ao perdão do que a psicologia, ainda que não exista nada na disciplina da psicologia que a impeça de adotar essa perspectiva mais ampla. De fato, ela poderia aprender vantajosamente com a teologia sobre diversos tópicos.

Em primeiro lugar, a teologia tem uma compreensão melhor do fato de que o perdão muitas vezes tem um preço muito alto e que há situações em que ele se torna praticamente impossível. A psicologia está certa em enfatizar os benefícios práticos do perdão, mas algumas vezes ela é culpada por dar a entender que se trata de algo muito mais simples do que realmente é. L. G. Jones, em *Embodying Forgiveness*,[10] acusou a psicologia de vender um tipo de "graça barata". O perdão que não é custoso pode ser um pseudoperdão. Entretanto, o desenvolvimento da terapia do perdão dentro da psicologia surge de um reconhecimento implícito do quão difícil o perdão pode ser, e não há razão para a psicologia não ser mais explícita sobre isso.

Em segundo lugar, a psicologia tende a insinuar que o perdão é uma iniciativa humana e que a terapia do perdão preocupa-se largamente na maneira como as pessoas podem ser ajudadas para perdoar as outras. A teologia tem um sentido maior para o perdão, como algo que se recebe de Deus e dos outros. Pode haver uma grande diferença na maneira como se processa psicologicamente o perdão, quando ele é visto como um dom e não como uma iniciativa humana. A psicologia precisa se focar em receber o perdão e não apenas em concedê-lo. Até agora ser perdoado foi um ato simplesmente negligenciado pela psicologia, mas isso é algo que pode ser corrigido.

Em terceiro lugar, a abordagem psicológica ao perdão é pragmática, no sentido de que ela propõe que as pessoas devem se engajar na atividade do perdão porque elas se sentirão melhor. A teologia não nega isso, mas também entende o perdoar como um imperativo moral. Trata-se de uma questão aberta a saber se os benefícios práticos do perdão podem ou não ser completamente alcançados caso as pessoas o abordem com um espírito puramente pragmático. É possível que seja

---

10 Gregory L. JONES. *Embodying Forgiveness: a Theological Analysis*. Grand Rapids, MI: Eerdmans, 1995.

necessário um sentido de que perdoar seja certo para que seus benefícios tornem-se completamente aparentes. Pode ser um caso específico de "primeiro buscar o Reino de Deus", antes de se adicionar outros benefícios.

Por fim, a psicologia tende a ver o perdão como um episódio isolado, no sentido de que ela se concentra em um ato particular de perdão, que precisa acontecer em certo momento com certa pessoa. A teologia, ao contrário, tende a ver o perdão como uma virtude que precisa ser cultivada em longo prazo e que, portanto, manifesta-se em vários contextos. A psicologia psicodinâmica potencialmente está bem equipada para entender o desenvolvimento na personalidade, que pode ser necessário antes que o perdão em episódios específicos torne-se possível.

O ponto geral é que a teologia e a psicologia oferecem perspectivas complementares e elucidam aspectos diferentes de fenômenos, tais como o perdão. Cada uma delas tem algo com o que contribuir para a outra, então há valor em colocá-las em um diálogo criativo.

Contribuições psicológicas para a teologia

Até agora eu defendi que a teologia tenha uma crítica a fazer acerca das tendências reducionistas na psicologia e também que a abordagem teológica a tópicos de interesse mútuo, tais como o perdão, podem enriquecer a abordagem psicológica. Agora eu quero voltar-me para o como a psicologia pode contribuir para a teologia.

A psicologia tem uma intersecção distinta com a teologia cristã; de fato, cada ciência tem uma interface com a teologia em pontos ligeiramente distintos. A psicologia preocupa-se com os seres humanos e como eles funcionam; logo, seu ponto de intersecção com a teologia tem a ver com a teologia dos seres humanos, a "antropologia teológica", como ela é chamada. Isso nos leva a alguns comentários sobre o atual estado da antropologia teológica e seu lugar dentro da doutrina cristã.

Algumas pessoas podem entender "antropologia teológica" como um termo impróprio. Se definirmos a teologia como a ciência de Deus, como algumas pessoas o fazem, falar em antropologia teológica pode soar como uma contradição em termos. Entretanto, há boas razões para não definir a teologia dessa forma. Porque Deus está majoritariamente além da compreensão humana, a ideia de que os seres humanos são capazes de desenvolver uma ciência para estudá-lo é absurda. A própria ideia parece surgir de uma transplantação inapropriada dos métodos da ciência natural para a teologia. Como disse Hegel, "Deus não se oferece para observação".[11]

O que quer que a teologia seja, entendo que ela claramente não pode ser o estudo de Deus pelos seres humanos. A teologia deveria ser entendida não como indicadora de um objeto distinto de estudo, ou seja, Deus, mas sim como uma disciplina na qual as coisas são estudadas a partir de uma perspectiva distinta. O que quer que a teologia estude, ela o faz a partir do ponto de vista da fé religiosa. Vista dessa maneira, a antropologia religiosa (ou seja, a perspectiva teológica dos seres humanos) faz total sentido.

É realmente central para a teologia ter uma perspectiva da natureza humana. A maioria das doutrinas religiosas, pelo menos nos monoteísmos, lida com a interação entre Deus e a humanidade. As duas exceções são a doutrina pura de Deus e a doutrina da natureza humana (ou seja, a antropologia teológica). É indispensável na teologia ter uma boa forma de conceitualizar a interação entre Deus e a humanidade, e isso depende da existência de um relato considerável e defensável da natureza humana.

Deve-se admitir que, hoje em dia, essa não é a área mais vigorosa da teologia. Na tradição cristã, por exemplo, há hoje muito menos trabalhos sendo feitos sobre antropologia teológica do que, digamos, teologia trinitária. Da mesma forma, há um sentimento difuso de que a antropologia teológica tenha caído na rotina, e que novas abordagens sejam necessárias para revivê-la. Torná-la mais explicitamente interdisciplinar parece ser a melhor maneira de seguir em frente.[12] Há muito mais trabalho para ser feito em uma

---

11 Georg Friedrich Wilhelm HEGEL. *Lectures on the Philosophy of Religion*. Ed. by Peter C. Hodgson, trans. R. F. Brown. Oxford: Clarendon Press, 2007, vol. 1, p. 258.
12 Um exemplo emergiu de uma conferência da European Society for the Study of Science and Theology – Niels Henrik GREGERSEN, Willem B. DREES and Ulf GÖRMAN (eds.), *The Human Person in Science and Theology*. Edinburgh: T. and T. Clark, 2000. Outro emergiu do Center of Theological Inquiry em Princeton – R. Kendall SOULEN e Linda WOODHEAD, *God*

antropologia teológica interdisciplinar e a psicologia coloca-se, nessa tarefa, como uma excelente parceira de diálogo para a teologia.[13]

Outro problema com a antropologia teológica é que normalmente fazem afirmações que parecem altamente determinadas por outras áreas da doutrina. Por exemplo: se, na tradição cristã, você tiver uma teologia da cruz que foque na remoção da culpa e em fazer dessa uma afirmação central em sua antropologia teológica. Da mesma forma, se você tiver uma doutrina da igreja como uma comunidade de salvação, é tentador fazer reivindicações incisivas sobre a membresia e o que ela faz pelas pessoas e sobre as privações a que as pessoas que não frequentam a igreja estão sujeitas. Se você crê que a religião oferece significado para as pessoas, é tentador afirmar que as pessoas sentem-se aflitas com a ideia da falta de sentido.

O verdadeiro problema aqui é que as afirmações na antropologia teológica são geralmente feitas simplesmente porque elas encaixam-se com outras posições teológicas, sem que os teólogos sintam a necessidade de verificar empiricamente se suas afirmações estão corretas ou não. Mais ainda, existe hoje uma tendência a se exagerar nas afirmações, seja idealizando-as ou denegrindo-as. Há também uma quantidade considerável de generalizações teológicas sobre a natureza humana e uma tendência a negligenciar as diferenças entre as pessoas. Se a antropologia teológica fosse mais interdisciplinar e fosse conduzida em um diálogo com uma disciplina empírica como a psicologia, o resultado seria muito mais satisfatório.

Incluir-se estruturas conceituais gerais ajuda a interface entre a psicologia e a antropologia teológica, bem como afirmações específicas sobre os seres humanos. Ambas as disciplinas frequentemente precisam lidar com o problema da reconciliação de diferentes aspectos da natureza humana, ainda

---

and Human Dignity. Grand Rapids, MI and Cambridge: Eerdmans, 2006; Wentzel van Huyssteen tem feito uma contribuição significativa para a antropologia teológica interdisciplinar. Ver seu *Alone in the World? Human Uniqueness in Science and Theology*. Grand Rapids, MI and Cambridge: Eerdmans, 2006.

13 Um esforço preliminar e inovador nessa área, Paul MEEHL and Richard KLANN (eds.). *What, Then, Is Man? A Symposium of Theology, Psychology, and Psychiatry*. Saint Louis, MO: Concordia Publishing House, 1971. Este procurou associar uma teologia luterana rigorosa e conservadora com uma abordagem científica rigorosa à psicologia empírica.

que elas tendam a dar ênfases diferentes e que possa haver um diálogo fecundo sobre eles.

Por exemplo, ambas as disciplinas precisam reconhecer que os seres humanos são seres físicos, pessoais e sociais e encontrar uma maneira de compreender como esses aspectos cruzam-se uns com os outros. A teologia cristã atualmente tende a superenfatizar a relacionalidade e algumas áreas da psicologia superenfatizam os aspectos biológicos da natureza humana. O diálogo entre elas (a teologia cristã e a psicologia) pode ajudar a corrigir os desequilíbrios.

Da mesma maneira, ambas as disciplinas precisam reconciliar a continuidade da personalidade em diferentes situações, com a mudança de um contexto para outro. A teologia tende a ver a unidade da personalidade como normativa e a diversidade como a quebra da regra. A psicologia, por sua vez, tende, a partir do princípio da diversidade de funcionamento das pessoas em diferentes situações, a ver a integração como uma conquista, não como a regra.[14]

Outra área bem diferente da teologia para a qual a psicologia pode fazer contribuições úteis é a hermenêutica (ou seja, o processo de interpretação). O estudo e a interpretação de textos são atividades centrais da teologia. O principal foco está nos textos evangélicos, mas também são importantes o estudo e a interpretação de outros textos teológicos. Há contribuições similares a serem feitas para a história religiosa; há, por exemplo, toda uma literatura psicológica sobre a vida e a obra de Agostinho.

Nos últimos anos, houve um aumento no interesse das pessoas em relação à contribuição das ciências humanas para a interpretação de textos religiosos, e existe hoje uma literatura substancial em relação à contribuição da ciência social. Mais recentemente, houve um rápido desenvolvimento de trabalhos de interpretação psicológica da Bíblia hebraica e do Novo Testamento.[15] Deve-se admitir que nem toda a hermenêutica psicológica tem boa

---

14 Léon Turner argumentou em favor dos métodos narrativos para ambas as disciplinas tentarem reconciliar a unidade e a diversidade. Ver TURNER, Léon P. *Psychology, Theology and the Plural Self*. Farnham: Ashgate, 2008.

15 ROLLINS, Wayne G. *The Soul and Psyche: the Bible in Psychological Perspective*. Minneapolis: Fortress Press, 1999, ofereceu uma pesquisa inicial. ELLENS, J. Harold e ROLLINS, Wayne G. *Psychology and the Bible: a New Way to Read the Scriptures*. 4 volumes. Westport,

qualidade. De fato, muito do que existe é tão ruim que quase colocou em xeque a reputação de toda a empreitada. Entretanto, hoje é possível estabelecer algumas linhas mestras para o bom trabalho nessa área.

Em primeiro lugar, ele deve ser construído com base no que já sabemos sobre o contexto e o significado dos textos em questão. Deve tomar cuidado com fatos históricos presumidos e não interpretá-los excessivamente. Muito do trabalho psicológico mostrou-se ingênuo em sua leitura dos textos; nesse sentido, o trabalho de Gerd Theissen é um modelo de boa prática. Em segundo lugar, ele deveria ser crítico em relação à psicologia e aos seus usos, reconhecendo que a psicologia é uma disciplina diversa e que pode haver muitas psicologias diferentes disponíveis e que elas podem levar a interpretações diferentes dos textos em questão; novamente, o trabalho de Theissen serve como modelo. Em terceiro lugar, a psicologia não deveria ser usada de maneira exclusiva ou reducionista, mas em diálogo com outras interpretações mais teológicas dos textos em questão.

As perspectivas teológica e psicológica da religião

Uma das formas mais importantes através das quais o diálogo entre a teologia e as ciências cumanas, tais como a psicologia, difere de seu diálogo com as ciências naturais é que as ciências humanas estudam a religião. Porque também há uma psicologia das crenças e práticas religiosas, pode haver um diálogo entre a teologia e a psicologia sobre a religião em si.

CT: Greenwood-Praeger, 2004, prosseguiu o trabalho, juntando alguns dos melhores estudos realizados até então. Rollins e D. Andrew Kille, editaram um volume de textos e leituras. *Psychological Insight into the Bible: Texts and Readings*. Grand Rapids, MI: Eerdmans, 2007. Juntos eles oferecem uma boa visão do campo. O estudo psicológico sobre a teologia Paulina permanece um dos melhores exemplos individuais desse tipo de trabalho. *Psychological Aspects of Pauline Theology*. Edimburgo: T. and T. Clark, 1987. Eu mesmo também editei recentemente um livro sobre: *Jesus and Psychology*. Londres: Darton Longman and Todd, 2007, que inclui capítulos sobre a contribuição da psicologia para a compreensão das ideias do próprio Jesus, capítulos elucidando o significado psicológico de seus ensinamentos e capítulos sobre a psicologia da leitura dos Evangelhos.

É aqui que a tendência reducionista na psicologia normalmente aparece. Entretanto, eu acredito que não há nada necessariamente reducionista na psicologia da religião. Ao contrário, as tendências reducionistas na psicologia são algo que podem e devem ser desafiados, por razões tanto científicas quanto teológicas. O trabalho da psicologia da religião é desenvolver uma compreensão a respeito de como acontecem os fenômenos e as práticas religiosas, tais como a conversão, a experiência religiosa ou o falar em línguas. Há também, claro, um ponto de vista teológico para esses fenômenos. Infelizmente, nem a teologia nem a psicologia, no geral, acolhem bem um diálogo com a outra em relação à religião; ambas tendem a assumir que sua abordagem é suficiente em si.

Em relação à psicologia, isso acontece, em parte, por conta do princípio de que as explicações científicas devem ser parcimoniosas e de que as explicações simples são preferíveis às explicações complexas. A regra de ouro de que as explicações simples são preferíveis funciona bem em relação às ciências naturais, especialmente em física teórica, como no trabalho de Einstein. Entretanto, estou cada vez mais convencido de que preferir explicações simples é um princípio ruim para a psicologia. Os fenômenos humanos são inerentemente complexos e multifacetados, de forma que enfatizar apenas um ramo da explicação normalmente é uma simplificação extrema.

A psicologia pode potencialmente buscar em uma ampla gama de fatores ao estruturar relatos da religião, incluindo processos cerebrais, sociais e cognitivos, desenvolvimento pessoal e diferenças individuais. A psicologia da religião já se viu forçada a reconhecer a relevância de uma variedade de fatores. Por exemplo, é difícil não admitir que processos tanto cerebrais quanto sociais estejam envolvidos em uma experiência religiosa. De forma similar, não há razão para que os relatos teológicos e psicológicos dos fenômenos e das práticas religiosas não possam coexistir frutuosamente.

Entretanto, pode-se ir além da simples afirmação de que as perspectivas teológicas e psicológicas não contradizem uma à outra. Essa é uma conclusão a que se pode chegar através de uma abordagem de apartheid, que mantém a teologia e a ciência em categorias separadas e que nunca interagem entre si. Eu proponho, diferentemente, que a psicologia, por princípio, não seja capaz de afirmar ou negar explicações teológicas. Por exemplo, ela pode estudar a experiência religiosa, mas nunca poderá determinar se essa experiência vem ou não de Deus.

Contudo, a psicologia talvez possa influenciar nos detalhes sobre como o relato teológico pode ser estruturado. Eu sugiro que isso seja verdade para a maioria das áreas de intercâmbio entre a ciência e a religião. Por exemplo, o trabalho cosmológico sobre a origem do universo não pode nunca fazer juízo sobre a doutrina religiosa da criação, ainda que ele possa afetar a maneira através da qual a doutrina é explicada em detalhes (ver o capítulo de William Stoeger nesse volume). Da mesma forma, a teoria e a pesquisa psicológica sobre as práticas e as experiências religiosas não podem fazer juízo se uma interpretação teológica sobre as mesmas está certa ou errada, mas pode influenciar nos detalhes da modelagem de um relato teológico.

Para ilustrar o que se diz, deixe-me retornar ao diálogo entre a teologia e a psicologia acerca da prece. Não há necessidade, para isso, de dizer nada particularmente distintivo sobre a teologia da prece, ainda que eu presuma que um relato teológico satisfatório da prece deva levar a hipóteses realistas sobre Deus. A teologia vê a prece como uma atividade psicoespiritual deliberada, na qual há uma comunhão entre Deus e a pessoa que reza. Aqui a prece é vista como uma maneira de permitir que essa pessoa veja as coisas cada vez mais a partir da perspectiva divina e se abra à graça de Deus.

Junto com essa perspectiva teológica, sugiro que a psicologia possa nos ajudar a entender o lado humano da prece.[16] A teologia da prece pode ser, surpreendentemente, de pouca ajuda para as pessoas que querem aprender a rezar. A psicologia da prece, por sua vez, é muito mais prática. O foco aqui estará nos benefícios da prece para a pessoa que reza, porque é aqui que está o envolvimento mais fecundo entre a teologia e a psicologia e não porque se presume que não haja outros benefícios na prece.

A prece petitória pode ser vista como um tipo de educação de nossos desejos. Os desejos das pessoas podem influenciar a prece de diversas maneiras.

---

16 BROWN, Laurence B. (ed.). *The Human Side of Prayer. the Psychology of Praying*. Birmingham, AL: Charles Creegan, 1994; WATTS, Fraser N. "Prayer and Psychology". In: WATTS, Fraser N. (ed.). *Perspectives on Prayer*. Londres: SPCK, 2001, pp. 39-52.

Em um extremo estão as coisas que nós queremos, mas que sentimos que não são, de forma alguma, relevantes para os propósitos divinos. No outro extremo, estão as coisas pelas quais nós sabemos que devemos rezar, mas pelas quais não sentimos nenhum desejo real. Os benefícios pessoais da prece petitória provavelmente estão no esforço tomado em direção à integração dessas duas instâncias; trata-se de uma atividade na qual as pessoas retrabalham seus desejos de forma que elas aproximem-se cada vez mais do que elas acreditam ser os propósitos de Deus.

De uma maneira parecida, os benefícios da ação de graças podem ser vistos como ligados à reeducação atributiva. Nas últimas duas décadas, a psicologia tornou-se cada vez mais consciente das consequências absolutamente importantes de atribuições causais. Quer você impute sucessos ou falhas a você mesmo ou ao acaso, os fatores externos fazem muita diferença. A ação de graças envolve o aprendizado de um padrão de atribuições a Deus, junto com outras atribuições. As atribuições a Deus desafiam a distinção comum entre atribuições internas e externas e eu suspeito que haja algo muito útil nisso, em termos psicológicos.

A confissão envolve a separação do que são ou não assuntos pertinentes ao ato de se confessar. Sentimentos de culpa não servem como um marcador perfeito para isso, ainda que sejam um bom ponto de partida. Como Freud percebeu, muito da culpa é neurótica, não realista. A prática regular da confissão pode ajudar as pessoas a reconhecerem isso e confessar-se com um padre pode ser útil para ajudar na discriminação entre o que precisa e o que não precisa ser confessado. Ouvir o perdão proclamado por um padre pode ajudar as pessoas a seguirem em frente, deixando para trás a culpa trabalhosa e encorajando-as a realizarem as mudanças necessárias em seu estilo de vida para que a culpa não se torne recorrente.

A psicologia pode, destarte, fornecer um relato de como a prece é útil para a pessoa que reza. Um relato como esse é neutro em relação à prece envolver ou não uma comunhão com Deus. Ele pode ser visto tanto como um relato de como a prece pode ser útil se não existir um Deus, quanto como um relato de como alguns dos benefícios da comunhão com Deus exercida através da prece podem ser mediados em um nível humano.

Outro tópico interessante na psicologia da religião, do ponto de vista do diálogo com a teologia, é a glossolalia ou o falar em línguas. Esse é o fenômeno carismático mais estudado e nós sabemos muita coisa sobre ele. Uma questão chave é se as explicações dos fenômenos carismáticos oferecidas pelas ciências humanas são ou não compatíveis com as interpretações religiosas, tais como as que os entendem como o trabalho do Espírito Santo. Muitas pessoas (tanto cientistas sociais quanto carismáticos) assumem que não, mas em contraste, eu gostaria de sugerir que as duas abordagens não são, necessariamente, incompatíveis.

Uma hipótese chave de muitos carismáticos é de que o falar em línguas glossolálicas desafia as explicações naturais, porque as pessoas estão falando em línguas que elas não conhecem. Entretanto, há boas razões sugeridas por pesquisas para se rejeitar essa afirmação. A fala glossolálica apenas não tem a estrutura sintática da linguagem; há muita repetição de sons, etc.[17] Da mesma forma, há restrições severas a respeito do que pode ser dito durante a elocução glossolálica. Por exemplo, não é possível conduzir uma argumentação em linguagem glossolálica.

Entretanto, aceitar que não se trata de linguagem não significa necessariamente que há ausência de inspiração pelo Espírito Santo ou que não tenha valor espiritual. Ela pode ser vista como "elocução extática", e não como uma linguagem humana. Parece ser uma maneira excessivamente fervorosa e desinibida de louvar a Deus. Se a glossolalia é uma linguagem ou não pode ser um fato menos importante do que normalmente se imagina que seja. Note-se que as conclusões que se seguem são assimétricas. Se os glossolálicos estivessem falando em línguas que eles não conhecem, seria necessária uma explicação sobrenatural, mas o fato de que eles não estão falando em línguas ainda deixa aberta a possibilidade de que suas elocuções sejam, de alguma maneira, inspiradas pelo Espírito Santo.

Psicologicamente falando, parece plausível que as pessoas estejam em um estado cognitivo excepcional quando falam em línguas, mas não tem sido fácil especificar exatamente o que esse estado cognitivo significa.

---

17 SAMARIN, William J. *Tongues of Men and Angels: Religious Languages of Pentecostalism.* Nova York: Macmillan, 1972.

Uma sugestão é que se trata de um estado de transe, mas as pesquisas não parecem apoiar essa afirmação. Outros especularam que possa ser um estado regressivo no qual as pessoas tornam-se mais abertas a processos inconscientes. Pode haver alguma verdade nessa afirmação, mas não se trata de uma hipótese fácil de testar empiricamente. Entretanto, está claro que a arquitetura cognitiva da mente está sendo empregada de uma maneira incomum durante a glossolalia. As pessoas que falam em línguas parecem conhecer a essência do que elas estão dizendo (louvor a Deus), mas essa essência parece alimentar-se da fala, sem deixar-se ser recodificada em significados linguísticos mais definidos. Na terminologia dos subsistemas cognitivos interativos, parece haver significados gerais, tácitos (implicativos) transmitidos pela fala, enquanto que o sistema proposicional parece estar virtualmente desligado.[18]

Qualquer que seja o estado em que as pessoas encontram-se quando elas estão falando em línguas, parece haver benefícios, tanto pessoais, quanto religiosos.[19] Há evidências que apontam para mudanças de personalidade positivas, tais como a pessoa tornar-se mais aberta aos sentimentos, mais espontânea, menos deprimida e menos ansiosa. Também há uma queda nos vícios. Essas mudanças não são específicas à glossolalia; elas são similares, por exemplo, àqueles produzidos pela meditação transcendental. Novamente, elas são neutras em relação a estarem ou não combinadas com uma interpretação teológica. A psicologia pode ser vista como provedora de um relato completo do porquê e de como a glossolalia traz benefícios pessoais ou pode ser usada apenas em conjunção com um relato teológico, explicativo em um nível humano de como as inspirações religiosas são mediadas.

Outra questão interessante é se falar em línguas é ou não o resultado de um aprendizado social. Há uma série de fatos que se encaixam com essa ideia. As pessoas que falam em línguas são, normalmente, introduzidas à prática por amigos. Normalmente há encorajamento e sugestões sobre como fazê-lo. As pessoas aprimoram-se com a prática. Isso sugere que uma teoria dos papéis da glossolalia possa ser apropriada. A maioria dos carismáticos

---

18 WATTS, Fraser N. *Theology and Psychology*. Aldershot: Ashgate, 2002.
19 MALONY, Newton H., LOVEKIN, A. Adams. *Glossolalia: Behavioral Science Perspectives on Speaking in Tongues*. Nova York e Oxford: Oxford University Press, 1985.

resistiria a uma teoria como essa, ainda que seus motivos não estejam claros. A afirmação de que a glossolalia é uma prática espiritual valorosa e uma que resulta de inspiração religiosa é perfeitamente consistente com as pessoas aprenderem a se abrirem a essa maneira de louvar a Deus através do exemplo e do encorajamento de outras pessoas religiosas.

Então, a pesquisa sobre a glossolalia não é, de forma alguma, incompatível com o relato teológico que a vê como uma forma de prática espiritual valorosa e inspirada. Contudo, ela sugere alguns refinamentos detalhados da visão carismática mais comum a seu respeito. Em particular, ela sugere que se trate de uma forma extática de louvor religioso, mas não de uma linguagem.

Objetividade e subjetividade

Um dos assuntos duradouros com os quais a teologia tem tido de lutar é a relação entre o objetivo e o subjetivo; e o diálogo entre a teologia e a psicologia quase sempre levanta questões sobre isso. A suspeita inicial, normalmente, é a de que a subjetivização da doutrina será o resultado inevitável do diálogo entre a teologia e a psicologia. Eu entendo que esse não seja, necessariamente, o caso.

Ajuda a colocar, brevemente, esse assunto em seu contexto.[20] Houve uma mudança oceânica na relação entre a ciência e a religião no século XIX. Em certo sentido, sua origem pode ser encontrada na divisão proposta por Kant entre a razão pura e a razão prática. Paralelamente, o século XIX viu uma crescente distinção entre dois usos da linguagem: literal e simbólico. Os usos literais da linguagem estavam associados à verdade objetiva, enquanto que os usos simbólicos da linguagem estavam associados à experiência subjetiva.

A religião envolveu-se com essa bifurcação e se viu amplamente lançada no lado simbólico, junto com a arte e a poesia. Muito da teologia subsequente foi um protesto contra essa atribuição, e uma tentativa de reafirmar a objetividade

---

20 Há um guia para os assuntos pertinentes a esse contexto em um excelente capítulo de John Bowker. "Science and Religion: Contest or Confirmation?". In: WATTS, Fraser N. (ed.). *Science Meets Faith: Theology and Science in Conversation*. Londres: SPCK, 1988, pp. 95-119.

da crença cristã ante programas de demitologização e subjetivização. Tendo sido forçada a escolher entre essas alternativas, é compreensível que a teologia tenha passado a desejar a defesa da objetividade da crença cristã ou, pelo menos, da ideia de que há mais nela envolvido do que apenas a experiência subjetiva. Entretanto, alguns podem recusar-se a partir dessa distinção inicial; e há boas razões para se recusar a aceitar a distinção entre os usos literais e simbólicos da linguagem e entre o objetivismo e o subjetivismo.

Pode ser útil notar que a psicologia emitiu seu próprio protesto contra ser lançada do lado simbólico/subjetivo dessa distinção. Por mais de um século, buscou-se desenvolver uma psicologia científica que pudesse se afirmar do lado objetivo dessa divisão. A psicologia, porém, é um híbrido metodológico e encontra-se entre o objetivo e o subjetivo. Por exemplo, metodologicamente, há uma grande distância entre a psicologia experimental e a psicanálise. A habilidade da psicologia de manter juntas tantas abordagens diferentes ilustra uma possibilidade de transposição da divisão entre o objetivo e o subjetivo.

Em um belíssimo artigo sobre linguagem e descoberta, Owen Barfield fala sobre como a objetividade reclamada pela ciência precisa reconhecer mais claramente a jornada pessoal envolvida no desenvolvimento de um compromisso para com a verdade. Da mesma forma, aqueles que se preocupam com o significado pessoal da linguagem, precisam se ater à preocupação para com o conhecimento e a descoberta. Barfield conclui que:

> Talvez cada um necessite das amarras e do apoio do outro em sua caminhada cambaleante e semicega em direção à luz. Talvez não exista apenas uma cela, mas duas: a subjetividade não objetificante na qual a humanidade está emparedada e a cela contígua, da objetividade sem subjetividade, onde a ciência está trancada e trancafiada; e pode ser que o primeiro passo em direção à fuga para os dois prisioneiros da linguagem seja estabelecer uma comunicação entre eles.[21]

---

21 BARFIEL, Owen. *The Rediscovery of Meaning and Other Essays*. Middletown, CI: Wesleyan University Press, 1977, pp. 148-160.

O trabalho na interface da teologia e da psicologia pode elucidar o significado pessoal das crenças religiosas e ajudar a transpor o divórcio entre os aspectos objetivos e subjetivos da crença religiosa. A teologia cristã pode ter estado certa em querer se ater à objetividade da crença religiosa, mas o custo de ter amplamente negligenciado seu significado subjetivo foi muito alto. Claro, há exceções; a mais notável delas entre os grandes teólogos sendo Paul Tillich, cujo método de correlação na teologia envolve o mapeamento da teologia em direção à psicologia.[22] Nós agora enfrentamos uma situação em que se reconhece amplamente que as pessoas religiosas acreditam que elas estão fazendo afirmações objetivas. Mesmo assim, muitas pessoas provavelmente não enxergam a diferença que essas afirmações podem fazer-lhes pessoalmente.

Harry Williams, um dos pioneiros no trabalho na interface entre a teologia e a psicologia, fala da seguinte forma: "No meu ponto de vista, a intelectualidade estritamente acadêmica já forneceu ao pensamento teológico tudo que podia, por enquanto... Nossa tarefa atual é outra... Nós temos que descobrir e tentar dizer como nossa redenção divina se fez conhecida nos espaços mais secretos de nosso ser".[23] O diálogo entre a teologia e a psicologia pode ajudar com essa tarefa de extrema importância.

Um exemplo dela diz respeito à esperança escatológica.[24] Na tradição cristã, por exemplo, a esperança está na crença de que é o propósito de Deus redimir sua criação e levar tudo à plenitude em Cristo. Tem havido uma discussão interessante acerca de como isso casa com as predições bastante sombrias dos cosmólogos sobre a morte por aquecimento do universo. Seria uma digressão discutir como essas duas instâncias podem ser reconciliadas. O que quero dizer, nesse caso, é que a esperança cristã para o futuro e as previsões cosmológicas sobre o fim do universo têm preocupações diferentes.

A cosmologia vem tentando realizar previsões objetivas sobre o futuro. A teologia opera em um nível que integra o objetivo e o subjetivo. Então, o diálogo entre a escatologia e a cosmologia precisa ser complementado por

---

22 COOPER, Terry D. *Paul Tillich and Psychology: Historic and Contemporary Explorations in Theology, Psychotherapy, and Ethics.* Macon, GA: Mercer University Press, 2005.
23 WILLIAMS, Harry A. *The True Wilderness.* London: Constable, 1965, p. 138.
24 WATTS, Fraser N. *Theology and Psychology.* Capítulo 9.

um diálogo entre a escatologia e a psicologia, que se preocupa mais com a esperança enquanto um fenômeno humano. Se a escatologia se colocar em diálogo apenas com a cosmologia ou com a psicologia, ela irá falhar em manter unidos os aspectos objetivos e subjetivos do pensamento cristão.

Aliás, pode haver um diálogo interessante a respeito da esperança entre a teologia e a psicologia. Recentemente houve uma quantidade considerável de pesquisas psicológicas sobre a esperança, mas ela concentrou-se amplamente no otimismo e no pessimismo – ou seja, se as pessoas estão fazendo previsões boas ou ruins para o futuro. O que as pessoas religiosas entendem por esperança não é o simples otimismo, mas um compromisso construtivo para com um bom futuro.[25] A pesquisa psicológica sobre a esperança, no sentido religioso, seria muito fértil e interessante e algo que ainda não foi efetivamente abordado. Seria uma contribuição teológica para a psicologia.

Nesse capítulo, procurei mostrar um pouco o teor do diálogo entre a teologia e a psicologia, chamando atenção para algumas das características mais marcantes desse diálogo e como ele difere daquele entre a teologia e as outras ciências. Também procurei indicar o escopo dos tópicos que podem ser abordados na interface da teologia e da psicologia. Atualmente trata-se de um aspecto bastante negligenciado da teologia e da ciência, mas espero que tenha mostrado que há muito mais aqui que pode ser de interesse, e que o tema merece ganhar uma prioridade maior do que normalmente recebe.

---

[25] WATTS, Fraser N., DUTTON, Kevin e GULLIFORD, Liz. "Human Spiritual Qualities: Integrating Psychology and Religion". *Mental Health, Religion and Culture*. 9, 2006, pp. 277-289.

10 Ciência, bioética e religião

John H. Evans

Nesse capítulo, examinarei a relação entre a ciência e a religião em debates sobre assuntos ligados ao corpo humano, desde a década de 1960 até o presente. Hoje em dia, esses debates são chamados de bioéticos e configuram-se como um dos principais espaços de interação entre a ciência e a religião, desde meados do século XX.

Ainda que a habilidade dos cientistas em intervir no corpo humano venha obviamente aumentando há séculos, em meados da década de 1960, percebeu-se um salto quântico nessa capacidade. Em 1953, a estrutura do DNA foi descoberta, sugerindo para muitas pessoas dos anos de 1960 que os cientistas em pouco tempo poderiam controlar a constituição genética da espécie humana através da engenharia genética. Ainda que os rins já viessem sendo transplantados há alguns anos, o ano de 1967 assistiu ao primeiro transplante de coração que, por sua vez, levou ao transplante de outros órgãos. Historicamente, declarava-se uma pessoa morta quando seu coração parava de bater e sua respiração cessava; porém, a invenção da respiração artificial, junto com a demanda por órgãos transplantáveis, levou, na década de 1960, a novas questões sobre quem estaria efetivamente morto e, portanto, quem poderia ter os aparelhos desligados. Embora o aborto tenha sido praticado desde milênios, em meados da década de 1960, as mulheres puderam, pela primeira vez, descobrir características genéticas do feto através da amniocentese e decidir, até certo ponto, que tipo de criança elas teriam. Em 1969, cientistas ingleses criaram o primeiro embrião em uma proveta, que mais tarde, no final da década de 1970, levou ao primeiro "bebê de proveta".[1] Também surgiram preocupações acerca do controle da mente – imaginou-se se os emergentes campos da psicofarmacologia e técnicas behavioristas avançadas de treinamento permitiriam que um ser humano controlasse o comportamento de outros. A resposta de um participante desses debates tipifica a resposta a todas essas tecnologias emergentes: "Hoje, pela primeira vez, a existência do homem está ameaçada".[2]

Esses debates originalmente incluíram uma interação considerável entre cientistas e líderes religiosos. Nesse capítulo examinarei primeiro a subsequente marginalização das vozes religiosas nesses debates, salientando seu contexto sociológico – quem obteve o poder de quem e como esse poder foi usado para marginalizar tipos particulares de contribuições ao debate. Então me voltarei à história mais recente, quando participantes religiosos desses debates filiaram-se a duas posições diferentes para continuar o debate iniciado na década de 1960 entre a religião e a ciência.

Esse capítulo enfatizará os Estados Unidos, porque o envolvimento da religião nos debates bioéticos é muito mais extenso do que na Europa. De forma geral, essa diferença pode ser atribuída à massiva diferença de religiosidade dos cidadãos. Por exemplo, enquanto que 46% dos americanos relatam a presença semanal a cultos religiosos, menos de 20% dos britânicos, holandeses, belgas e alemães (ocidentais) tem a mesma frequência, assim como menos de 10% dos franceses e dos escandinavos.[3] Além disso, embora existam organizações de movimentos sociais religiosamente orientadas na Europa ao redor das questões da vida embrionária e do fim da vida, tais como a *Society for the Protection of Unborn Children*, no Reino Unido, sua influência parece ser bem menor do que a de grupos análogos nos Estados Unidos. Finalmente, ainda que a elite religiosa tenha certa influência nos debates em alguns países europeus, pois servem em instituições como comissões governamentais, praticamente não há estudos acadêmicos sobre

---

1 JONSEN, Albert R. *The Birth of Bioethics*. Nova York: Oxford University Press, 1998. Capítulo 8.
2 CHISHOLM, Brock. "Future of the Mind". In: WOLSTENHOLME, Gordon (ed.). *Man and his Future*. Boston: Little, Brown, 1963, p. 315.
3 NORRIS, Pippa e INGLEHART, Ronald. *Sacred and Secular: Religion and Politics Worldwide*. Nova York: Cambridge University Press, 2004, p. 74.

sua influência nesses debates sobre os quais eu possa me basear.⁴ Isso contrasta com a extensa literatura sobre a situação americana, mais religiosa. Entretanto, embora meu foco sejam os Estados Unidos, procurarei trazer comparações europeias quando for apropriado.

Também farei referências às elites e aos cidadãos comuns. As elites são formadas por pessoas que tem recursos para influenciar o ponto de vista de outras. O recurso principal, nesse caso, é a possibilidade de publicar um ponto de vista. As elites incluem professores universitários, bioeticistas, editores de jornais, autores, clérigos e outros. Cidadãos comuns são aqueles que não têm esses recursos.

Quando estudiosos usam o termo bioética eles estão se referindo a (pelo menos) três debates de elite distintos: bioética fundamental, bioética clínica e bioética pública. Os debates sobre a bioética fundamental dizem respeito à maneira como a ética de questões particulares – tais como o transplante de órgãos –relaciona-se a sistemas éticos mais amplos, práticas democráticas etc. Um exemplo é o debate sobre se bioeticistas devem ser utilitaristas ou deontologistas. Não descreverei esse tipo de bioética neste capítulo (ainda que este, em si, possa ser considerado uma contribuição para a bioética fundamental). A bioética clínica diz respeito a decisões éticas em cenários médicos ou de pesquisa, tais como se um ventilador mecânico deve ou não ser desligado em uma determinada situação. Também não me concentrarei nessa discussão. Em contraste, a maioria das interações entre a religião e a ciência está na bioética pública, o foco desse capítulo, que defino como o debate das elites sociais sobre o que a sociedade deveria fazer a respeito de um assunto particular (tais como o transplante de órgãos).⁵ Por exemplo, o governo britânico deveria permitir aos cientistas a criação de embriões híbridos entre humanos e animais? Também discutirei os esforços dos cidadãos religiosos comuns para influenciar as políticas que dizem respeito

---

4 Para algumas poucas exceções, ver MULKAY, Michael. *The Embryo Research Debate*. Cambridge University Press, 1997. Capítulo 7; LATHAM, Melanie. *Regulating Reproduction: a Century of Conflict in Britain and France*. Manchester University Press, 2002.
5 EVANS, John H. *Playing God? Human Genetic Engineering and the Rationalization of Public Bioethical Debate*. Chicago, IL: University of Chicago Press, 2002, p. 34.

aos desenvolvimentos científicos, independentemente do debate bioético público das elites.

A emergência do debate bioético público

As possibilidades tecnológicas vistas na década de 1960 alarmaram muitos cientistas praticantes e resultaram no surgimento, entre essa elite, de um debate sobre o que deveria ser feito com as novas possibilidades tecnológicas. Isso criou o primeiro debate bioético público, como definido acima, que aconteceu, de forma mais proeminente, através de uma série de conferências realizadas nos Estados Unidos e no Reino Unido, com a participação ocasional de países da Europa Ocidental.

Considere-se uma conferência no início da década de 1960, em Londres, que juntou muitas lideranças científicas da época, tais como Sir Julian Huxley, Hermann Muller, Joshua Lederberg e J. B. S. Haldane para discutir a modificação genética de seres humanos, o controle populacional, a eliminação de doenças e o controle de mentes. O volume resultante dessa conferência, publicado sob o apropriado título *Man and his Future*, trazia, no prefácio, a ideia de que o mundo estava social, política e eticamente despreparado para o advento do poder nuclear. Agora, a pesquisa biológica está em efervescência, criando e prometendo métodos de interferência nos "processos naturais" que poderiam destruir ou transformar quaisquer aspectos da vida humana que valorizamos. Faz-se necessário, urgentemente, para homens e mulheres... considerarem as possibilidades presentes e iminentes.[6]

Antes que os cidadãos comuns considerassem tais possibilidades, como os cientistas dessa época ostensivamente desejavam, foram os teólogos que assim o fizeram. Isso aconteceu, primordialmente, porque questões como o significado da vida e da morte tocavam em questões mais profundas que os teólogos consideravam como parte de sua área exclusiva do

---

6 WOLSTENHOLME, Gordon (ed.). *Man and his Future*. P. 5.

conhecimento, e entendeu-se que os cientistas estariam se aventurando nessa área. De fato, boa parte da elite científica envolvida nesses debates entendia que a ciência deveria passar a produzir uma percepção de sentido e ser recurso ético para a sociedade, dado que, para ela, Darwin havia completamente desacreditado a religião.[7] Por exemplo, um analista concluiu que C. H. Waddington e Peter Medawar, junto com outros biólogos, sugeriam que "a 'direção' da evolução, tanto biológica quanto cultural, é a fundação 'científica' sobre a qual reestabeleceremos nosso sistema ético e apoiaremos 'nossas mais queridas esperanças' ".[8]

Da mesma forma, o cientista Jacob Bronowski pronunciaria na Conferência de Londres, de 1962: "Logo, eu não sinto vergonha alguma quando alguém me diz que meus valores, porque eles estão baseados em minha ciência, são relativos e que os seus são dados por Deus. Os meus valores, em minha opinião, nascem de uma fonte tão objetiva e definitiva quanto qualquer deus, a saber, a natureza dos seres humanos. [...] Isso enriquece os meus valores, penso eu; e não faz deles menos objetivos ou menos reais do que valores que podem ser encontrados em testamentos".[9]

Caso o desafio não tivesse ficado claro, a primeira citação da contracapa de *Man and his Future* foi de Francis Crick, codescobridor da estrutura do DNA, que disse: "Eu creio que, com o tempo, os fatos da ciência nos tornarão menos cristãos. No fim, haverá um conflito inevitável de valores".

Isso foi premonitório, no sentido de que um conflito de valores emergiria em seguida, quando os teólogos desafiaram a aventura dos cientistas no que eles entendiam ser sua jurisdição. Por exemplo, Paul Ramsey, teólogo Metodista e professor de Religião na Princeton University, afirmou que ele opunha-se à teologia substituta dos cientistas. Em uma conferência realizada em 1965, ele disse que os cientistas tinham:

---

7 Os três parágrafos seguintes resumem a argumentação proposta em EVANS, John H. "After the Fall: Attempts to Establish an Explicitly Theological Voice in Debates over Science and Medicine after 1960". In: SMITH, Christian Smith (ed.). *The Secular Revolution*. Berkeley, CA: University of California Press, 2003, pp. 436-441.
8 KAYE, Howard L. *The Social Meaning of Modern Biology: From Social Darwinism to Sociobiology*. New Brunswick, NJ: Transaction, 1997, p. 42.
9 WOLSTENHOLME, Gordon (ed.). *Man and his Future*. P. 372.

Uma atitude particular em relação ao mundo, "um programa para transformá-lo completamente", uma confiança "inabalável", não, melhor dizendo, "fanática" em uma "visão de mundo", uma "fé" de forma alguma menor que um "programa" para reconstruir a humanidade. Essas expressões descrevem exatamente um culto religioso, mais do que qualquer outro – um culto de homens-deuses, ainda que sejam em todos os outros sentidos, humildes. Essas não são descobertas ou projeções de uma ciência exata tal e qual definida, mas sim um ponto de vista religioso sobre onde e como o significado humano último pode ser encontrado.[10]

Os teólogos envolveram-se cada vez mais nesses debates de elite. Isso pode ser ilustrado por uma conferência realizada em Houston, no Texas, em reação ao primeiro transplante de coração, realizado em 1967, em que quatro dos seis palestrantes eram teólogos ou poderiam ser identificados como religiosos. Mais ainda, muitos nesses primeiros anos ofereceram uma alternativa explicitamente teológica para o ponto de vista ético dos cientistas. O argumento do teólogo alemão Helmut Thielicke sobre quem deveria receber um transplante concluiu que a avaliação dos pacientes por conta de sua utilidade social era errada porque "a base para a dignidade humana, não reside em uma qualidade imanente do homem, mas no fato de que Deus o criou. O homem é a menina dos olhos de Deus. Ele é 'querido' porque por ele pagou-se um alto preço: Cristo morreu por ele".[11]

A marginalização da teologia na bioética pública

Os cientistas começaram esses debates e os teólogos os seguiram, desafiados pela ameaça a sua jurisdição tradicional na determinação da ética

---

10 Paul RAMSEY, *Fabricated Man: the Ethics of Genetic Control*. New Haven, CT: Yale University Press, 1970, p. 144.
11 THIELICKE, Helmut. "The Doctor as Judge of Who Shall Live and Who Shall Die". In: VAUX, Kenneth (ed.). *Who Shall Live? Medicine, Technology, Ethics*. Philadelphia, PA: Fortress Press, 1970, p. 172.

referente às grandes questões. Logo depois da entrada dos teólogos, vieram os filósofos, os advogados, os cientistas sociais e outros, resultando em uma discussão consideravelmente interdisciplinar. Todos os estudiosos concordavam que a presença religiosa rapidamente se esvairia. É típica a posição de M. Therese Lysaught, que fala de "narrativas padrões da gênese da bioética" nos seguintes termos: "suas origens primeiras estão entre os teólogos, mas discursos teológicos substantivos foram rapidamente substituídos por discursos mais avançados da filosofia".[12]

O debate acadêmico primordial é se essas elites identificadas como religiosas falaram teologicamente ou se eles eram apenas teólogos construindo argumentos filosóficos seculares.[13] Argumentei em outro momento que houve uma breve era em que os teólogos de fato utilizaram argumentos explicitamente religiosos nesses debates. Mas ela foi tão breve que alguns analistas não a perceberam, e ela rapidamente transformou-se em uma era em que os teólogos utilizaram argumentos seculares.[14] Independentemente disso, é importante notar que essas contribuições seculares por parte de religiosos não eram as mesmas que as de participantes não religiosos, tipicamente filósofos e cientistas.[15] Os religiosos propunham traduções seculares para ideias teológicas e, portanto, os debates eram diferentes quando os teólogos participavam deles.[16]

---

12 LYSAUGHT, M. "Therese and Power Corrupts... Religion and the Disciplinary Matrix of Bioethics". In: GUINN, David E. (ed.). *Handbook of Bioethics and Religion*. Nova York: Oxford University Press, 2006, p. 101.

13 JONSEN, Albert R. "A History of Religion and Bioethics". In: GUINN, David E. (ed.). *Handbook of Bioethics and Religion*, p. 33; MESSIKOMER, Carla M., ROX, Renee C., SWAZEY, Judith P. "The Presence and Influence of Religion in American Bioethics". *Perspectives in Biology and Medicine*. 44, n° 4, 2001, pp. 485-508; CHILDRESS, James F. "Religion, Theology and Bioethics". In: MILLER, Franklin G., FLETCHER, John C., HUMBER, James M. (eds.). *The Nature and Prospect of Bioethics*. Totowa, NJ: Humana Press, 2003, pp. 43-68.

14 EVANS, John H. "After the Fall: Attempts to Establish an Explicitly Theological Voice in Debates over Science and Medicine after 1960". P. 437.

15 EVANS, John H. *Playing God? Human Genetic Engineering and the Rationalization of Public Bioethical Debate*.

16 EVANS, John H. "After the Fall: Attempts to Establish an Explicitly Theological Voice in Debates over Science and Medicine after 1960". P. 441; EVANS, John H. "Public Vocabularies of Religious Belief: Explicit and Implicit Religious Discourse in the American Public Sphere". In:

Os teólogos também tenderam mais a construir argumentos seculares e densos. Outros estudiosos, principalmente aqueles ligados à emergente profissão da bioética, que utilizaram a racionalidade filosófica analítica, construíram argumentos ralos. Para nossos propósitos, um argumento denso diz respeito a quais fins ou objetivos deveríamos subscrever enquanto sociedade. Um argumento denso pergunta: será que deveríamos aperfeiçoar a espécie humana, ou devemos tentar maximizar a saúde humana? Um argumento ralo começa com um fim presumido, não passível de debate, e argumenta sobre os meios mais eficazes para atingir esse fim. Um argumento ralo pergunta: dado o objetivo inquestionável de promover a saúde e aliviar o sofrimento, a engenharia genética humana é uma forma eficaz de se proceder? Essas distinções são importantes para compreender os motivos pelos quais até mesmo os teólogos que se converteram aos argumentos seculares, ainda que densos (ou que sempre os tenham utilizado), desapareceram do campo de debate, o que resultou no declínio do envolvimento religioso no debate bioético público.[17]

O que aconteceu foi que os teólogos e seus aliados foram, essencialmente, vítimas de seu próprio sucesso. Eles iniciaram um movimento que questionava os fins que os cientistas perseguiam com suas tecnologias, e o público começou a prestar atenção. Na verdade, o público prestou tanta atenção nesses assuntos que eles logo tornaram-se objeto de atenção de representantes eleitos, que começaram a sugerir diversos remédios legislativos para forçar os cientistas e os médicos a aderirem a visões éticas básicas geradas por teólogos e outros profissionais.

JACOBS, Mark e HANRAHAN, Nancy Weiss (eds.). *Blackwell Companion to the Sociology of Culture*. Malden, MA: Blackwell, 2005, pp. 398-411.

17 A distinção entre o amplo e o estreito inspira-se parcialmente na modificação feita por Habermas nas categorias de Weber de racionalidade substantiva e racional, respectivamente, que, em si, são versões institucionalizadas da distinção mais conhecida entre racionalidade valorativa e instrumental. Na racionalidade valorativa, os fins e os meios são considerados juntos, em direção do que o intérprete de Weber, Talcott Parsons, chamou de um significado último. Na racionalidade instrumental, a questão é se os meios maximizam os fins em questão ou não. Para traçar ásperas analogias filosóficas, a racionalidade valorativa é similar à razão deontológica e a racionalidade instrumental, ao consequencialismo ou ao seu caso especial, o utilitarianismo.

Não foram os debates éticos sobre os novos desenvolvimentos da biociência, tais e quais descritos acima, que tornaram inevitáveis uma fiscalização coletiva dos cientistas, mas a antiga questão dos experimentos antiéticos em seres humanos.[18] Em 1972, foi revelado que o Serviço de Saúde Pública norte-americano conduzia, há 40 anos, um experimento no qual a sífilis de um grupo de aproximadamente 600 homens negros e pobres, em Tuskegee, Alabama, era deixada sem tratamento. Quando essa revelação combinou-se a outras sobre médicos que realizavam experimentos em pacientes comuns sem seu conhecimento, o congresso sentiu-se forçado a criar a *National Commission for the Protection of Human Subjects of Biomedical and Behavioral Research*, que se reuniu pela primeira vez em 1974.

Uma das principais tarefas da comissão era "conduzir uma investigação e um estudo compreensivo para identificar os princípios éticos básicos que devem sustentar a conduta da pesquisa biomédica e behaviorista que envolva seres humanos" e "desenvolver diretrizes a serem seguidas em tais pesquisas para garantir que elas sejam conduzidas de acordo com tais princípios".[19] A comissão reduziu o debate acerca dos princípios a três que estavam "entre os mais aceitos em nossa tradição cultural": autonomia, beneficência e justiça. Esses fins deveriam ser aplicados às decisões éticas tomadas por membros de Conselhos de Revisão Institucional ao redor do país que, ao aceitar dinheiro do governo, estariam, implicitamente, tomando decisões pelo governo.

Entendo que esses princípios articulados sejam como um fim ou um objetivo para a sociedade. Eles são uma declaração do que é valioso, e a pesquisa deve ser consistente com esses valores ou maximizá-los (dependendo da perspectiva de cada um). Ainda que a princípio tenham significados diferentes nas teorias filosóficas e na bioética, na prática, seu uso corriqueiro por profissionais da bioética tem um significado simplificado, tornando-se uma lista de objetivos sociais que deveriam ser satisfeitos através da pesquisa

---

18 Tanto esse quanto os próximos oito parágrafos nessa seção foram tomados diretamente (ou modificados) de EVANS, John H. "After the Fall: Attempts to Establish an Explicitly Theological Voice in Debates over Science and Medicine after 1960". Pp. 451-453.
19 Citado em JONSEN, Albert R. Foreword. In: DuBOSE, Edwin R., HAMEL, Ronald P., O'CONNEL, Laurence J. (eds.). *A Matter of Principles? Ferment in US Bioethics*. Valley Forge, PA: Trinity Press International, 1994, p. 14.

médica. Utilizando a terminologia que sugeri acima, a *National Commission*[20] engajou-se em uma densa discussão quando decidiu que esses três seriam os valores, objetivos e fins universais da sociedade Ocidental. Consequentemente, ao definir esses três valores como inquestionáveis (e parte da lei pública), ela criou um debate ralo sobre a capacidade de várias tecnologias científicas de maximizar ou não esses fins.

Em si, essa declaração de fins universais com os quais a pesquisa humana deve ser consistente não se configura como ameaçadora para nenhum teólogo. Seus próprios métodos haviam evoluído até esse ponto: seria possível pesquisar nas tradições protestante e católica e determinar que a experimentação humana deveria ser consistente com esses fins. Ainda que cada tradição pudesse ter chegado a mais do que três fins, esse não era um caminho inerentemente destrutivo para os teólogos.

O problema para a teologia veio de outro lugar. Ao mesmo tempo em que a Comissão tentava criar seus princípios, fins e objetivos para o governo usar para experiências envolvendo seres humanos, o consultor da Comissão para esse projeto – o filósofo Tom L. Beauchamp – escrevia um manual com o teólogo James Childress que também se utilizava de uma abordagem aos problemas éticos baseada em princípios que poderia ser aplicada à política pública.[21] Publicado pela primeira vez em 1979, o *Principles of Biomedical Ethics*, está atualmente em sua sexta edição[22] e é, de longe, o manual (e sistema ético) mais influente da bioética.[23] Essa abordagem baseada em princípios passou a ser chamada de Modelo de Georgetown, por conta da universidade em que os autores estavam baseados na época em que escreveram o livro, e também porque os eticistas daquela universidade esforçaram-se bastante

---

20 FOX, Renee C., SWAZEY, Judith P. *Observing Bioethics*. Nova York: Oxford University Press, 2008, pp. 169-170; DEVETTERE, Raymond. "The Principled Approach: Principles, Rules and Actions". In: GRODIN, Michael A. (ed.). *Meta Medical Ethics: the Philosophical Foundations of Bioethics*. Dordrecht: Kluwer, 1995.

21 BEAUCHAMP, Tom L. "The Origins and Evolution of the Belmont Report". In: CHILDRESS, James F., MESLIN, Eric M., SHAPIRO, Harold T. (eds.). *Belmont Revisited: Ethical Principles for Research with Human Subjects*. Washington, DC: Georgetown University Press, 2005.

22 BEAUCHAMP, Tom L., CHILDRESS, James F. *Principles of Biomedical Ethics*. 6ª ed. Nova York: Oxford University Press, 2009. (NT) Há tradução em português.

23 FOX, Renee C., SWAZEY, Judith P. *Observing Bioethics*. P. 168.

para popularizar a utilização da abordagem. Os princípios que se encontram no manual são os mesmos da *National Commission*, exceto pelo fato de que ele divide a beneficência entre esta e a não maleficência, deixando sua nova lista da seguinte forma: autonomia, beneficência, não maleficência e justiça.

O principialismo assume que os princípios sejam retirados da moralidade comum. Essa aspiração a uma ética universal não foi apenas central para a tradição filosófica a que Beauchamp filiava-se, mas também uma aspiração comum entre os teólogos mais liberais dessa época, alguns dos quais envolveram-se na criação desse sistema ético não religioso. Criar um sistema ético secular e universal estava de acordo não apenas com a teoria da lei natural católica e com a teologia da morte de Deus, comum a alguns protestantes liberais da época, mas também com as tendências quaker do coautor, James Childress.[24]

Tornou-se cada vez mais difícil enxergar a identidade religiosa dos teólogos envolvidos com a invenção e a promoção do principialismo, já que eles tornaram-se, cada vez mais, simplesmente bioeticistas. A ameaça aos teólogos remanescentes na bioética pública veio de outra afirmação universal do principialismo mais encontrada em suas origens filosóficas do que teológicas. Argumentava-se que os princípios não apenas seriam universais a todos os cidadãos dos EUA e os fins para os quais caminhava a experimentação humana, mas também que eles fossem os fins para os quais caminhavam todas as questões da ciência e da medicina, inclusive questões discutidas no primeiro parágrafo desse capítulo. A forma do argumento preferida por teólogos tinha sido a de examinar cada tecnologia em sua particularidade e discutir como ela era ou não consistente com a miríade de fins encontrados em suas tradições. Eles estavam interessados nas tecnologias e nos fins como um pacote fechado, não apenas nas tecnologias em si. Uma vez que os meios e os fins foram separados e não mais se permitiu o debate sobre os fins porque eles se tornaram estabelecidos, o debate tornou-se ralo, já que a única questão restante é se a tecnologia maximiza ou não esses fins predeterminados.

---

24 EVANS, John H. *Playing God? Human Genetic Engineering and the Rationalization of Public Bioethical Debate*. Pp. 85-89; CAMPBELL, Courtney S. "On James F. Childress: Answering that God in Every Person". In: VERHEY, Allen e LAMMERS, Stephen E. (eds.). *Theological Voices in Medical Ethics*. Grand Rapids, MI: Eerdmans, 1993.

Se não se podem debater os fins, para que servem os teólogos? Entendeu-se que eles já não eram mais úteis para o debate, o que marcou o início do fim de sua influência. Como esse sistema ético tornou-se dominante a ponto de marginalizar os teólogos?

Com o principialismo entesourado na lei pública sobre a experimentação em seres humanos e com a consolidação da forma da argumentação disponível em um manual popular, esta última começou a espalhar-se rapidamente. De acordo com observadores da profissão, esse livro, mais do que qualquer outra coisa, "moldou o ensino e a prática da ética biomédica nesse país... (tornando-se) um texto básico nos cursos e, virtualmente, uma bíblia para muitos praticantes". A estrutura ética fornecida pelo livro "modela muito das discussões e dos debates sobre questões bioéticas particulares e políticas bioéticas, seja na academia, na literatura, no foro público ou na clínica".[25] A institucionalização dessa forma de argumentação sobre a experimentação com seres humanos e, cada vez mais, para outros problemas, foi tão forte que um grupo de críticos chegou a iniciar o ensaio deles com a irônica afirmação de que "ao redor do país, vindo das turbas de convertidos à consciência bioética, pode-se ouvir o mantra: 'beneficência... autonomia... justiça' ".[26] Fox e Swazey afirmam que a abordagem do livro "tornou-se tão amplamente disseminada dentro das fronteiras nacionais que se tornou uma espécie de língua franca bioética".[27]

De importância ímpar para a institucionalização do principialismo é o fato de que o governo tornou-se o consumidor último dos argumentos éticos sobre a ciência. Refletindo sobre o nascimento da profissão da bioética, Warren Reich afirma que "houve uma urgência política por trás de muitas questões biomédicas" na época. "A mídia desejava controvérsias biomédicas e os criadores das políticas federais e estaduais queriam respostas".[28]

---

25 DuBOSE, Edwin R., HAMEL, Ronald P., O'CONNELL, Laurence J. "Introduction". In: DuBOSE, Edwin R., HAMEL, Ronald P., O'CONNEL, Laurence J. (eds.). *A Matter of Principles? Ferment in US Bioethics*. P. 1.
26 CLOUSER, K. Danner e GERT, Bernard. "A Critique of Principlism". *Journal of Medicine and Philosophy*. 15, 1990, pp. 219-236.
27 FOX, Renee C., SWAZEY, Judith P. *Observing Bioethics*. P. 216.
28 REICH, Warren Thomas. "The Word 'Bioethics': the Struggle over its Earliest Meanings".

Membros do governo ligados à pesquisa médica já tinham tornado o principialismo o sistema ético central, encapsulando-o como ética em todas as escolas de medicina e em todas as universidades em que haviam pesquisas sendo feitas nos Estados Unidos. Partes menos imediatamente aplicáveis do aparato de pesquisa do governo também preferiram formas ralas do argumento ético, como o principialismo. Nesse sentido, os casos americano e europeu divergem. Nas palavras do historiador Ted Porter, em outros países, julga-se que oficiais do governo "sejam confiáveis para julgar sábia e justamente. Nos Estados Unidos, espera-se que eles sigam regras".[29] Isso acontece porque, dito de forma simples, faz parte da cultura política dos EUA não confiar em autoridades, especialmente em autoridades governamentais e, particularmente, na autoridade dos burocratas. A ética rala é, portanto, perfeita para as agências do governo, porque os burocratas do governo não utilizam seus julgamentos para determinar quais deveriam ser os fins ou os princípios, mas engajam-se no seguir as regras da moralidade comum, os fins ou os objetivos que as teorias bioéticas afirmam que todas as pessoas razoáveis tenham. O principialismo configurou-se, portanto, como a moralidade bioética perfeita para a ação governamental nos Estados Unidos e excluiu aqueles que, como os teólogos, queriam debater os fins (princípios) e os meios (tecnologias) como uma única peça.

Na Europa, a pressão por um sistema ético calculável não foi tão forte e o debate da elite pode permanecer mais "denso". Em contraste com os EUA, "em algumas sociedades o direito dos oficiais do governo tomarem decisões é tido como garantido. As pessoas podem discordar do conteúdo da decisão, mas não questionam a autoridade por trás dela".[30] Outro estudo indica que, comparada à desconfiança para com especialistas nos EUA, os "processos reguladores mais isolados, tanto da Grã-Bretanha quanto da Alemanha, historicamente dependem de maior confiança na qualificação científica".

Kennedy Institute of Ethics Journal. 5. n° 1, 1995, pp. 19-34.
29 PORTER, Theodore M. Trust in Numbers: the Pursuit of Objectivity in Science and Public Life. Princeton University Press, 1995, p. 195.
30 WILSON, James Q. Bureaucracy: What Government Agencies Do and Why They Do It. Nova York: Basic Books, 1989, p. 303.

No Reino Unido, o conhecimento objetivo é buscado "através de consultas entre pessoas cuja capacidade de discernir a verdade seja vista como privilegiada".[31]

Destarte, em comparação com os EUA, é mais provável que oficiais do governo não eleitos e membros de agências governamentais na Europa possam envolver-se tanto em debates densos quanto em debates sobre os objetivos ou fins da sociedade, com discussões sobre a tecnologia científica. Considere, por exemplo, a *Human Fertilization and Embryology Authority* do Reino Unido que, entre outras tarefas, determina quais doenças genéticas são suficientemente sérias para garantir intervenção genética. Esse tipo de conjunto de valores ou propósitos sociais dificilmente apareceria nos EUA, onde considera-se que "as políticas seriam determinadas por aqueles burocratas de Washington" seja um argumento convincente contra a assistência médica universal. Entretanto, embora os teólogos, que tendem mais aos debates densos, serem mais bem aceitos na Europa, sua qualificação, em particular, tem menos credibilidade do que nos EUA, provavelmente por conta do menor grau de religiosidade. Portanto, sua participação nesse debate bioético de elite permanece mais limitada do que nos EUA. Resumindo, nos EUA, o aumento do consumo dos argumentos bioéticos por parte do governo ofereceu um ambiente excepcionalmente favorável ao crescimento dessa forma rala de argumentação utilizada pela profissão da bioética, e para a marginalização daqueles que preferem um debate denso, como os teólogos.

A mudança em direção à influência pública

Mesmo os participantes religiosos nos debates de elite que estavam dispostos a traduzir suas preocupações explicitamente teológicas para uma linguagem secular densa, foram sutilmente excluídos porque não estavam dispostos a falar a língua rala que agora era necessária para ser um participante legítimo desses debates. Entretanto, esse não foi o fim do envolvimento

---

31 JASANOFF, Sheila *Designs on Nature: Science and Democracy in Europe and the United States.* Princeton University Press, 2005, pp. 262, 266.

religioso nos debates bioéticos. A bioética pública concentra-se em influenciar políticas governamentais através dos canais das elites – servindo em comissões governamentais, formando a opinião pública através da presença na mídia e aconselhando sociedades científicas e a indústria médica/científica. Mas cidadãos religiosos comuns ainda podem exercer influência, como cidadãos, usando movimentos sociais e ativismo político. E isso de fato aconteceu, pelo menos nos EUA e no Reino Unido.

No início, o debate bioético público permaneceu amplamente no nível da elite, nunca chegando a chamar a atenção dos cidadãos comuns. Por exemplo, enquanto os teólogos discutem a engenharia genética humana há décadas, um estudo recente mostra que a maioria dos cidadãos religiosos comuns permaneceu ignorante em relação a essa tecnologia.[32] Contudo, conservadores religiosos comuns começaram a prestar atenção em outros assuntos. No ano 2000, Dolly, a ovelha, já tinha nascido, a pesquisa com embriões era mais e mais desejável entre os cientistas e cada vez mais parecia que as células-tronco embrionárias poderiam ter um uso terapêutico. Em relação aos assuntos ligados aos embriões, os movimentos antiaborto, primordialmente religioso, nos EUA e no Reino Unido, tentaram mobilizar cidadãos comuns para que eles se opusessem aos desenvolvimentos tecnológicos que fariam mal aos embriões, tais como pesquisas com células-tronco, clonagem reprodutiva e terapêutica, diagnósticos genéticos, pré-implantação e a criação de embriões híbridos.

Um exemplo da popularização de um tradicional debate bioético de elite pode ser visto na maneira como a influência pública foi exercida acerca de questões envolvendo o fim da vida. Ao invés de criar artigos acadêmicos sobre o direto à vida das pessoas em estados vegetativos e apresentá-los em conferências acadêmicas, ou tentar colocar conservadores religiosos em comissões governamentais, estes últimos preferiram gerar pressão na base eleitoral de seus políticos que poderiam, porque foram eleitos, utilizar argumentos densos. Por exemplo, em 2005, o Congresso dos EUA interviu no caso de uma mulher em coma na Flórida, chamada Terri Schiavo, passando, em última

---

32 EVANS, John H. *Contested Reproduction: Genetic Technologies, Religion and Public Debate*. University of Chicago Press, 2010.

instância, leis que impediam que seu ex-marido desligasse os aparelhos que a mantinham viva. De maneira similar, ainda no final da presidência de George W. Bush, em 2009, o governo norte-americano não pagava por pesquisas com células-tronco, a não ser em situações extremamente limitadas, por conta de pressões políticas exercidas por esses movimentos sociais tanto no Congresso quanto no ramo executivo. Ambas essas ações argumentavam em favor de um fim que não fazia parte da teoria principialista dominante (por exemplo, proteger certas formas de vida humana) no contexto das tecnologias biomédicas. Os objetivos bioéticos dos conservadores religiosos estão sendo atingidos, não apenas através da deliberação acadêmica e pública da bioética, mas também através do poder político comum.

Tenho uma conclusão acerca da pressão pública exercida por conservadores religiosos em relação a questões que envolvem o início e o fim da vida. Os conservadores religiosos, tanto nos EUA e na Europa, são capazes de diminuir o ritmo do desenvolvimento de tecnologias de que eles não gostam, mas os conservadores religiosos nos EUA têm muito mais sucesso em suas iniciativas que seus pares na Europa. De forma geral, a Europa é muito mais permissiva com essas tecnologias do que os EUA, exceção feita à Alemanha e outros poucos países.

Reemergências religiosas na bioética pública

Nos EUA, essa atividade de conservadores religiosos em movimentos sociais resultou, por sua vez, na entrada forçada de vozes religiosas nos principais debates da bioética pública, dos quais eles haviam sido excluídos anteriormente. Por exemplo, a comissão de bioética dos EUA do governo Clinton (1993-2001) promoveu uma série de audiências sobre a clonagem em 1997, que incluíram testemunhos de representantes de diversas tradições religiosas. As razões dadas publicamente para incluir essas vozes foram essencialmente que o público estava bastante preocupado com a questão da clonagem, e que o público é religioso, então essas vozes deveriam ser ouvidas.³³ Entrevistas com membros da equipe das comissões revelaram outra razão pela qual vozes religiosas da elite foram trazidas de volta às conversas depois de anos de exílio: "a preocupação que alguns membros da equipe do Congresso tinham para com o fato de que não havia 'pessoas religiosas' na Comissão".³⁴ Entendo ser seguro afirmar que os representantes do Congresso pressionados pela comissão para incluir vozes religiosas tenham sido influenciados pela direita religiosa, pois não parece haver nenhuma outra parte do eleitorado que poderia desejar que vozes religiosas estivessem envolvidas no debate sobre a clonagem.

Evidências de ainda maior impacto de como movimentos sociais forçaram, de alguma forma, a volta da religião aos debates da elite está na Comissão Nacional de Bioética do presidente George W. Bush (2001-2009). Quando chegou a hora de indicar sua comissão, tornou-se claro que o presidente prestava atenção às necessidades de sua base de apoio político entre os evangélicos conservadores e os católicos. Por isso mesmo, sua indicação foi muito mais amigável não apenas para com as conclusões dos conservadores religiosos sobre embriões, mas também para com o uso que o recente debate bioético público fazia da linguagem religiosa. O abismo que a separa das comissões de governos anteriores fica claro quando percebemos que a comissão de Bush dividia-se de maneira mais ou menos uniforme em relação à moralidade da pesquisa embrionária. Mas nenhum membro da comissão anterior, do governo democrata de Clinton, opunha-se a pesquisas que resultassem na destruição de embriões.³⁵ Embora ela aceitasse discursos explicitamente teológicos em suas audiências, os escritos da comissão de Bush são seculares, mas seculares no sentido denso que atribuí anteriormente.³⁶ Destarte, a comissão de Bush estava aberta à tradução secular de preocupações teológicas.

---

33 CHILDRESS, James F. "The Challenges of Public Ethics: Reflections on NBAC's Report". *Hastings Center Report*. 27, n° 5, 1997, pp. 9-11; EVANS, John H. *Playing God? Human Genetic Engineering and the Rationalization of Public Bioethical Debate*. P. 190.
34 MESSIKOMER, Carla M., ROX, Renee C., SWAZEY, Judith P. Para a presença e a influência da religião na bioética norte americana, p. 502.
35 KASS, Leon R. "Reflections on Public Bioethics: a View from the Trenches". *Kennedy Institute of Ethics Journal*. 15, n° 3, 2005, pp. 221-250.
36 KASS, Leon R. "Reflections on Public Bioethics: a View from the Trenches".

Nos primeiros anos da bioética pública, o debate era geralmente denso; então, tornou-se ralo. Mas os participantes densos e ralos estavam, por um tempo, no mesmo debate. Ao examinarmos cuidadosamente, veremos que a pressão política atual, exercida por cidadãos comuns, de fato não resultou em uma reintegração de vozes religiosas aos debates da bioética pública; ao invés disso, criou debates paralelos entre a bioética pública densa e a bioética pública rala, com vozes religiosas inseridas mais no debate denso.

O resultado é que nós hoje temos uma guerra cultural no debate da bioética pública. Arthur Caplan descreve a guerra cultural como uma guerra que diz respeito "ao papel que a ideologia e a religião devem exercer na determinação de políticas e práticas da biomedicina". "De um lado está a aliança dos bioeticistas neoconservadores e religiosos" que "falam em termos que são religiosos ou quase religiosos". "Do outro lado, está um amálgama frouxo de bioeticistas da esquerda liberal alinhados de forma tênue a um número muito menor de bioeticistas mais libertários" que "falam, primordialmente, em termos seculares, advindos da filosofia ou da lei. Argumentos explicitamente religiosos os deixam nervosos".[37] Em minha terminologia, o primeiro lado é denso e o segundo, ralo.

O debate ralo dos bioeticistas da esquerda liberal, diria eu, dedica-se a reforçar o sistema ético que conta com a aprovação dos cientistas. Claro, a autoimagem da profissão da bioética é de que ela faz parte de um movimento que se opõe ao poder dos cientistas e dos médicos e de que ela, na verdade, forçou seu sistema ético sobre os cientistas e os médicos nas décadas de 1960 e 1970.[38] Mas concordo com o historiador Charles Rosenberg, quando ele disse que "como uma condição para sua aceitação, a bioética alojou-se no estômago da baleia médica; ainda que ela entenda-se como autônoma, a empresa bioética desenvolveu uma relação complexa e simbiótica com seu organismo hospedeiro. A bioética não é mais um movimento livre (se é que algum dia o foi), opositor ou socialmente crítico".[39]

---

37 CAPLAN, Arthur. " 'Who Lost China?' A Foreshadowing of Today's Ideological Disputes in Bioethics". *Hastings Center Report*. 35, n° 3, 2005, pp. 12-13.
38 ROTHMAN, David J. *Strangers by the Bedside: a History of How Law and Bioethics Transformed Medical Decision Making*. Nova York: Basic Books, 1991.
39 ROSENBERG, Charles E. "Meanings, Policies, and Medicine: On the Bioethical Enterprise and History". *Daedalus*. 128, n° 4, 1999, pp. 27-46.

De maneira pouca característica para um cientista social e pelo bem da brevidade, para apoiar esse argumento, embasar-me-ei em uma experiência de pensamento. Se o sistema ético usado no debate bioético público ralo realmente fosse opositor da ética endossada pelos cientistas, os cientistas já teriam tentado destruir a bioética. Com muitos centros bioéticos arraigados em faculdades de medicina, dependendo de sua legitimidade e grandeza, parece improvável que se a bioética pública e a ciência médica de fato fossem engajadas em combate, um combatente permitiria ao outro viver em sua casa. Indicações do que aconteceria se a bioética *mainstream* se tornasse crítica dos objetivos científicos *mainstream*, podem ser vistos nas reações científicas e bioéticas extremamente negativas do *status quo* à *Comission on Bioethics* do presidente Bush, que questionou algumas atividades que a ciência *mainstream* gostaria de conduzir.

Devo enfatizar que o sistema ético endossado por cientistas e bioeticistas é importante, e que ele impede que cientistas ajam de maneira considerada praticamente por todos como errada. Ainda que possamos imaginar que existam cientistas que desejam conduzir pesquisas médicas sub-reptícias em pessoas pobres (mesmo se o pressuposto advenha do fato de que isso já aconteceu antes, como nos infames experimentos de Tuskegee), a ética dominante no debate bioético definitivamente impediria que isso acontecesse (autonomia). De maneira similar, ninguém poderá clonar uma pessoa até que seja provado que se trata de um procedimento razoavelmente seguro (não maleficência). Essa é a ética com a qual os cientistas concordaram, por conta da incitação inicial dos bioeticistas, e estes são aplicadores eficientes dessa ética profissional.

É mais provável que o debate denso, como descrito por Caplan acima, questione todo o propósito da aventura científica. A comissão bioética do governo de George W. Bush estava disposta a fazer perguntas como: qual é o propósito da ciência? Ou, para usar uma pergunta típica na bioética teológica contemporânea: devemos dar um valor maior à saúde dos ricos do que à saúde dos pobres?[40] Esses são debates com os quais os cientistas não querem

---

40 CAHILL, Lisa Sowle. *Theological Bioethics: Participation, Justice, Change*. Washington, DC: Georgetown University Press, 2005.

se envolver. Eles têm os fins com os quais eles concordaram – primordialmente autonomia, beneficência e não maleficência. Eles não querem debater se esses são ou não objetivos apropriados para suas ações. Destarte, quando os teólogos e outros participantes do debate denso tentam colocar esses argumentos densos, os bioeticistas *mainstream* os ignoram.

As influências religiosas no debate bioético hoje em dia existem em duas direções. Em uma, os cidadãos mobilizados por movimentos sociais tentam influenciar seus representantes eleitos para que aprovem políticas que defendam seu ponto de vista ético em questões que dizem respeito ao corpo, tais como a reprodução e o fim da vida. Na outra, uma bioética pública de elite, densa, que inclui vozes religiosas que tentam influenciar as políticas públicas através de representantes eleitos e da educação do público.

Implicações

Esse relato da relação entre a ciência e a religião nos oferece algumas lições de amplo espectro. De maneira geral, as discussões da bioética – aquele reino onde a moralidade das questões científicas é discutida – tendem ao idealismo. Por um lado, isso faz sentido porque o campo é amplamente normativo – a questão é conseguir apresentar a posição moral mais persuasiva acerca, por exemplo, das pesquisas com celulas-tronco. Os participantes desses debates, cujas posições morais são vencedoras, tendem a concluir, por razões bem naturais, que sua posição venceu porque eles expuseram os melhores argumentos, implicando que ele foi o mais lógico ou o que mais fez sentido. Uma narrativa padrão da bioética é que os bioeticistas e os filósofos desalojaram os teólogos porque seus argumentos eram melhores.[41]

A sociologia do conhecimento rejeita a opinião de que a qualidade da argumentação é determinante. Em um ramo dessa tradição, a posição

---

41 "Em um certo sentido, as figuras religiosamente treinadas e orientadas mais estimadas, no início da história da bioética, foram tratadas mais como sábias do que como pensadores articulados. Tanto que são lembradas hoje tanto por sua estatura moral quanto por suas contribuições intelectuais". FOX, Renee C., SWAZEY, Judith P. *Observing Bioethics*. P. 38.

intelectual que tende a desalojar as outras é a que consegue recursos suficientes para se espalhar mais amplamente. Essa é uma tradição já bastante longa, mas também uma que foi apoiada pela psicologia cognitiva das últimas décadas, que mostrou que cidadãos comuns podem ter uma série de crenças ao mesmo tempo, algo que um especialista consideraria contraditório,[42] de maneira que a lógica das elites não é algo que fará uma posição ser bem aceita entre o público.

Um lema simples para a sociologia do conhecimento seria o de que aquele que controla a imprensa escreve a história. Na bioética, os argumentos densos originalmente perderam não porque eles fossem piores, mas porque eles não eram úteis para as pessoas que forneciam os recursos. Se a audiência dos argumentos bioéticos – aqueles que indiretamente pagam por eles – é o público, então os argumentos densos seriam melhores. Se a audiência for o estado burocrático, então os argumentos ralos seriam os melhores. Já que são a filosofia analítica e a bioética que fazem os argumentos ralos, o surgimento dessas profissões nesses debates não se deve ao fato de seus argumentos serem melhores do que os da teologia, mas porque seus argumentos encaixavam-se melhor com os interesses da fonte (indireta) provedora primordial, o estado burocrático. Se nos concentrarmos nas ideias sobre análises futuras do conflito ético entre a religião e a ciência, não devemos presumir que um grupo de ideias faça mais sentido para as pessoas do que outro.

Similarmente, o foco na qualidade das ideias sobre a religião e a ciência também podem levar a uma história típica dos *Whigs*, onde a ciência inevitavelmente triunfa sobre a religião por conta de suas habilidades superiores para explicar a natureza etc. Pelo menos na sociologia, há muito tempo se presume estarem a ciência e a religião em conflito epistemológico, e que a secularização continua na medida em que a ciência cresce em seu poder explicativo. Também presume-se que os cidadãos não podem lidar com a contradição lógica entre crer na religião e crer na ciência. Os estudos sociológicos mais recentes sobre religião e ciência evitaram esse pressuposto. Eles tenderam a partir da perspectiva da sociologia do conhecimento, perguntando

---

42 DiMAGGIO, Paul. "Culture and Cognition". *Annual Review of Sociology*. 23, 1997, pp. 263-287.

como os recursos foram arregimentados para persuadir o público, em determinado momento da história no qual a religião era verdadeira e, em outro, no qual a ciência o era.[43]

Outra lição ampla desse capítulo é que há maneiras múltiplas da ciência ter impacto na moral da sociedade. É comum pensar que as descobertas científicas desafiam a moralidade existente. Por exemplo, as descobertas da neurologia nos levam a perguntar se a agência moral humana de fato existe ou não; a psicologia evolucionista tenta mostrar que o comportamento não é necessariamente guiado pelo que pode ser normalmente chamado de moral, mas por nossos genes, determinado há milhões de anos na época da adaptação evolutiva; e a descoberta de armas nucleares requer o desenvolvimento de sistemas éticos teóricos de jogos. De forma mais prosaica, a narrativa padrão na bioética é que as descobertas científicas levantam questões morais, que devem ser abordadas por sistemas éticos que a sociedade deve desenvolver.[44] Um exemplo clássico é o desenvolvimento dos respiradores artificiais que, em última instância, levou ao debate sobre se a pessoa estaria morta ou não. Esse capítulo mostra que a ciência contribui para a criação e para uma crescente influência da ética rala na sociedade, não por conta do conteúdo de suas descobertas, mas por conta de seus interesses em manter o público incapaz de debater o propósito da ciência. Pelo menos nesse caso são os interesses institucionais da ciência que desafiam a moral da sociedade, não suas descobertas.

Uma contribuição final: enquanto os historiadores há muito tempo criticam a ideia de que a religião e a ciência estão inevitavelmente em conflito[45] e que o conflito epistemológico está em declínio,[46] esse capítulo concentrou-se em um conflito entre a religião e a ciência que não é epistemológico, mas sobre

---

43 EVANS, John H., EVANS, Michael S. "Religion and Science: Beyond the Epistemological Conflict Narrative". *Annual Review of Sociology,* 2008, pp. 87-105.
44 FOX, Renee C., SWAZEY, Judith P. *Observing Bioethics.* pp. 23-25.
45 RUSSELL, Colin A. "The Conflict of Science and Religion". In: FERNGREN, Gary B. (ed.). *Science and Religion: a Historical Introduction.* Baltimore, MD: Johns Hopkins University Press, 2002, pp. 3-12.
46 EVANS, John H., EVANS, Michael S. "Religion and Science: Beyond the Epistemological Conflict Narrative".

valores. No estudo social científico da ciência, o ramo dominante foi a sociologia do conhecimento, e os valores da ciência deixaram de ser considerados com o eclipse da perspectiva de Robert Merton, na década de 1970. Embora muitos acadêmicos tenham discutido conflitos de valores – por exemplo, menciona-se constantemente que William Jennings Bryan, do julgamento de Scopes, estava primordialmente preocupado com valores e não com epistemologia[47] – o foco permaneceu no conhecimento científico. Pelo menos no mundo contemporâneo, a ciência deveria ser vista não apenas como produtora de conhecimento, mas também como uma instituição com valores, interesses e recursos que competem com muitas outras, inclusive a religião.

---

47 NOLL, Mark A. "Evangelicalism and Fundamentalism". In: FERNGREN, Gary B. (ed.). *Science and Religion: a Historical Introduction.* Pp. 274-275.

PARTE III
Perspectivas filosóficas

11 Ateísmo, naturalismo e ciência: três em um?

MICHAEL RUSE

Quanto mais o universo parece compreensível, mais ele também parece sem sentido.
Steven Weinberg, Prêmio Nobel de Física[1]

Os últimos anos viram o surgimento de uma série de livros que argumentam que Deus não existe e que a religião é um dos aspectos mais perniciosos e perigosos da cultura moderna.[2] Como se vê, os argumentos do novo ateísmo espalharam-se, variando de críticas às tradicionais provas da existência de Deus a exortações morais para que não se sigam as prescrições religiosas. Entretanto, os autores todos presumem escrever em nome da ciência e, certamente, é assim que a maioria dos leitores, receptivos e antagonistas, os vê. Esse capítulo coloca-se como uma reflexão sobre o interesse que esses escritores obviamente fomentaram. À luz da ciência contemporânea, o que pode ser dito sobre o *status* intelectual da religião e sobre as afirmações centrais feitas em seu nome?

Definindo e restringindo a discussão, focar-me-ei na religião ocidental e, dentro dessa, primordialmente no cristianismo. Isso não é injusto ou um

---

1   Entrevista. *New York Times*. 25 de janeiro de 2000. WEINBERG, S. *The First Three Minutes*. Nova York: Basic Books, 1977, p. 154. (NT) Há tradução em português.
2   HARRIS, S. *The End of Faith: Religion, Terror, and the Future of Reason*. New York: Free Press, 2004; HARRIS, S. *Letter to a Christian Nation*. Nova York: Knopf, 2006; DENNETT, D. C. *Breaking the Spell: Religion as a Natural Phenomenon*. Nova York: Viking, 2006; DAWKINS, R. *The God Delusion*. Nova York: Houghton Mifflin Harcourt, 2008; HITCHENS, C. *God is Not Great: How Religion Poisons Everything*. New York: Hachette, 2007; STENGER, V. J. *God: the Failed Hypothesis. How Science Shows that God Does Not Exist*. Buffalo, NY: Prometheus, 2007. (NT) Todos eles, com exceção do último, têm tradução em português.

mero chauvinismo. A ciência moderna emergiu em um contexto cristão e muito da discussão hoje está estruturada em termos explicitamente cristãos.[3] Quando apropriado for, a discussão poderá ser facilmente ampliada. Considerarei a ciência dentro do escopo que abrange desde as ciências físicas até as ciências biológicas e as ciências sociais, e partirei da compreensão de que ela se propõe a entender o mundo da experiência em termos de causas, o que pressupõe o reinado universal da lei natural. Entendo, portanto, que a ciência moderna tem suas raízes no naturalismo. Esse último termo pode significar uma série de coisas. Diferencio o naturalismo metodológico, significando que ao fazer ciência, presume-se não haver causas sobrenaturais orientadas por Deus, como os milagres, do naturalismo metafísico, equivalente ao ateísmo, significando que não há fatores ou entidades sobrenaturais, e ponto final. Portanto, é o naturalismo metodológico que se liga à ciência. Eu reconheço que, no passado, esse não foi necessariamente o caso, mas desde o início do século XIX, no mais tardar, essa é a regra. Minha ligação, então, é lexical e não estipulativa. Eu diferencio o naturalismo do cientificismo – entendido como a capacidade da ciência de resolver todos os problemas. Essa é uma afirmação bastante duvidosa.

Conflito

O teólogo e físico Ian Barbour distingue quatro relações possíveis entre a ciência e a religião:[4] estado de conflito, independência, diálogo e integração. Nem todos estão completamente felizes com essa tipologia,[5] mas para nossos propósitos aqui, ela serve de estrutura para pensarmos sobre as posições que foram tomadas nas fronteiras e nas interações entre a ciência e a religião. Críticos da religião do final do século XIX, como Thomas Henry

---

3 RUSE, M. *Can a Darwinian be a Christian? The Relationship between Science and Religion.* Cambridge University Press, 2001. (NT) Há tradução em português.
4 BARBOUR, I. *Religion and Science: Historical and Contemporary Issues.* São Francisco: Harper, 1997.
5 Ver a contribuição de Mikael Stenmark para esse volume.

Huxley, eram grandes defensores do modelo de conflito, e esse sentimento é compartilhado pelos novos ateus.⁶ Supostamente, a ciência e a religião competem pelo mesmo território e ainda que as batalhas em si não determinem o vencedor, nesse caso, a vitória é da ciência. Há, obviamente, bastante verdade nessa afirmação. Se você é um criacionista da Terra Jovem, acredita que o Gênesis é literalmente verdade e que tudo foi criado há cerca de seis mil anos e, logo em seguida, houve um Dilúvio mundial. Nesse caso, você está em conflito direto com a física, a biologia, a geologia e a antropologia moderna e, se você realmente pensar sobre o assunto, provavelmente contra todas as outras coisas "modernas" da ciência. E você está errado. Nem em um milhão de anos é possível conciliar a verdadeira teoria das placas tectônicas e o Dilúvio de Noé e em dez milhões de anos não é possível conciliar afirmações verdadeiras da moderna paleoantropologia com a história de Adão e Eva. O mesmo pode ser dito sobre outras afirmações particulares de religiões específicas. Concedendo, pelo bem do argumento, que os mórmons sejam cristãos, não há como conciliar suas afirmações sobre as tribos nativas americanas serem as tribos perdidas de Israel, e as verdadeiras descobertas da genética sobre as origens dos povos nativos ligadas aos povos que cruzaram o Estreito de Bering, há uns doze mil anos.

Contudo, antes que se termine a discussão nesse ponto, deve-se levar em consideração que o criacionismo da Terra Jovem está longe do cristianismo tradicional, protestante ou católico, e que o mesmo pode ser dito da Igreja de Jesus Cristo dos Santos dos Últimos Dias. O cristianismo tradicional, que remete pelo menos a Santo Agostinho, ao redor do ano 400, sempre teve cláusulas sobre a maneira como a Bíblia foi escrita em uma linguagem que as pessoas comuns, nômades como os antigos judeus, pudessem entender.⁷ Nas palavras de João Calvino, aquele advogado sagaz, Deus acomoda sua fala aos não educados e mal informados.⁸ A posição cristã sempre foi a

---

6 Para Huxley, ver DESMOND, A. *Huxley, the Devil's Disciple*. Londres: Michael Joseph, 1994; DESMOND, A. *Huxley, Evolution's High Priest*. Londres: Michael Joseph, 1997; RUSE, M. *The Evolution – Creation Struggle*. Cambridge, MA: Harvard University Press, 2005.
7 McMULLIN, E. "Introduction: Evolution and Creation". In: McMULLIN, E. (ed.). *Evolution and Creation*. Notre Dame: University of Notre Dame Press, 1985, pp. 1-58.
8 YOUNG, D. A. *John Calvin and the Natural World*. Washington, DC: University Press of

de que a verdade não pode se opor à verdade; que nossa compreensão do mundo natural vem de nossos sentidos e de nossa razão, justamente as características que fazem de nós a imagem de Deus; e que, dessa forma, se o Evangelho e a ciência estão em contradição, o conflito só pode ser aparente e deve ser resolvido, bastante possivelmente, através da leitura da Bíblia de uma maneira metafórica.

Isso não significa que pessoas como Agostinho defendessem a teoria evolutiva moderna ou algo do gênero – embora, dado que Agostinho (que acreditava estar Deus fora do tempo) entendia que Deus criara potencialmente os organismos e que eles haviam se desenvolvido com o tempo, existam pessoas que afirmam que Agostinho seja o teólogo dos evolucionistas. Acomodação significa que a tese do conflito sustenta-se apenas até certo ponto. Na verdade, muito do que se afirma em nome da religião não entra em conflito com a ciência moderna. Ela não anuncia o fim da religião tradicional, especificamente do cristianismo tradicional.

Independência

O argumento de que a ciência e a religião não podem efetivamente estar em conflito porque falam de coisas diferentes constitui-se em uma posição muito popular. Conhecido nos círculos teológicos como neo-ortodoxia, deve muito à teologia do pensador Suíço Karl Barth. O expoente teólogo americano, Langdon Gilkey,[9] explicou a diferença como estando entre saber como ou o que e saber por quê. "O que você fez ontem?" "Minha família e eu fomos ao litoral de carro e chegamos tarde em casa". "As crianças e eu levamos minha esposa para o litoral para comemorar o aniversário dela e demonstrar nosso amor". Duas respostas diferentes, de tipos que simplesmente não podem entrar em conflito. A primeira resposta é compatível com: "Eu organizei uma viagem familiar ao litoral para chatear a minha esposa, cujo pai morreu

---

America, 2007.
9   GILKEY, L. B. *Maker of Heaven and Earth*. Garden City, NY: Doubleday, 1959; GILKEY, L. B. *Creationism on Trial: Evolution and God at Little Rock*. Minneapolis: Winston Press, 1985.

afogado, para que ela me odiasse e me concedesse o divórcio". O mesmo tipo de fatores separam a ciência e a religião. Considere um ecossistema. Um biólogo pode discuti-lo em termos de padrões de equilíbrio, invocando, por exemplo, a hipótese de MacArthur-Wilson acerca da biogeografia insular, mostrando porque, depois de um incêndio devastador, surgiu em uma área isolada uma nova espécie, e porque o número de indivíduos dessa espécie tornou-se exagerado depois de certo tempo. Um teólogo ou uma pessoa religiosa (termos que não necessariamente excluem-se mutuamente!) podem falar de um ecossistema nos termos de um presente divino para seus filhos e de nossas obrigações para com o uso desse sistema sem destruí-lo. Um construtor com intenções bastante distintas, que pretenda, por exemplo, levantar uma nova Las Vegas no deserto, pode preferir a descrição científica.

O entusiasta mais recente da posição de independência – e também o mais bem publicado – (sem os compromissos teológicos da neo-ortodoxia) é paleontólogo e escritor popular Stephen Jay Gould. Em seu livro, *Rocks of Ages* (1999), ele introduziu a ideia de um magistério, de um tipo de imagem mundial e de abordagem associada e defendeu que, como a ciência e a religião se configuram como magistérios diferentes, elas não podem interagir e, portanto, não podem entrar em conflito.[10] Infelizmente, a abordagem de Gould apontou para a grande fraqueza da posição da independência, a saber: a ambiguidade sobre o que pertence à ciência e o que pertence à religião. Para Gould, a religião podia ficar com a ética, o pensamento e o comportamento moral, mas não muito mais do que isso. As afirmações ontológicas, por exemplo, sobre a ressurreição e sobre a vida eterna, aparentemente seriam afirmações sob o magistério da ciência e, portanto, devem ser julgadas falsas. Uma conclusão que satisfaz um novo ateu, seu dúvida, mas dificilmente a um religioso. O cristão tradicional vai, pelo menos, querer dizer que Deus existe, que Ele criou o universo do nada, que somos feitos à imagem de Deus, que Ele ressuscitou dos mortos e que Seu sacrifício e triunfo tornaram possíveis nossa salvação eterna. Se esses fatos fizerem parte da ciência e forem julgados falsos, então voltamos ao conflito.

---

10 GOULD, S. J. *Rocks of Ages: Science and Religion in the Fullness of Life*. Nova York: Ballantine, 1999. (NT) Há tradução em português.

Interação

Daqui para frente, há duas possibilidades e muitos crentes endossam uma combinação dessas duas. Por um lado, pode-se definir que as afirmações supracitadas são realmente científicas. Veja, por exemplo, a questão das origens. É verdade que a ciência tem uma história da origem, como a do *Big-bang* e da evolução orgânica. Mas não é efetivamente disso que os crentes estão falando quando falam de Deus como criador. A crença, na verdade, é sobre Deus como um ser necessário e eterno – em certo sentido o suporte ou a garantia de um mundo bastante contingente. O termo teológico técnico é "asseidade", que significa que Deus não depende de outros para seu ser – ele é em si próprio (*a se*) – e o mundo depende Dele. Deus responde à questão: Porque há algo e não nada? Ele não responde: De onde veio esse planeta ou esse repolho?

Por outro lado, pode-se dizer que os domínios da ciência e da religião de fato não são tão diferentes entre si e que eles podem ou falam um com o outro (diálogo) ou até mesmo sobrepor-se um ao outro (interação). As pessoas que levam a teologia natural a sério – provando a existência de Deus e esse tipo de coisa – estão, pelo menos, no campo do diálogo. Hoje, é verdade, muitos crentes não ligam muito para a teologia natural. Barth a desprezava, e ele não foi, nem de longe, o primeiro. O grande teólogo inglês John Henry Newman escreveu em uma correspondência sobre seu trabalho filosófico seminal, *A Grammar of Assent*: "Eu não insisto no argumento do desígnio porque estou escrevendo para o século XIX, que, representado por seus filósofos, não admite o desígnio como provado. E para dizer a verdade, embora eu não deseje pregar sobre o assunto, nos últimos 40 anos, eu mesmo não consegui ver a força lógica do argumento. Eu acredito no desígnio porque acredito em Deus, não em Deus porque vejo o desígnio".[11] Continuando: "O desígnio me ensina sobre poder, habilidade e bondade – não santidade, misericórdia ou julgamento futuro, que são três pontos essenciais da religião". Note que Newman e outros que o seguiram não separam os mundos da experiência e da fé completamente. Na verdade, nós nos

---

11 NEWMAN, J. H. *The Letters and Diaries of John Henry Newman, XXV*. DESSAIN, C. S., GORNALL, T. (eds.). Oxford: Clarendon Press, 1973, p. 97.

movemos da fé em direção à experiência e não o contrário. O teólogo alemão Wolfhart Pannenberg dá a isso o nome de teologia da natureza.[12]

Ainda há pessoas que entendem que se pode ir do mundo da ciência para o mundo da religião e de Deus. Defensores da chamada teoria do *design* inteligente (DI) – pessoas que entendem que o mundo orgânico esteja tão intricadamente organizado que a lei cega não possa tê-lo produzido – estão nessa categoria.[13] Da mesma maneira, também aqui se encontram defensores de versões fortes do princípio antrópico, que acreditam que as constantes físicas do universo são tão precisas e necessárias que elas não podem existir por mero acaso. Dessa forma, deve haver um planejador.[14]

É quase óbvio que haja críticas científicas veementes a ambas as posições. Os biólogos negam por completo que a organização intricada da vida seja tal que não possa ter sido produzida por uma lei cega. E eles se deleitam em mostrar que os paradigmas dos defensores do DI – por exemplo, o flagelo bacteriano e a cascata de coagulação (sanguínea) – são prontamente explicadas em termos evolutivos convencionais.[15] Da mesma forma, muitos físicos negam as afirmações dos entusiastas do princípio antrópico. Por um lado, há a possibilidade de universos múltiplos com constantes diferentes. O fato de que vivemos em um universo com constantes que tornam nossa vida possível é verdadeiro, porém pouco surpreendente. Por outro lado, talvez as constantes não sejam tão exatas ou necessárias quanto normalmente supõe-se que sejam. Pode haver muito mais preguiça e menos necessidade de se invocar Deus do que normalmente se sugere.[16]

Deve-se dizer também que, teologicamente, essas duas posições são problemáticas.[17] O problema do mal ainda paira. Se há um planejador, porque

---

12 PANNENBERG, W. *Towards a Theology of Nature*. Louisville: Westminster/John Knox Press, 1993.
13 BEHE, M. *Darwin's Black Box: the Biochemical Challenge to Evolution*. Nova York: The Free Press, 1996. (NT) Há tradução em português.
14 BARROW, J. D., TIPLER, F. J. *The Anthropic Cosmological Principle*. Oxford: Clarendon Press, 1986; POLKINGHORNE, J. C. *The Faith of a Physicist*. Princeton University Press, 1994.
15 MILLER, K. *Finding Darwin's God*. Nova York: Harper and Row, 1999.
16 WEINBERG, S. "A Designer Universe". *New York Review of Books*. 46, n° 16, 1999, pp. 46-48.
17 McMULLIN, E. "Fine-tuning the Universe?". In: SHALE, M. H., SHIELDS, G. W. Shields

ele não impediu o mal? Esse é um ponto particularmente problemático para a DI. Se precisamos de Deus para explicar o que é ferozmente complexo, então porque ele também não se encarregou de eliminar o simples, porém horrível? Muitas doenças genéticas têm causas simples – um nada do DNA que se desviou do caminho. Deus não poderia ter corrigido isso ou estaria ele ocupado demais com o flagelo bacteriano? Há também outros problemas tradicionais. Haveriam um ou muitos planejadores? Esse nosso mundo é o fim de uma longa série de tentativas e haverá mundos melhores depois do nosso?

Claro, nada disso oferece prova irrefutável contra a existência de Deus e ainda é possível para o crente entender que a ciência ilumina afirmações teológicas mesmo que não as prove. A doutrina cristã do pecado original é um bom exemplo. À luz da ciência moderna, é pouco plausível pensar em dois seres humanos inicialmente criados, passando seu tempo em um jardim e finalmente sucumbindo e comendo uma maçã. Mas a biologia evolucionista moderna, especialmente a biologia evolucionista dos seres humanos, reforça a ideia de que somos fruto de forças conflitantes. Se, como creem os biólogos, a principal força motriz para a mudança seja a seleção natural – a sobrevivência do mais forte – então as características humanas (adaptações) são moldadas no sentido de ajudar seus possuidores a sobreviver (e a se reproduzir). Richard Dawkings, incidentalmente um dos principais novos ateus, fala, metaforicamente, em genes egoístas, apontando para as características que melhor servem aos fins de seus possuidores para que eles não sejam fracassos biológicos.[18] Contudo, hoje percebemos que as grandes adaptações, especialmente para seres inteligentes como os humanos, caminham na direção da cooperação com os pares.[19] Juntar-se para caçar ou para pilhar ou

---

(eds.). *Science, Technology, and Religious Ideas*. Lanham: University Press of America, 1994, pp. 97-125; DEMBSKI, W. A., RUSE, M. (eds.). *Debating Design: Darwin to DNA*. Cambridge University Press, 2004; RUSE, M. *Darwin and Design: Does Evolution Have a Purpose?* Cambridge, MA: Harvard University Press, 2003.

18   DAWKINS, R. *The Selfish Gene*. Oxford University Press, 1976. (NT) Há tradução em português.

19   WILSON, E. O. *On Human Nature*. Cambridge, MA: Harvard University Press, 1978. (NT) Há tradução em português; RUSE, M. *Taking Darwin Seriously: a Naturalistic Approach to Philosophy*. Oxford: Blackwell, 1986. (NT) Há tradução em português.

lutar contra invasores paga bons dividendos. Ajudar aos outros pode levar a ajudarmos a nós mesmos – quando nós somos jovens ou velhos ou quando estamos doentes, precisamos de ajuda e a melhor maneira de obtê-la é estar preparado para ajudar aos outros em seus momentos de necessidade. Uma mão lava a outra. Então, graças a nossa evolução, nós somos uma mistura bastante tensa entre o egoísmo e a amizade ou o altruísmo, para usar o termo dos biólogos para prestar ajuda. E isso certamente está perto do que as pessoas religiosas querem dizer quando falam em pecado original. Nós somos feitos à imagem de Deus, então somos naturalmente bons. Mas houve a Queda – isso agora faz parte de nossa natureza –, então somos também maus. Uma miscelânea inquieta de egoísmo e altruísmo.

Note-se que, assim como acontece com argumentos do desígnio, não há prova aqui. Não há nenhuma substituição literal da biologia evolucionista pelo Gênesis. Há apenas uma tentativa de dar sentido a afirmações religiosas enigmáticas através da ciência moderna. Mas, e se quisermos ir além e desejarmos a completa integração da ciência e da religião? Isso seria o tipo de movimento a que os seguidores de Alfred North Whitehead, os filósofos do processo, dariam início, vendo tanto Deus quanto a criação em termos evolucionistas. Supostamente Deus esvaziou a si mesmo de todos os seus poderes – *kenosis* – e pode influenciar, mas não determinar, o mundo. Tudo, inclusive Deus, está em um estado de fluxo.[20] A integração também se tornou o objetivo do jesuíta francês e paleontólogo, Padre Pierre Teilhard de Chardin. Ele entendeu a vida como em uma marcha progressiva em direção à humanidade e, por consequência, para a divindade, Jesus Cristo, a quem Teilhard referia-se como o Ponto Ômega.[21]

Algumas pessoas, especialmente cientistas, mostraram-se muito críticas a esse tipo de pensamento. O prêmio Nobel Peter Medawar escreveu, sobre a síntese de Teilhard:

---

[20] John Haught escreve eloquentemente sobre esses tópicos. HAUGHT, J. F. *The Cosmic Adventure*. New York: Paulist Press, 1984; HAUGHT, J. F. *The Promise of Nature*. Nova York e Mahwah, NJ: Paulist Press, 1993; HAUGHT, J. F. *God after Darwin: a Theology of Evolution*. Boulder: Westview, 2000. (NT) Há tradução em português.

[21] CHARDIN, P. Teilhard de. *Le phénomène humain*. Paris: Editions de Seuil, 1955. (NT) Há tradução em português.

Eu li e estudei *The Phenomenon of Man* realmente perturbado, até mesmo desesperado. Ao invés de esfregar as mãos sobre a condição humana, deveríamos nos ater às partes que são completamente remediáveis, sobretudo à credulidade que torna possível que as pessoas possam ser enganadas por uma série de truques como esses. Caso se tratasse de uma credulidade inocente e passiva, seria desculpável; contudo, claramente trata-se de um desejo ativo de se deixar enganar.[22]

Historicamente, hoje podemos ver que esse julgamento foi um pouco duro demais. É verdade que Teilhard afirmou que sua posição era puramente científica, o que claramente não é o caso. Entretanto, ele assim o fez esperando poder escapar da censura de sua igreja, já que se seu pensamento fosse pura ciência não poderia haver objeções teológicas. No fim, a Igreja considerou suas ideias heréticas, e ele foi desprezado tanto pela ciência quanto pela religião.

Hoje, de forma mais caridosa, podemos dizer de Teilhard, a mesma forma que da filosofia do processo, que se alguém crê e quer aceitar a ciência moderna, certamente, a integração não parece, *a priori*, tola. Por que não pode haver duas facetas do mundo de Deus que se juntem em uma só? Mesmo assim, há questões sérias, tanto teológicas quanto científicas. Muitos diriam que a ideia de Deus em fluxo simplesmente não é o Deus de Abraão, de Jesus ou de Maomé. O Deus destes é eterno, imutável, bom e todo poderoso. Muitos também diriam que a imagem progressiva do mundo de Teilhard simplesmente não é bem quista. A evolução é um processo bastante lento e sinuoso que não vai a lugar algum. É verdade que há defensores científicos do progresso biológico. O biólogo social Edward O. Wilson escreve: "Logo, o progresso é uma propriedade da evolução da vida como um todo, segundo quaisquer padrões intuitivos possíveis, incluindo a aquisição de objetivos e intenções para o comportamento dos animais".[23] Outros discordam. Stephen Jay Gould falou sobre a ideia como

---

22 MEDAWAR, P. B. Review of *The Phenomenon of Man*. *Mind* 70, 1961, pp. 99-106.
23 WILSON, E. O. *The Diversity of Life*. Cambridge, MA: Harvard University Press, 1992, p. 187.

"(uma ideia) nociva, culturalmente incorporada, não passível de testes, não operacional e intratável, que deve ser substituída se desejamos compreender os padrões da história".[24]

Naturalismo

O que dizer da relacionada filosofia do naturalismo? Pode-se pensar que o naturalismo metodológico, pelo menos, é suficientemente inócuo. Deliberadamente ele não se posiciona em relação às questões últimas. Entretanto, há fortes críticos, notadamente a eminência parda do movimento do DI, Phillip Johnson,[25] que entende que aqui há uma encosta escorregadia que termina no naturalismo metafísico e no ateísmo completo. Na verdade, isso não parece ser verdade e trata-se, de fato, de um caso clássico de uma falácia *post hoc ergo propter hoc* ("depois disso, logo, por causa disso"). Entende-se que muitos começaram como naturalistas metodológicos e terminaram como naturalistas metafísicos; entretanto, à exceção dos muitos que não o fizeram, as razões para a mudança raramente dependem do naturalismo em si. Várias biografias de crentes dos séculos XIX e XX mostram que foram questões teológicas, não científicas, que os levaram à descrença.[26] As pessoas se preocupavam com o problema do mal ou da condenação eterna, com as histórias do Antigo Testamento ou com coisas do tipo e decidiram que tinham aguentado o suficiente – elas não queriam mais essas coisas. De forma geral – bastante geral –, elas não leram Newton, Darwin ou Einstein e declararam que Deus estava morto. O próprio Darwin voltou-se para o agnosticismo (ele nunca foi ateu) porque ele não suportava a ideia de seu pai – o homem que ele mais

---

24 GOULD, S. J. "On Replacing the Idea of Progress with an Operational Notion of Directionality". In: M. H. Nitecki (ed.). *Evolutionary Progress*. Chicago: The University of Chicago Press, 1988, pp. 319-338.
25 JOHNSON, P. E. *Darwin on Trial*. 2ª ed. Washington, DC: Regnery Gateway, 1993. (NT) Há tradução em português.
26 BUDD, S. *Varieties of Unbelief: Atheists and Agnostics in English Society 1850-1960*. London: Heinemann, 1977; RUSE, M. *The Evolution – Creation Struggle*.

admirava – estar eternamente condenado por sua descrença.[27] No caso de Richard Dawkins, ler o *God Delusion* (*Deus, um Delírio*) nos deixa com a forte suspeita de que foram os ditames do Deus dos judeus que o afastaram da religião. Muitos garotos das escolas públicas inglesas entenderam que, depois de ter um diretor nessa vida, eles prefeririam não ter outro na próxima. (Essa última frase traz um tom autobiográfico intencional).

Ainda assim, com certeza mesmo o naturalismo metodológico não permitia a filiação à fé cristã – ao judaísmo, islã ou a qualquer outra fé, não é isso? O naturalismo metodológico crê que tudo no mundo funciona de acordo com uma lei inquebrável e cega. Que lugar há nesse mundo para os milagres? E se não há milagres, então não há ressurreição – ou partição do Mar Vermelho ou divisão da lua em duas metades ou qualquer coisa assim. Basicamente, e em especial na tradição cristã, há duas estratégias contrárias aqui, normalmente associadas, respectivamente, a Agostinho e a Tomás de Aquino.[28] É possível dizer que os milagres podem ser entendidos metaforicamente. Ou pode-se simplesmente invocar a distinção entre a ordem da natureza e a ordem da graça. Com isso, diz-se que os milagres, no sentido da quebra das leis da natureza, de fato aconteceram, mas que esses são aceitos com base na fé e que afirmações sobre eles simplesmente não são científicas.[29]

Há argumentos favoráveis a ambas as estratégias. Alguns dos milagres, se literalmente verdadeiros, são um pouco suspeitos teologicamente. Jesus teria efetivamente transformado a água em vinho para continuar a festa? Mesmo a ressurreição pode ser melhor compreendida como um evento menos fisiológico e mais da psicologia dos discípulos depois da crucificação, quando os seguidores sentiram-se animados, embora devessem estar devastados. De maneira análoga, invocar a ordem da graça afasta uma pessoa de discussões tediosas e certamente problemáticas sobre se há ou não evidências acerca do movimento da pedra. Simplesmente se aceita com base na fé e

---

27 DARWIN, C. *Autobiography*. New York: Norton, 1969.
28 RUSE, M. *Can a Darwinian be a Christian? The Relationship between Science and Religion*.
29 McMULLIN, E. "Plantinga's Defense of Special Creation". *Christian Scholar's Review*. 21, no. 1, 1991, pp. 55-79; McMULLIN, E. "Evolution and Special Creation". *Zygon*. 28, 1993, pp. 299-335.

deixa-se estar. Com essa segunda estratégia, tomista, quebra-se mesmo com o naturalismo metodológico? Bem, falando de maneira estrita, talvez sim, mas não no sentido de que ela prove uma licença absoluta ou abra caminho para a DI ou qualquer coisa do gênero. Os milagres ainda devem ser compreendidos no contexto de uma história da Salvação. A ressureição fez parte da história de Deus tornando possível nossa glória eterna com Ele. Não são uma obra de engenharia biológica. Ainda se pode argumentar que normalmente Deus trabalha através de leis inquebráveis. Os flagelos bacterianos não precisam de milagres. Os milagres são ou foram necessários apenas em relação ao drama último da Queda e do sacrifício expiatório.

Recentemente o filósofo Alvin Plantinga tem sido altamente crítico do que aqui chamamos de naturalismo metodológico.[30] Ele argumenta que o naturalismo metodológico colapsa sobre si próprio e, portanto, não pode ser uma filosofia adequada, e a mesma lógica aplica-se a qualquer coisa que dependa dele, especificamente a ciência que exclui a possibilidade dos milagres. Basicamente, o argumento de Plantinga depende da afirmação de que a teoria evolutiva, aquela darwinista, centrada, em particular, na seleção natural, não garante a verdade. No máximo, ela garante que possamos passar pela vida com sucesso. Mas também é bem compatível com o sucesso que estejamos completamente errados sobre tudo, inclusive, obviamente, sobre a própria teoria evolutiva. Assim, tudo se degenera em paradoxo. Claro, nós pensamos que nossos sentidos e nossa razão, produzidos pela seleção natural, nos conduzem à ordem correta das coisas. Mas nós deveríamos pensar isso, certo? Plantinga nos fala de jantar em Oxford com muitos pratos e muita conversa, incluindo uma em que Richard Dawkins contava ao filósofo A. J. Ayer as condições sob as quais se poderia ser ateu (Seria chover no molhado, alguém poderia pensar, pois Ayer era ateu). Talvez nossos sentidos e nossa razão nos enganem tanto que nós possamos projetar estar nesse jantar em outras circunstâncias, totalmente diferentes. Nós poderíamos estar na selva

---

30 PLANTINGA, A. "An Evolutionary Argument against Naturalism". *Logos*.12, 1991, pp. 27-49; PLANTINGA, A. *Warrant and Proper Function*. New York: Oxford University Press, 1993; PLANTINGA, A. "Methodological Naturalism". *Perspectives on Science and Christian Faith*. 49, n. 3, 1997, pp. 143-154.

lutando contra crocodilos, mas as características que nos levaram a lutar contra crocodilos também nos levam a ilusões sobre o que estamos fazendo – ilusões de que estamos explicando corretamente questões de comprometimento religioso para Freddie Ayer. "Segundo essa possibilidade... as crenças não teriam (ou não precisariam ter) nenhum propósito ou função; elas seriam mais como subprodutos não intencionais e a probabilidade de que elas fossem, em sua maioria, verdadeiras, seria baixa".[31]

Eu duvido que qualquer evolucionista darwiniano vá achar esse argumento convincente. A evolução simplesmente não funciona assim. É verdade que algumas vezes somos sistematicamente enganados (ou estamos abertos a sermos enganados) por nossa biologia. Apontarei brevemente o fato de que alguns também propõem esse argumento para as convicções sobre a verdade da religião. Mas nós só sabemos sobre os engodos da evolução porque nós não somos enganados o tempo todo – nós usamos as instâncias em que não há engano como parâmetros para julgar casos difíceis ou problemáticos. E deve haver boas razões para o engano. Como são aquelas, veremos, que dizem respeito à religião. Não há nada na teoria evolutiva que sugira que uma noção tão radicalmente errada quanto pensar que você está em uma mesa em Oxford quando você efetivamente está na selva com a sua vida ameaçada possa ter valor adaptativo. E isso é tão contraproducente que se configura como um subproduto praticamente impossível de algo que trabalhou em nosso benefício. Os subprodutos têm que ser consideravelmente poucos ou a seleção os eliminaria.

Plantinga contra-ataca dizendo que talvez estejamos enganados o tempo todo. Pode ser que haja um engano sistemático mesmo nos supostos parâmetros. Pensemos em uma analogia: Olhando para uma linha de produção em uma fábrica, nós achamos que os objetos produzidos são vermelhos. Então, ao retirarmos nossos óculos de proteção rosados, percebemos que estávamos errados. Talvez, contudo, não possamos jamais tirar nossos óculos. Isso não significa que os objetos da fábrica sejam efetivamente vermelhos. O mesmo poderia ser verdade em relação aos enganos da evolução.

---

31 PLANTINGA, A. "An Evolutionary Argument against Naturalism". Pp.34.

Suspeita-se, aqui, que os naturalistas de todos os tipos tenham de ceder. Mas o que essa concessão significa? Certamente longe de que não tenhamos um sistema de pensamento coerente, incluindo o pensamento evolucionista. Isso implica em dizer que nunca podemos deixar de lado o sentir e o pensar para vermos se o mundo é realmente como pensamos que seja. Em outras palavras, não podemos provar uma correspondência última entre nosso ver e nosso pensar e a realidade absoluta. De qualquer forma, muitos filósofos duvidam de realidades absolutas.[32] Na melhor das hipóteses, podemos ter um tipo de coerência em nossas crenças. Dentro do sistema, podemos ter correspondências.

Não há nenhuma correspondência possível entre achar que você está em um jantar quando você está, na verdade, na selva. De maneira geral, contudo, devemos aceitar que somos prisioneiros de nós mesmos, enquanto seres evoluídos. E como um *tu quoque* (literalmente, "você também"; falácia do apelo à hipocrisia), a maioria dos naturalistas concorda que alguém como Plantinga não é muito melhor do que isso. Se ele apelasse a Deus como garantia de suas crenças, então ele estaria no meio do círculo das *Meditações* de Descartes. Como nós podemos ter certeza de que um demônio maligno não está nos enganando a respeito de Deus? Nós precisamos de Deus para garantir nossos pensamentos, mas nós não conseguimos chegar a Deus para fazer isso. Em resumo, nenhuma boa razão foi dada para abandonarmos o naturalismo metodológico.

Explicações

Para concluir, voltemo-nos brevemente para a questão das origens e das explicações oferecidas pela ciência. Pelo menos desde David Hume,[33] se não antes, os filósofos e os cientistas oferecem explicações naturalistas da religião

---

32 RORTY, R. *Philosophy and the Mirror of Nature*. Princeton University Press, 1979 (NT) Há tradução em português; PUTNAN, H. *Reason, Truth, and History*. Cambridge University Press, 1981. (NT) Há tradução em português.
33 HUME, D. "The Natural History of Religion (1757)". In: WOLHEIM, R. (ed.). *Hume on Religion* London: Fontana, 1963. (NT) Há tradução em português.

e de afirmações, particularmente morais, feitas em nome da religião. Para Hume[34] e, um século depois, para Charles Darwin,[35] a religião surgiu como um subproduto de outros aspectos da vida. "Nós vemos rostos humanos na lua, exércitos nas nuvens; e, por conta de uma propensão natural, se não formos corrigidos pela experiência e pela reflexão, atribuiremos malícia ou boa vontade a tudo aquilo que nos machuca ou agrada".[36] Da mesma forma, Darwin contou histórias sobre seu cachorro ficar triste por conta de uma sombrinha que se movia ao vento, entendendo que se tratava de algo mais – o que implica na religião como mais ou menos a mesma coisa.

Tanto Hume quanto Darwin negaram que estivessem, de fato, desacreditando a verdade da religião. Os pensadores contemporâneos que subscrevem a essa tradição são menos inibidos. O filósofo Daniel Dennett liga a religião aos vermes lancetas (*Dicrocelium dendriticum*), parasitas que corrompem o cérebro das formigas, levando-as a subirem pelas folhas da grama, onde são comidas por ovelhas ou vacas, o que permite aos vermes que completem seu ciclo de vida, produzindo descendentes que, quando excretados, alojam-se novamente em outras formigas.[37] Não é necessário expor mais nenhum argumento sobre o *status* de verdade da religião. Edward O. Wilson é menos causalmente hostil à religião – para ele, trata-se de uma adaptação que promove a solidariedade grupal –, mas ele também entende que uma explicação causal negue as afirmações de verdade. Ele escreve que "a sociobiologia dá conta da própria origem da mitologia com o princípio da seleção natural agindo na estrutura material do cérebro humano, geneticamente em evolução". Ele continua: "Se essa interpretação estiver correta, a última cartada do naturalismo científico será explicar a religião, sua principal competidora, como um fenômeno completamente material. A teologia provavelmente não sobreviverá como uma disciplina intelectual independente".[38]

---

34 RUSE, M. *Charles Darwin*. Oxford: Blackwell, 2007.
35 DARWIN, C. *The Descent of Man, and Selection in Relation to Sex*. London: John Murray, 1871. (NT) Há tradução em português.
36 HUME, D. "The Natural History of Religion (1757)". Pp. 40-41.
37 DENNETT, D. C. *Breaking the Spell: Religion as a Natural Phenomenon*. (NT) Há tradução em português.
38 WILSON, E. O. *On Human Nature*. p. 192. (NT) Há tradução em português.

Dois comentários se fazem necessários: Primeiro, ainda que esse tipo de especulação (sobre as origens da religião) venha sendo feita há mais de 200 anos, hoje em dia, ninguém pode afirmar que elas façam parte da ciência firmemente estabelecida. De fato, os autores que se dedicam ao tema são (para sermos gentis) pouco unânimes em seus pensamentos e inferências. Nós acabamos de ver que Dennett pretende eliminar a religião completamente, enquanto que Wilson gostaria de substituí-la por um tipo de humanismo secular. Outras diferenças dizem respeito às unidades causais por trás da religião. Richard Dawkins entende que a religião seja uma questão de cultura – ele cunhou o termo "meme" para falar das unidades de cultura afins aos genes, as unidades da hereditariedade biológica.[39] Outros entendem que podem até mesmo existir genes de Deus.[40] O papa os tem e Dawkins, não. Esperamos o veredito para saber se os anglicanos os têm ou não.

Segundo, porque é possível explicar algo, não é necessário que esse algo seja falso. Podemos dar uma explicação evolucionista da origem dos olhos e uma explicação anatômico-fisiológica de como eles funcionam, mas (apesar de Plantinga) não se nota que o trem que eu vejo aproximando-se de mim não exista. Se a ciência funciona, pode-se supor a possibilidade de se explicar cientificamente a religião. Puritanos do século XIX diziam que, porque os seres humanos são produzidos por um tipo de genital entrando em outro, o sexo deve ser ruim e algo que Deus não quer de verdade. Isso seria análogo a dizer que, porque a religião é um parasita ou um subproduto, ela deve ser falsa. De qualquer forma, nem todos os parasitas são ruins – onde estaríamos sem a *E. coli*? – e o mesmo pode ser dito dos subprodutos. Não faz muito tempo que montes de ruibarbos floresciam por conta dos excrementos do cavalo do leiteiro.

E o que dizer da moralidade? Muitos entusiastas das explicações evolutivas do comportamento humano entendem que agora é possível mostrar que o pensamento e a ação moral são uma função dos genes.[41] Esse argumento

---

39 DAWKINS, R. *The Selfish Gene*.
40 D. H. Hamer, *The God Gene: How Faith is Hardwired into our Genes*. New York: Doubleday, 2004. (NT) Há tradução em português.
41 RUSE, M. *Taking Darwin Seriously: a Naturalistic Approach to Philosophy*; RUSE, M. (ed.).

segue aqueles rascunhados acima na discussão sobre o pecado original. Há boas razões biológicas para a cooperação e há, igualmente, boas razões biológicas para acreditar que nossos impulsos nessa direção são mais do que sentimentos – que eles são normas objetivas que nos foram colocadas. Se entendermos que a moralidade é objetiva ou absoluta, tenderemos menos a transgredi-la do que do contrário.

Isso significaria que a moralidade não tem fundamentos – uma ilusão imposta a nós por nossa biologia para nos tornar bons cooperadores, como foi descrito?[42] Não necessariamente, pelas mesmas razões que acabamos de dar a respeito do por que as explicações da religião não a tornam automaticamente falsa. Contudo, pode-se bem dizer que, ainda que a estrutura formal da cooperação não possa mudar, o conteúdo das afirmações morais é, de alguma maneira, contingente. Poderíamos eventualmente ser persuadidos a cooperar com um conjunto de normas morais em sintonia com algo como "odeie seu vizinho, mas coopere com ele porque você sabe que ele também te odeia" – um tipo de moralidade da Guerra Fria. Porém a ciência iria, certamente, começar a fazer você se questionar sobre algumas das afirmações absolutistas feitas em nome da religião. Mas isso é pouco mais do que os questionamentos feitos por nós sobre as diferentes formas que a religião assume, e as consequentes suspeitas de que nem todas elas podem ser tão verdadeiras quanto afirmam individualmente. A ciência não é necessária para que se note isso e se chegue a conclusões óbvias.

Esse é um bom momento para encerrar o trabalho. A ciência e a religião interagem e não há dúvidas de que a ciência torna algumas afirmações religiosas insustentáveis. Frente à ciência moderna, a literalidade bíblica absoluta é insustentável e o mesmo pode ser dito de algumas afirmações específicas, tais como a crença de que os nativos da América do Norte sejam as tribos perdidas de Israel. Entretanto, esse embate entre a ciência moderna

---

Philosophy after Darwin: Classic and Contemporary Readings. Princeton University Press, 2009; HAUSER, M., *Moral Minds: How Nature Shaped our Universal Sense of Right and Wrong.* New York: Ecco, 2006; JOYCE, R. *The Evolution of Morality.* Cambridge, MA: MIT Press, 2007.
42 RUSE, M., WILSON, E. O. "The Evolution of Morality". *New Scientist.* 1478 (1985), pp. 108-128.

e vários fatos sobre os quais se insiste em nome da religião não prova a impossibilidade de nenhum tipo de fé religiosa significativa. De maneira mais óbvia, é pouco provável que a ciência destrua a completa dimensão moral do comprometimento religioso. Além disso, não é certo dizer-se que a ciência torna impossíveis afirmações ontológicas centrais, tais como: a existência de um ser necessário; outras características desse ser, por exemplo, seu poder e sua bondade; e suas intervenções na ordem da natureza. Obviamente, porque pode haver bastante espaço para a fé, não se deduz imediatamente que é possível ou necessário crer. O que se deve ter em mente é que devemos desconfiar de propostas simplistas para dispensar as pretensões da religião – por exemplo, porque podemos oferecer explicações naturalistas para sistemas de crença, logo elas deveriam necessariamente ser falsas e enganosas. Isso pode ser verdadeiro para alguns desses sistemas (ou para todos), mas se é verdade, então argumentos apropriados devem ser dados para sua demolição. Mais particularmente, devemos ser cuidadosos ao falar sobre o naturalismo. O naturalismo metodológico é uma abordagem poderosa para a compreensão, com muitos sucessos em sua conta. Não assuma, contudo, que ele seja idêntico ao naturalismo metafísico ou que um leve facilmente ao outro. De maneira geral, a única conclusão certa que podemos tirar é que há muitos outros fatores além da ciência, certamente filosóficos, mas também aqueles pertencentes à própria religião, que influenciarão na postura final de alguém em relação a esses assuntos.

12 Ação divina, emergência e explicação científica

NANCEY MURPHY

O filósofo Richard Rorty afirma que são as "imagens mais do que as proposições; as metáforas, mais do que as afirmações, que determinam a maior parte de nossas convicções filosóficas".[1] A imagem que predominou nas discussões dos tópicos presentes neste capítulo, durante a idade moderna, foi a da hierarquia das ciências, cada uma das ciências superiores estudando entidades mais complexas formadas por entidades estudadas pelas ciências inferiores. Hoje entende-se (sem muitos problemas) que a hierarquia inclua vários níveis da física, da química e da biologia, desde a biologia molecular até a ecologia científica. A adição das ciências humanas e sociais à hierarquia, permanece num tópico de discussão intimamente ligado aos debates sobre a natureza humana.

Esse capítulo explora as consequências dessa imagem para a compreensão da explicação científica, da liberdade humana e da ação de Deus no mundo físico. Veremos que quando o reducionismo causal (a ideia de que toda causação ocorre na base da hierarquia da complexidade) e a ideia de leis da natureza deterministas são adicionados à imagem, produzem (aparentemente) problemas sem solução para a compreensão da ação humana e divina. Em resumo, a combinação desses três pressupostos sugere que o determinismo das leis físicas "perpasse" a hierarquia dos sistemas complexos, resultando em um mundo natural completamente determinado. Como consequência, é difícil ver como Deus pode agir no mundo sem contrariar essas

---

1   RORTY, Richard. *Philosophy and the Mirror of Nature*. Princeton University Press, 1979, p. 12. (NT) Há tradução em português.

leis, e como os agentes humanos podem exercer a livre escolha. Em seguida, exploraremos uma mudança que ocorreu na atual geração: a rejeição do reducionismo em favor do reconhecimento do fato de que todos complexos normalmente têm efeitos recíprocos sobre seus componentes.

O reducionismo e a explicação científica

O pensamento moderno teve início com os desenvolvimentos da ciência. A aceitação da astronomia de Copérnico exigiu também uma abordagem completamente nova da física, já que a física desenvolvida pelo filósofo Aristóteles (384-322 a.C.) estava intimamente ligada à concepção ptolomaica do universo. Os primeiros físicos modernos, como Pierre Gassendi (1592-1655) reviveram o antigo atomismo epicurista como um substituto. O pressuposto essencial do atomismo é que tudo que acontece é uma consequência dos movimentos e das combinações dos átomos. Os átomos indestrutíveis ("átomo" significa indivisível) não seriam afetados por essas interações. As características dos átomos seriam a velocidade e o movimento (e algumas vezes, a forma). Quando os cientistas modernos combinaram o atomismo com as leis do movimento de Isaac Newton, tornou-se razoável supor que essas leis deterministas governassem o comportamento de todos os processos físicos. Destarte, toda a causação é ascendente e todos os processos físicos são deterministas porque os átomos obedecem a leis deterministas. Consequentemente, entidades complexas e de nível superior não são agentes causais em si.

Até agora, concentrei-me no reducionismo causal. Entretanto, desenvolveram-se várias outras versões relacionadas ao reducionismo. Uma delas é o reducionismo metodológico, que entende que a forma apropriada de se fazer ciência é analisar ou decompor uma entidade ou um sistema em partes e, então, estudar o comportamento das partes. Essa tem sido uma abordagem bastante fecunda para a ciência. Outra versão é o reducionismo epistemológico ou teórico. Trata-se do pressuposto de que as leis ou as teorias das ciências dos níveis mais elevados podem e devem ser reduzidas ao nível imediatamente abaixo e, em última instância, à física. Esse foi o objetivo de muitos filósofos e cientistas do século XX. Porque as leis que se encontram nos níveis mais elevados são redigidas em uma linguagem distinta daquelas que se encontram nos níveis mais baixos, tornam-se necessários princípios para tradução, chamados de princípios de ponte (ligação). Destarte, por exemplo, as leis dos gases da química deveriam ser redutíveis à física subjacente, definindo a temperatura e a pressão dos gases em termos da energia cinética principal dos átomos e da consequente frequência das colisões com as paredes do recipiente. Carl Hempel e Ernst Nagel, filósofos de meados do século XX, estruturaram as teorias mais elegantes sobre a natureza da explicação científica. Os fenômenos de todos os campos científicos deveriam ser dedutíveis de um conjunto de leis e teorias rígidas, deterministas e científicas.[2] E, de forma ideal, teorias dos níveis mais elevados deveriam ser explicadas a partir de sua redução a teorias de níveis mais baixos.[3]

Essa imagem atomista-reducionista-determinista da ciência teve consequências importantes para a compreensão da liberdade humana e da ação divina. Os antigos epicuristas já tinham reconhecido as implicações de seu ponto de vista para a liberdade humana. O atomismo podia ser aplicado aos corpos humanos e também às almas, já que eles defendiam uma compreensão materialista da alma. Logo, também os seres humanos seriam apenas combinações temporárias de átomos e seus comportamentos resultariam dos movimentos dos átomos. As respostas do início da era moderna são melhor representadas pelo contraste entre a aceitação de Thomas Hobbes (1588-1679) do relato determinista do comportamento humano e o dualismo substancial radical definido por René Descartes (1596-1650). Descartes aceitou um relato mecânico de toda a natureza, incluindo animais e seres humanos, mas argumentou que a mente ou a alma (substância pensante) seria completamente livre. O dualismo e o materialismo eram opções primárias também no século XX. Entretanto, nessa época, a indeterminação quântica perturbou a visão de mundo dos primórdios da ciência moderna e, portanto, resultou em tentativas de

---

2 HEMPEL, Carl. *Aspects of Scientific Explanation*. New York: The Free Press, 1965.
3 NAGEL, Ernst. *The Structure of Science*. New York: Harcourt, Brace, and World, 1961.

mostrar que os eventos quânticos também desempenham certo papel na liberdade humana.[4]

Conforme a física moderna se desenvolveu, tornou-se mais difícil compreender o papel de Deus no mundo natural. É irônico que o conceito de leis da natureza tenha desenvolvido-se como um relato do modo da vontade de Deus manifestar-se no mundo natural, e como essas leis mais tarde passaram a ser vistas por muitos como obstáculos para a ação de Deus. Com as leis do movimento de Newton veio a imagem do universo como um relógio gigantesco. O conceito de inércia (corpos em repouso e corpos em movimento assim permanecem, a não ser que se exerça uma força sobre eles) proposto por Newton (1642-1727) ofereceu-lhe um argumento para Deus como o motor primeiro necessário. Da mesma forma, Newton observou que alguns movimentos planetários não se encaixavam perfeitamente nas previsões baseadas em suas leis, então ele estabeleceu a hipótese de que o relojoeiro ocasionalmente interviesse para ajustar os movimentos.

Cem anos depois, Pierre-Simon Laplace (1749-1827), com melhores cálculos e melhores dados, disse que Deus era uma hipótese da qual ele não precisava. Se o estado do universo pudesse ser descrito, junto com todas as leis relevantes, todos os futuros estados poderiam (em princípio) ser calculados.

Houve três grandes respostas a essa noção proposta por Laplace para uma ordem causal fechada. Uma foi o deísmo, um ponto de vista amplamente defendido durante o século XVIII. De acordo com os deístas, Deus criara o universo e estabelecera as leis de acordo com as quais ele operava, mas não se envolvera mais com seu funcionamento. Os deístas, consequentemente, rejeitavam conceitos cristãos tradicionais como providência, encarnação e revelação.

Cristãos conservadores desenvolveram um relato intervencionista da ação divina: se Deus for o criador das leis da natureza, então ele pode intervir. Ele pode interromper ou se sobrepor às leis, realizando atos divinos especiais. Os milagres passaram, assim, a ser definidos como violações das leis da natureza.

---

4 O mais impressionante é KAYNE, Robert. *The Significance of Free Will*. Oxford e New York: Oxford University Press, 1998.

Protestantes liberais defendem que Friedrich Schleiermacher (1768-1834) tenha sido o pai da teologia moderna. Ele desenvolveu o que pode ser chamado de um relato imanentista da ação divina. Schleiermacher e seus seguidores argumentaram que Deus age dentro de toda a ordem criada e, portanto, não faz sentido distinguir eventos particulares como ações de Deus. As noções de providência especial e de milagres foram abandonadas, e a revelação foi definida em termos de consciência religiosa humana. Tenho argumentado que essa diferença entre os relatos intervencionistas e imanentistas da ação divina seja responsável pela clara divisão entre protestantes conservadores e liberais, respectivamente, nos EUA.[5]

Essa visão atomista-reducionista-determinista, extremamente influente, foi questionada de muitas maneiras durante o último século. Os átomos, em si, passaram a ser vistos como compostos de entidades mais básicas, cujo comportamento próximo ao de partículas nem sempre é evidente. A física quântica, em sua interpretação mais amplamente aceita, desafiou o determinismo aplicado à base da hierarquia das ciências. Talvez mais importante tenha sido o questionamento do reducionismo causal expressado pelo desenvolvimento dos conceitos de causação emergente e de causação descendente.

Emergência e causação descendente

As críticas mais significativas ao reducionismo causal (e, portanto, ao reducionismo epistemológico) podem ser alocadas em três estágios: o movimento emergentista inicial (de aproximadamente 1920 a 1950); a exploração do conceito de causação descendente ou de restrição do todo pela parte (a partir da década de 1970); e, atualmente, o relato da causação que combina tanto a causação descendente quanto a emergência.

A ideia da emergência foi proposta na filosofia da biologia como uma alternativa tanto aos relatos mecanicistas-reducionistas da origem da vida quanto ao vitalismo. Os vitalistas afirmavam que para que a vida tivesse

---
5 MURPHY, Nancey. *Beyond Liberalism and Fundamentalism: How modern and Postmodern Philosophy Set the Theological Agenda*. Valley Forge, PA: Trinity Press International, 1996.

surgido da matéria inorgânica, alguma coisa, como uma força vital ou enteléquia (uma noção quase aristotélica) deveria estar envolvida. Os emergentistas, tais como Roy Wood Sellars, argumentavam que organizações cada vez mais complexas, verificadas conforme ascendemos na hierarquia dos sistemas, explicariam o aparecimento de novos tipos de entidades com poderes causais que não podiam ser reduzidos à física. O orgânico emerge do físico da mesma forma que os níveis do mental ou do consciente, do social, do ético, do religioso ou do espiritual.

Sellars afirmava que "(a) imaginação ontológica fora invalidada, no início, pela (imagem) das bolas de bilhar microscópicas".[6] Em contraste, ele argumentava: "A organização e o todo são genuinamente significativos"; eles não são meros grupamentos de partículas elementares. O materialismo redutivo superenfatiza a coisa, em contraste à organização. Mas a matéria, afirma ele, é apenas uma parte da natureza. "Há energia; há a questão dos padrões; há todos os tipos de relações íntimas". "A matéria (ou coisa) precisa ser complementada com termos como integração, padrão, função".[7]

Em retrospectiva, podemos ver que Sellars e alguns outros emergentistas estavam certos; entretanto, seus argumentos não prevaleceram contra os filósofos da ciência reducionista.

Em 1970, o psicólogo Roger Sperry e o filósofo Donald Campbell escreveram especificamente sobre a causação descendente (ou de cima para baixo). Em mais de uma ocasião, Sperry escreveu sobre as propriedades das entidades ou dos sistemas superiores *dominando* as forças causais das entidades componentes.[8] A noção de domínio sobre forças causais de níveis inferiores acertadamente levanta questões a respeito da compatibilidade de seu relato com um respeito adequado pelas ciências básicas.

O trabalho de Donald Campbell mostrou-se mais útil. Não há necessidade, aqui, de falar sobre os processos causais de domínio dos níveis

---

6   SELLARS, Roy Wood., *The Philosophy of Physical Realism*. 1932; Reimpressão. New York: Russell and Russell, 1966, p. 5.
7   SELLARS, Roy Wood. *Principles of Emergent Realism: the Philosophical Essays of Roy Wood Sellars*. WARREN, Preston (ed.). St Louis, MO: Warren H. Green, 1970, pp. 136-138.
8   SPERRY, Roger W. *Science and Moral Priority: Merging Mind, Brain, and Human Values*. New York: Columbia University Press, 1983, p. 117.

inferiores, mas faz-se necessário apresentar um relato detalhado de um sistema mais amplo de como fatores causais exercem um efeito *seletivo* sobre entidades e processos nos níveis mais inferiores. O exemplo de Campbell é o papel da seleção natural na produção de estruturas de mandíbulas notadamente eficientes em cupins operários.[9] Seu exemplo serve para ilustrar quatro desses efeitos. Os dois primeiros reconhecem os relatos ascendentes da causação: em primeiro lugar, todos os processos que acontecem em níveis superiores são restritos por, e agem em conformidade com as leis dos níveis inferiores, incluindo os níveis da física subatômica. Em segundo lugar, as conquistas dos níveis superiores requerem, para sua implantação, mecanismos e processos específicos dos níveis inferiores. A explicação não está completa até que esses micromecanismos sejam especificados.

O terceiro e o quarto efeitos representam a perspectiva da causação descendente. Em terceiro lugar, "a evolução biológica, em sua exploração sinuosa de segmentos do universo, encontra leis que operam como sistemas seletivos e que não são descritas pelas leis da física e da química inorgânica". Em quarto lugar:

> Onde a seleção natural opera através da vida e da morte em um nível superior de organização, as leis do sistema seletivo superior determinam, em parte, a distribuição dos eventos e das substâncias do nível inferior. A descrição de fenômenos de nível intermediário não está completa apenas com a descrição de sua possibilidade e sua implantação no termos dos níveis inferiores. Sua presença, sua prevalência e sua distribuição (todas necessárias para uma explicação completa dos fenômenos biológicos) exigirão, frequentemente, que também se façam referências às leis de níveis de organização superiores.[10]

Parece que pouco se escreveu sobre a causação descendente até que a ideia passou a ser defendida por filósofos da mente na década de 1990.

---

9 CAMPBELL, Donald T. " 'Downward Causation' in Hierarchically Organised Biological Systems". In: AYALA, F. J., DOBZHANSKY, T (eds.). *Studies in the Philosophy of Biology*. Berkeley and Los Angeles: University of California Press, 1974, pp. 179-186.
10 Ibid., p. 180.

Robert van Gulick fez duas contribuições importantes. Em primeiro lugar, ele expôs um relato detalhado baseado na seleção. A tese reducionista diz que os papéis causais associados às classificações empregadas pelas ciências superiores derivam completamente de papéis causais subjacentes aos constituintes. Van Gulick argumenta que mesmo que os eventos e os objetos apontados pelas ciências especiais *sejam* parte dos constituintes físicos, os poderes causais de um objeto como esse não são determinados exclusivamente pelas propriedades físicas de seus constituintes e pelas leis da física. Eles também são determinados pela organização dos constituintes inerentes ao composto. E esses padrões da organização são justamente aqueles selecionados pelos predicados das ciências superiores.

Esses padrões tem eficácia causal descendente no sentido que eles podem afetar quais os poderes causais de seus constituintes são ativados. "Um dado constituinte físico pode ter vários poderes causais, mas apenas alguns de seus subgrupos serão ativados em uma situação determinada. O contexto mais amplo (i.e. o padrão) do qual ele faz parte pode afetar quando seus poderes causais são ativados... Assim, o todo não é uma simples função de suas partes, já que o todo, ao menos parcialmente, determina quais as contribuições feitas por suas partes".[11]

Tais padrões ou entidades são características estáveis do mundo, muitas vezes a despeito das variações ou das forças de seus constituintes físicos subjacentes. Muitos desses padrões sustentam-se a si mesmos e se autorreproduzem frente a forças físicas perturbadoras que possam degradá-los ou destruí-los (por exemplo, padrões do DNA). Por último, a ativação seletiva dos poderes causais das partes de um padrão como esse pode, em muitos casos, contribuir para a manutenção e a preservação do padrão em si. Para Campbell, esses pontos, tomados em conjunto, ilustram o fato de que "padrões mais elevados podem ter certo nível de independência em relação a suas realizações físicas subjacentes. Também podem exercer o que podemos chamar de influências causais descendentes sem requerer uma forma

---

11 GULICK, Robert Van. "Who's in Charge Here? And Who's Doing All the Work?". In: HEIL, John; MELE, Alfred (eds.). *Mental Causation*. Oxford: Clarendon Press, 1995, pp. 233-256, p. 251.

questionável de emergentismo segundo o qual as propriedades de níveis superiores alterariam as leis físicas subjacentes. Elas, entretanto, agem através da ativação eletiva de poderes físicos, e não através de suas alterações".[12]

A segunda contribuição de Van Gulick vem no sentido de oferecer uma classificação das várias teses emergentistas propostas e de apontar que elas são todas, grosso modo, equivalentes à negação de várias teses reducionistas. Ele propõe uma distinção útil entre as teses emergentistas que dizem respeito a itens do mundo real e aquelas que apelam ao que nós, agentes cognitivos, podemos ou não saber. Além disso, ele distingue, no sentido objetivo, metafísico, entre duas classes de emergentes: propriedades e poderes ou forças causais. Dentro da categoria de teses epistemológicas, ele vai além, distinguindo aquelas que dizem respeito à previsão e as que dizem respeito à compreensão.[13]

Mencionei acima os reducionismos metodológico, epistemológico e causal. Van Gulick nota que as teses emergentistas ontológicas que propõem a emergência de novos poderes causais são o reverso do reducionismo causal, e as teses epistemológicas são o reverso do reducionismo epistemológico. Note que se qualquer tipo de tese emergentista for verdadeira, isso significa que, ainda que a redução metodológica tenha sido essencial à ciência, ela não é capaz de oferecer uma compreensão completa de um fenômeno emergente.

O foco deste capítulo é o reducionismo causal *versus* o emergentismo causal e ontológico, por dois motivos: Primeiro, a emergência epistemológica é relativamente desinteressante porque nós temos ciência de casos em que não podemos prever os resultados ou explicar fatos conhecidos em níveis mais elevados simplesmente porque o nível de complexidade ou a necessidade de medidas exatas está além das capacidades humanas. Destarte, se há casos de emergência epistemológica, eles não necessariamente nos falam sobre o mundo real; segundo, foi o reducionismo causal que teve consequências dramáticas para a compreensão da ação humana e divina, então seu

---

12 Ibid., p. 252.
13 GULICK, Robert Van. "Reduction, Emergence and Other Recent Options on the Mind/Body Problem: a Philosophic Overview". *Journal of Consciousness Studies*. 8, n. 9-10, 2001, 1-34, pp. 16, 17, 20.

inverso, o emergentismo causal, tende a ser mais relevante para a discussão desses temas.

Do que foi até aqui exposto, podemos ver que escapar do reducionismo causal requer o reconhecimento de que as entidades e os sistemas superiores tenham emergido (evoluído) daqueles inferiores.[14] Também se deve reconhecer que essas entidades podem ser relativamente independentes dos processos causais de seus constituintes, manifestando, assim, novas capacidades causais superiores. O tipo de organização e seleção dos processos causais inferiores, que Van Gulick descreve, urge novos conceitos e, na verdade, representa algo como uma mudança de paradigma nas ciências. Essa é a mudança do pensamento em termos mecânicos para o pensamento em termos sistêmicos.

Alicia Juarrero descreve as mudanças necessárias para entender os sistemas complexos. Deve-se abrir mão do tradicional viés filosófico ocidental, com suas propriedades intrínsecas, em favor da apreciação dos processos e das relações; os componentes de um sistema não são coisas, mas processos. Os sistemas são diferentes tanto de mecanismos quanto de agregados, pois as propriedades dos componentes em si dependem do fato de que eles são partes do sistema em questão. Logo, por exemplo, do ponto de vista dos sistemas, um mamífero é composto por um sistema circulatório, um sistema reprodutivo etc., não de carbono, hidrogênio, cálcio. Desassocia-se o nível descritivo dos organismos do nível atômico.[15]

Note quão distante estamos dos corpos animais hidráulicos de Descartes e dos mecanismos de relógio de Newton. O mundo agora é visto como composto não apenas de coisas, mas também de sistemas complexos que se organizam de forma espontânea e restringem o comportamento de seus próprios componentes, de tal forma que preservem a si próprios e operem no mundo como causas independentes.[16]

---

14 Para um relato de como os sistemas pré-orgânicos são capazes de se auto-organizarem, ver PRIGOGINE, Ilya; STENGERS, Isabelle. *Order Out of Chaos*. London: Heinemann, 1984. (NT) Há tradução em português.

15 JUARRERO, Alicia. *Dynamics in Action: Intentional Behavior as a Complex System*. Cambridge, MA: MIT Press, 1999.

16 Para um relato mais extenso sobre emergência e causalidade de baixo para cima, ver MURPHY, Nancey; BROWN, Warren S. *Did my Neurons Make me Do it?: Philosophical and*

A liberdade humana

Destaquei acima que as duas primeiras opções modernas foram aceitar o determinismo do comportamento humano que se seguia à visão reducionista da hierarquia da complexidade ou, então, propor uma mente ou alma não material a que se pudesse atribuir o livre-arbítrio. Essas eram as principais opções disponíveis aos filósofos de meados do século XX também. À luz do desenvolvimento dos conceitos de emergência e causação descendente, uma nova opção apareceu recentemente, normalmente denominada de fisicalismo não redutivo. Esse é o ponto de vista segundo o qual os seres humanos são completamente físicos, mas, mesmo assim, exibem todas as capacidades humanas superiores outrora atribuídas à mente: racionalidade, moralidade, espiritualidade e livre-arbítrio.

Os filósofos falam com frequência do problema do livre-arbítrio. Entretanto, seria melhor perceber que houve diversas fontes de preocupação sobre o livre-arbítrio: determinismo divino; presciência divina; determinismo social e uma série de outras formas de determinismo, baseados nos papéis da física, da genética e da neurobiologia. Os aspectos do problema que são relevantes para este capítulo envolvem o determinismo físico.

Ainda que o determinismo genético seja tratado como uma preocupação legítima por alguns, há pouca coisa na vida humana – se é que há algo – determinado exclusivamente pelos genes; além disso, o genoma humano não contém informações suficientes para determinar, de forma precisa, as ligações do cérebro de um indivíduo. Logo, uma questão mais interessante seria se o pensamento e o comportamento humano são ou não determinados pelas leis da neurobiologia.

O reconhecimento da causação descendente, entretanto, permite que se lance luz sobre esse assunto. A questão central não é se os processos neurais são ou não deterministas, mas sim se o reducionismo neurobiológico é verdadeiro ou não. Esse é um aspecto particular da questão sobre o governo ou não de todos complexos (seres humanos) por suas partes (seu sistema nervoso).

Neurobiological Perspectives on Moral Responsibility and Free Will. Oxford University Press, 2007, capítulo 2.

Diz-se que o cérebro humano é o mais complexo de todos os sistemas conhecidos; trata-se, contudo, de apenas uma parte do todo do corpo humano, e um indivíduo é apenas uma parte de um vasto sistema de relações sociais, culturais e históricas. Tanto quanto possa ser demonstrado, mesmo os sistemas complexos mais simples se auto-organizam, selecionam e formam suas próprias partes, respeitando seletivamente restrições externas e, destarte, exibindo diversos graus de autonomia dos processos causais, tanto das partes quanto de seus contextos; logo, há razões extremamente boas para esperar-se que os seres humanos na sociedade exibam (certo grau de) uma autonomia causal.

Todavia, a simples falta de uma determinação ascendente não equivale ao livre-arbítrio. O que precisa ser adicionado ao tipo de flexibilidade e autonomia de outros animais superiores (e até mesmo das crianças pequenas) para constituir o livre-arbítrio? O maior obstáculo para responder essa questão é que não há concordância sobre como o livre-arbítrio poderia ser definido. A maior parte da literatura filosófica atual estrutura-se ao redor do debate compatibilistas-libertários. Todos concordam que se o determinismo for verdadeiro, então as escolhas humanas são determinadas por causas prévias. Os compatibilistas afirmam que o determinismo pode muito bem ser verdadeiro, mas trata-se de um erro conceitual supor que ele exclui a possibilidade do livre-arbítrio. Os libertários entendem que o livre-arbítrio requer que nossas escolhas, de alguma forma, não sejam determinadas. Uma variedade de autores concorda que esse debate chegou a um impasse. Por exemplo, Galen Strawson vê poucas chances de progresso no caminho para se resolver a questão: "As principais posições no debate metafísico tradicional são claras. Não é provável que uma opção absolutamente nova surja depois de milênios de debate".[17]

Este capítulo propõe que o reconhecimento da existência de sistemas emergentes com (alguma) autonomia, tanto em seus ambientes quanto em suas partes, na verdade, quebre o impasse. A causação descendente envolve seleção entre variáveis inferiores e não importa se essas variáveis são produzidas

---

17 STRAWSON, Galen. "Free Will". In: CRAIG, Edward (ed.). *Routledge Encyclopedia of Philosophy*. London and New York: Routledge, 1998. Vol. 3, pp. 743-753.

por processos deterministas ou indeterministas. Por exemplo: a evolução seleciona entre organismos com variações em seus genomas. Algumas dessas variações são produzidas por processos deterministas, outras por eventos indeterministas, em nível quântico.

Se a oposição entre determinismo e indeterminismo não for a questão definitiva para a compreensão do livre-arbítrio, então é útil analisar propostas alternativas. Podemos encontrar várias contribuições valiosas ao longo da história da literatura sobre o livre-arbítrio. Por exemplo, uma das principais tradições define o livro-arbítrio como capacidade de agir por um motivo. Há também vários relatos do livre-arbítrio definido como autonomia, e esses distinguem-se entre si por conta da percepção de cada autor das maiores ameaças à autonomia humana. Uma ameaça, claro, é a do controle externo, mas também há vários fatores internos como as paixões e os apetites. Um último exemplo: Harry Frankfurt distinguiu utilmente desejos de primeira e de segunda ordem, afirmou que nós somos livres quando temos o desejo de segunda ordem para ter nossos próprios desejos de primeira ordem. Por exemplo, se eu desejo vingança, mas meu desejo superior é não ter esse desejo de primeira ordem, então eu não sou livre.[18]

A compreensão de Alasdair MacIntyre da capacidade humana de agir de forma moralmente responsável incorpora os papéis da razão, da autonomia e da auto avaliação, todos esses destacados na literatura sobre o livre-arbítrio. Ele argumenta que a capacidade para ações moralmente responsáveis depende da habilidade de avaliar o que nos move a agir à luz do conceito de bem.[19] Explicando em maiores detalhes, diz ele:

> Como um racionalista prático, tenho de ser capaz de imaginar diferentes futuros possíveis para mim, de imaginar a mim mesmo indo além do presente enquanto ponto de partida em diferentes direções. Até porque, futuros diferentes ou alternativos colocam-me frente a

---

18 FRANKFURT, Harry. "Alternative Possibilities and Moral Responsibility". *Journal of Philosophy*. 66, 1969, pp. 829-889.
19 MacINTYRE, Alasdair. *Dependent Rational Animals: Why Humans Need the Virtues*. Chicago: Open Court, 1999, capítulos 6 e 8; *passim*.

diferentes e alternativos grupos de bens a serem alcançados, com possíveis diferentes modos de florescimento. E é importante que eu seja capaz de encarar tanto futuros mais próximos quanto mais distantes e anexar probabilidades, mesmo se apenas de maneira rude e imediata, aos resultados futuros de agir de uma forma e não de outra. Para tal, são necessários tanto conhecimento quanto imaginação.[20]

Note que essa descrição incorpora ingredientes de vários conceitos de livre-arbítrio advindos da literatura especializada. Um ingrediente pode ser chamado de autotranscedência, a habilidade de tornar a si próprio objeto de observação, reflexão e avaliação. Frankfurt chamou nossa atenção para essa característica em seu reconhecimento de nossa habilidade de avaliar nossos próprios desejos. MacIntyre alargou esse *insight*, de modo que ele também incluísse uma avaliação de todos os tipos de fatores que moldam nossas ações. Ele destaca o papel da linguagem sofisticada na capacitação dessa habilidade. Para avaliar os motivos que nos levam a agir, devemos ser capazes de formular sentenças suficientemente complexas não apenas para descrever o motivo, mas também para afirmar uma avaliação do motivo descrito.

Um segundo ingrediente, claro, é a razão – não apenas a razoabilidade dos animais superiores, mas a habilidade de enunciar princípios diante dos quais julgamos nossos conhecimentos e nossas motivações inferiores. Em relação à autonomia, MacIntyre foca o desenvolvimento da habilidade de formarmos nossos próprios julgamentos morais, independentemente da conformidade social – ou seja, não apenas a habilidade de avaliar nossos motivos à luz das normas sociais, mas também de avaliarmos as próprias normas sociais. Esse é um aspecto da autotranscedência de terceira ordem.

A descrição de MacIntyre da ação moralmente responsável requer, pelo menos, os seguintes componentes cognitivos (mais básicos): 1) um sentido simbólico de si mesmo (como diz MacIntyre, a habilidade de imaginar "diferentes futuros possíveis para mim"); 2) um sentido da unidade narrativa da vida ("indo além do... presente"; "tanto futuros mais próximos quanto futuros mais distantes"); 3) a habilidade de processar cenários comportamentais

---

20 Ibid., pp. 74-75.

("imaginação") e prever o resultado ("conhecimento"; "anexar probabilidades... para os futuros resultados"); 4) a habilidade de avaliar resultados previstos à luz dos objetivos; 5) a habilidade de avaliar os próprios objetivos à luz de conceitos abstratos ("alternativos grupos de bens... possíveis diferentes modos de florescimento"); e 6) a habilidade de agir à luz de (1) a (5).[21]

Observe que os argumentos dessa seção não constituem uma solução para o problema do livre-arbítrio. No entanto, eles mudam os termos do debate em relação à preocupação acerca do determinismo físico – a preocupação de que o comportamento humano seja completamente determinado por nossas partes, sejam elas as constituintes físicas últimas, nossos genes ou nossos neurônios. A questão não é mais se os processos que ocorrem nesses níveis inferiores são deterministas, mas sim se os sistemas superiores, de maneira geral, são completamente governados pelo comportamento de suas partes. Hoje podemos ver que, muitas vezes, não é esse o caso, e esse reconhecimento abre a porta para investigações sobre como a complexidade neural e social dos humanos lhes dá (certo grau de) controle sobre seus próprios corpos e comportamentos.

A ação divina e a integridade da natureza

Relatos intervencionistas da ação divina foram criticados por uma série de razões: seria irracional para Deus ter estabelecido as leis naturais para depois violá-las (contradizê-las); a ação de Deus no mundo reduz a uma entre tantas outras causas, ou a intervenção de Deus viola a integridade funcional da ordem criada. O relato imanentista escapa de todas essas dificuldades, mas configura-se como o equivalente funcional do deísmo. Ou seja, não permite designar eventos particulares (por exemplo, o êxodo do Egito, o nascimento e a vida de Jesus ou a formação da igreja) como atos de Deus, a não ser como a migração de um povo qualquer para um novo território. Pior,

---

21 Essa análise encontra-se em MURPHY, Nancey; BROWN, Warren S. *Did my Neurons Make me Do it?: Philosophical and Neurobiological Perspectives on Moral Responsibility and Free Will*, pp. 243-244.

como podemos evitar descrever o nascimento de Hitler como qualquer coisa menor do que um ato de Deus?

Nas últimas décadas, muitos esforços foram dedicados à busca por pistas, na ciência contemporânea, que permitiam um relato de ações especiais, providenciais, divinas, sem postular a violação das leis naturais ou da integridade da natureza de forma mais geral. Há duas estratégias relevantes para a presente discussão sobre a redução, a emergência e a causação descendente.

Arthur Peacocke foi de importância instrumental para junção e o desenvolvimento de recursos para a compreensão da causação descendente e da emergência.[22] Ele preferiu falar em restrição do todo pela parte, e não em causação descendente, porque para ele o termo contradiz a ilusão de que seja possível o todo ser outra coisa que não suas partes. Em adição a isso, o termo "restrição" envolve relações dentro do sistema que não só o empurra e puxa das causas físicas.[23]

Peacocke também ofereceu um modelo esclarecedor para a descrição das relações entre a teologia e as ciências. Conforme se ascende na hierarquia das ciências, estuda-se não apenas sistemas mais complexos, mas também mais compreensivos. Nesse caso, a teologia deve ser considerada a ciência que se encontra no topo dessa hierarquia, porque trata-se da disciplina que estuda o sistema mais complexo possível, o da relação entre Deus e todo o resto da realidade. Ele chamou seu relato da relação de Deus com o mundo de (uma versão do) panenteísmo, significando que Deus é imanente no todo da criação, mas também a transcende. Destarte, ele escreveu que Deus está no mundo, mas o mundo também está, em certo sentido, em Deus. A ação de Deus, então, deve ser compreendida pela analogia da restrição do todo pela parte que ocorre dentro da ordem criada.

Esse relato da ação divina é atraente por conta de sua consistência com as mudanças no paradigma ou na visão de mundo descritas neste capítulo. Entretanto, pode haver uma não analogia crucial entre a relação de Deus com o mundo e a relação da entidade ou do sistema físico com suas partes.

---

22 PEACOCKE, Arthur. *Theology for a Scientific Age: Being and Becoming – Natural, Divine and Human*. 2ª ed. Ampliada. Minneapolis: Fortress Press, 1993.
23 JUARRERO, Alicia. *Dynamics in Action: Intentional Behavior as a Complex System*. No capítulo 9 encontra-se a definição de limites e seu papel em sistemas complexos.

Juarrero oferece a seguinte ilustração do tipo de amarras sensíveis ao contexto que operam em sistemas complexos. No início de um jogo de cartas com quatro jogadores, a probabilidade de ser entregue um *ás* é de um em treze. Entretanto o progresso do jogo altera essa probabilidade.

Uma vez que os jogadores A, B, e C já tenham recebido os quatro ases, a probabilidade de que o jogador D tenha um automaticamente cai para 0. A mudança ocorre porque dentro do contexto do jogo, o fato do jogador D ter um *ás* não é independente do que os outros jogadores têm em suas mãos. Qualquer probabilidade prévia que vigorasse antes do início do jogo, subitamente muda, porque ao estabelecer relações entre os jogadores, as regras do jogo impõem amarras contextuais de segunda ordem (e, dessa maneira, probabilidade condicionais).

Nenhuma força externa foi exercida sobre D para alterar sua situação. Não houve nenhuma forte causa eficiente, separada e distinta do efeito. Uma vez que os indivíduos tornam-se jogadores de cartas, as probabilidades causais impostas pelas regras e pelo decorrer do próprio jogo altera a probabilidade prévia de D ter um *ás*, não porque uma coisa esbarra na outra, mas porque cada jogador está imbricado na rede de relações internas.[24]

Então, certamente as leis da física e da biologia não determinam que D deve receber um *ás*. Entretanto, processos físicos comuns precisam estar em funcionamento para que os jogadores existam, possam mover as cartas etc. Porque os jogadores, as cartas e a mesa são compostos por matéria, com seus processos do tipo regular, o jogo de carta pode acontecer. A não analogia para com a ação divina é que, a não ser que se queira adotar uma posição comparável ao panteísmo (Deus e o mundo são idênticos), Deus não é composto literalmente (parcialmente) das entidades da natureza.

O relato de Peacocke, contudo, poderia ser complementado pela segunda abordagem de envergadura da ação divina, chamada de "teoria da ação divina quântica" (ADQ). Essa abordagem também enfatiza a imanência de Deus em toda a natureza; destarte, necessariamente Deus é imanente nos eventos e nas entidades que se encontram em nível quântico. Robert John

---

24 Ibid., p. 146.

Russell tem sido o defensor mais prolífico da ADQ. Ele defende que Deus aja diretamente no nível quântico tanto para sustentar o desenvolvimento de processos elementares quanto para determinar ou indeterminar eventos quânticos. Esse segundo tipo de ação é o meio através do qual Deus possibilita eventos especiais, providenciais e reveladores em nível macroscópico.[25] A ação de Deus coopera com causas naturais: ela envolve "uma presença criativa (divina) contínua dentro de cada evento (quântico), determinando conjuntamente o resultado desses processos físicos elementares".[26] Logo, essa não é a imagem de um Deus que ocasionalmente age de fora do mundo, mas sim uma forma muito precisa de oferecer uma especificação cientificamente informada da natureza da causação divina imanente. Por conta da (amplamente aceita) indeterminação ontológica dos eventos em nível quântico, não há violação alguma das leis naturais ou sobredeterminação causal.

Esse relato da ação divina tem muitas críticas. Uma crítica é a de que a ação apenas em nível quântico praticamente não permitiria eventos notáveis em nível macroscópico. Outras críticas voltam-se para desentendimentos técnicos sobre assuntos relativos à física quântica, que não podem ser abordados aqui.[27]

A primeira objeção pode ser abordada se destacarmos que a ADQ não postula que Deus possa agir em apenas um evento quântico por vez. Assim, a acusação de que os eventos quânticos individuais têm efeitos limitados porque são medíocres em nível macroscópico não se sustenta. Em segundo lugar, há, na verdade, pontos muito importantes sobre os quais eventos quânticos individuais têm efeitos significativos, tais como a causação de algumas mutações que empurram o processo evolutivo.[28] Também é provável que os eventos quânticos exerçam um papel direto nos processos cerebrais, potencialmente afetando, destarte, os pensamentos e as emoções humanas.

Finalmente, se um problema da ação divina é explicar como Deus age, um segundo problema é a questão do motivo pelo qual, frente a

---

25 RUSSELL, Robert John. *Cosmology from Alpha to Omega: the Creative Mutual Interaction of Theology and Science*. Minneapolis: Fortress Press, 2008, capítulo 5.
26 Ibid., p. 156.
27 Ibid. Capítulo 5 para uma visão geral e para as respostas.
28 Ibid. Capítulo 5.

tantos sofrimentos, Deus parece fazer tão pouco. Se Deus restringe a atividade divina ao nível quântico para preservar a integridade da natureza, essa crítica ao escopo limitado dos possíveis atos divinos acaba, na verdade, ajudando na abordagem de um aspecto do problema do mal: a questão do porquê, tantas vezes, Deus parece não agir.

Observe que a ação divina, como entendida aqui, sempre será invisível para a ciência, já que se originará apenas em eventos que só podem aparecer como ocorrências aleatórias para a ciência. A afirmação de que o papel do acaso na natureza (especialmente na evolução) exclui a possibilidade da criatividade divina, na verdade, inverte o debate. É a falta de explicações deterministas que possibilita um relato da ação divina não intervencionista. Note também que a proposta de Russell não é uma contribuição para o movimento do *design* inteligente, já que o movimento presume um relato intervencionista da ação divina de tal forma que, excluir a possibilidade de uma causa natural torna-se motivo para postular um planejador não natural.

Eu sugeri, acima, que o relato de Peacocke e a ADQ podem ser vistos como complementares. A ADQ fornece as particularidades acerca de como Deus influencia o mundo como um todo, a saber, através da ação imanente em nível quântico. Além disso, concorda com ênfase de Van Gulick na causação descendente via seleção: Deus seleciona entre os poderes causais das entidades inferiores.

O último trabalho de Peacocke foi um ensaio empregando os conceitos de emergência e causação descendente para explorar as doutrinas cristãs. Se expressarmos a ação divina através dos eventos quânticos no cérebro humano, então podemos torná-la parte de uma síntese com, por exemplo, o relato de Peacocke sobre a Eucaristia ou a Santa Ceia enquanto fenômenos emergentes com efeitos descendentes sobre seus participantes. Peacocke enfatizou aqui um complexo de relações internas bastante distinto: crentes individuais obedecendo à pregação de Jesus; a autorização da igreja para continuar o ritual; o uso do pão e do vinho, não apenas partes do mundo material, mas o próprio mundo material rearranjado por cocriadores criados; a ligação com o autossacrifício de Jesus; a promessa de Jesus de estar presente novamente nessa recapitulação dos eventos de sua morte e ressurreição; a presença de Deus; e a transformação da comunidade. Ele escreve, "não temos nós, na Eucaristia, um exemplo da emergência de um novo tipo de realidade que requer uma ontologia distinta? Afinal, o que (se ousarmos assim dizer) 'emerge' no evento eucarístico *in toto* apenas pode ser descrito em termos especiais, não redutíveis, tais como 'Presença Real' ".[29]

Se pensarmos na relação entre Deus e o mundo como o mais complexo dos sistemas, então a ação de Deus é descendente, em primeira instância, para os níveis mais baixos e, via causação ascendente, chega aos níveis do humano e do social. Estes, por sua vez, têm efeitos descendentes na vida dos indivíduos e nas maneiras como os humanos reconfiguram o mundo à luz de suas crenças religiosas.

Logo, a derrocada do reducionismo causal que caracterizou muito do pensamento moderno teve imensas consequências para a religião. Tal derrocada ajuda a desarmar algumas das objeções mais significativas à visão tradicional dos humanos como seres livres e moralmente responsáveis. Ela oferece formas promissoras e cientificamente informadas de compreensão da ação divina imanente de Deus na natureza e na vida humana. E note-se que não há conflito entre as teorias da ação divina aqui apresentadas e as teses do livre-arbítrio humano, já que o ponto desses relatos da ação divina era tornar palpável a intuição teológica de que Deus respeita a integridade da natureza. *A fortiori*, esses relatos entendem que a ação de Deus na vida humana serve, em grande parte, para sustentar nossa capacidade de agir livremente. Na medida em que a maior capacidade de imaginar cenários comportamentais futuros pode contribuir para o livre-arbítrio, a ação de Deus em um nível neural pode ser responsável por aquela pequena voz que há muito tempo nos convida a uma vida mais plena e mais livre.

---

29 PEACOCKE, Arthur. "A Naturalistic Christian Faith for the Twenty-First Century: an Essay in Interpretation". In: CLAYTON, Philip (ed.). *All That Is: a Naturalistic Faith for the Twenty-First Century*. Minneapolis: Fortress Press, 2007, p. 43.

13 Ciência, Deus e propósito cósmico

JOHN HAUGHT

...o que anima a nós, criaturas humanas, mais do que a liberdade, mais do que a glória da conquista, é a alegria de descobrir e render-se a uma Beleza maior do que o homem, o arrebatamento de ser possuído.[1]
Teilhard de Chardin

A teleologia do universo direciona-se para a produção da Beleza. Logo, qualquer sistema de coisas que, em um sentido mais amplo, seja belo, tem sua existência justificada.[2]
Alfred North Whitehead

Judeus, cristãos e muçulmanos todos acreditam que o universo seja uma expressão temporal e espacial com significado e propósito eternos. Nessas tradições, a vida humana autêntica começa com a confiança de que algo do significado eterno está presente no universo e que nossas vidas estão conectadas a esse drama maior. Entretanto, essas mesmas tradições religiosas também entendem que quaisquer que sejam os propósitos do universo, eles nunca serão claros para os mortais. Por que não? Porque se houver um princípio que perpasse o universo e dê sentido às nossas vidas, ele tem que ser maior e mais profundo do que a mente humana pode compreender. Pelo menos esse é o ensinamento por trás de todas as teologias tradicionais. Se o propósito for real, ele nos compreende mais do que nós podemos compreendê-lo. Nós podemos encontrá-lo apenas se ele apossar-se de nós e nos

---
1 CHARDIN, Pierre Teilhard de. *Hymn of the Universe*. VANN, Gerald Vann (trad.). New York: Harper Colophon, 1969, p. 119. (NT) Há tradução em português.
2 WHITEHEAD, Alfred North. *Adventures of Ideas*. New York: The Free Press, 1967, p. 265.

arrebatar, da mesma maneira que uma grande sinfonia ou um poema, por conta de sua beleza intoxicante. Não podemos apreciar uma grande obra de arte ou permitir que ela exerça grande impacto sobre nós se não abandonarmos a necessidade de controlá-la intelectualmente. O mesmo é verdade do propósito cósmico.

Contudo, na era da ciência, será que podemos honestamente crer que o universo tem um propósito? Será crível afirmar que parte de algo que tem importância eterna está em funcionamento em nosso universo? De todas as questões da ciência e da religião, muitas das quais foram discutidas por outros autores neste volume, eu acredito que a mais fundamental seja sobre a existência ou não de um propósito no universo.

Mas o que quero dizer com propósito? No sentido geral, o propósito significa simplesmente a realização de algo bom. Propósito é a realização de um valor. Outra palavra para propósito é teleologia, do grego *telos*, que significa objetivo ou fim. O que torna um processo teleológico é o fato de ele se encaminhar em direção à realização de um objetivo, um propósito ou um fim que seja evidentemente bom. Por exemplo, eu entendo que escrever este capítulo seja proposital, ou teleológico, já que tenho por objetivo dividir com os leitores algumas ideias que considero importantes. Mesmo os oponentes da teologia podem compreender o que estou falando aqui. Suponha que eles se oponham às afirmações religiosas e teológicas e decidam escrever uma resposta. Seus esforços seriam tão propositais quanto os de um teólogo, já que o objetivo de seus argumentos, presumivelmente, seria o de servir à empresa maior da busca e da submissão a algo incontestavelmente bom e verdadeiro para eles. Mesmo suas críticas às crenças das tradições religiosas em um propósito seriam, para eles, parte de uma atividade proposital, já que seus esforços direcionariam-se para o objetivo de livrar seus leitores do que eles consideram ignorância desnecessária.

Entretanto, a questão que considero neste capítulo é se o universo também pode estar, de alguma forma análoga, no ramo do "fazer ver algo inegável e eternamente bom". Eu digo "eternamente" porque, para o universo ter um propósito, não basta que ele esteja no meio do processo de produção de algo bom. Esse bem também deve ser, de alguma maneira, não perecível, porque não importa quantos resultados valiosos o universo possa ter – tais como seres viventes, pensantes e morais – se, no fim, tudo for engolido pelo nada, então o universo, ainda que exista por trilhões de anos, não pode ser considerado proposital. Na verdade, hoje em dia, muitas pessoas cientificamente educadas têm bastante certeza de que o universo não pode ter um grande propósito, já que a ciência prevê que ele caminha irreversivelmente em direção à morte decisiva e final em algum momento no futuro. Juntas, a física e a astronomia afirmam que o universo inteiro, junto com cada um de nós, está caminhando lentamente em direção a um abismo em que tudo, inclusive a vida, a consciência e a cultura, perecerá completamente. O fim de todas as coisas é zero. Consequentemente o universo é despropositual.

Essa, claro, não é a maneira como as tradições religiosas, especialmente abraâmicas, veem as coisas. Elas não têm problemas em concordar que tudo que é físico, inclusive nossa existência corpórea e o universo que a sustenta, irá perecer. Mas elas também acreditam em algo eterno. Nem tudo, em outras palavras, está sujeito à não existência. Os teólogos têm argumentado que, para que algo possa existir, deve haver um criador, um ser que não seja capaz de não ser. A esse ser os crentes têm chamado de Deus. Consequentemente, o propósito do universo é revelar a desenvoltura divina infinita que garante a existência a todos os seres. Simplesmente por existir e testemunhar a criatividade infinita de Deus, a totalidade dos seres é cheia de propósito.

Além disso, os crentes confiam que a eterna lembrança do criador de tudo criado permitirá que o mundo seja transformado e renovado eternamente sob a forma de uma nova criação. Claramente, então, para as crenças teístas, o nada não é a palavra final, como o é para os céticos científicos contemporâneos. Enquanto Deus existir, é possível que tudo que pereça, seja um organismo, uma pessoa ou o universo inteiro, possa, de alguma forma, ser resgatado do esquecimento absoluto.

A intuição da fé bíblica é que o mistério eterno e infinitamente inesgotável a que chamamos de Deus também possa aproximar-se do universo em amor e cuidado providencial. Na era da ciência esse último ponto, como veremos abaixo, é para muitos, particularmente difícil de ser aceito. Mesmo assim, as três crenças teístas ensinam que Deus é pessoal e sensível, e não impessoal e apático. Na verdade, a teologia cristã chega até mesmo a sustentar que o mistério divino infinito de Deus também é amor que se auto esvazia. Os cristãos aprendem a não pensar em Deus sem primeiro pensar no homem Jesus, cujo altruísmo demonstrado ao oferecer sua vida, é visto como a manifestação decisiva do que é Deus.[3] É esse Deus que os cristãos professam ser o ambiente, o solo e o destino último de todos os seres. Da humildade e do amor demonstrados por Deus vieram a existência e o propósito do universo. Do ponto de vista cristão, o propósito do universo é expressar, no tempo e no espaço, o amor infinito que é a base e a fonte para toda a existência. Em sua forma tradicional, as religiões de Deus conceberam a partir do cosmos toda a história, não apenas humana, como pulsando com sentido sagrado. Pensar no universo como carente de propósito seria inconcebível para a maioria das pessoas que de alguma forma creem em Deus.

Pessimismo cósmico

Entretanto, essa forma religiosa e teológica de compreender o mundo teve suas origens bem antes de Galileu, Darwin e Einstein. Hoje, muitas pessoas sérias duvidam sinceramente que a crença em um propósito divino possa sobreviver na era da ciência. Esses pessimistas cósmicos, como eu os chamarei, são pessoas cientificamente educadas que se convenceram de que a ciência torna difícil, hoje mais do que nunca, acreditar que o universo tenha um significado geral.

O renomado físico Steven Weinberg, por exemplo, afirma que quanto mais compreensível o universo torna-se para a ciência, "mais sem sentido ele parece ser".[4] Ponderando os sentimentos de Weinberg, a astrônoma Margaret

---

3 O falecido Papa, João Paulo II, dizia: "O principal compromisso da teologia é entender a *kenosis* (autoesvaziamento) de Deus, uma grande e misteriosa verdade para a mente humana, que entende que seja incompreensível que o sofrimento e a morte podem expressar um amor que se doa e não busca nada em troca". Papa João Paulo II. *Encyclical Letter Fides et Ratio*. 1998, 9/14. #93. (NT) Há tradução em português.
4 WEINBERG, Steven. *The First Three Minutes*. New York: Basic Books, 1977, p. 144. (NT) Há tradução em português.

Geller concorda, essencialmente: "(O universo) tem um significado? Eu não sei. Não está claro se isso importa. Eu suponho que seja um tipo de afirmação que eu nunca faria... Trata-se, apenas, de um sistema físico, qual o significado?"[5] Também respondendo a Weinberg, o físico Marc Davis reflete: "Eu tento não pensar muito sobre a questão (do propósito cósmico), porque eu frequentemente concordo com Steven Weinberg, e isso é bastante deprimente". Contudo, ele continua, "Isso não significa que você não possa aproveitar sua vida".[6] Da mesma forma, concordando com Weinberg, a astrônoma Sandra Faber diz que o universo parece, para ela, ser "completamente sem sentido, do ponto de vista humano".[7]

As ciências naturais, dizem os pessimistas cósmicos, nos deram uma imagem completamente nova do mundo, em que é impossível harmonizar com as esperanças dos crentes religiosos. Em suas vidas pessoais, os pessimistas cósmicos normalmente não se sentem paralisados pela melancolia e pelo pesar. Eles podem não ser otimistas em relação ao futuro de longo alcance do universo, mas, normalmente, não são patologicamente sombrios. Eles acalentam a vida, que consideram preciosa porquanto excessivamente precária. Eles participam da vida comunitária com seus companheiros mortais e, normalmente, são sensíveis às questões ambientais e, em termos morais, altruístas. Eles tipicamente encaram a solidão e a tristeza da morte de maneira fatalista e corajosa. Mas eles estão convencidos de que as ciências naturais hoje, sejam inconsistentes com a visão esperançosa de seus irmãos e irmãs religiosamente iludidos.[8]

Mas a ciência é efetivamente incompatível com uma confiança religiosa no propósito cósmico? Em primeiro lugar, é importante lembrar que a ciência não se preocupa formalmente com a questão do propósito cósmico. O que a

---

5 LIGHTMAN, Alan; BRAWER, Roberta. *Origins: the Lives and Worlds of Modern Cosmologists*. Cambridge, MA: Harvard University Press, 1990, p. 340.
6 Ibid., p. 377.
7 Ibid., p. 340.
8 DAWKINS, Richard. *The God Delusion*. New York: Houghton Mifflin, 2006; HARRIS, Sam. *The End of Faith: Religion, Terror, and the Future of Reason*. New York: W. W. Norton, 2004; HARRIS, Sam. *Letter to a Christian Nation*. New York: Knopf, 2007. (NT) Todos têm tradução em português.

ciência tem para dizer sobre o universo não é irrelevante para nossa questão, claro, mas enquanto método limitado de compreensão, a ciência não pode sequer perguntar, muito menos responder, sobre a questão do propósito. O método científico moderno, que enxerga o mundo sem se perguntar sobre Deus, sobre os valores ou o significado, simplesmente não foi programado para detectar sinais de propósito, caso o universo os esteja emitindo.

Se os cientistas expressam opiniões, como frequentemente o fazem, acerca do universo ter ou não um propósito, eles não opinam como cientistas, estritamente falando, mas como pessoas que, momentaneamente, transformaram-se em filósofos, palpiteiros ou mesmo propagandistas. A reflexão sobre as descobertas da ciência podem levar uma pessoa ao pessimismo cósmico, mas tal reflexão não é, em si, científica. Por exemplo, a reflexão sobre a teoria evolucionista de Darwin levou muitos biólogos a rejeitar como ilusória a ideia de uma deidade providencial. Mas não se trata de uma prerrogativa da biologia em si chegar a tal conclusão. Se fosse o caso, então os cientistas e as cortes dificilmente poderiam ser responsabilizados por censurar os professores de biologia das escolas públicas norte-americanas que dizem a seus alunos que a complexidade subcelular aponta para a existência de um desígnio inteligente.

Isso não serve, de forma alguma, para negar que a vida de um cientista (ou mesmo de um pessimista cósmico) possa ser preenchida com significado, já que, idealmente, ela orienta-se para a descoberta da verdade – o mais indiscutível de todos os valores. Contudo, esse significado é descoberto não pelo método científico em si, mas por uma fé ou confiança pré-científica de que vale a pena buscar a verdade. O método científico não oferece bases para a crença de que a busca da verdade valha a pena. Na realidade, a crença na importância da busca da verdade é o que inicia e energiza a prática efetiva do método científico. Mesmo que o propósito cósmico seja real, portanto, a experimentação científica, como tal, nunca poderia construir conhecimento sobre ele. O propósito, para dar sentido a nossas vidas, deve nos compreender mais do que nós jamais poderíamos compreendê-lo. Não podemos capturar ou possuir o propósito cientificamente, mas podemos ser capturados e possuídos por ele, que pode nos motivar a fazer ciência. O propósito é algo que nunca poderemos abarcar completamente com nossas mentes, mas podemos permitir que ele penetre nelas. Podemos permitir que o propósito nos envolva e preencha nossas breves vidas de significado. Mas não podemos controlá-lo ou inventá-lo a nosso bel-prazer. Ele apresenta-se como uma dádiva, não como um objeto a ser dominado. Como insiste o teólogo Paul Tillich, o significado (ou propósito) último está fora dos limites de qualquer compreensão ou verificação puramente científica.[9]

Contudo, depois de Galileu, Einstein e Darwin, parece um esforço considerável para muitos pensadores científicos conectar as ideias de Deus e do significado cósmico com a recente descoberta de um universo de aproximadamente 13,7 bilhões de anos que ainda está se revelando. Antes da era da evolução e da astrofísica, era muito mais fácil para as pessoas ver o universo como dotado de propósito. Isso acontecia parcialmente porque o pensamento ocidental entendia o universo como uma hierarquia estática de níveis, uma grande cadeia de seres conectando o mundo a seu criador.[10] O elo inferior dessa corrente consistia na matéria inanimada. Mais acima vinham os domínios das plantas, dos animais, dos humanos e dos anjos, em ordem ascendente. Sobre toda a hierarquia dos níveis, mas infinitamente além do alcance humano, estava a fonte dotada de propósito, eterna e infinita, conhecida como Deus.[11] Toda a criação emanava de Deus nas alturas. Todos os níveis criados na hierarquia tinham o propósito de existir para os níveis acima e, em última instância, para a glória de Deus. Todos os seres participavam, em graus diferentes, da eternidade de Deus, que se entendia existir para muito além do reino dos seres perecíveis.

Enquanto as pessoas pudessem entender o universo criado e nossa frágil existência humana como estando ligados, de alguma maneira, à permanência divina, elas também podiam acreditar que seriam resgatadas do

---

9 TILLICH, Paul. *Dynamics of Faith*. New York: Harper Torchbooks, 1958, p. 76; TILLICH, Paul. *Systematic Theology*. 3 vols. Chicago: University of Chicago Press, 1967. Vol. 1, pp. 3-159. (NT) Ambos possuem tradução em português.
10 LOVEJOY, Arthur O. *The Great Chain of Being: a Study of the History of an Idea*. New York: Harper and Row, 1965. (NT) Há tradução em português.
11 SCHUMACHER, E. F. *A Guide for the Perplexed*. New York: Harper Colophon, 1978, pp. 18-34.

esquecimento final e que o cosmos tinha um significado eterno para Deus, ainda que ele fosse perecível.

A questão do propósito, devemos enfatizar, é inseparável da questão do que perece. E, como observou o teólogo Paul Tillich, o medo humano de perecer está no centro do medo de, por fim, ser esquecido. As pessoas sempre tiveram dificuldade em aceitar a ideia de que suas vidas serão cada vez mais relegadas ao passado e, por fim, completamente perdidas na memória. A busca pelo propósito, portanto, inclui a busca por não ser esquecido. É por isso que mesmo os descrentes moralmente sensíveis querem deixar uma marca permanente no mundo. Eles não querem deixar, com sua morte, um mundo completamente intocado por sua presença. Então eles buscam a imortalidade de várias formas, não apenas através da fé religiosa:

> Os gregos entendiam a glória como a conquista do ser esquecido. Hoje, a mesma coisa recebe o nome de "importância histórica". Se pudermos, construiremos fundações em nossa memória. Consola-nos pensar que podemos ser lembrados por certo tempo além de nossa morte, não apenas por aqueles que nos amavam, nos odiavam ou admiravam, mas também por aqueles que nunca nos conheceram a não ser de nome. Alguns nomes são lembrados por séculos. A esperança se expressa na afirmação orgulhosa do poeta de que "traços de seus dias terrenos não podem desaparecer em *éons*".[12]

Mesmo assim, como continua Paul Tillich, "aqueles traços que existem inquestionavelmente no mundo físico, não somos nós mesmos, e eles não tem nossos nomes. Eles não evitam que sejamos esquecidos".[13] Então nos perguntamos se há algo que nos impeça de ser completamente esquecidos. E há algo que também impede todo o universo de ser relegado ao passado e esquecido para sempre? Líderes religiosos afirmam que há Jesus, por exemplo, ensinando que os cabelos em nossas cabeças estão contados, que nosso sofrimento não é em vão, e que o Deus da vida não pode nos esquecer. Os salmistas clamam

---

12 TILLICH, Paul. *The Eternal Now*. New York: Charles Scribner's Sons, 1963, pp. 33-34.
13 Ibid.

por Deus: "Contastes os passos de minha vida errante, minhas lágrimas recolheis em vosso odre; não estão elas inscritas em vosso livro?" (Salmos 56:9). Nossos sofrimentos, assim como nossas alegrias, incluindo todo o universo, podem ser renovados e redimidos para sempre pelo Deus vivente. Tillich mais uma vez captura a essência dessa esperança religiosa:

> Nada é efetivamente esquecido para sempre, pois tudo que é real vem da eternidade e vai para a eternidade ...nada no universo é desconhecido, nada que é real é esquecido, em última instância. O átomo que se move em um caminho imensurável hoje e o átomo que se moveu em um caminho imensurável há bilhões de anos estão ambos arraigados em solo eterno. Não há nada absoluto, nenhum passado completamente esquecido, porque o passado, como o futuro, está arraigado na vida divina. Nada é completamente deixado no passado. Nada que é real está absolutamente perdido e esquecido. Estamos juntos com tudo que é real na vida divina.[14]

Hoje, entretanto, novos conhecimentos científicos sobre a evolução da vida, a profundidade do tempo e a contínua expansão do universo aparentemente demoliram a hierarquia estática e vertical que se estendia em direção à eternidade e dava tanto conforto a crentes religiosos angustiados aqui em baixo. A ciência, podemos dizer, aplainou, temporalizou ou horizontalizou a "grande cadeia dos seres". As plantas, os animais e os humanos hoje são compreendidos como tendo evoluído apenas gradualmente, durante um período de tempo inimaginável, a partir de uma matriz impessoal de matéria inanimada. A matéria mais baixa, o degrau mais baixo da escada dos níveis, hoje parece ser a origem última e o destino final de tudo – incluindo os seres dotados de mentes. O propósito hoje não parece ser mais do que uma ilusão fabricada pela imaginação pré-científica para fazer o cosmos parecer menos perecível e menos vazio do que ele realmente é.

Como se o arrastar estúpido e o desaparecimento de tudo no passado não fosse suficiente para estabelecer a base para o pessimismo cósmico,

---

14 Ibid., p. 35.

a maltrapilha história da vida como contada pela biologia evolutiva parece fazê-lo de maneira muito decisiva. Durante o último século e meio a ciência de Charles Darwin tornou claro para muitos naturalistas que a vida floresceu não por conta de uma supervisão ou de propósito divinos, mas simplesmente por conta da combinação de acidentes cegos com a impessoalidade da seleção natural. Cientistas da vida agora percebem que apenas alguns poucos organismos foram selecionados pela natureza para sobreviver e produzir prole. A evolução, eles insistem, é completamente desprovida de previdência. A emergência da vida, com sua extravagante diversidade de espécies, ocorreu em um espaço de tempo bastante extenso sem nenhum objetivo ou propósito em vista. Mesmo as mentes humanas, orientadas por um propósito, são o resultado de um processo adaptativo, porém estúpido. De acordo com muitos, se não a maioria, dos biólogos contemporâneos, não há nada inevitável em relação ao aparecimento dos seres humanos. Se houver tempo suficiente disponível, pequenas variações selecionadas cegamente pela natureza podem, eventualmente, levar toda a diversidade e planejamento aparente no mundo vivo.

A cosmologia contemporânea e a biologia darwinista, então, aparentemente devastaram a hierarquia sagrada valorizada pelas fés teístas tradicionais. As ciências naturais fizeram o universo parecer desprovido tanto de princípio quanto de propósito. Relatos religiosos emotivos de um universo dotado de propósito agora devem ceder espaço para a frieza do realismo científico.[15] A biologia evolutiva e a cosmologia do *Big-bang* conspiram para livrar o mundo de todos os emaranhamentos possíveis com a eternidade. Consequentemente, o reino da matéria inanimada, que era o nível mais baixo e menos real para a maioria das cosmologias religiosas, agora usurpou o *status* de origem e de explicação última tanto para a vida quanto para a mente.[16] Para os pessimistas cósmicos, a matéria, o nível mais baixo na hierarquia clássica tornou-se, atualmente, a origem e o destino quase eternos de todos os seres. E tudo que veio a materializar-se a partir desse estado básico do ser

---

15 WILSON, E. O. *Consilience: the Unity of Knowledge*. New York: Knopf, 1998. (NT) Há tradução em português.
16 DENNETT, Daniel C. *Consciousness Explained*. New York: Little, Brown, 1991.

deverá eventualmente retornar a ele e perder-se para sempre na imbecilidade vazia de que surgiu.[17]

No processo de completo desinvestimento de sentido do cosmos, o pensamento científico simultaneamente também atomizou tudo. O atomismo é o método de decomposição mental de entidades complexas em unidades elementares tais como os *quarks*, os elétrons, os átomos, as moléculas, os genes ou as células. O método de análise atomista é completamente apropriado para a ciência, mas o atomismo também gerou o ponto de vista que eu chamo de pessimismo cósmico. O atomismo decompõe a hierarquia arranjada requintadamente em camadas, bem como o universo proposital da cosmologia religiosa em poeira de fragmentos elementares e incoerentes. Na esteira de tal granulação, o sentido antigo e medieval de descontinuidade entre a matéria inanimada e os seres vivos desaparece completamente.[18] Como resultado do atomismo, a convicção teísta de que a sabedoria divina perpassa o universo também se dissolve.

O significado da informação

Mesmo assim, pelo menos para muitos pensadores religiosos cientificamente esclarecidos, o pressuposto implícito de que a ciência natural necessariamente implica em um universo sem propósito não tem base na realidade. A horizontalização e a atomização do cosmos podem ser úteis enquanto o método científico estiver em jogo. Mas, falando em termos lógicos, não é menos possível hoje do que era para as pessoas religiosas do passado abraçar a intuição religiosa do propósito cósmico. Antes de concluir que a ciência inevitavelmente implica no pessimismo cósmico, pode ser instrutivo olhar primeiro para a recente ênfase na informação por parte de uma

---

17 JONAS, Hans. *The Phenomenon of Life*. New York: Harper and Row 1966, p. 9. (NT) Há tradução em português
18 Pierre Teilhard de Chardin refere-se a esse ponto de vista como a "ilusão analítica", pois ele supõe falsamente que podemos explicar de modo completo os fenômenos da vida e da mente reduzindo-os a estúpidas unidades de matéria. CHARDIN, Pierre Teilhard de. *Activation of Energy*. HAGUE, Rene. (trad.) New York: Harcourt Brace Jovanovich, 1970, p. 139.

série de pensadores científicos. Esta permite, pelo menos em princípio, um universo hierárquico e teleológico. O filósofo e cientista Michael Polanyi, por exemplo, argumentou que a recente descoberta pela ciência do papel da informação na natureza é suficiente para demonstrar que a ciência não é logicamente incompatível com a ideia de um universo hierarquicamente organizado e com um sentido de propósito na natureza. A hierarquia, no final das contas, não precisa ser vertical e estática, como tradicionalmente compreendida. Na verdade, ela pode ser compreendida como uma escalada emergente que se desenvolveu em um espaço temporal de longa duração. Em um universo emergente, a descontinuidade entre vários níveis do ser consiste, em parte, pelo menos, em diferenças operativas informacionais em cada nível de organização. Essas diferenças informacionais não são apagadas pelo gradualismo da natureza ou pelo fluir histórico constante desde o estado material até o vivente e o mental do ser.[19]

No fim das contas, a natureza é composta não apenas de matéria e energia, mas também de informação. A instância mais conspícua da informação na natureza é a configuração das moléculas do DNA nos núcleos das células vivas. Depois de especificar o papel dos aminoácidos e dos ácidos nucléicos nas células e nos organismos, alguns cientistas e filósofos foram seduzidos e passaram a pensar que a vida, já que constituída de moléculas e átomos, é apenas química. Essa foi a conclusão tanto de Francis Crick quanto de James Watson, os codescobridores da formação de hélice dupla no DNA celular.[20] Contudo, ainda que um bioquímico possa ver o DNA genético estritamente como uma cadeia interessante de elementos químicos, do ponto de vista informacional, nós podemos ver algo mais: o DNA em uma célula viva arranja-se em uma sequência específica de arranjos tríplices de quatro letras (A, T, G e C). Qualquer distribuição particular de letras é consistente com a química, mas a química em si não pode especificar, em nenhum caso

---

19 POLANYI, Michael., *The Tacit Dimension*. Garden City, NY: Doubleday Anchor, 1967; POLANYI, Michael. *Personal Knowledge*. New York: Harper Torchbooks, 1964; POLANYI, Michael; PROSCH, Harry. *Meaning*. University of Chicago Press, 1975.
20 CRICK, Francis H. C. *Of Molecules and Men*. Seattle: University of Washington Press, 1966, p. 10; WATSON, J. D. *The Molecular Biology of the Gene*. New York: W. A. Benjamin, 1965, p. 67.

particular, porque essas letras arranjam-se dessa maneira. De fato, os processos químicos que criam o DNA são os mesmos em todos os organismos, não importa que padrão as letras sigam.

A química, podemos dizer, é indiferente à sequência de letras que codificam a espécie particular e os traços únicos de um organismo. De acordo com Polanyi, é a sequência específica de letras no DNA, não os processos químicos neutros, que faz com que um organismo seja um ser humano e não um macaco ou um sapo. Logo, obviamente, há muito mais na vida do que apenas química. O aspecto informacional do DNA (e do RNA) é o que coloca um organismo em uma espécie distinta e delineia a identidade única de cada ser vivo. Visto de maneira materialista, o DNA pode ser apenas química, mas de um ponto de vista informacional, a sequência específica de nucleotídeos distingue-se logicamente dos, e é indeterminado pelos, processos materiais em operação em todos os seres vivos.

Para evitar quaisquer mal-entendidos, não se trata das propostas feitas por defensores do *Design* Inteligente. Aqui Polanyi não está sugerindo que uma mão divina invisível organize de alguma maneira direta a sequência de letras do DNA nuclear de uma célula. Seu ponto é simplesmente que um padrão informacional quimicamente não especificável entre de maneira não obstrutiva na natureza e leve a uma brusca descontinuidade ontológica (hierárquica) entre os níveis do ser sem interromper processos físicos, químicos ou evolutivos. A descontinuidade informacional pode existir em um nível de compreensão, enquanto que o gradualismo e a continuidade físicos são vistos como operativos em outro. Tanto a compreensão histórica (evolucionista) quanto a compreensão atomista são perfeitamente compatíveis com a leitura informacional.[21]

Por analogia, um significado ou um propósito, em princípio, poderiam estar silencioso e efetivamente presentes no universo físico sem nunca aparecer nos registros científicos. O conhecimento das leis químicas, em si, não é suficiente para equipar um cientista para observar ou para ler o aspecto informacional de uma célula ou de um organismo. Apenas um tipo informacional

---

21 POLANYI, Michael. *Knowing and Being*. GRENE, Marjorie (ed.). University of Chicago Press, 1969, pp. 225-239.

de leitura permite aos observadores humanos notarem o fato de que há um aspecto não químico nos seres humanos. É necessário um tipo especial de treinamento da mente humana para reconhecer os níveis hierarquicamente emergentes do ser. O conhecimento químico não é suficiente. De maneira análoga, a maioria das religiões e das filosofias tradicionais insistiram que a capacidade de ler um propósito no universo requer primeiro uma transformação pessoal, que prepara a consciência individual para ser arrebatada e levada pela realidade e pelo significado último. A ciência, em si, não consegue oferecer as instruções necessárias para ler e interpretar uma experiência tão importante. Tampouco há algo na ciência que o proíba.

O pessimismo cósmico e a nova cosmologia

Minha próxima consideração nessa discussão sobre a ciência e o propósito cósmico é que a astronomia contemporânea, a astrofísica e a cosmologia agora enfraqueceram e possivelmente destruíram um dos pivôs do pessimismo cósmico. A crença de que o cosmos é sem sentido tem sido intimamente associada ao pressuposto de que as coisas físicas do universo são essencialmente imbecis e que a eventual emergência dos seres dotados de mentes é o resultado de uma série de meros acasos. A ciência, em si, entretanto, agora desafia esse pressuposto materialista. Como resultado de medições cada vez mais precisas e do desenvolvimento da teoria da relatividade e da mecânica quântica, tornou-se cada vez mais evidente que a física do universo do *Big-bang* tem uma conexão muito mais forte com a existência dos seres vivos e pensantes do que os cientistas antes acreditavam. Para que nosso universo tenha ganhado vida, pelo menos nos seres humanos, conscientes de si próprios, as características físicas desse universo tiveram de ser notadamente acertadas desde o princípio. Os valores, associados às constantes físicas e às condições iniciais que permitiriam a eventual emergência da vida e da mente bilhões de anos depois do *Big-bang,* parecem ter sido afinados de maneira muito precisa desde o início. Mesmo as menores variações nesses valores matemáticos teriam feito com que a vida e a mente nunca tivessem aparecido.[22]

Quais são as bases científicas para essas afirmações tão surpreendentes? Para haver a mente (no sentido da consciência humana), a ciência hoje entende que foi primeiro necessário que houvesse cérebros com complexidade fisiológica suficiente para se envolver no que chamamos de pensamento. Entretanto, para produzir cérebros capazes de pensamentos, um longo processo de evolução darwinista foi necessário para que surgisse uma capacidade cerebral suficiente para permitir que acontecesse o pensamento. Entretanto, claramente a evolução requer a existência da vida, e a vida, por sua vez, requer carbono e outros elementos químicos. Os astrofísicos descobriram recentemente que, para que o universo desse luz à vida, foram necessárias enormes estrelas para cozinhar o hidrogênio e o hélio primordial e transformá-los em carbono, nitrogênio, oxigênio e em outros elementos necessários para criar as células e os organismos vivos. Além disso, não podemos imaginar que essas fornalhas estelares seja algo óbvio. Os astrofísicos hoje percebem que corpos celestiais gigantescos como esses nunca teriam sua forma se não fosse uma taxa de expansão cósmica bastante precisa (constante de Hubble) e a atração gravitacional. E nós devemos lembrar-nos de que esses valores exatos tiveram de entrar em cena no primeiro instante de existência de nosso universo. Uma taxa de expansão cósmica infinitamente mais lenta ou mais rápida, ou uma força gravitacional ligeiramente mais fraca ou mais forte logo no início fechariam a porta para a emergência das supernovas, do carbono, da vida e da mente. A existência da vida e da mente, portanto, estão ligadas de maneira não arbitrária à maneira precisa como todo o universo foi configurado fisicamente, desde o início.[23]

Podemos concluir alguma coisa desse notável conjunto de coincidências em relação à questão do propósito cósmico? Eu não pretendo aqui transformar

---

22 REES, Martin. *Just Six Numbers: the Deep Forces that Shape the Universe*. New York: Basic Books, 2000; REES, Martin. *Our Cosmic Habitat*. Princeton University Press, 2001. (NT) Ambos com tradução em português.
23 BARROW, John; TIPLER, Frank. *The Anthropic Cosmological Principle*. Oxford: Clarendon Press, 1986.

o novo conhecimento astrofísico em uma discussão sobre a existência de Deus ou do propósito cósmico, ainda que outros o tenham feito. Por ora, basta reconhecer que a existência da vida e da mente está inextricavelmente ligada à configuração geral do universo. Isso não deveria ser surpreendente, não fosse pelo fato de que, como apontou o astrônomo Martin Rees, as características gerais do universo poderiam ser bem diferentes, fisicamente falando, pelo menos tanto quanto sabemos.[24] Dado que um conjunto apenas infinitesimalmente diferente de valores físicos levaria à não existência da vida e da mente, bem como a sua não evolução no universo do *Big-bang*, nosso cosmos parece muito menos improvável do que defendem os pessimistas cósmicos modernos. Ainda há bastante espaço para a contingência no processo da vida, mas o aspecto físico do universo é tal que seria imprudente continuar a afirmar que o universo é essencialmente desprovido de vida e de mente. E já que a maioria dos materialistas científicos e dos pessimistas cósmicos modernos ainda baseia sua rejeição ao propósito cósmico na crença em um universo essencialmente desprovido de mente, a ciência contemporânea oferece amplas razões para questionar esse pressuposto.

Claro, sempre é possível responder fazendo surgir a ideia dos multiversos, com o uso da imaginação, como contexto para o nosso próprio universo. Um multiverso, se ele existisse, seria uma grande pluralidade de universos, em sua maioria sem vida e, para nós, impossíveis de serem observados. A existência de um número tão grande de universos que não se pode imaginar aumentaria as chances de surgimento único ou ocasional de um universo dotado de mente, como o nosso, sem que ele precisasse ter sido planejado. Então nosso próprio universo que, de nosso limitado ponto de vista humano parece ter sido afinado perfeitamente para a vida, na verdade seria um acidente completamente sem propósito ocorrido durante um processo natural de experimentos cósmicos cegos. Evidente, não há como, pelo menos até agora, provar ou refutar a teoria dos multiversos. Ainda assim, ela tornou-se um dos refúgios favoritos dos pessimistas cósmicos contemporâneos, já que ela parece negar qualquer conexão essencial entre a natureza e a consciência.

---

24 REES, Martin. *Just Six Numbers: the Deep Forces that Shape the Universe.*

Para abordar essa conjectura cada vez mais comum, ainda que longe de ser confirmada, proponho que os leitores deem uma nova olhada nas ideias evolucionistas de Pierre Teilhard de Chardin (1881-1955). Mais seriamente do que quase todos os outros pensadores do mundo moderno tardio, esse famoso geólogo jesuíta argumentou que o cosmos e a consciência são inseparáveis. O universo é fundamentalmente consciente – ainda que o método científico convencionalmente evite qualquer reconhecimento formal da subjetividade e da experiência consciente. Teilhard propõe que a emergência e a intensificação sejam vistas, não como um acidente terrestre local, mesmo que nosso planeta seja o único lugar onde a vida e a mente tenham efetivamente florescido. Ainda que a emergência da consciência seja apenas localizada, ela requer um sistema básico que é cósmico em seu escopo.[25]

Eu entendo que a visão cósmica de Teilhard seja suficientemente ampla para acomodar também a ideia de multiversos, se de fato for necessário um arranjo tão maior assim. Em nosso próprio universo, a existência da consciência em qualquer lugar, ainda que apenas na Terra, requer a fermentação de todo o universo. Logo, paralelamente, o pensamento de Teilhard permite, em princípio, que a existência de um único universo dotado de vida também necessite da fermentação de multiversos. A presença da consciência em apenas uma região ou uma época específica em um multiverso ainda pode ter ligação a um panorama muito mais amplo. Considere o fato de que os astrônomos estão, nesse exato momento, expandindo suas próprias mentes em relação a uma pluralidade hipotética de mundos que seja capaz de abordar essa enormidade na esfera do que é inteligível. Essa expansividade é suficiente para demonstrar que a consciência pode, em certo sentido, estar em todos os lugares. O salto de nossas mentes em direção a um multiverso não foi efetivamente realizado por Teilhard, mas é perfeitamente consistente com sua ampla visão de um mundo no processo de despertar para a consciência.

Para um naturalista científico, claro, parece óbvio que a vida e a mente sejam acidentes não intencionais, simplesmente porque sua emergência foi, aparentemente, tanto tardia quanto local. Entretanto, como notou

---

25 A introdução mais acessível a essas ideias está em CHARDIN, Pierre Teilhard de. *The Future of Man*. Norman Denny (trad.). New York: Harper and Row, 1964.

acertadamente Teilhard, em 1931, "ainda que a vida tenha sido e permanecido um evento peculiar da Terra, disso não se deduz que ela tenha sido 'acidental' no mundo". A vida e a consciência podem parecer "um evento peculiar da terra", mas elas ainda seriam "a vida e o pensamento do mundo" como um todo. Se necessário, a ideia de mundo ou, teologicamente falando, a ideia de criação[26] pode ser facilmente estendida de maneira a abarcar também o multiverso.

Muito antes de a astrofísica recente estreitar a ligação entre a existência da mente e das características físicas fundamentais do universo do *Big-bang*, Teilhard escreveu:

> O homem "pensador", normalmente visto como uma "irregularidade" no universo, é precisamente um daqueles fenômenos especiais através dos quais a maioria dos aspectos básicos do cosmos revela-se para nós em tamanho grau de intensidade que se torna imediatamente reconhecível. Nós devemos nos decidir, por conta das próprias perspectivas gerais da evolução, por um lugar especial na física do universo para os poderes da consciência...[27]

Novamente, a mesma linha de raciocínio poderia facilmente acomodar a ideia de um multiverso, mesmo se a consciência surgisse apenas em um dos planetas de incontáveis universos. Então, sugiro que seja consistente com a visão cósmica de Teilhard de que entendamos multiversos sempre que ele usar o termo "mundo" ou "universo". Ao insistir que "a física do universo" não seja completamente inteligível à parte da existência da mente, Teilhard não está nos oferecendo uma perspectiva ofensivamente antropocêntrica. Seu propósito não é içar nossa espécie ou nosso planeta acima do resto da natureza, mas sim entender toda a natureza a partir do resultado mais conspícuo do processo natural, a saber, o fato emergente da consciência. Qualquer cosmologia que aspire ser compreensiva não deve ignorar o fenômeno da

---

26 CHARDIN, Pierre Teilhard de. *Human Energy*. COHEN, J. M. (trad.). New York: Harcourt Brace Jovanovich, 1969, p. 25. (NT) Há tradução em português.
27 Ibid., p. 21.

consciência como se ele fosse alheio ou acidental ao caráter do universo. A dimensão do pensamento sobre nosso planeta está aparentemente conectada ao processo sideral, terrestre e biológico da evolução. A mente é a chave de leitura mais importante que nós, seres humanos, temos para entender efetivamente o universo. Também pode ser pelo menos uma das chaves de leitura para os significados de um multiverso.

Mas há um propósito aqui? Para um processo ter propósito, ele deve ser orientado em direção ao alcance de alguma coisa inegavelmente valorosa. De acordo com Teilhard, na medida em que o processo cósmico dá à luz à consciência, ele tem como característica ser proposital, pelo menos em relação ao que eu defini como propósito anteriormente. O propósito significa a realização de alguma coisa inegavelmente valorosa, e a consciência é, de maneira autoevidente, um exemplo.[28] O propósito no universo pode significar muito mais do que o nascimento da consciência, mas qualquer universo que conspire através da totalidade de sua existência para fazer surgir e intensificar a consciência pode ser chamado de proposital – pelo menos, em um sentido mínimo. E pelo que sabemos, um multiverso pode ser necessário para fazer surgir apenas um universo vivo e consciente. Se esse for o caso, isso torna a consciência ainda mais valiosa, pois essa pode, em princípio, penetrar a totalidade dos universos e uni-los em sua extensão expansiva.

A beleza disso tudo

Finalmente, seria positivo para uma discussão sobre o propósito cósmico depois de Darwin e Einstein, considerar as várias ideias de Alfred North Whitehead. Como Teilhard, Whitehead (1861-1946) era tanto um pensador científico quanto religioso. Ele deu aula nas universidades de Cambridge e Harvard e, mais para a última parte de sua vida produtiva, entendeu que poderia analisar algo de importante que ocorria no universo, algo que poderia ter passado completamente despercebido para um pessimista cósmico.

---

28 Para um desenvolvimento mais detalhado desse ponto, ver o livro: *Is Nature Enough? Meaning and Truth in the Age of Science*. Cambridge University Press, 2006.

Novamente como Teilhard, Whitehead ficou bastante impressionado com a recente descoberta científica de que a natureza está em um processo contínuo, evolutivo e não terminado.

De acordo com a ciência contemporânea, o universo nunca ficou indefinidamente parado. Whitehead foi suficientemente inquisitivo para questionar os motivos. Qual é a razão última, ele perguntou, para que o cosmos seja um processo e não um estado? A ciência como tal poderia estar bem contente com um universo perfeitamente estático, então porque o universo está para sempre inquieto? Junto com respostas científicas para essa questão, Whitehead entendeu que havia espaço também para uma explicação teológica. O universo tem um propósito. É o de se voltar, sob o estímulo de um amor divino persuasivo, para instâncias cada vez mais intensas da beleza.[29]

Na filosofia de Whitehead, a beleza significa, simplesmente, a "harmonia dos contrastes" ou a "ordenação da novidade".[30] A beleza requer, para sua realização, uma síntese de elementos polares. O contraste ou a novidade, sem certo grau de harmonia e ordem para balanceá-los, implica em mero caos ou discórdia. Mas a harmonia ou a ordem sem contraste e novidade é apenas trivialidade ou monotonia. Nem o caos nem a monotonia são esteticamente satisfatórios. A beleza é composta de elementos sempre em tensão e correndo o risco de desmoronarem. A beleza arrisca a desordem por um lado e a uniformidade tediosa por outro. Sua existência é tanto preciosa quando precária.

Ainda que ignorada pela ciência tal e qual está constituída, no centro do processo cósmico está a beleza enquanto objetivo. Esse objetivo, de acordo com Whitehead, é suficiente para dar propósito para o universo. Se propósito, como defini anteriormente, significa a realização de algo que evidencia a si mesmo como valioso – e a beleza é um desses valores auto evidentes –, então o universo pode acertadamente ser visto como proposital. Mais ainda,

---

29 WHITEHEAD, Alfred North. *Adventures of Ideas*, p. 265.
30 Para o que se segue, ver WHITEHEAD, Alfred North. *Adventures of Ideas*, pp. 252-296; *Process and Reality*, pp. 62, 183-185, 255 e *passim*; *Modes of Thought*, pp. 57-63. Ver também HARTSHORNE, Charles. *Man's Vision of God*. Chicago and New York: Willett, Clark, 1941, pp. 212-229.

essa visão cosmológica também é suficientemente ampla para incluir um multiverso; então, quando eu uso o termo "universo" abaixo, entendo que ele também possa incluir uma pluralidade possível de universos ou aquilo que Whitehead algumas vezes chama de épocas cósmicas.

O universo, de qualquer forma, agora se mostrou mais do que algo à deriva ao longo do tempo. Mesmo se a beleza como objetivo cósmico não for algo óbvio para a maioria das pessoas, é inegável que tenha havido um aumento bruto na intensidade da novidade ordenada no universo. Houve um aumento, por exemplo, na complexidade orgânica dos seres vivos e na capacidade de sentir dos organismos. Sua própria consciência – conforme você lê este capítulo e coloca questões, e críticas, e, experimenta diferentes emoções sobre o que eu tenho dito – é uma evidência clara do que afirma Whitehead. Afinal, o que pode ser mais belo e frágil do que a mente? Mas é necessário todo um universo para criar algo tão requintadamente belo quanto a mente.

O universo pode, por vezes, parecer discordante, monótono ou insensato, mas ao criar as mentes e ao criar mentes que, por sua vez podem criar produtos infinitamente belos, ele deu à luz a uma grandeza sempre aberta à novidade. Dentro dessa visão cósmica expansiva, Whitehead também propõe que haja espaço suficiente para os *insights* centrais das fés religiosas que professam crer em um propósito cósmico. Mesmo a luta e o sofrimento que ocorrem na evolução da vida não são inconsistentes com a ideia de um objetivo cósmico geral em direção a uma beleza mais intensa.[31]

Proponho, então, que as características gerais do universo estejam configuradas de acordo com o que pode ser chamado de um princípio cosmológico estético. O já explicado princípio cosmológico antrópico tipicamente interpreta as condições físicas iniciais e as constantes cósmicas como prescientes da emergência da consciência humana. O princípio cosmológico estético sugere, de maneira muito mais ampla, que as propriedades fundamentais do universo sejam orientadas para a produção contínua de instâncias

---

31 Expus esse ponto em maiores detalhes em meus livros *God after Darwin: a Theology of Evolution*. Boulder: Westview Press, 2000. (NT) Há tradução em português; *Deeper than Darwin: the Prospect for Religion in the Age of Evolution*. Boulder: Westview Press, 2003; e *Is Nature Enough? Meaning and Truth in the Age of Science*.

de beleza e para a intensificação da capacidade de alguns organismos para experiências estéticas. De uma maneira comparável, o físico Freeman Dyson certa vez conjecturou que o universo fosse modelado por um princípio de diversidade máxima. Dyson observou que, de acordo com esse princípio, "as leis da natureza e as condições iniciais sejam tais que tornem o universo o mais interessante possível".[32] Similarmente, na base de uma leitura conjunta de Whitehead e dos astrofísicos contemporâneos, sugiro que o universo (ou o multiverso) esteja ligado a um princípio cosmológico estético e que o propósito dessa totalidade seja, pelo menos de certo ponto de vista, o de maximizar a beleza. Consequentemente, o significado de nossas próprias vidas pode ser o de participar e prolongar o objetivo cósmico em direção da intensificação da beleza de todas as maneiras possíveis para nós.

Concluindo, assim, não temos que ver a ciência como a frustração da experiência religiosa ou como antagonista da busca humana por significado. Nossa necessidade de significado é uma das características que distinguem os seres humanos, inclusive os cientistas, de outras entidades vivas. Os seres humanos estão mais intensamente alertas e vivos quando tentam dar um sentido para as coisas e quando estão sendo arrastados em direção ao que é bom, verdadeiro e – talvez, acima de tudo – belo. A ciência é uma parte importante dessa aventura, mas não é tudo. Para pensadores científicos e religiosos como Polanyi, Teilhard e Whitehead, a vitalidade humana, ao contrário da de outros organismos, depende de sentirmos nosso caminho em direção à bondade, à verdade e à beleza inesgotáveis – ou seja, em direção ao que algumas religiões chamam de Deus.

---

32 DYSON, Freeman. *Infinite in All Directions*. New York: Harper Collins, 1988, p. 298. (NT) Há tradução em português.

14 Meios de relacionar a ciência e a religião

MIKAEL STENMARK

O número de livros e artigos escritos nos últimos vinte anos sobre o relacionamento entre a ciência e a religião é efetivamente impressionante; além disso, novas produções surgem quase todos os dias. As ideias propostas variam amplamente e colocam a questão da possibilidade de classificação desses diferentes pontos de vista de forma verdadeiramente significativa. Um desafio importante no debate ciência-religião é, portanto, categorizar os principais meios de se relacionar as duas. Como isso pode ser feito de forma esclarecedora e imparcial que não seja nem excessivamente simplista nem excessivamente complexa?

A tentativa mais conhecida de um relato que atenda a esses prerrequisitos é a tipologia quádrupla de Ian Barbour: o ponto de vista do conflito, da integração, do diálogo e da independência.[1] Outros acadêmicos, tais como Willem B. Drees, John Haught, Ted Peters e eu mesmo, responderam ao trabalho de Barbour e sugeriram modificações ou tipologias alternativas.[2] Nesse capítulo, procurarei dar um passo a mais nessas discussões.

---

1 BARBOUR, Ian. *Religion and Science*. São Francisco: Harper San Francisco, 1997; BARBOUR, Ian. *When Science Meets Religion*. São Francisco: Harper San Francisco, 2000. (NT) Há tradução em português.

2 DREES, Willem B. *Religion, Science and Naturalism*. Cambridge University Press, 1996; HAUGHT, John F. *Science and Religion*. Nova York: Paulist Press, 1995; PETERS, Ted. "Theology and the Natural Sciences". In: FORD, David F. (ed.). *The Modern Theologians*. 2ª ed. Oxford: Blackwell, 1997, pp. 649-667; STENMARK, Mikael. *How to Relate Science and Religion*. Grand Rapids, MI: Eerdmans, 2004; STENMARK, Mikael. "Religion and Science". In: MEISTER, Chad e COPAN, Paul (eds.). *The Routledge Companion to Philosophy of Religion*. Londres: Routledge, 2007, pp. 692-701.

Quatro modelos para ciência-religião

Hoje em dia entende-se que ainda que a ciência e a religião outrora tenham sido compatíveis e, talvez, até mesmo tenham se apoiado mutuamente, isso já não é mais verdade. De acordo com esse ponto de vista, a ciência e a religião encontram-se em séria tensão e até mesmo em conflito direto uma com a outra. Temos de nos decidir e escolher uma delas: não é mais possível abraçar as duas. O laureado Nobel Francis Crick escreve: "Não apenas as crenças das religiões mais populares se contradizem umas às outras, mas também aos padrões científicos, elas baseiam-se em evidências tão inconsistentes que apenas a fé cega pode torná-las aceitáveis".[3] O filósofo da ciência John Worrall é ainda mais direto: "A ciência e a religião estão em um conflito irreconciliável... Não há como uma pessoa ser cientificamente inclinada e um verdadeiro crente religioso".[4] As promulgações da ciência estão em conflito implacável com as da religião. Chamemos esse ponto de vista de modelo de irreconciliabilidade. Ele diz o seguinte: a ciência e a religião não podem se reconciliar e, ao mesmo tempo, manter suas identidades respectivas e os traços específicos que as caracterizam enquanto ciência ou enquanto religião, e não há outra atividade humana qualquer.

A ciência e a religião são incompatíveis. Elas competem no mesmo território e, no final, uma delas será vitoriosa.

Outros acadêmicos igualmente distintos defendem um ponto de vista bastante diferente. Francis Collins, líder do Projeto Genoma Humano, escreve: "Em meu ponto de vista, não há conflito em ser um cientista rigoroso e uma pessoa que crê em um Deus interessado em cada um de nós... Argumentarei que essas perspectivas não apenas podem coexistir dentro de uma pessoa, mas que também o podem fazer de maneira a enriquecer e esclarecer a experiência humana".[5] De acordo com o modelo de reconciliação: a ciência

---

3 CRICK, Francis. *The Astonishing Hypothesis: the Scientific Search for the Soul*. New York: Charles Scribner's Sons, 1994, p. 257. (NT) Há tradução em português.
4 WORRALL, John. "Science Discredits Religion". In: PETERSON, M. L., VANARRAGON, R. J. (eds.). *Contemporary Debates in Philosophy of Religion*. Oxford: Blackwell, 2004, p. 60.
5 COLLINS, Francis S. *The Language of God*. Londres: Pocket Books, 2007, p. 6. (NT) Há tradução em português.

e a religião, hoje, podem ser combinadas ou reconciliadas, mantendo suas identidades respectivas e traços específicos.

A ciência e a religião são compatíveis. Entretanto, os advogados do modelo de reconciliação não são os únicos que entendem que a ciência e a religião sejam compatíveis. De acordo com o modelo de independência: a ciência e a religião são compatíveis porque hoje em dia elas são duas práticas completamente separadas, porém legítimas e não se sobrepõem de maneira alguma.

O modelo de reconciliação, então, em contraste ao modelo de independência, pressupõe a existência de algum tipo de sobreposição ou contato entre as duas práticas. É por isso que eu me referi, algumas vezes, a esse modelo como ao ponto de vista do contato.[6]

Stephen Jay Gould é um proponente bastante conhecido do modelo de independência. Ele escreve que "a rede, ou magistério, da ciência abrange o reino do empírico: de que o universo é feito (fato) e por que ele funciona dessa forma (teoria). O magistério da religião estende-se por sobre questões relativas ao significado último e aos valores morais. Esses dois magistérios não se sobrepõe, nem abrangem todo o questionamento...".[7] Tanto a ciência quanto a religião tem, cada uma, domínios distintos e métodos característicos e cada um deles pode ser justificado em seus próprios termos. São jurisdições diferentes e cada parte deveria manter-se fora do território alheio.

Uma quarta possibilidade é o modelo de substituição. Talvez o advogado mais conhecido desse ponto de vista seja o biólogo Edward O. Wilson. De acordo com esse modelo: a ciência hoje, ou no futuro próximo, substitui a religião, ou seja, o domínio da ciência poderá expandir-se de forma a torná-la nossa nova religião.

De acordo com esse ponto de vista, as religiões tradicionais estão tão cheias de falsidades e superstições que elas terão de ser eliminadas, mas os processos mentais representam predisposições cujos componentes foram incorporados ao aparato neural do cérebro ao longo de milhares de gerações da evolução genética. Como tais, eles são poderosos, não podem ser erradicados

---

6 STENMARK, Mikael. *How to Relate Science and Religion*. P. 9.
7 GOULD, Stephen Jay. *Rocks of Ages: Science and Religion in the Fullness of Life*. New York: Ballantine, 1999, p. 6. (NT) Há tradução em português.

e estão no centro da vida social humana. Logo, teremos de encontrar um substituto para a religião. Wilson escreve:

> Nós somos obrigados, pelas motivações mais profundas do espírito humano, a fazermos de nós mesmos mais do que poeira animada, e temos de encontrar uma história que nos conte de onde viemos e porque estamos aqui. Seriam as Escrituras Sagradas apenas a primeira tentativa literária para explicar o universo e tornar-nos significativos dentro dele? Talvez a ciência seja uma continuação ou uma base mais nova e melhor testada para atingir o mesmo fim. Se esse for o caso, então, nesse sentido, a ciência é a religião libertada e aplicada em larga escala.[8]

Um problema é que a ciência é desprovida da fonte primitiva de poder à qual a religião, por razões genéticas, está ligada. Isso acontece parcialmente porque o épico evolutivo nega a imortalidade ao indivíduo e o privilégio divino à sociedade. Além disso, o naturalismo científico "jamais gozará dos prazeres intensos da conversão espiritual e da autoentrega; os cientistas não podem, honestamente, servir como sacerdotes.[9] Mas Wilson, mesmo assim, acredita que exista uma maneira de colocar o poder da religião a serviço da ciência, mesmo se couber ao futuro nos dizer exatamente como isso deverá ser feito. O épico evolutivo é, provavelmente, o melhor mito que teremos.

As versões reformadoras e de apoio do modelo de reconciliação

Se pesquisarmos a extensa literatura ciência-religião, descobriremos que a maioria das ideias expressas pressupõe a aceitação do modelo de reconciliação. Isso quer dizer que a maioria dos acadêmicos envolvidos no diálogo, hoje, mantém ou assumem serem a ciência e a religião capazes de ser combinadas ou

---

8 WILSON, Edward O. *Consilience*. Nova York: Knopf, 1999, p. 6. (NT) Há tradução em Português.
9 WILSON, Edward O. *On Human Nature*. Cambridge, MA: Harvard University Press, 1978, p. 193. (NT) Há tradução em Português.

reconciliadas de uma forma ou de outra, ainda que difiram acerca de como exatamente isso poderia ser feito, ou que desenvolvam uma série de pontos de vista diferentes. O desafio que enfrentamos, então, é adjudicar entre esses pontos de vista de maneira objetiva.

Vamos dar um passo para trás antes de tentar responder a esse desafio. Barbour não fala de um modelo de irreconciliabilidade, mas de conflito. Esses nomes diferentes dizem respeito ao mesmo modelo? Barbour entende que há dois exemplos paradigmáticos de advogados do ponto de vista do conflito: os materialistas científicos e os literalistas religiosos.[10] Isso acontece porque ambos os grupos afirmam que a ciência e a religião fazem afirmações rivais sobre o mesmo domínio, a história da natureza, de forma que se torna necessário escolher uma delas. Essa classificação parece apropriada quando falamos de materialistas científicos como Richard Dawkins e Edward O. Wilson, bem como dos meus exemplos, Crick e Worrall. Mas por que Barbour classifica um literalista religioso como Phillip E. Johnson como um advogado do ponto de vista do conflito? Johnson de fato acredita que a atual teoria da evolução está em conflito com a fé cristã.[11] Mas ele acredita, em resumo, que a maioria dos biólogos evolucionistas contemporâneos errou em suas teorias e que, uma vez que eles as tenham corrigido, não haverá mais nenhum conflito entre a ciência e a fé cristã. Essas práticas desenvolvem-se, nessa questão particular, no mesmo território, mas a ideia não é a de que no final, uma ou outra irá emergir como vencedora. Johnson certamente rejeita o ponto de vista de Worrall de que a ciência e a religião encontram-se em um conflito irreconciliável.

O que causa confusão é saber se a noção de conflito entre a ciência e a religião é, de fato, compatível não apenas com o modelo de irreconciliabilidade (o ponto de vista do conflito de Barbour), mas também com o modelo de reconciliação (o ponto de vista de integração e do diálogo de Barbour). Se há algum ponto de contato ou de sobreposição entre a ciência e a religião, então há sempre a possibilidade de que surja um conflito, mas há também, igualmente, a possibilidade de harmonização ou até mesmo de apoio mútuo.

---

10 BARBOUR, Ian. *Religion and Science*. Pp. 77-84.
11 JOHNSON, Phillip E. *Reason in the Balance.* Downers Grove, IL: InterVarsity Press, 1995.

Segue-se que, ainda que uma condição necessária para que alguém seja um proponente do modelo de irreconciliabilidade ao afirmar que existe um conflito entre a ciência e a religião, essa não é uma condição suficiente, já que essa afirmação pode ser feita também por um protagonista da reconciliação. A exigência adicional do modelo de irreconciliabilidade consistiria na ideia de que a religião não pode jamais se reconciliar com a ciência – apenas uma das duas será vitoriosa no final. Para evitar qualquer ambiguidade nesse assunto, a sugestão é que falemos em modelo de irreconciliabilidade e não em modelo de conflito.

William A. Dembski, Phillip Johnson e outros criacionistas ou membros do movimento do *design* inteligente defendem uma versão particular do modelo de reconciliação, que pertence à família das visões reformadoras.[12] Entretanto, Gordon Kaufman e muitos outros teólogos liberais também esposam o modelo de reconciliação, ainda que a partir de um ponto reformador bastante diferente. Kaufman defende que mudanças na teoria científica tornaram necessário reconstruir a concepção de Deus tradicionalmente endossada por cristãos, muçulmanos e judeus. Há um conflito entre a concepção pessoal de Deus e as teorias científicas sobre a evolução cósmica e biológica. Assim, deveríamos pensar em Deus em termos da metáfora da "criatividade afortunada*", ou seja, grosso modo, em termos da existência de algo novo condicionada por um mistério de surpresa inescrutável.[13] O que caracteriza as visões reformadoras do modelo de reconciliação é a ideia de que a ciência e a religião, hoje, podem se reconciliar se uma delas (ou ambas) mudar (ou for modificada ou reformulada) de um jeito ou de outro.

Johnson defende uma visão reformadora que prioriza a religião: há conflito ou tensão entre a ciência e a religião, mas se a ciência modificasse porções significativas de sua teoria evolutiva, então a ciência e a religião poderiam se reconciliar. O relato de Kaufman assume, por sua vez, um ponto

---

12 DEMBSKI, William A. *Intelligent Design: the Bridge between Science and Theology*. Downers Grove, IL: InterVarsity Press, 1999.

* (NT) Original: *Serendipitous*.

13 KAUFMAN, Gordon D. "On Thinking of God as Serendipitous Creativity". *Journal of the American Academy of Religion*. 69, 2001, pp. 409-425.

de vista reformador que prioriza a ciência: há conflito ou tensão entre a ciência e a religião, mas se os crentes religiosos reformulassem significativamente suas concepções de Deus, a ciência e a religião se reconciliariam.

Arthur Peacocke afirma que os que tentam desenvolver uma teologia cristã, que leve em consideração a ciência contemporânea, se contentaram em deixar intactas formulações relativamente tradicionais da fé cristã, mas ele entende que temos que perceber que "versões radicais... são necessárias se quisermos atingir coerência e integridade intelectual".[14]

Ainda que Peacocke entenda seu ponto de vista como radical e, como Kaufman, rejeite o sobrenaturalismo do cristianismo tradicional, ele entende Deus não meramente como um símbolo de um mistério profundo e impossível de ser conhecido, mas como um ser pessoal com intenções específicas. Isso torna a visão dele de religião menos reformadora do que a de Kaufman. Por outro lado, John Polkinghorne, que, como Peacocke é um cientista que se transformou em teólogo, argumenta que as formulações tradicionais da fé cristã podem permanecer relativamente intactas.[15] O teólogo Keith Ward provavelmente teria uma opinião similar, pois ele entende que a alternativa de Peacocke ao teísmo tradicional, o naturalismo teísta, faria qualquer teísta pessoal estremecer.[16]

Há duas questões aqui. Primeira: na área de sobreposição entre a ciência e a religião, ambas precisam mudar ou apenas uma delas? Segunda: quanto a religião e/ou a ciência precisa(m) mudar? O que fica claro é que alguns pensadores entendem que a sobreposição entre a ciência e a religião seja consideravelmente limitada, enquanto que outros entendem que seja mais substancial, defendendo entretanto que a maior parte das duas práticas esteja fora dessa intersecção. Pode ser fecundo, portanto, distinguir entre versões fortes e fracas do modelo de reconciliação. Como se faria essa distinção? Em relação a que, mais precisamente, eles são fracos ou fortes?

---

14 PEACOCKE, Arthur. "A Naturalistic Christian Faith for the Twenty-First Contury". In: CLAYTON, Philip (ed.). *All that Is*. Minneapolis: Fortress Press, 2007, p. 6.
15 POLKINGHORNE, John. *Belief in God in an Age of Science*. New Haven: Yale University Press, 1998.
16 WARD, Keith. "Personhood, Spirit, and the Supernatural". In: CLAYTON, Phillip (ed.). *All that Is*. Pp. 152-162.

Uma ideia é sugerir, como Barbour, que alguém que limita a área de contato às proposições metafísicas, aos métodos de pesquisa, às ferramentas e aos modelos conceituais e coisas do tipo, exemplifica um ponto de vista fraco. Por outro lado, o ponto de vista forte adiciona a esses aspectos o conteúdo teórico da ciência (teorias) e da religião (crenças e histórias). O ponto de vista fraco caracteriza o ponto de vista do diálogo e o forte, o da integração.[17] Mas, e se alguém afirmasse que os métodos das duas práticas são ou deveriam ser os mesmos, no sentido de que as únicas evidências que deveriam ser aceitas tanto na ciência quanto na religião fossem as evidências observáveis do tipo usadas nas ciências naturais? Uma sobreposição como essa, em nível metodológico, entre a ciência e a religião, poderia gerar mudanças muito mais radicais na religião do que se afirmasse que, por exemplo, a doutrina cristã do Pecado Original deve ser modificada à luz das mudanças na teoria científica. Quando se trata das teorias da linguagem, os mesmos resultados radicais se seguiriam se abraçássemos a ideia positivista de que as únicas afirmações cognitivamente significativas são as proposições empiricamente verificáveis através de dados sensíveis. Muitas afirmações religiosas perderiam, assim, seu *status* cognitivo, deixando até mesmo de ser verdadeiras ou falsas.

A discussão acima sugere, na verdade, que devemos nos concentrar diretamente na necessidade de reformular uma das duas práticas à luz da outra. Então, se afirmamos que apenas pequenas reformulações ou mudanças na religião (típica, mas não necessariamente; pode ser que a ciência é que precise ser modificada) são necessárias na área de conflito, então defendemos um ponto de vista reformador fraco. Se entendermos que são necessárias reformulações ou mudanças mais substantivas na religião (de novo, típica, mas não necessariamente; pode ser que a ciência é que precise ser modificada), então, defendemos um ponto de vista reformador forte. Ward e Polkinghorne poderiam, então, ser vistos como advogados de um modelo de reconciliação reformador fraco, enquanto Kaufman e Peacocke apoiariam um modelo de reconciliação reformador forte.

Entretanto, ainda falta algo em nossa tipologia. Até aqui assumimos que o único tipo de relacionamento entre a ciência e a religião em sua área

---

17 BARBOUR, Ian. *Religion and Science*. Pp. 90-105.

de sobreposição, quando expresso em termos mais negativos, é o de conflito ou tensão, ou, quando expresso em termos mais positivos, o de mudança ou reformulação. Mas o relacionamento poderia muito bem ser o de apoio, reforço ou confirmação. Ainda que haja potencial para conflito (e, portanto, necessidade de reformulação), também há potencial para apoio mútuo. A ênfase agora não está na ciência ou na religião necessitando passar por mudanças ou reformulações, mas na sugestão de que uma apoia, reforça ou afirma a outra. O que, então, caracteriza o ponto de vista de apoio do modelo de reconciliação é a seguinte ideia: a ciência e a religião hoje podem se reconciliar, não porque uma delas (ou ambas) pode mudar seu conteúdo sem perder sua identidade, mas porque elas, na verdade, podem apoiar-se ou confirmar mutuamente, de um jeito ou de outro.

Um aspecto da ciência contemporânea que se sugere frequentemente como apoiando a religião (ou, pelo menos, de algumas formas da religião) é o argumento do ajuste fino (discutido no capítulo 8). A ciência descobriu que muitos dos parâmetros fundamentais da física e muitas das condições iniciais do universo têm de estar em sintonia fina para que a vida inteligente ocorra. Era de se esperar que houvesse tal ajuste fino desses parâmetros e dessas condições iniciais se a vida e a consciência estivessem entre os objetivos de um Deus racional e proposital. Não é o que se esperaria se o cosmos fosse resultado apenas do acaso. Essas notáveis coincidências parecem dar algum apoio às crenças encontradas, pelo menos, nas religiões abraâmicas. Mas quanto de apoio? Barbour entende que esse ajuste fino seja consistente apenas com a crença em Deus, e assim deveríamos pensar em um relacionamento de consistência e não de apoio.[18] Polkinghorne discorda. Ainda que ele não assuma que a conclusão teísta seja logicamente coagida por essas descobertas científicas, ele acredita que elas apoiem o teísmo e promovam um renascimento de uma teologia natural cuidadosamente revista.[19] Richard Swinburne, um filósofo da religião de Oxford, parece estar pronto para ir ainda mais além quando escreve: "Os mesmos critérios que os cientistas usam para chegar a suas próprias teorias nos levaram a ir além dessas teorias e chegar a um Deus

---

18 Ibid., p. 205.
19 POLKINGHORNE, John. *Belief in God in an Age of Science*. P. 10.

criador que sustenta a existência de tudo. [...] O próprio sucesso da ciência em nos mostrar quão profundamente organizado está o mundo natural nos provê bases firmes para acreditar que haja uma causa ainda mais profunda para essa ordem".[20] Então, quando se trata do ponto de vista de apoio, mais uma vez pode ser útil dividi-lo em ponto de vista fraco e ponto de vista forte.

Outro exemplo do ponto de vista de apoio está na concepção de Fritjof Capra do relacionamento entre a física moderna e as religiões orientais. A física newtoniana esteve em conflito, ou pelo menos em tensão, com as crenças religiosas orientais, mas com o desenvolvimento da nova física, as coisas mudaram. A conclusão de Capra é que "começa a emergir da física moderna uma visão de mundo consistente, em harmonia com a antiga sabedoria oriental".[21] Até certo ponto – limitado, porém significativo – as teorias da física contemporânea confirmam a sabedora oriental – uma sabedoria que Hindus, Budistas e outros adquiriram de formas e através de meios bastante diferentes.

Até agora apresentei o ponto de vista reformador e o ponto de vista de apoio como mutuamente exclusivos. Provavelmente é verdade que alguém como Kaufman não iria além de endossar um ponto de vista reformador (com prioridade para a ciência), e isso também seria verdadeiro para muitos acadêmicos envolvidos no diálogo ciência-religião. Mas também seria possível, claro, tanto pensar que a religião pode ter de reformular parte de seu conteúdo (à luz de descobertas científicas ou desenvolvimentos teóricos recentes), quanto crer, ao mesmo tempo, que uma prática pode apoiar a outra em alguma outra área de interesse comum. Por exemplo, por um lado, a visão judaico-cristã tradicional entende que os primeiros seres humanos, Adão e Eva, foram criados no Jardim do Éden. Entretanto, a teoria evolutiva mina a ideia de que houve um paraíso sem conflito, morte e sofrimento e diz que somos descendentes de seres pré-humanos anteriores. Logo, a tradicional doutrina da Queda deve ser reinterpretada. Por outro lado, Robert Wright diz que "a ideia ridicularizada por John Stuart Mill (e muitos outros

---

20   SWINBURNE, Richard. *Is there a God?* Oxford University Press, 1996, pp. 2-68. (NT) Há tradução em português.
21   CAPRA, Fritjof. *The Tao of Physics*. 4ª ed. Boston: Shambhala, 2000, p. 12. (NT) Há tradução em português.

cientistas sociais modernos depois dele) – de uma natureza humana corrompida pelo "pecado original" – não merece uma rejeição tão sumária".[22] Uma tendência ao pecado, ou ao mal, ou a ser egoísta pode ser uma falha fatal de nossa natureza que necessitamos superar através da engenharia social. Wright entende que isso seja confirmado pela psicologia evolutiva. Então, essa concepção cristã configura-se como algo que a psicologia evolutiva pode, pelo menos em parte, apoiar? John T. Mullen entende que sim. Ele argumentou que, com uma única exceção, todas as versões do Pecado Original que ele identificou podem "tornar-se epistemologicamente mais prováveis com a adição da psicologia evolutiva à nossa estrutura de crença".[23]

De qualquer forma, é importante distinguir entre dois submodelos do modelo de reconciliação: o ponto de vista reformador que afirma que a ciência pode mudar, minar ou levar à reforma da religião na área de contato, ou vice versa; e o ponto de vista de apoio que, por sua vez, entende que a ciência pode apoiar, reforçar ou confirmar a religião na área de contato, ou vice versa. Essas duas visões, então, podem ser combinadas de modo que tenhamos um terceiro submodelo, o ponto de vista reformador de apoio.

O relato de Keith Ward do relacionamento entre o teísmo e a ciência exemplifica esse último ponto de vista, ainda que mais em nível de princípios do que os exemplos supracitados. Ele afirma que, de acordo com o teísmo:

> Há um criador supremamente perfeito, único objeto próprio para devoção ilimitada. Isso, por sua vez, implica em dizer que qualquer universo criado terá um caráter específico – ele será inteligível, moralmente ordenado e direcionado a um fim. Consequentemente, uma demonstração desse universo como não racionalmente ordenado, despropositado ou moralmente cruel ou até mesmo indiferente, minaria a crença em Deus. Fica claro, então, que o teísmo é falseável. [...] Ele também é confirmável, se o universo, como experimentado, for mediado, pelo menos em parte, por uma presença pessoal; se ele

---

22 WRIGHT, Robert. *The Moral Animal*. Londres: Abacus, 1996. p. 13. (NT) Há tradução em português.
23 MULLEN, John T. "Can Evolutionary Psychology Confirm Original Sin?". *Faith and Philosophy*. 24, 2007, pp. 268-283.

for racionalmente ordenado; se ele parecer proposital; se ele parecer condutivo à realização da beleza e da virtude, da compreensão e da criatividade; e se a ideia de Deus parecer coerente e plausível.[24]

O Dalai Lama também parece advogar um ponto de vista reformador de apoio em relação ao relacionamento entre o Budismo e a ciência. Ainda que o Dalai Lama entenda que certos aspectos do pensamento Budista terão de ser modificados à luz das descobertas científicas, ele também acredita que "é possível o Budismo e ciência moderna se engajarem em uma pesquisa colaborativa para compreenderem a consciência. [...] Ao juntar esses dois modos de investigação, ambas as disciplinas podem ser enriquecidas".[25]

Essas três visões, poderiam, além disso, ser pontos de vista fortes ou fracos, no sentido que podem presumir tanto uma sobreposição substancial quanto apenas estreita entre a ciência e a religião.

Fatores complicadores

Concentremo-nos agora em alguns elementos do debate ciência-religião que ou complicam a imagem até agora delineada ou parece ter sido deixados de fora dela. Notemos primeiro que até esse ponto eu não falei nada sobre o que seriam, de fato, a ciência e a religião. Eu apenas escrevi "ciência" ou "religião", talvez pressupondo que todo mundo saiba e concorde com as implicações dessas noções. Mas claro, nem na sociedade como um todo, nem dentro da comunidade do diálogo ciência-religião todas as pessoas concordam a respeito desses assuntos. Entretanto, a intenção por trás dessa tipologia, na verdade, é deixar a questão suficientemente em aberto nesse nível de generalidade. Apenas quando chegamos mais perto é que precisamos de um mapa mais detalhado do terreno do que eu ofereci até esse momento.

---

24 WARD, Keith. *God, Chance and Necessity*. Oxford: Oneworld, 1996, p. 98. (NT) Há tradução em português.
25 DALAI LAMA. *The Universe in a Single Atom*. Londres: Abacus, 2005, pp. 6-146. (NT) Há tradução em português.

Nesse escrutínio mais detalhado, a religião poderia ser explicada não apenas em termos de diferentes religiões tradicionais como o cristianismo, o islã ou o budismo, nem nos termos dos fenômenos mais recentes como a fé Baha'i ou o que algumas vezes é chamada de espiritualidade Nova Era, mas também em termos de tradições e denominações dentro de uma religião, como cristãos ortodoxos, católicos e protestantes (ou ainda mais estritamente falando, distinguindo dentre luteranos e calvinistas). Assim, o relacionamento entre ciência e cristianismo em certo momento pode parecer bastante diferente do relacionamento entre a ciência e o budismo no mesmo momento. Suponha, pelo bem do argumento, que a crítica de Dawkins ao cristianismo em *The God Delusion* (2006) esteja correta. O modelo de irreconciliabilidade, então, provavelmente seria o melhor para caracterizar o relacionamento entre a ciência e o cristianismo hoje. Mas os argumentos de Dawkins dificilmente teriam muito impacto sobre a sabedoria oriental que Capra apresenta em *The Tao of Physics*. Então, se assumirmos que a caracterização de Capra, tanto da sabedoria oriental quanto da física moderna, está correta, o relacionamento entre a ciência e o budismo, provavelmente seria melhor compreendido nos termos do ponto de vista de apoio do modelo de reconciliação. Isso possivelmente revela um perigo para com a tipologia proposta – ela pode dar a impressão de que o relacionamento entre a ciência e a religião seria o mesmo para todas as religiões, e que um modelo esteja correto para todos os casos – mas isso, provavelmente, está errado.

Modelos de reconciliação conservador, tradicional, liberal e construtivista

Desenvolvendo mais isso, algumas vezes pode ser necessário distinguir entre agrupamentos mais conservadores e mais liberais dentro dessas tradições ou denominações religiosas. Em qualquer momento considerado, pode haver grandes diferenças entre as visões defendidas por cristãos conservadores e liberais sobre qualquer um dos assuntos aqui discutidos. Mais ainda, é possível que, em determinando momento, haja maior similaridade entre o ponto de vista dos conservadores cristãos e dos conservadores muçulmanos do que entre cristãos conservadores e liberais (ainda que os dois últimos grupos estejam dentro da mesma religião).

Por exemplo, conservadores tanto no islã quanto no cristianismo argumentaram em favor da reintegração entre a ciência e a religião e da rejeição da ideia ocidental moderna de uma ciência religiosamente neutra.[26] Zainal Abidin Bagir aponta para as similaridades quando escreve: "Para esse grupo (de muçulmanos), a ciência não está livre de valores; a ciência moderna é colorida por valores seculares ocidentais; logo, os muçulmanos precisam de sua própria ciência, plena de valores islâmicos... (Essa) ideia é parecida, em certo sentido, com a ideia da 'ciência teísta', intensivamente discutida entre certos grupos cristãos americanos...".[27] Entretanto, faz-se necessário colocar um sinal de aviso aqui: no contexto muçulmano, Medhi Golshani, por exemplo, pode ser considerado um conservador? Ele não deveria, na verdade, ser visto como um liberal? Considere-se o que escreve Seyyed Hossein Nasr. Nasr nos fala que ele não consegue explicar para seus companheiros muçulmanos porque a teologia cristã parece, pelo menos nos círculos liberais, está passando por grandes mudanças:

> Não há nada no islã que se compare com as inovações no entendimento de Deus da maneira tradicional, na qual a teologia católica e protestante o tem entendido, em relação a certas visões correntes da divindade em teologia evolutiva *à la* Teilhard de Chardin, ou na teologia do processo *à la* John Cobb via Alfred North Whitehead.[28]

A resposta para a pergunta se estudiosos muçulmanos como Goshanie Nasr são conservadores depende a que escala nos subscrevemos. Considere,

---

26 GOLSHANI, Medhi. "How to Make Sense of 'Islamic Science?'" *American Journal of Islamic Social Sciences*. 17, 2000, pp. 1-21; MARSDEN, George M. *The Outrageous Idea of Christian Scholarship*. Oxford University Press, 1997.
27 BAGIR, Zainal Abidin. "Islam, Science and 'Islamic Science': How to 'Integrate' Science and Religion". In: BAGIR, Zainal Abidin (ed.). *Science and Religion in a Post-colonial World*. Adelaide: ATF Press, 2005, pp. 37-64.
28 NASR, Seyyed Hossein. "Islamic–Christian Dialogue: Problems and Obstacles to be Pondered and Overcome". *Islam and Christian–Muslim Relations*. 2, 2000, pp. 213-227.

por exemplo, um caso paralelo: muitas pessoas à direita na escala política da Suécia estariam à esquerda na escala política dos Estados Unidos; mas que escala deveria ser usada?

Retornemos a Richard Dawkins. Se ele está certo sobre as relações entre a ciência e a religião (trata-se de um grande se; mas esse não é o ponto), então, por exemplo, a compreensão de John Polkinghorne acerca do cristianismo poderia ser seriamente desafiada, enquanto que a teologia naturalista de Gordon Kaufman permaneceria relativamente intacta e imperturbada. Novamente, a tipologia pode dar a impressão de que o relacionamento entre a ciência e o cristianismo seria o mesmo para todos os cristãos, ou seja, que um único modelo poderia representar acertadamente a todos eles; mas isso está quase que certamente errado.

Se nos ativermos ao uso dos rótulos "liberal" e "conservador" nos Estados Unidos e na Europa e nos limitarmos ao cristianismo, poderemos formular quatro versões do modelo de reconciliação que nos ajudariam a localizar muitos participantes ativos no diálogo contemporâneo ciência-religião. A ideia é pensar uma escala com dois polos e quatro pontos sugeridos entre eles, mas sem que as fronteiras sejam claramente definidas. Podemos muito bem questionar se algumas das pessoas que eu uso para exemplificar pontos de vista particulares não poderiam caminhar em direção a outra parada, por assim dizer. Mas, de qualquer forma, a questão importante aqui é que essa escala pode iluminar uma parte vital do diálogo.

De acordo com o modelo de reconciliação conservador, é primordialmente a ciência que precisa mudar seu conteúdo, enquanto que o cristianismo tradicional é amplamente satisfatório em sua configuração atual. Os cristãos conservadores que são críticos severos da teoria evolutiva exemplificariam esse ponto de vista; por exemplo, Johnson, Dembski e, em uma escala talvez um pouco menor, Alvin Plantinga. Plantinga argumenta que a teoria da evolução não é, de forma alguma, religiosamente neutra e ele está, portanto, disposto a rejeitar parte dela. A ciência precisa reconciliar-se com o cristianismo para que algo que possa ser chamado de ciência teísta possa nascer: "o que nós (cristãos) precisamos quando queremos saber como pensar sobre a origem e o desenvolvimento da vida contemporânea é o que é mais plausível do ponto de vista cristão".[29]

De acordo com o modelo de reconciliação tradicional, a ciência pode precisar mudar algum de seus conteúdos, enquanto que o cristianismo certamente precisa mudar alguma coisa, mas não o todo de seu conteúdo tradicional. Situados aqui, mas talvez posicionados de alguma forma em direção ao modelo anterior, estão Alister McGrath e Nancey Murphy, enquanto que Polkinghorne e Ward estariam localizados mais abaixo, em direção ao outro polo. Francis Collins também seria um dos advogados dessa visão. Esses acadêmicos leram a Bíblia de maneira muito menos literal do que os advogados do modelo de reconciliação conservador e aceitam a crítica bíblica sem muito questionamento.

Eles não estão a ponto de dar privilégios suficientes ao cristianismo tanto quanto os defensores do modelo anterior o fazem, mas eles também não privilegiam a ciência tanto quanto os proponentes do próximo modelo tipicamente costumam fazer. O comentário de Polkinghorne sobre essas pessoas é significativo. Ele escreve que há, em seus pensamentos, um grau muito alto de assimilação e acomodação de mão única: "essa postura sempre carregará o perigo da subordinação do teológico ao científico. É a teologia que tenderá a ser assimilada pela ciência".[30]

O terceiro modelo é o modelo de reconciliação liberal. De acordo com esse modelo a ciência está bem como está; na verdade, é o cristianismo que deve mudar a maior parte (mas não o todo) de seu conteúdo tradicional. Peacocke ilustra essa postura bem quando escreve que o objetivo de seu trabalho "é repensar nossas conceitualizações 'religiosas' à luz das perspectivas sobre o mundo oferecidas pelas ciências".[31] Reconciliadores liberais, novamente grosso modo, leem a Bíblia de maneira essencialmente simbólica, privilegiam, sem dúvida, a ciência e rejeitam, ou pelo menos modificam significativamente a noção teísta tradicional de Deus. Ao invés disso, eles

---

29 PLANTINGA, Alvin. "When Faith and Reason Clash: Evolution and the Bible". *Christian Scholar's Review*. 21, 1991, pp. 8-33.
30 POLKINGHORN, John. *Scientists as Theologians*. Londres: SPCK, 1996, p. 7.
31 PEACOCKE, Arthur. *Theology for a Scientific Age*. Minneapolis: Fortress Press, 1993, p. 3.

procuram abraçar, por exemplo, o panenteísmo. Também naturalizam ainda mais a noção de Deus e falam em naturalismo teísta ou religioso, ou, alternativamente, preferem falar sobre um mistério transcendente que não pode ser conhecido, chamado de "Real" ou "Último". Em graus variados, Barbour, Drees, Kaufman, Peacocke e Sallie McFague exemplificam esses acadêmicos cujos trabalhos assumem o modelo de reconciliação liberal. A visão elevada da ciência pressuposta no modelo torna-se explícita quando, por exemplo, Ted Peters escreve que "a dedicação implacável (da ciência) para com a verdade empiricamente derivada torna a ciência brutal em seu descaso para com crenças anteriores, até mesmo as crenças sagradas".[32] Isso contrasta duramente com a visão da ciência não privilegiada, talvez até desmascarada, que veremos exibida no próximo modelo.

Há também um quarto modelo que vale a pena explorar, ainda que eu hesite em identificar nomes de acadêmicos, participantes do diálogo, que o pressuporiam em seus escritos. De acordo com o modelo de reconciliação pós-moderno ou construtivista, nem a ciência, nem o cristianismo (tradicional ou liberal) são aceitáveis da maneira como existem; na verdade, ambos precisam mudar radicalmente. O ponto de partida seria a teoria literária e os pensadores pós-modernos radicais, como Nietzsche, Derrida, Foucault e Rorty, bem como filósofos e sociólogos da ciência como Thomas Kuhn, Barry Barnes, David Bloor e Sandra Harding. Suas ideias são então aplicadas ao diálogo ciência-religião. Somos convidados a entender que tanto a ciência quanto a religião são construtos sociais desenvolvidos para satisfazer certas necessidades e interesses. Consequentemente, o mundo natural exerce um papel menor ou não existente na construção do conhecimento científico. Não apenas a verdade religiosa, mas também a verdade científica são um reflexo das relações de poder de um determinado período histórico. Não é possível encontrar uma verdade objetiva. Nas palavras de Don Cupitt, um filósofo da religião: "O mundo como tal – se, de fato, podemos falar de uma coisa dessas – não é mais do que um fluxo descaracterizado que procura se

---

32 PETERS, Ted. "Theology and the Natural Sciences". In: FORD, David F. (ed.). *The Modern Theologians*. Pp. 647-668.

tornar algo, e diferentes culturas o ordenam de diferentes formas".³³ Quando aplicamos esse raciocínio à ciência, entendemos que o universo não tem uma estrutura inerente que os cientistas possam se incumbir de descobrir. Todas nossas histórias sobre o mundo são apenas construtos transitórios, e as perspectivas científicas e religiosas são apenas duas entre muitas. Se entendermos a ciência e a religião dessa maneira ou de uma maneira similar, é bem possível reconciliá-las entre si. De novo, as visões podem ser mais ou menos radicais; porém, todas conteriam a ideia de que as teorias científicas e as crenças religiosas são construtos no sentido de que são influenciadas pelos interesses culturais e sociais e não capturam a realidade independente dos seres humanos.

Visões de ciência

É verdade, os participantes do diálogo ciência-religião têm pontos de vista sobre a religião que são mais diversos que seus pontos de vista sobre a ciência, mas os relatos acerca do que é ciência também podem variar consideravelmente. Logo, é um erro pensar que o relacionamento entre a ciência e a religião seria o mesmo para todas as ciências ou para todas as compreensões de ciência. Isso complica ainda mais toda a imagem do diálogo, mas a tipologia, mesmo assim, pode servir a diferentes compreensões do que seja a ciência. Aproximemo-nos, por um momento, da questão em pauta, e desenhemos um mapa ligeiramente mais detalhado.

Em primeiro lugar, a ciência poderia ser explicada nos termos de uma disciplina particular como a física e a biologia, ou nos termos de todas as ciências naturais, ou das ciências naturais e das ciências sociais, ou talvez, ainda mais amplamente, para incluir as humanidades – como permite o uso do termo ciência em sueco ou em alemão. Claramente a religião, como um todo, não é ciência. Mas algumas pessoas defendem que a teologia seja uma ciência.³⁴ Ideias acerca da demarcação da ciência,

---

33 CUPITT, Don. *Lifelines*. London: SCM Press, 1986, p. 133.
34 MURPHY, Nancey. *Theology in the Age of Scientific Reasoning*. Ithaca, NY: Cornell University

portanto, afetariam a maneira como se percebe o relacionamento entre a ciência e a religião.

Em segundo lugar, boa parte da discussão sobre como a ciência e a religião se relacionam pressupõe uma visão realista da ciência. O realismo científico é, grosso modo, o ponto de vista que entende que as teorias da ciência são verdadeiras ou falsas, ou pelo menos aproximam-se da verdade e da falsidade, por conta da maneira como capturam as características do mundo, independentes da linguagem ou do observador. De acordo com esse ponto de vista, os cientistas frequentemente podem dizer se uma teoria é (aproximadamente) verdadeira ou falsa, testando-a contra a realidade empírica. As teorias procuram oferecer um relato do que acontece por trás dos fenômenos que experimentamos, e assim a ciência não está apenas na busca de uma descrição cuidadosa e metodológica dos aspectos observáveis do mundo. Mas claro que é possível, ao invés disso, defender uma visão não realista ou antirrealista da ciência e isso influenciaria no como a ciência e a religião são relacionadas.

Uma opção é o instrumentalismo científico. Os instrumentalistas sustentam que as teorias científicas não deveriam ser vistas como provedoras de afirmações verdadeiras ou falsas sobre a infraestrutura não observável da realidade, mas sim como útil ou não. As teorias seriam ferramentas intelectuais para organizar dados oriundos da observação e para prever fenômenos futuros e nada mais. O instrumentalista mais conhecido no debate ciência-religião talvez seja Pierre Duhem, que argumenta que, porque as teorias físicas não podem ser verdadeiras ou falsas, elas não desempenham nenhum papel na discussão teológica. Essas teorias científicas, propriamente compreendidas, não têm a "capacidade de penetrar além dos ensinamentos do experimento ou a capacidade de conjecturar sobre as realidades escondidas debaixo dos dados observáveis pelos sentidos".[35]

Uma terceira possibilidade seria adotar o empirismo científico e afirmar que as teorias científicas pretendem dizer a verdade, mas deveriam ser

---

Press, 1990; PEACOCKE, Arthur. *Theology for a Scientific Age*; McGRATH, Alister E. *The Science of God*. Grand Rapids, MI: Eerdmans, 2004.

35 DUHEM, Pierre. *The Aim and Structure of Physical Theory*. Princeton University Press, 1954, p. 279.

aceitas apenas quando empiricamente adequadas e não vistas como verdadeiras, por conta do problema da determinação de seu valor de verdade. As teorias procuram dar descrições verdadeiras de uma realidade inerente ao fenômeno experimentado, mas não podemos dizer se qualquer uma dessas descrições é de fato verdadeira, ou se ela é falsa.

O construtivismo, como descrito anteriormente, daria ainda uma quarta opção. Os advogados do construtivismo científico não negariam que as teorias científicas podem ser verdadeiras ou falsas e que nós podemos legitimamente falar como se nós soubéssemos que elas são verdadeiras, mas a verdade científica é sempre um construto social. As teorias científicas nunca podem ser verdadeiras ou falsas por conta do mundo, independente da linguagem ou do observador. Na verdade, elas estão sempre profundamente incorporadas à linguagem, às práticas sociais e às estruturas políticas, mas, mesmo assim, elas dizem respeito ao que é real. A questão é que a verdade é sempre verdade-para-nós ou verdade a partir de uma ou outra perspectiva, e a ciência não é uma exceção à regra.

Dois outros fatores complicadores

Seria fácil deixar-se levar à conclusão de que essa tipologia pressupõe três conclusões: (a) a ciência seja um grupo de teorias; (b) a religião um grupo de crenças e doutrinas; (c) essas sejam as coisas que devemos trazer para o relacionamento mútuo. Mas esse não é o caso: a tipologia é consistente com a ideia de que podemos entender a ciência e a religião como práticas sociais com muitas camadas, inclusive, talvez, conteúdo proposicional, mas não excluindo outros tipos de conteúdo. Por exemplo, se entendemos a ciência e a religião como duas práticas sociais, então uma sobreposição entre as duas não tem de consistir nas teorias científicas sendo relevantes para as crenças religiosas. Podem, por exemplo, consistir simplesmente em uma pessoa ser tanto um cientista quanto um crente religioso, ou em uma fundação religiosa apoiando um programa de pesquisa científica em particular.

Na verdade, o ponto de partida para um relato mais detalhado deveria ser que a ciência e a religião não são apenas um conjunto de crenças ou de teorias, além de certas metodologias, mas duas práticas sociais. Isso quer dizer que, para além de qualquer coisa que a ciência e a religião possam ser, elas são atividades complexas realizadas por seres humanos em cooperação dentro de um cenário histórico e cultural particular. Podemos definir, grosso modo, uma prática como sendo uma atividade humana cooperativa complexa e estabelecida de maneira relativamente coerente em termos sociais, através das quais seus praticantes (por exemplo, crentes religiosos ou cientistas) tentam alcançar certos objetivos através de estratégias particulares. A prática pode, portanto, ser diferenciada pela identificação dos objetivos que seus praticantes têm em comum e pelos meios que eles desenvolvem e usam para atingir esses objetivos. A ciência e a religião, concebidas dessa forma, são constituídas por todas as atividades das quais cientistas e religiosos participam quando perseguindo os objetivos de suas práticas particulares. Já que essas duas práticas existem há muito tempo, cada uma delas tem uma história e tradições constituintes.

Outra dificuldade com as tipologias está no fato de que elas podem dar a impressão de que o relacionamento ciência-religião é estático; é sempre o mesmo.[36] A tipologia proposta, contudo, é compatível com a ideia de que a ciência e a religião podem mudar (e, de fato, mudam, como revelam os estudos da história da ciência e da religião). Se aceitarmos que a ciência e a religião são práticas sociais, então, como todas as outras práticas sociais, elas poderão mudar ao longo do tempo. Como resultado, é possível que em um momento **t1** não haja nenhuma sobreposição entre a ciência e a religião, mas que por conta, digamos, de um desenvolvimento na teoria científica, em um momento **t2**, surja uma área de contato entre essas duas práticas e, talvez, em um momento **t3** haja a união entre a ciência e a religião.[37] Esse poderia

---

36 BROOKE, John e CANTOR, Geoffrey. *Reconstructing Nature*. Edimburgo: T. and T. Clark, 1998, p. 275; HUYSSTEEN, J. Wentzel van. *Duet or Duel? Theology and Science in a Postmodern World*. Harrisburg, PA: Trinity Press International, 1998, p. 3.

37 Também é possível, pois que em **t4** haja novamente apenas uma sobreposição e que em **t5** a ciência e a religião tornem-se práticas completamente separadas etc.

ser um desenvolvimento que viria à custa da religião tradicional e não da ciência, se acreditarmos nos advogados do modelo de substituição, tais como Wilson. De maneira alternativa, o impacto poderia se dar na direção oposta, como defendem Golshani, Marsden e Plantinga, com as crenças religiosas influenciando a direção da pesquisa científica e a justificação das teorias científicas mais do que acontecia anteriormente.

Portanto, é importante que liguemos a distinção entre os vários modelos (irreconciliabilidade, independência, diferentes versões da reconciliação, e de substituição) às noções de expansão e restrição, indicando que o relacionamento entre a ciência e a religião pode ser dinâmico e evoluir ao longo do tempo.[38] Notemos, contudo, que se aceitarmos que a ciência e a religião são práticas que mudam com o tempo e usarmos a terminologia da expansão e da restrição como uma forma de caracterizar as mudanças no relacionamento entre a ciência e a religião, então não poderemos imediatamente identificar o que Loren R. Graham chamou de restricionismo científico com o modelo de independência.[39] Isso acontece porque a restrição ou a expansão é sempre relativa à situação anterior, e essa situação seria caracterizada por um tipo particular de sobreposição entre a ciência e a religião, e não por duas práticas autônomas sem sobreposição. Um restricionista, numa situação como essa, seria alguém que argumenta contra a tentativa dos expansionistas de expandir ainda mais a sobreposição seja à custa da religião ou à custa da ciência. Destarte, não há nenhum risco imediato da tipologia que proponho mostrar-se excessivamente anistórica e estática e possa, assim, prover um mapa útil do relacionamento entre a ciência e a religião como defendido ao longo dos tempos. Contudo, a noção de um modelo de reconciliação, em certo sentido e na prática, pressupõe a situação contemporânea, quando muitas pessoas entendem que a ciência e a religião competem, e apenas uma será vitoriosa no final. Nessa situação efetivamente parece apropriado classificar

---

38 STENMARK, Mikael. *How to Relate Science and Religion*. pp. 257-258.
39 Os termos "restricionismo científico" e "expansionismo científico" foram introduzidos em GRAHAM, Loren R. *Between Science and Values*. Nova York: Columbia University Press, 1981, e desenvolvidos mais profundamente em STENMARK, Mikael. *Scientism: Science, Ethics and Religion*. Aldershot: Ashgate, 2001.

como "reconciliação" abordagens que entendem que ambas as práticas podem, na verdade, coexistir, ou serem combinadas, ou serem relevantes uma para a outra. Entretanto, se voltarmos na História, o pressuposto prevalente provavelmente seria o de que a ciência e a religião apoiam-se mutuamente. Nessas circunstâncias, talvez fosse mais apropriado chamar o modelo de modelo de contato do que de modelo de reconciliação.

Guia para outras leituras

Introdutório

BARBOUR, Ian. *Religion and Science: Historical and Contemporary Issues*, San Francisco: Harper, 1997.

BROOKE, John Hedley. *Science and Religion: Some Historical Perspectives*. Cambridge University Press, 1991 (Tradução em português: *Ciência e religião: algumas perspectivas históricas*. Porto Editora, 2005).

CLAYTON, Philip e SIMPSON, Zachary (orgs.). *The Oxford Handbook of Religion and Science*. Oxford University Press, 2006.

DIXON, Thomas. *Science and Religion: a Very Short Introduction*. Oxford University Press, 2008.

FERNGREN, Gary (org.). *Science and Religion: a Historical Introduction*. Baltimore: Johns Hopkins University Press, 2002.

LINDBERG, David C. e NUMBERS, Ronald L. (orgs.). *When Science and Christianity Meet*. University of Chicago Press, 2003.

NUMBERS, Ronald L. (org.). *Galileo Goes to Jail and Other Myths in Science and Religion*. Cambridge, MA: Harvard University Press, 2009 (tradução em português: *Galileu na prisão* e outros mitos sobre ciência e religião. Lisboa: Ed. Gradiva, 2012).

POLKINGHORNE, John. *Belief in God in an Age of Science*, New Haven: Yale University Press, 2003.

WARD, Keith. *The Big Questions in Science and Religion*. Filadélfia: Templeton Press, 2008.

Ciência e religião na Idade Média

BALDWIN, John. *The Scholastic Culture of the Middle Ages, 1000-1300*. Lexington, MA: D. C. Heath, 1971.

COLISH, Marcia L. *The Foundations of the Western Intellectual Tradition, 400-1400*. New Haven: Yale University Press, 1997.

GRANT, Edward. *Science and Religion, 400 BC to AD 1550: From Aristotle to Copernicus*. Baltimore: Johns Hopkins University Press, 2004.

LINDBERG, David C. *The Beginnings of Western Science: the European Scientific Tradition in Philosophical, Religious, and Institutional Context, Prehistory to AD 1450*. 2ª ed. Revisada. University of Chicago Press, 2007.

LINDBERG, David C. "Science as Handmaiden: Roger Bacon and the Patristic Tradition". *Isis*. 78 (1987), pp. 518-536.

STEENBERGHEN, Fernand van. *Aristotle in the West*. JOHNSTON, Leonard (trad.). Louvain: Nauwelaerts, 1955.

Religião e a Revolução Científica

COHEN I. Bernard (org.). *Puritanism and the Rise of Modern Science: the Merton Thesis*. New Brunswick: Rutgers University Press, 1990.

FUNKENSTEIN, Amos. *Theology and the Scientific Imagination: From the Middle Ages to the Seventeenth Century*. Princeton University Press, 1986.

GAUKROGER, Stephen. *The Emergence of a Scientific Culture: Science and the Shaping of Modernity, 1210-1685*. Oxford: Clarendon Press, 2006.

HARRISON, Peter. *The Bible, Protestantism, and the Rise of Natural Science*. Cambridge University Press, 1998.

HARRISON, Peter. *The Fall of Man and the Foundations of Modern Science*. Cambridge University Press, 2007.

LINDBERG, David C. e NUMBERS, Ronald L. (orgs.). *God and Nature: Historical Essays on the Encounter between Christianity and Science*. Berkeley: University of California Press, 1986.

McMULLIN, Ernan (org.). *The Church and Galileo*. University of Notre Dame Press, 2005, pp. 117-149.

OSLER, Margaret J. *Divine Will and the Mechanical Philosophy: Gassendi and Descartes on Contingency and Necessity in the Created World*. Cambridge University Press, 1994.

SHAPIN, Steven. Understanding the Merton Thesis. *Isis*. 79, 1988, pp. 594-605.

WESTFALL, R. S. *Science and Religion in Seventeenth-Century England*. New Haven: Yale University Press, 1958.

Teologia natural e ciências

BROOKE, John Hedley. *Science and Religion: Some Historical Perspectives*. Cambridge University Press, 1991 (Tradução em português: *Ciência e religião: algumas perspectivas históricas*. Porto Editora, 2005).

BROOKE, John Hedley e CANTOR, Geoffrey. *Reconstructing Nature: the Engagement of Science and Religion*. Edimburgo: T. & T. Clark, 1998.

CORSI, Pietro. *Science and Religion: Baden Powell and the Anglican Debate, 1800-1860*. Cambridge University Press, 1988.

GASCOIGNE, John. "From Bentley to the Victorians: the Rise and Fall of British Newtonian Natural Theology". *Science in Context*. 2, 1988, pp. 219-56.

OSPOVAT, Dov. The Development of Darwin's Theory: Natural History, Natural Theology, and Natural Selection, 1828-1850. Cambridge University Press, 1981.

TOPHAM, Jonathan R. Beyond the "Common Context": the Production and Reading of the Bridgewater Treatises. Isis. 89 (1998), pp. 233-262.

Reações religiosas a Darwin

ARTIGAS, Mariano, GLICK, Thomas F. e MARTINEZ, Rafael A. *Negotiating Darwin: the Vatican Confronts Evolution, 1877-1902*. Baltimore: Johns Hopkins

University Press, 2006.

BOWLER, Peter J. *Reconciling Science and Religion: the Debate in Early--Twentieth-Century Britain.* University of Chicago Press, 2001.

CANTOR, Geoffrey e SWELITZ, Marc (orgs.). *Jewish Tradition and the Challenge of Darwinism.* University of Chicago Press, 2006.

ELLEGARD, Alvar. *Darwin and the General Reader: the Reception of Darwin's Theory of Evolution in the British Periodical Press, 1859-1872.* University of Chicago Press, 1990.

LIVINGSTONE, David N. *Darwin's Forgotten Defenders: the Encounter between Evangelical Theology and Evolutionary Thought.* Grand Rapids, MI: Eerdmans, 1987.

MOORE, James R. *The Post-Darwinian Controversies: a Study of the Protestant Struggle to Come to Terms with Darwin in Great Britain and America, 1870-1900.* Cambridge University Press, 1979.

NUMBERS, Ronald L. *The Creationists: From Scientific Creationism to Intelligent Design.* Edição ampliada. Cambridge, MA: Harvard University Press, 2006.

ROBERTS, Jon H. *Darwinism and the Divine in America: Protestant Intellectuals and Organic Evolution, 1859-1900.* University of Notre Dame Press, 2001.

Ciência e secularização

BERGER, Peter L. "The Desecularization of the World: a Global Overview". In: BERGER, Peter L. (org.). *The Desecularization of the World: Resurgent Religion and World Politics.* Grand Rapids, MI: Eerdmans, 1999, pp. 1-18.

BROOKE, John Hedley. "Science and Secularisation". In: WOODHEAD, Linda (org.). *Reinventing Christianity.* Aldershot: Ashgate, 2001, pp. 229-238.

EVANS, John H. e EVANS, Michael S. Religion and Science: Beyond the Epistemological Conflict Narrative. *Annual Review of Sociology.* 34, n. 5, 2008, pp. 1-19.

MARTIN, David. Does the Advance of Science Mean Secularisation? *Science and Christian Belief.* 19, 2007, pp. 3-14.

NUMBERS, Ronald L. (org.). *Galileo Goes to Jail and Other Myths in Science and Religion.* Cambridge, MA: Harvard University Press, 2009.

TAYLOR, Charles. *A Secular Age.* Cambridge, MA: Harvard University Press, 2007 (Tradução em português: *Uma era secular.* Unisinos, 2010).

Criacionismo científico e *design* inteligente

COMFORT, Nathaniel (org.). *The Panda's Black Box: Opening Up the Intelligent Design Controversy.* Baltimore: Johns Hopkins University Press, 2007.

FORREST, Barbara e GROSS. Paul R. *Creationism's Trojan Horse: the Wedge of Intelligent Design.* Nova York: Oxford University Press, 2004.

GIBERSON, Karl W. e YERXA, Donald A. *Species of Origins: America's Search for a Creation Story.* Lanham, MD: Rowman & Littlefield, 2002.

LARSON, Edward J. *Trial and Error: the American Controversy over Creation and Evolution.* 3ª ed. Nova York: Oxford University Press, 2003.

NUMBERS, Ronald L. *The Creationists: From Scientific Creationism to Intelligent Design.* Edição ampliada. Cambridge, MA: Harvard University Press, 2006.

PENNOCK, Robert T. *Tower of Babel: the Evidence against the New Creationism.* Cambridge, MA: MIT Press, 1999.

PETTO, Andrew J. e GODFREY, Laurie R. (orgs.). *Scientists Confront Intelligent Design and Creationism.* Nova York: W. W. Norton, 2007.

RUSE, Michael. *Darwin and Design: Does Evolution Have a Purpose?* Cambridge, MA: Harvard University Press, 2003.

Evolução, singularidade humana e crença religiosa

MORRIS, Simon Conway. *Life's Solution: Inevitable Humans in a Lonely Universe.* Cambridge University Press, 2003.

MORRIS, Simon Conway (org.). *The Deep Structure of Biology: Is Convergence Sufficiently Ubiquitous to Give a Directional Signal?* West Conshohocken, PA: Templeton Press, 2008.

CREAN, T. *A Catholic Replies to Professor Dawkins.* Oxford: Family Publications, 2007.

HAUGHT, John F. *Deeper than Darwin: the Prospect for Religion in the Age of Evolution.* Boulder, CO e Oxford: Westview Press, 2003.

McGRATH, Alister A. *The Open Secret: a New Vision for Natural Theology,* Malden, MA e Oxford: Wiley Blackwell, 2008.

MILLER, Kenneth R. *Finding Darwin's God: a Scientist's Search for Common Ground between God and Evolution.* Nova York: HarperCollins, 2007.

SPENCER, Nick. *Darwin and God.* London: SPCK, 2009.

STOVE, David. *Darwinian Fairytales: Selfish Genes, Errors of Heredity, and Other Fables of Evolution.* Aldershot: Encounter Books, 2006.

Deus, a física e o *Big-bang*

ALLEN, Paul L. *Ernan McMullin and Critical Realism in the Science-Theology Dialogue.* Aldershot: Ashgate, 2006.

BURRELL, David B. *Freedom and Creation in Three Traditions.* University of Notre Dame Press, 1993.

CARROLL, William E. "Divine Agency, Contemporary Physics, and the Autonomy of Nature". *The Heythrop Journal.* 49, n.4, 2008, pp. 1-21.

ELLIS, George F. R. *Before the Beginning: Cosmology Explained.* Londres: Boyars/Bowerdean, 2001.

RUSSELL, Robert John, MURPHY, Nancey e ISHAM, C. J. (orgs.).

Quantum Cosmology and the Laws of Nature: Scientific Perspectives on Divine Action. Cidade-Estado do Vaticano e Berkeley, CA: Vatican Observatory Publications e Center for Theology and the Natural Sciences, 1993.

RUSSELL, Robert John, STOEGER, William R. e COYNE, George V. (orgs.). *Physics, Philosophy and Theology: a Common Quest for Understanding*. 2ª ed. Cidade-Estado do Vaticano: Vatican Observatory Publications, 1995.

Psicologia e teologia

BARBOUR, Ian. *Nature, Human Nature, and God*. Londres: SPCK, 2002.

BROWNING, D. S. e COOPER, T. *Religious Thought and the Modern Psychologies*. 2ª ed. Minneapolis: Augsburg Fortress, 2004.

JEEVES, M. A. *Human Nature at the Millennium*. Grand Rapids, MI: Baker Books, 1997.

MEISSNER, W. W. *Life and Faith: Psychological Perspectives on Religious Experience*. Washington, DC: Georgetown University Press, 1987.

MOREA, P. *In Search of Personality*. Londres: SCM, 1997.

PETERSON, G. R. *Minding God: Theology and the Cognitive Sciences*. Minneapolis: Augsburg Fortress, 2003.

WATTS, F. *Theology and Psychology*. Ashgate Science and Religion Series. Aldershot: Ashgate, 2002.

Ciência, bioética e religião

DAVIS, Dena S. e ZOLOTH, Laurie (orgs.). *Notes from a Narrow Ridge: Religion and Bioethics*. Hagerstown, MD: University Publishing Group, 1999.

GUINN, David E. (org.). *Handbook of Bioethics and Religion*. Nova York: Oxford University Press, 2006.

CAHILL, Lisa Sowle. *Theological Ethics: Participation, Justice and Change.* Washington, DC: Georgetown University Press, 2005.

VERHEY, Allen (org.). *Religion and Medical Ethics: Looking Back, Looking Forward.* Grand Rapids, MI: Eerdmans, 1996.

Ciência, ateísmo e naturalismo

DEMBSKI, W. A. e RUSE, Michael (orgs.). *Debating Design: Darwin to DNA.* Cambridge University Press, 2004.

GILKEY, L. B. *Maker of Heaven and Earth.* Garden City, NY: Doubleday, 1959.

HAUGHT, John. *God after Darwin: a Theology of Evolution.* Boulder: Westview Press, 2000. (Tradução em português: *Deus após Darwin: uma teologia evolucionista.* Rio de Janeiro, Jose Olympio, 2002).

McMULLIN, Ernan. *Evolution and Creation.* University of Notre Dame Press, 1985.

RUSE, Michael. *Can a Darwinian be a Christian? The Relationship between Science and Religion.* Cambridge University Press, 2001 (Tradução em português: *Pode um darwinista ser cristão? As relações entre ciência e religião.* Lisboa: Livre, 2009).

RUSE, Michael. *The Evolution–Creation Struggle.* Cambridge, MA: Harvard University Press, 2005.

WILSON, E. O. *On Human Nature.* Cambridge, MA: Harvard University Press, 1978. (Tradução em português: *Da natureza humana.* São Paulo: EDUSP, 1981).

Ação divina, emergência e explicação científica

JUARRERO, Alicia. *Dynamics in Action: Intentional Behavior as a Complex System.* Cambridge, MA: MIT Press, 1999.

KANE, Robert. *The Significance of Free Will*. Oxford University Press, 1998.

MURPHY, Nancey. *Beyond Liberalism and Fundamentalism: How Modern and Postmodern Philosophy Set the Theological Agenda*. Valley Forge, PA: Trinity Press International, 1996.

MURPHY, Nancey e BROWN, Warren S. *Did My Neurons Make Me Do It?: Philosophical and Neurobiological Perspectives on Moral Responsibility and Free Will*. Oxford University Press, 2007.

PEACOCKE, Arthur. "A Naturalistic Christian Faith for the Twenty-First Century: an Essay in Interpretation". In: CLAYTON, Philip (org.). *All That Is: a Naturalistic Faith for the Twenty-First Century*. Minneapolis: Fortress Press, 2007, pp. 3-56.

RUSSELL, Robert John. *Cosmology from Alpha to Omega: the Creative Mutual Interaction of Theology and Science*. Minneapolis: Fortress Press, 2008.

RUSSELL, Robert John, MURPHY, Nancey e PEACOCKE, Arthur R. (orgs.). *Chaos and Complexity: Scientific Perspectives on Divine Action*. Cidade-Estado do Vaticano: Vatican Observatory Press, 1995.

SAUNDERS, Nicholas. *Divine Action and Modern Science*. Cambridge University Press, 2002.

Ciência, Deus e propósito cósmico

DAVIES, Paul. *The Mind of God: the Scientific Basis for a Rational World*. Nova York: Simon & Schuster, 1993 (Tradução em português: *A mente de Deus: a ciência e a busca do sentido*. São Paulo: Ediouro, 1994).

HAUGHT, John F. *Is Nature Enough? Meaning and Truth in the Age of Science*. Cambridge University Press, 2006.

LOVEJOY, Arthur O. *The Great Chain of Being: a Study of the History of an Idea*. Nova York: Harper & Row, 1965 (Tradução em português: *A grande cadeia do ser: um estudo da história de uma ideia*. Palíndromo, 2005).

MOLTMANN, Jürgen. *God in Creation: a New Theology of Creation and the Spirit of God*. KOHL, Margaret (trad.). São Francisco: Harper & Row, 1985 (Tradução em português: *Deus na criação: doutrina ecológica da criação*. Petrópolis: Vozes, 1993).

POLANYI, Michael e PROSCH, Harry. *Meaning*. University of Chicago Press, 1975.

REES, Martin. *Our Cosmic Habitat*. Princeton University Press, 2001.

Formas de relacionar ciência e religião

BARBOUR, Ian. *Religion and Science, San Francisco*: Harper San Francisco, 1997.

DRAPER, Paul. "God, Science, and Naturalism". In: WAINWRIGHT, William J. (org.). *The Oxford Handbook of Philosophy of Religion*. Oxford University Press, 2005.

HAUGHT, John F. *Science and Religion*. Nova York: Paulist Press, 1995.

PLANTINGA, Alvin. "Religion and Science". In: *Stanford Encyclopedia of Philosophy*, 2007. Disponível em: <plato.stanford.edu/entries/religion-science>.

STENMARK, Mikael. *How to Relate Science and Religion*. Grand Rapids, MI: Eerdmans, 2004.

Tópicos não abordados neste livro

A ciência e as religiões mundiais

CLAYTON, Philip e SIMPSON, Zachary (orgs.). *The Oxford Handbook of Religion and Science*. Oxford University Press, 2006. Part 1.

EFRON, Noah J. *Judaism and Science: a Historical Introduction*. Westport: Greenwood Press, 2007.

LOPEZ Jr., Donald S. *Buddhism and Science: a Guide for the Perplexed*. University of Chicago Press, 2008.

NUMBERS, Ronald L. e BROOKE, John Hedley (orgs.). *Science and Religion around the World*. Nova York: Oxford University Press, 2010.

SALIBA, George. *Islamic Science and the Making of the European Renaissance*. Cambridge, MA: MIT Press, 2007.

A ciência e a defesa do ateísmo

DAWKINS, Richard. *The God Delusion*. Londres: Bantam Press, 2006 (Tradução em português: *Deus – um delírio*. São Paulo: Cia. das Letras, 2007).

DENNETT, Daniel C. *Breaking the Spell: Religion as a Natural Phenomenon*. Nova York: Viking, 2006 (Tradução em português: *Quebrando o encanto: a religião como fenômeno natural*. Editora Globo, 2007).

HITCHENS, Christopher. *God is Not Great: the Case against Religion*. Londres: Atlantic, 2007 (Tradução em português: *Deus não é grande: como a religião envenena tudo*. Rio de Janeiro: Ediouro, 2007).

STENGER, Victor. *God: the Failed Hypothesis: How Science Shows that God does not Exist*. Amherst: Prometheus, 2007.

Religião, antropologia e ciência cognitiva

BARRETT, Justin. *Why Would Anyone Believe in God?* Walnut Creek, CA e Oxford: AltaMira, 2004.

BOYER, Pascal. *Religion Explained.* Nova York: Basic Books, 2001.

TREMLIN, Todd. *Minds and God: the Cognitive Foundations of Religion.* Oxford University Press, 2006.

WHITEHOUSE, Harvey e LAIDLAW, James (orgs.). *Religion, Anthropology and Cognitive Science.* Durham, NC: Carolina Academic Press, 2007.

Ciência, religião e meio ambiente

ATTFIELD, Robin. *Creation, Evolution, and Meaning.* Aldershot: Ashgate, 2006.

ATTFIELD, Robin. *The Ethics of Environmental Concern.* 2ª ed. Athens: University of Georgia Press, 2004.

BERRY, R. J. (Sam) (org.). *Environmental Stewardship: Critical Perspectives – Past and Present.* London: Continuum, 2006.

GOTTLIEB, Robert S. (org.). *The Oxford Handbook of Religion and Ecology.* Oxford University Press, 2006.

WILSON, E. O. *The Creation: an Appeal to Save Life on Earth.* Nova York: Norton, 2006 (Tradução em português: *A criação: um apelo para salvar a vida na Terra.* São Paulo: Cia. das Letras, 2008).

Índice Remissivo

Aborto – 22, 261, 275.
Ação Divina Quântica – 323.
Agassiz, Louis – 114, 166.
Agnosticismo – 114, 146, 297.
Agostinho de Hipona – 39n, 41.
Agostinianismo – 76.
Alberto, o Grande – 27.
Alquimia – 53.
Analogia do Relojoeiro – 103.
Anglicanismo – 81, 96.
ver também Igreja da Inglaterra
Anselmo de Canterbury – 86.
Argumento cosmológico – 87.
ver também Deus, argumentos para
Argumento do ajuste fino (*fine-tuning*) – 357.
ver também argumento cosmológico; argumento do desígnio; Deus, argumentos para
Argumento do desígnio – 85, 87, 94, 95, 96, 98, 102, 104, 110, 292.
ver também Princípio Antrópico; Criacionismo e *Design* Inteligente
Argumento ontológico – 86.
ver também Deus, argumentos para
Argumento teleológico – 328, 338.
ver também Argumento do desígnio
Aristóteles – 38, 48, 50, 51, 54, 72, 76, 77, 86. 308.
ver também Condenação de 1277; filosofia aristotélica
Ateísmo – 14, 15, 17, 21, 22, 27, 28, 60n, 65, 66, 72, 78, 82, 88, 89, 98, 122, 143, 161, 189, 287, 288, 297.
Atomismo – 66, 88, 142, 308, 309, 337.
ver também filosofia, epicurismo

Bacon, Francis – 68, 69, 77n, 83, 84n, 116, 160.
Bacon, Roger – 52, 56.
Barbour, Ian – 30, 288, 349, 353, 356, 357, 365.
Barfield, Owen – 104, 220, 258.
Barth, Karl – 107, 290, 292.
Beauchamp, Tom L. – 270, 271.
ver também bioética
Behe, Michael – 181, 183, 293.
Bíblia – 20, 21, 39n, 46, 61, 70, 71, 78, 82, 83, 86, 92, 101, 110, 126, 130, 132, 134, 150, 151, 159, 166, 167, 169, 175, 176, 177, 250, 272, 289, 290, 364.
Bioética – 7, 9, 25, 261, 263, 266, 267, 268, 269, 271, 272, 273, 274, 275, 276, 277, 278, 279, 280, 281, 282.
Bloor, David – 365.
Boécio (Anicius Manlius Severinus Boëthius) – 45.
Boyle, Robert – 66, 73, 75, 80, 81, 89, 90, 91, 154, 161.
Bryan, William Jennings – 135, 167, 283.
Buckland, William – 99, 103.
Butler, Joseph – 92, 93, 159.

Calvino, João – 62, 76, 289.
Capra, Fritjof – 358, 361.
Carlos Magno – 47.
ver também Renascimento Carolíngio
Cartesianismo – 62, 66, 73.
ver *também* Descartes, René
Caso Galileu – 18, 60.
Causalidade – 13, 29, 116, 183, 232, 312, 316n.
Células-tronco, Pesquisas com – 15, 140, 275, 276, 280.
Chambers, Robert – 105, 114.
Childress, James L. – 267n, 270, 271, 277n.
ver também bioética
Cirilo de Alexandria – 44.

Collins, Francis – 147, 149n, 348n, 350, 364.
Complexidade irredutível – 181.
Comte, Auguste – 139, 150.
Condenação de 1227 – 51, 52, 56, 72.
ver também Aristóteles
Consciência – 26, 29, 95, 117, 159, 198, 206, 210, 212, 213, 217, 220, 235, 236, 272, 311, 329, 340, 341, 342, 343, 344, 345, 347, 357, 360.
ver também Problema mente-cérebro; *Qualia*
Constante cosmológica (de Einstein) – 225.
Corte Suprema dos EUA – 177, 178.
Cosmologia – 8, 10, 24, 13, 23, 24, 43, 45, 50, 139, 156, 176, 221, 222, 223, 224, 225, 227, 228, 229, 230, 231, 232, 234, 236, 237, 239, 240, 259, 260, 336, 337, 340, 344.
Creatio continua – 233.
Creatio ex nihilo – 232n, 233.
Creation Research Society – 174, 175n.
Criacionismo – 14, 126, 165, 166, 167, 169, 170, 171, 172, 173, 174, 175, 178n, 179, 184, 185, 186, 187, 188, 189, 289.
Criacionismo científico – 22, 30, 165, 176, 177
Crick, Francis – 143, 144, 200, 242, 265, 338, 350, 353.

Dalai Lama – 360.
Darwin, Charles – 83, 102n, 105, 109, 112n, 137, 138n, 146n, 148n, 149n, 154n, 191, 302, 336.
ver também Evolução; Darwinismo
Darwinismo – 20, 21, 59, 109, 113, 115, 116, 120, 127, 131, 156, 181, 185, 186, 187, 189, 196.
ver também Darwin, Charles
Dawkins, Richard – 15, 137, 138n, 139, 143, 147, 179, 242, 287n, 294n, 298, 299, 303, 331n, 353, 361, 363.
De Vries, Paul – 27, 180n.
Debate Leibniz-Clarke – 74n.
Deísmo – 80, 81, 82, 92, 98, 158, 160, 310, 321.

ver também Deus
Dembski, William – 181, 182, 294n, 354, 363.
Dennett, Daniel – 15, 141, 143, 196, 198, 287, 302, 303, 336n.
Descartes, René – 61, 62n, 66, 67, 75n, 78, 79, 80, 301, 309, 316.
ver também Cartesianismo
Design Inteligente – 14, 22, 23, 28, 165n, 179, 180, 181, 182, 186, 187, 188, 189, 200, 293, 325, 339, 354.
Determinismo – 26, 51, 307, 311, 317, 318, 319, 321.
Deus – 16, 18, 26, 27, 30, 32, 37, 39, 40, 41, 43, 60, 63, 64, 70, 71, 72, 73, 74, 75, 77, 78, 79, 80, 81, 82, 85, 86, 87, 92, 93, 94, 95, 98, 100, 101, 103, 104, 105, 106, 111, 112, 116, 118, 121, 124.
ver também Deísmo
Discovery Institute – 180, 186.
DNA – 14, 199, 200, 261, 265, 294, 314, 338, 339.
Draper, John William – 17,19, 37n, 40, 41.
ver também tese do conflito
Dualismo – 73, 156, 309, 338, 339.

Emergentismo – 315, 316.
Empirismo – 69, 71, 75, 76n, 90, 367.
ver também positivismo
Epistemologia – 50, 74, 144, 283.
ver também filosofia
Escatologia – 259, 260.
Essays and Reviews – 112n, 151.
Eucariontes – 201, 202, 203, 204, 207.
Teoria da Evolução – 20, 24, 26, 101, 110, 113, 115, 116, 118, 119, 120, 121, 122, 124, 130, 131, 132, 134, 135, 146, 147, 170, 171, 183, 188, 196, 353, 363.
ver também Darwin, Charles; Darwinismo

Filosofia natural – 27, 43, 45, 50, 59, 62, 63, 64, 65, 66, 71, 72, 73, 80, 81, 82, 87, 88, 89, 90, 93, 179.

ver Filosofia, natural

Filosofia – 8, 9, 10, 16, 26, 27, 28, 29, 30, 31, 37, 38, 39, 42, 44, 45, 50, 51, 52, 61, 63, 65, 66, 67, 69, 70, 72, 85, 86, 87, 88, 89, 90, 121, 135, 156, 158, 159, 160, 185, 222, 223, 227, 231, 267, 278, 281, 296, 297, 299, 311, 340, 346.

Fórmula da servidão (filosofia como serva da teologia) – 44.

Freud, Sigmund – 156, 254.

Funkenstein, Amos – 59n, 63, 64, 65, 80, 81, 87n.

Galeno de Pérgamo – 48, 54.

Galileu – 17, 18, 19, 53, 59, 60, 61, 70, 110, 114, 142, 330, 333.

Gaukroger, Stephen – 65, 71, 80, 81n.

Gênesis – 22, 43, 44n, 65n, 130, 166n, 167, 168, 169n, 170, 171, 172, 173, 174, 176, 177, 180, 181, 185, 189, 289, 295

Geologia do Dilúvio – 167, 169, 170, 173, 174, 176.

Glossolalia – 25, 255, 256, 257.

ver também Pentecostalismo

Gould, Stephen Jay – 184, 193, 291, 296, 297n.

Gradualismo – 338, 339.

Gray, Asa – 106, 112, 113, 149.

Harrison, Peter – 13, 70, 75, 78n, 83n, 191n.

Hipátia de Alexandria – 44, 45, 52.

Hipótese da Transmutação – 110, 113, 118, 119, 120, 121, 122, 123, 124, 125, 126, 127, 130, 132, 133, 134, 135.

Hobbes, Thomas – 60n, 66, 88, 142, 309.

Humanismo – 157, 158, 160, 177, 303.

Hume, David – 20, 93, 94, 95, 158, 159, 301, 302.

Huxley, Thomas Henry – 106, 107, 115, 116, 119, 146, 147, 151, 289.

Igreja Católica Romana – 52, 62.

Igreja da Inglaterra – 65, 82.

ver também Anglicanismo

Igreja Reformada – 62, 175.
Inflação cósmica – 225, 226, 237, 238.
Instrumentalismo – 31, 367.
Inteligência artificial – 242, 244.
Islã – 48, 185, 298, 361,362.

Jaki, Stanley – 54, 55.
Jardim do Éden – 68, 166, 167, 176, 358.
ver também Bíblia, Gênesis; Queda
Johnson, Phillip E. – 169, 297, 353, 354.
Judaísmo – 121, 298.
Julgamento Scopes – 20, 283.

Kant, Immanuel – 20, 93, 257.
Kaufman, Gordon – 262n, 264n, 265n, 354.
Kepler, Johannes – 80, 147.
Kingsley, Charles – 97, 105, 112, 148.
Kuhn, Thomas – 365.

Lamarck, Jean Baptiste – 98, 114.
Laplace, Pierre-Simon – 98, 103, 310.
Leibniz, G. W. – 72n, 74, 80.
Leis da natureza – 74, 78, 79, 80n, 145, 154, 161, 298, 307, 310, 348.
Leis naturais – 92, 103, 119, 148, 321, 322, 324.
ver também leis da natureza
Liberdade humana – 26, 307, 309, 310, 317.
ver também livre-arbítrio
Índice dos Livros Proibidos – 61.
Livre-arbítrio – 13, 16, 26, 29, 51, 236, 317, 318, 319, 320, 321, 326.
Livro da Natureza – 70, 71, 160.
Luteranismo – 70.
Lutero, Martinho – 76.
Lyell, Charles – 115, 116, 166.

MacIntyre, Alasdair – 319.
Maricourt, Pedro de – 53, 54n.
McGrath, Alister – 364, 367n.
McMullin, Ernan – 61n, 70n, 235n, 238, 239, 289n, 293n, 298n.
Mecânica Quântica – 196, 234, 340.
Merton, Robert – 67, 68, 69, 283.
Metafísica – 28, 30, 41, 50, 106, 118, 119, 139, 195, 217, 230, 356.
Milagres – 26, 27, 63, 64n, 83, 120, 154, 159, 160, 288, 298, 299, 310, 311.
Milenarismo – 68, 77.
ver também escatologia
Modelo de Friedman-Lemaître-Robertson-Walker (FLRW) – 224.
Moore, Aubrey – 127.
More, Henry – 66, 67n, 73, 81.
Morris, Henry – 173, 174, 175, 176, 177, 180, 181, 184, 185.

Naturalismo – 27, 28, 51, 101, 106, 107, 119, 120n, 126, 145, 146, 179, 180, 182, 287, 288, 297, 298, 299, 301, 302, 305, 352, 355, 365.
Newman, John Henry – 112, 113, 115n, 292.
Newton, Isaac – 14, 18, 27, 56, 67, 74, 75, 80, 83, 116, 125n, 130, 138n, 145, 154, 159, 189, 297, 308, 310, 316.
ver também Debate Leibniz-Clarke

Oresme, Nicole – 53.
Origin of Species – 105, 107n, 112, 114n, 120n, 137, 146n, 151, 166n, 191.

Paine, Thomas – 96, 98, 150.
Palestras Boyle – 81, 90.
Paley, William – 94, 95, 96, 101, 102, 103, 104, 105.
Peacocke, Arthur – 322, 323, 325, 326n, 355, 356, 364, 365, 367n.
Pentecostal – 130, 188.
ver também glossolalia
Perdão – 24, 245, 246, 247, 254.

Plantinga, Alvin – 28, 298n, 299, 300, 301, 303, 363, 364n, 370
Platão – 38,40, 48, 72, 86, 116.
ver também filosofia, neoplatônica; filosofia, platônica
Polanyi, Michael – 338, 339, 348.
Polkinghorne, John – 293n, 355, 356, 357, 363, 364.
Positivista – 21, 356.
ver também Empirismo
Prece – 192, 253, 254.
Principialismo – 271, 272, 273.
Princípio Antrópico – 223, 230, 235, 293, 347.
ver também argumento do ajuste fino
Problema mente-cérebro – 28.
ver também consciência; *Qualia*
Projeto Genoma Humano – 147, 317, 350.
ver também Collins, Francis
Proposta de Hartle-Hawking – 222, 227, 228.
Protestantes / Protestantismo – 10, 65, 67, 69, 70, 71, 77, 78, 114, 115, 123, 124, 125, 126, 127, 128, 129, 130, 131, 132, 133, 160, 184, 271, 311, 361.
Psicologia evolutiva – 242, 359.
Puritanismo – 67, 68, 69.
ver também Merton, Robert

Qualia – 214, 215, 216, 217.
ver também Consciência; Problema mente-cérebro
Queda, mito da – 69, 75, 76, 77, 78, 97, 129, 132, 160, 168, 295, 299, 358.
ver também Bíblia, Gênesis; Jardim do Éden; Argumento do ajuste fino
ver também Argumento cosmológico; Argumento do *design*; Deus, argumentos para

Radiação Cósmica de Fundo em micro-ondas (RCFM) – 23.
Ramsey, Paul – 265, 266n.
Ray, John – 89, 90n.

Realismo, científico – 31, 336, 367.
Reducionismo – 28, 29, 242, 244, 245, 307, 308, 311, 315, 316, 317, 326.
Rees, Martin – 225n, 341n, 342.
Relatividade Geral – 196.
ver Teoria da Relatividade
Renascimento Carolíngio – 45, 48.
Revolução – 19, 38, 49, 59, 60, 63, 64, 88, 90, 91, 92,96, 97, 120, 138.
Rorty, Richard – 301, 307, 365.
Royal Society – 7, 65, 69n, 89, 90n, 100, 142, 230n, 235n.
Russell, Robert John – 171, 228n, 231n, 282n, 312n, 324, 325.

Secularismo – 60, 140, 152, 157.
Secularização – 21, 81,137, 138, 139, 140, 141, 142, 143, 144, 145, 147, 148, 151, 152, 153, 154, 155, 157, 159, 160, 161, 281.
Servetus, Michael – 62n.
Spencer, Herbert – 119.
Sprat, Thomas – 65, 89, 90.
Stark, Rodney – 55.
Swinburne, Richard – 84, 357, 358n.

Taylor, Charles – 155, 157, 158.
Teilhard de Chardin, Pierre – 295,296, 327, 337n, 343, 344, 345, 346, 348, 362.
Teísta – 18, 146, 161, 355, 357, 359.
Teleologia – 13, 327, 328.
Tempier, Etienne – 51, 72.
Teologia – 8, 9, 10, 16, 17, 24, 25, 29, 38, 41, 44, 49, 50, 51, 52, 55, 62, 63, 64, 65, 68, 72, 73, 75, 78, 79, 80, 83, 85, 86, 90, 91, 93, 94, 95, 96, 107, 114, 123, 127, 128, 130, 132, 133, 134, 144, 146, 147, 195, 222, 223, 227, 231,234, 239, 240, 241, 242, 244, 245, 246,247, 248, 249,250, 251, 252, 253,255, 257, 258,259, 260, 265, 266, 270, 271, 281, 290, 293, 302, 311, 322, 327, 328, 330, 355, 362, 364, 366.
Teologia Natural – 11, 20, 81, 83, 84, 85, 86, 87, 88, 89, 90, 91, 92, 93, 94,

95, 96, 97, 98, 99, 100, 101, 102, 103, 105, 106, 107, 110, 118, 125, 161, 292, 357, 363

Teologia Secular – 63, 64, 81, 87, 159.

Teologia Voluntarista – 71, 72, 75, 77.

Teoria – 18, 20, 21, 22, 23, 24, 26, 28, 31, 44, 54, 59, 65, 66, 67, 69, 70, 71, 73, 83, 89, 101, 102, 103, 105, 106, 109, 110, 111, 112, 113, 114, 115, 116, 119, 120, 121, 122, 123, 124, 130, 131, 132, 134, 135, 137, 142, 145, 146, 147, 148, 151, 158, 161, 165n, 168, 169, 170, 171, 172, 173, 178, 181, 182, 183, 186, 187, 188, 189, 196, 228, 229, 239, 245, 253, 256, 257, 269, 271, 273, 276, 289, 290, 293, 299, 300, 308, 309, 323, 326, 332, 351, 353, 354, 356, 357, 358, 363, 365, 366, 367, 368, 369, 370.

Teoria da Relatividade – 340.

Teoria Copérnicana – 59, 60, 61, 70.

Teoria do *Big-bang* – 13, 23.

ver Cosmologia, *Big-bang*

Teoria dos multiversos – 342.

Tertuliano – 39, 40, 41, 44, 52.

Tese do conflito – 33, 142, 290.

ver também Draper, John William; White, Andrew Dickson

Tillich, Paul – 259, 333, 334, 335.

Tindal, Matthew – 92, 159, 160.

Tomás de Aquino – 27, 52n, 56, 86, 87, 123, 231, 298.

Tomismo – 52n, 75.

Transubstanciação – 61.

Tratados de Bridgewater – 11, 84n, 99n, 100, 101, 102, 103, 104, 105.

Tyndall, John – 119.

Universidade – 7, 8, 9, 10, 11, 19, 49, 50, 51, 52, 53, 56, 66, 98, 99, 123, 142, 170, 171, 172, 173, 175, 182, 185, 270, 273, 345.

Urbano VIII, Papa – 60.

Van Gulick, Robert – 314, 315, 316, 325.

Ward, Keith – 355, 356, 359, 360n, 364.
Weber, Max – 68, 213, 214, 268n.
Webster, Charles – 68, 69, 77, 160n.
Weinberg, Steven – 143, 238, 287, 293n, 330, 331.
Whewell, William – 100, 103, 104, 105.
Whitcomb, John C. Jr. – 173, 174.
White, Andrew Dickson – 17, 40n, 109, 110n, 142.
ver também Tese do conflito
Whitehead, Alfred North – 29, 30, 55, 295, 327, 345, 346, 347, 348, 362.
ver também filosofia do processo
Wilberforce, Samuel – 116, 151.
Wilkins, John – 88.
Wilson, Edward O. – 296, 302, 351, 352n, 353.

Yahya, Harun – 185, 186.

Zahm, John – 123.

Esta obra foi composta em CTcP
Capa: Supremo 250 g – Miolo: Pólen Soft 80 g
Impressão e acabamento
Gráfica e Editora Santuário